普通高等教育"十三五"规划教材

中国科学院规划教材·经济管理类核心课系列

财 政 学

（第三版）

主　编　王曙光

副主编　周丽俭　张小锋　金向鑫

科学出版社

北京

内 容 简 介

  本书是为新世纪经济管理类"财政学"课程教学而编写的教材。全书在借鉴有益的西方财政理论与实践内容，吸收近年来我国财政理论研究的新观点、新成果并结合财政改革与发展实际的基础上，编写了财政概论、财政支出、财政收入和财政管理四篇十三章内容，各章的内容主要研究和阐述财政基础理论与财政职能分析，财政支出理论、财政购买支出和财政转移支出，财政收入理论、税收收入制度、非税收入制度和公债收入制度，财政政策体制、财政预算管理、财政监督管理和外国财政管理。各章设有本章小结与复习思考；为了方便教师教学，本书配备多媒体课件等教学支持系统。

  本书可为高等院校财政学、税收学、会计学、经济学和工商管理等经管类专业教学之用，也可为财税工作者及有志之士学习财政理论与实务的参考读物。

图书在版编目（CIP）数据

财政学 / 王曙光主编 . —3 版 . —北京：科学出版社，2018.9
普通高等教育"十三五"规划教材
中国科学院规划教材·经济管理类核心课系列
ISBN 978-7-03-057091-8

Ⅰ．①财… Ⅱ．①王… Ⅲ．①财政学–高等学校–教材
Ⅳ．①F810

中国版本图书馆 CIP 数据核字（2018）第 063718 号

责任编辑：王京苏 / 责任校对：彭 涛
责任印制：霍 兵 / 封面设计：蓝正设计

科 学 出 版 社 出版
北京东黄城根北街 16 号
邮政编码：100717
http://www.sciencep.com

天津文林印务有限公司 印刷
科学出版社发行 各地新华书店经销
*

2010 年 2 月第 一 版 开本：787×1092 1/16
2014 年 12 月第 二 版 印张：24 1/4
2018 年 9 月第 三 版 字数：600 000
2019 年 11 月第十四次印刷
定价：56.00 元
（如有印装质量问题，我社负责调换）

第三版说明

党的十九大报告提出了"加快建立现代财政制度，建立权责清晰、财力协调、区域均衡的中央和地方财政关系。建立全面规范透明、标准科学、约束有力的预算制度，全面实施绩效管理。深化税收制度改革，健全地方税体系"的政策要求，描绘了财税体制改革的宏伟蓝图。本书自2014年再版以来，我国陆续制定或修订了部分财政收支和管理等法律制度，理论研究也不断取得新的成果，为及时更新知识、满足教学需要，我们重新编写了《财政学》一书。其修订的内容主要体现在以下三个方面：

第一，体系结构方面。在总体保持了原书四篇十三章体系结构的基础上，将原第十章和第十一章合并为第十章"财政政策体制"，原第十章改为第一节"财政政策机制"，原第十一章第一节和第二节合并为第二节"财政管理体制"，第三节"财政转移支付"不变；原第十二章和第十三章依次改为第十一章和十二章；新增第十三章"外国财政管理"。

第二，研究内容方面。除体系结构方面增加的内容外，进一步界定了市场与政府之间的关系，增加了财政学的学科构成和党的十九大有关政策理论，以及"营改增"和环境保护税等内容；按最新的财政法律制度，修改了政府收支科目、财政购买与转移支出，税收、非税、公债等收入制度，以及财政的政策体制、预算管理和监督管理等内容。

第三，资料选用方面。选用相关的财政法律制度，截止到2018年3月底；为使数据资料准确及书中非特殊说明和注明的数据，均来自《中国统计年鉴》和财政部等官方网站公布的资料，并截止到2016年年底，个别数据到2017年年底。为体现理论与实践相结合的原则，全书增加或修改了财政收入与支出的最新数据，特别是增加了税收、非税、公债等收入项目数据。

本次修订由哈尔滨商业大学财政与公共管理学院王曙光教授任主编，周丽俭、张小锋和金向鑫任副主编，景宏军、邵延学、王威、孙懿和大连财经学院李贺参加编写。具体写作分工为：王曙光编写第一章和第六章，张小锋编写第二章和第七章，周丽俭编写第三章和第四章，李贺和王威编写第五章，金向鑫编写第八章和第九章，王曙光和景宏军编写第十章，景宏军编写第十一章，邵延学编写第十二章，孙懿编写第十三章，由王曙光和周丽俭对全书进行总纂，王曙光最后定稿。在具体的写作过程中，研究生章力丹、李金耀、刘显媛、谢颖琦和王菁彤参加了部分内容的撰写或资料收集或文字校对工作。

本书在修订和编写参考了诸多的著述（"参考文献"注明），得到了哈尔滨商业大学和科学出版社的大力支持，黑龙江省语言工作委员会王婷婷同志对本书文字方面给予了指导与帮助，我们在此一并表示真诚的敬谢！

囿于作者水平及可考资料，书中如有不当或错漏之处，敬请同仁志士惠教，更欢迎广大读者批评指正，以便于进一步修订。

编　者

2018 年 5 月

目 录

第一篇 财政概论

第二篇 财政支出

第三篇　财政收入

第四篇　财政管理

第一篇 财政概论

　　财政是指政府资金收支或理财的活动，是历史发展的必然产物。财政既是一个古老的经济学范畴，又是现代经济发展不可或缺的重要工具。"财政概论"篇是研究全书以后各章节的基本前提，研究财政、财政学的基本理论与内容，分两章阐述财政基础理论和财政职能分析，主要包括财政相关概念、财政理论演进和财政学科体系，以及市场经济效率、财政基本目标与财政职能内容。

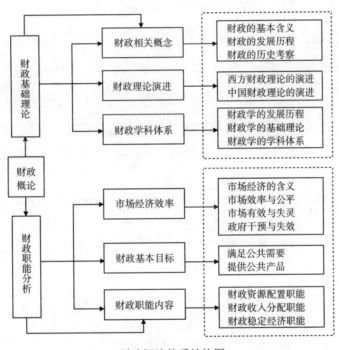

财政概论体系结构图

第一章

财政基础理论

财政作为一种经济活动，伴随着国家的产生而产生，并随着财政理论、实践和科学的发展而发展。古今中外诸多的经济学家、财政学家和政府部门，对财政理论研究及其实践活动都做出了积极的贡献。本章按财政的实践活动、理论研究与发展脉络，阐述和分析财政相关概念、财政理论演进和财政学科体系，其内容主要包括财政的由来、界定、特征、产生与发展，家计、国家与公共财政的历史考察，西方和中国的财政理论演进，以及财政学的学科体系、基本概念、发展历程、研究对象、研究方法和内容体系。重点是财政的含义、公共财政的考察及其学科体系，难点是财政理论演进和学科体系。

■ 第一节　财政相关概念

财政既是一个历史范畴，又是一个经济范畴。它是人类社会发展到一定历史阶段的产物，随国家的产生而产生，也随国家的发展而发展。

一、财政的基本含义

（一）"财政"一词的由来

"财政"的英文为 public finance 中的 finance，finance 一词起源于 13～15 世纪的拉丁文 finis，有结算支付期限的意思；16 世纪形成法语 finance，指公共收入和公共理财活动；17 世纪后专指国家的理财活动，19 世纪后又泛指一切公共团体的理财活动，20世纪初 finance 一词由法国传入其他国家。可见，finance 是一个多义词，可翻译成中文的"财政、财务、资金、金融、融资"等。为使词义更加明确，只有在 finance 前面加上 public 限制，才与中文"财政"的含义相同，否则会含混不清。

在中国古汉语中，"财"与"政"是分开使用的，财政一般称为"国用""国计""度文""理财"等，使用"财政"一词相对较晚。据考证，"财政"一词是日本在引进 finance 后，采用汉字中"财"与"政"的含义而创立，于 1882 年清朝《财政奏折》中首次出现。清朝光绪二十四年（公元 1898 年），在戊戌变法《明定国事》诏书中有"改革财政，实行国家预算"的条文；光绪二十九年（公元 1903 年），清政府设财政处整顿财政，为官方用财政名称之始。可见"财政"一词在中国属于外来词。

（二）财政含义的界定

长期以来，中国诸多专家学者认为，财政是以国家或政府为主体的理财活动，是指国家为实现其职能，在参与社会财富分配与再分配过程中所形成的分配关系。它与微观经济主体的企业财务和家庭理财相比，国家或政府的理财活动本身就具有公共性，因而财政、国家财政、政府财政和公共财政的含义大体相同。我们认为，"财"为钱财之意，"政"为治理国家事务，因而财政的字面含义是以钱财治理国家事务之意，是指国家为实现其职能而依法参与社会产品分配及其管理的行为活动。

改革开放以后，国内一些学者将英文"public finance"直译成公共财政，刻意将财政与公共财政区分开来。他们认为，国家或政府理财活动适用于所有国家的财政。在不同的经济体制下，不同国家或政府的经济活动决定着不同的财政性质，从而形成不同的财政类型。公共财政是适应市场经济要求的一种特殊财政类型，是建立在以市场机制为社会资源配置的基础上，以弥补市场失效、满足公共需要为目的，其活动范围一般限于市场失效的领域。

本书赞同陈共教授的看法，陈共认为，中文的"财政"与"公共财政"两词都是从国外引入的，都是来自英文"public finance"一词，是含义相同的两种不同译法。有些人提出，计划经济体制下的财政就是"财政"，市场经济体制下的财政应当是"公共财政"，即对同一个来源的两个词赋予不同的含义。问题是 finance 在中文中的用意十分广泛，含义不够确定，一般理解为"金融"，似乎只有加上一个定语才有确定的译法，如 business finance 译为"企业财务"，public finance 译为"财政"。如果将由"public"和"finance"组成的英文词译为"财政"，再将同一个英文词译为"公共财政"，那么从译法上说加上"公共"二字则是画蛇添足。即使可以有两种译法，也不应当赋予两词以不同的含义。

（三）财政的主要特征

财政特征是财政有别于其他分配范畴的主要标志。一般认为，财政的主要特征表现在以下三个方面：

（1）阶级性和公共性。由财政或政府的关系产生了财政的阶级性和公共性并存的鲜明特征。阶级性强调财政为统治阶级服务；公共性突出财政的公共性质。

（2）强制性和有偿性。强制性是指财政运行是凭借国家政治权力，通过财政法律制度来予以强制实施；有偿性是指国家取得财政资金后，按财政预算支出使用。

（3）收支性和平衡性。收支性是指财政运行中有收有支的活动；平衡性是指财政支出等于财政收入即收支平衡，如果略有结余或财政赤字则属于非平衡性。

二、财政的发展历程

（一）财政产生的条件

财政既是一个历史范畴，也是一个经济范畴。财政是人类社会发展到一定历史阶段的产物，随国家的产生而产生。从中国财政产生的过程来看，财政是社会生产力和生产关系发展到一定阶段，有了剩余产品、出现了私有制、产生了阶级，继而伴随着国家的建立而产生的一种特定的经济范畴。因此，财政的产生需要两个条件：一是政治条件，即国家的产生；二是经济条件，即剩余产品的出现。

（二）财政产生的过程

在中国原始社会的初期和中期，社会生产力水平极为低下，社会产品只能维持最低的生活需要。在这一漫长的历史时期内，原始氏族成员过着共同劳动、共同占有的原始共产主义生活，其劳动成果也只能在氏族内部成员中进行大致平均的分配，在满足全体成员最低限度的生存需要后基本没有什么剩余。原始社会末期人类社会先后出现三次大分工，即农业与畜牧业、手工业与农牧业、商业与物质生产领域的分工，劳动生产力水平迅速提高，剩余产品产生，可在生产领域之外进行再分配，供养一些不直接从事生产劳动的人口。

随着大量剩余产品的产生与交换，社会发生了重大的变化：一是各个家庭逐渐脱离氏族群体而成为独立的生产、消费单位，产生了私有观念与私有制；二是随着原始公有制解体，氏族首领日益脱离生产并开始凭借自身权力占有剩余产品，逐渐成为利用其职权占有他人劳动果实、依靠剥削他人为生的氏族贵族与奴隶主，同时战俘及一部分贫困的氏族成员逐渐沦为奴隶，社会逐步分裂为两个根本利益对立的阶级；三是随着阶级冲突，氏族贵族与奴隶主为了维持其统治地位，建立了监狱、法院、警察和军队等一系列暴力机构，于是就出现了一种从社会中产生但又自居于社会之上且日益同社会脱离的力量——国家。可见，政治条件是财政产生的必要条件。

国家为维持存在和行使政治、经济职能，必然需要消耗一定的物质资料。但国家本身并不直接从事物质资料的生产，只能依靠其政治权力，通过强制的、无偿的手段将一部分社会产品征为己有，从而在整个社会产品分配中分化、独立出一种新的分配范畴，一种以剩余产品的出现作为经济条件，以私有制、阶级和国家的出现作为政治条件的经济范畴——财政，即以国家为主体并依赖于国家政治权力进行的社会产品的分配范畴。

（三）财政的历史发展

财政是随着国家的发展而发展的，在不同的社会形态中，财政的分配对象、收支范围、基本特征和监督管理也有所不同。

1. 奴隶制国家财政

奴隶制社会是人类历史上第一个以私有制为基础的社会。在奴隶制社会中，奴隶主占有一切生产资料和奴隶。国家是为维护奴隶制而建立的暴力机器，财政是在奴隶制社会基础上逐步形成和建立起来的，其来源是直接占有奴隶的剩余劳动，财政收入主要包括王室土地收入、贡赋收入和捐税收入；财政支出主要包括军事支出、王室支出、维护国家政权机构支出、宗教祭祀支出和少量的农业生产建设支出等。

在奴隶制国家财政发展过程中，国家财政的基本特征主要体现在：一是奴隶主直接占有生产资料和奴隶，以及直接占有奴隶的剩余劳动；二是自然经济占据主导地位，社会产品分配一般采取实物形式，财政分配也采取实物的形式；三是财政管理不规范，国王个人收支和国家财政收支混淆不清，且财政收支不稳定、管理混乱。奴隶制国家的财政特征，说明国家财政还处于初级阶段。

2. 封建制国家财政

进入封建社会以后，封建地主阶级占有生产资料，农奴依附于封建地主，同时也存在着农民和手工业者的小私有经济。封建制国家财政收入主要包括官产收入、赋税收入、专卖收入和特权收入；财政支出包括军事支出、国家机构支出、皇室支出、宗教支出和一定的兴修水利、发展生产支出等。

在封建制国家财政发展过程中，国家财政的基本特征主要体现在：一是税收成为国家财政的主要收入；二是封建社会初期的财政分配形式以实物为主、货币为辅，封建社会中后期的财政分配形式以货币为主、实物为辅；三是财政管理日趋规范，国王财政与王室财政开始分开，并设有专门机构予以管理；四是封建社会后期国家开始举借外债，以满足其庞大支出的需要，财政收支逐步实施计划及预算管理。

3. 资本主义国家财政

资本主义社会初期社会化大生产使商品经济成为主体，劳动力变成商品，生产资料变成资本，资产阶级占有生产资料并无偿占有雇佣劳动力创造的剩余价值。国家财政收入主要是税收，以及国有财产收入和国有企业经营收入；财政支出包括军事支出、政府机关支出、社会福利支出、经济建设和社会文教卫生支出。其财政主要特征：财政分配形式完全货币化，收支规模较小，没有赤字，能保持收支的基本平衡。

当资本主义社会逐步过渡到垄断资本主义阶段，人们对国家提出了更高的公共服务要求。随着国家社会职能不断增加，相应地提供公共产品（public goods）的范围也在不断扩大，财政不仅要为政府管理国家提供经费，还要提供不可缺少的社会福利资金甚至是某些经济支出。其财政主要特征：财政收支规模扩大，内容较为丰富，财政既是国家机构运行的重要保障，也是政府干预社会经济的主要手段。

4. 社会主义国家财政

社会主义国家财政是以生产资料公有制为主体的经济制度下的财政，与资本主义财政在形式上基本相同，但实质却迥然不同。在中国改革开放的过程中，社会主义财政经历着一系列的变革，特别是如何认识党的十八届三中全会提出的"财政是国家治理的基础和重要支柱"和党的十九大提出的"新时代中国特色社会主义"财政的性质、特点和内容，可以说是一个新的课题和任务，还需要在实践中逐步探索与完善。

新时代中国特色社会主义就是要明确坚持和发展中国特色社会主义，实现社会主义现代化和中华民族伟大复兴，在全面建成小康社会的基础上，分两步走，在21世纪中叶建成富强民主文明和谐美丽的社会主义现代化强国。其财政工作使命光荣、责任重大，要积极研究新时代的财政理论与实践，高质量服务于社会主义现代化建设。新时代中国特色社会主义财政的特征和内容，可详见后面各章阐述和研究的内容。

三、财政的历史考察

对财政发展过程的历史考察，包括对家计财政、国家财政和公共财政的含义及其基本内容的分析，从而有利于真正认识财政的内涵和本质。

（一）家计财政的考察

在自然经济状态下，财政主要是家计财政。家计与国计是相对应的概念，即个人和私人之意，因而家计财政是指个人的、私人的财政。古代各国是以拥有土地及特权为财源的"所有权者国家"。中国古代实行君主专制，"普天之下，莫非王土；率土之滨，莫非王臣"。皇帝"家天下"是典型的"家国同构"状态。整个国家都属于皇帝私人所有，财政作为国家的收支活动很自然地就具有了个人或私人的性质，即"家计"的性质。

中世纪的欧洲更是典型的"家计财政"。欧洲在中世纪的早期和中期基本上只有领地而没有民族和国家的概念。美国历史学家汤普逊对欧洲中世纪的封建制度描述为：封建制度由地主贵族、俗人或僧侣、男爵或主教、主持在一定的领土范围内，对那里的居民办理行政、执行司法和征收赋税等的制度。政府的政体实质是分裂的，王权只保留了一个空洞的宗主地位（宗主权），国王被缩为一个阴影而已。在西欧封建社会末期，伴随着自然经济向市场经济的过渡，财政的家计性质被逐步否定，其公共性得到逐步确定。

（二）国家财政的考察

1. 国家财政是国家需要的财政

尽管中国与西方都经历了"家计财政"阶段，但中华人民共和国在成立后实行计划经济并经历了一个非常特殊的"国家财政"阶段。与国家财政一致的国家形态是企业者国家，而非所有权者国家是税收国家。该时期的财政作为国家直接计划配置社会资源的财力手段，是为满足实现国家自身职能的需要而进行分配的手段。

企业是政府的行政附属物，个人是企业或单位的行政附属物，整个社会和国家以政府为中心形成一个大企业，财政也就自然地成为其总财务。社会经济活动的实质就是国家和政府的活动，企业和个人的活动只是服从于国家与政府的计划，财政也只是服从于国家需要，这就是国家财政。

2. 国家财政是生产建设型财政

国家财政分配的主体是政治权力行使者、生产资料所有者和生产经营组织者"三位一体"的政府，这种分配主体同时承担着三种不同的任务：作为政权行使者要履行社会经济管理任务，作为生产资料所有者要承担整个国家的经济建设任务，而作为生产经营组织者则要对企业生产经营活动进行计划安排和指挥控制。

财政要同时兼顾上述三种不同职责的财力需要，属于生产建设型财政，体现了"一要吃饭，二要建设"的需求。这是因为，不仅国家财政支出的一半以上是直接或间接投入生产建设，而且很多政府机构尤其是庞大的各经济主管部门，都是围绕着组织和指挥企业的生产建设而设置的，所以其经费也具有生产建设费用的性质。

（三）公共财政的考察

1. 公共财政的含义

公共财政是指市场经济中以国家为主体，通过财政分配活动集中一部分社会资源用于履行政府职能和满足公共需要的经济活动。它是区别于自然经济时期的家计财政和计划经济时期的国家财政的一种财政模式，是与市场经济相适应的，并满足社会公共需要和提供公共产品的民主法治财政。

公共财政的前提条件是市场失灵,核心概念是公共产品。财政支出主要是提供市场不能提供的公共产品,税收成为公共产品融资的工具,最终目标是实现社会资源在公共产品之间、公共产品与私人产品之间达到最优配置。公共产品、私人产品的含义及其关系,详见第二章第二节"财政基本目标"的有关内容。

2. 公共财政的形成

西方财政理论认为,市场经济大致经历了自由放任、国家干预和混合市场经济三个时期,因而政府经济职能特别是财政内容就有不同的体现。在自由放任的市场经济时期,政府财政是与"夜警国家"相一致的形态,"看不见的手"发挥着资源配置的主要作用,这一时期的财政特点是职能单一、规模较小、实行严格法治。

20世纪20年代震撼世界的大危机到来,罗斯福"新政"的成功极大地鼓舞了人们对政府的信心,凯恩斯主义的国家干预理论几乎得到了所有西方国家的青睐,西方财政发展到一个新阶段,其特点是职能复杂、规模较大、法治得到修正。

公共财政是一种依托于市场经济体制和个人价值理念的仍在塑造过程中的新形式,混合市场经济时代的公共财政,实际上是自由放任和国家干预市场经济时代的财政在一定程度上的"中和",表现在财政职能趋于稳定、规模逐渐适中、财政健全得到一定恢复、强调法治又不失其弹性。

3. 公共财政的特征

(1)市场的弥补性。现代公共财政活动的领域、规模、内容和方式,从根本上说是由市场决定和认可的,是与市场经济运行相适应的政府财政。弥补市场失灵、提供公共产品和满足公共需要,是现代公共财政必须遵循且只能遵循的行为准则,即按照"市场能做的政府就不要去做,市场不能做而社会又必需的政府就要去做"的原则来界定公共财政活动的范围,起到弥补市场缺陷的作用,避免出现"越位""缺位"等问题。因此,该财政特征也可称为"市场财政""补缺财政"。

(2)服务的公共性。财政为市场提供服务时必须公平对待所有的市场活动,为经济主体的公平竞争提供外部条件,以避免市场主体或依靠政府权力寻租或遭受额外的费用和损失。其内容表现为公共支出、公共收入和社会保障等,即依法对私人和企业取得公共财政收入,以社会利益和公共需要为目的来安排公共财政支出,对弱势群体及特殊困难给予社会保障等。因此,公共财政一般不应介入私人产品,是为市场提供公共产品和公共服务的政府财政,该财政特征也可称为"服务财政"。

(3)实施的法治性。市场经济是法治经济,财政在市场经济下也必须受法律的约束和规范。实施法治财政必须按照预算等法律制度、严格程序、标准、内容与方法及其预算与决算审批,依法取得财政收入、严格按预算安排财政支出,以此决定、约束、规范和监管财政的行为活动,即一切财政收支活动必须纳入法制轨道。财政法治化在中国具有特殊的现实意义,因为中国有着数千年的"人治"习惯,故此依法进行聚财、用财、管财是极为重要的,该财政特征也可称为"法制财政"。

(4)收支的透明性。在市场经济体制下,政府实际上是国家或社会的代理机构,承担公共受托责任。单位和个人向政府纳税后,要求政府勤俭节约、有效用好税收就理所当然。政府征税后，除部分做自身维持经费外，主要用于促进经济发展、维护社会秩序及保障公民权益等，并在财政分配活动过程中公开透明、接受社会及公众监督。换言之，政府及其为政者本身就是由纳税人供养，用好税收和服务人民无疑是公共财政的内在要求，该财政特征也可称为"受制财政"。

（5）立足非营利性。在社会经济生活中，社会需要分为私人的个别需要和社会的公共需要，市场经济条件下的公共财政收支活动应以满足公共需要为宗旨，即立足于非市场竞争领域，不介入一般竞争性领域，不与民争利。因为政府是政治权力的管理者，如果介入市场营利性活动，就不可避免地干扰市场经济正常运行秩序，财政资金也会为牟取利润而偏离公共财政轨道，政府也难以做到为市场经济主体提供非歧视的、无差别的公共服务，该财政特征也可称为"无利财政"。

第二节　财政理论演进

一、西方财政理论的演进

按照时间顺序，以西方财政发展史上有突出贡献的代表人物和学派的财政思想理论为主线，并结合各个阶段的财政理论内容和分析方法的变化来认识西方财政理论的三个发展过程。

（一）西方早期的财政理论

一般认为，古典经济学派之前的重商主义等财政思想并不属于财政的范围，其财政实质是一种"家计财政"，但该时期的财政思想对财政理论的形成起到了抛砖引玉的作用。重商主义产生于封建制度向资本主义制度的过渡时期，是资产阶级最早的经济学说。由于这一时期的财政主流思想是国家干预和贸易保护主义政策，所以西方国家为谋求建立专制主义财政。其主要代表人物和财政理论阐述如下：

1. 托马斯·孟的财政理论

英国晚期重商主义的代表托马斯·孟（1571～1641），在他 1621 年出版的《论英国与东印度的贸易》一书中直接论述了有关财政问题。他主张一国君主应勤勉节俭、积累财富，提出衡量一国财富的标准是对外贸易差额。此外，他还零星地谈到有关公共收入和公共财富的问题，分析了处理私人财产和处理国王事务的不同之处。可以说，托马斯·孟的论述已反映出公共性与私人性相分离的趋势。

2. 威廉·配第的财政理论

威廉·配第（1623～1687）是重商主义到资产经济古典经济学理论体系建立过渡时期最杰出的经济学家。其早期著作虽没有完全摆脱重商主义的影响，但已不是停留在流通领域的表面现象和单纯从财政支出探讨是非得失，而是深入生产领域探讨财政收入源泉，提出了"土地是财富之母，而劳动是财富之父"的著名论断。他的代表作《赋税论》既是一部政治经济学著作，也是财政学创立的基础。

配第在《赋税论》一书中提出的财政观点主要包括：国家应运用权力合理地干预经济；税收应尽量做到公平合理，反对课征人头税、财产税和关税；农业和制造业是国家赖以存在的基础，财政支出应按国家职能进行分配，削减非生产性开支，增加有利于农业和制造业的支出。尽管配第没有建立起自己的经济理论体系，但所提出的独创性观点使他成为古典经济学的奠基人。

3. 尤斯蒂的财政理论

德国重商主义代表尤斯蒂（1705～1780）1766年出版了著名的《财政学》一书，该书代表了18世纪德国财政学研究的最高水平。他从国家维持自身正常运转所需经费入手，分析了财政支出和税收的必要性；然后又从经费负担和政治负担的角度，阐述了对直接财产课税和对间接财产课税的区别与联系。

（二）西方传统的财政理论

英国经济学家亚当·斯密1776年出版的名著《国富论》，确立了西方初期财政学的理论框架；1892年巴斯塔布尔出版的《公共财政学》，标志着财政学作为一门独立学科的建立；1776年至20世纪20年代末，财政学研究的大体思路是从国家职能需要出发分析财政收支活动，代表人物是亚当·斯密、大卫·李嘉图、让-马蒂斯特·萨伊、马尔萨斯和瓦格纳等。

1. 亚当·斯密的财政理论

亚当·斯密（1723～1790）是古典经济学理论体系的建立者。斯密时代处于由工场手工业向现代化大工业发展的过渡时期，资本主义已得到很大的发展。斯密在其《国富论》中集中论述了古典经济学的思想，即主张经济自由放任和反对国家干预经济。

斯密主张政府开支应用于国防费、司法费、公共设施建设费和一定的行政费；在财政收入上划分为君主或国家收入和税收收入，并提出了著名的"平等、确实、便利和最少征收费用"的税收四原则，对后世产生了相当大的影响。与财政支出的非生产性观点相适应，斯密不赞成政府在平时发行公债，因为发行公债的根源在于统治者的奢侈和浪费，国家举债将会挤占私人用于生产的资金，妨碍生产的发展，从而阻碍经济的发展。

2. 大卫·李嘉图的财政理论

大卫·李嘉图（1772～1824）是英国工业革命时代的著名经济学家，他继承了配第与斯密经济理论中的科学成分，并加以补充和完善而成为古典经济学的集大成者。李嘉图的财政思想主要体现在其名著《政治经济学及赋税原理》中，他与斯密一样，极力鼓吹经济自由放任，同时把国家经费全部或几乎全部看作一种非生产性消费，主张尽量压缩国家财政开支，建立廉价政府。

李嘉图认为，资本可以由增加生产或减少非生产性消费而增加，而且"一国的生产量必然是随着资本的减少而成比例地减少，所以如果人民方面和政府方面的非生产性开支继续不变，而年再生产量又不断减少时，人民和国家的资源就会日益迅速地趋于枯竭，穷困和灾殃就会随之而来"。李嘉图还赞同斯密的公债观点，并进一步指出举债会掩饰国家财政的真实情况，会使国家陷入经济困境，因而反对国家举债行为。

3. 让-巴蒂斯特·萨伊的财政理论

让-巴蒂斯特·萨伊（1767～1832）是18世纪法国著名的经济学家，他与斯密的财政思想一脉相承，并反映在其代表作《政治经济学概论》之中。萨伊实际上既继承和发展了斯密学说中的某些成分，又提出了一些不同的观点。如萨伊抛弃了斯密劳动可以创造价值的观点，认为劳动、资本和土地都可以创造商品的价值，并依据供给能创造相应的需求提出了资本主义市场经济的自动均衡论。

在财政支出理论上，萨伊抛弃了斯密学说中的一些科学成分，提出了"生产不是创造物质而是创造效用"的论点，进而又将效用说成"服务"，而一切提供"服务"的活动都是生产，这就为资本主义的国家活动创造"生产"提供了理论根据；在税收理论上，萨伊极力主张减税。

总的来说，萨伊与斯密的观点基本一致，但他的财政分析又在斯密的基础上有了许多突破，如从公共消费着手来分析财政问题，主张财政利益交换的观念，进而得出了财政的民主观，并明确指出政府仅仅是"公共财富的托管人"。显然，萨伊的财政分析已涵盖了公共需要和公共产品等具有财政突出特征的内容。

4. 马尔萨斯的财政理论

马尔萨斯（1766～1834）是 18 世纪末 19 世纪初英国著名的经济学家，他生活的时代与李嘉图相同，尽管他的《人口论》闻名遐迩，但他的财政理论却由于不适应时代潮流被认为是异端邪说而受到抨击。马尔萨斯的财政思想体现在其 1820 年出版的《政治经济学原理》一书中，他反对斯密、李嘉图和萨伊等的理论，从有效需求不足角度论证了经济危机。

马尔萨斯认为，资本主义自由竞争不是那么美妙的，有效需求不足的存在一样会爆发经济危机，为防止经济危机，国家应当干预经济，通过扩大国家支出来增加有效需求；与扩大财政支出相适应，国家应增加税收和发行公债。马尔萨斯的有效需求论被后来的经济学家以新的形式加以发展，尤其是 100 年后经凯恩斯的研究与发展，这一理论成为解救西方国家经济危机的一剂良药。

5. 瓦格纳的财政理论

社会政策学派主要代表人物、德国著名的财政学家瓦格纳（1835～1917），于 1872 年出版的《财政学》一书引起了西方经济学界的极大反响，其中一些财政理论和观点至今仍具有重大的现实意义。

瓦格纳自称是"国家社会主义者"，他将财政看作一种独立于私人经济的生产性的国家经济活动，这是西方公共经济学最初的思想来源；提出社会主义政策赋税一词，以及财政政策（收入充分和收入弹性）、国民经济（选择税源和选择税种）、社会公平（普遍和平等）和税务行政（确实、便利和节省）的"四项九端"原则；论述公共活动特别是国家支出的膨胀问题，即财政为国家服务并随着国家职能的扩大而扩大的观点，被后人称为"瓦格纳法则"。显然，瓦格纳的财政理论与当时德国资产阶级当局政权的设想合拍，并成为当时资本主义各国财政理论的基础。

6. 其他相关的财政理论

除上述传统的财政理论外，还有奥意学派和庇古等财政理论。如奥意学派于 19 世纪 80 年代将经济学中的"边际革命"引入财政学中，体现了效率原则在公共部门中的运用，为创立公共产品理论奠定了科学的基础。

庇古 1920 年出版了《财政学研究》一书，其财政理论主要体现在：一是从外溢性理论角度来研究财政资源配置的合理性，以证明公共部门经济存在的必要性与合法性；二是将政府支出划分为转移性支出和消耗性支出，并运用边际效用价值论来分析公共支出的效率问题；三是以效用理论为基础建立了税收的规范理论，主要研究税收负担应如何在不同个人之间的分担问题。

（三）西方现代的财政理论

20 世纪 30 年代以后，随着政府广泛干预经济活动，诸多学派和专家从市场失灵出发，在重新研究界定政府的经济职能和范围、建立现代市场经济条件下的政府财政，以及不断演化公共财政理论等方面取得了丰硕的成果。

1. 凯恩斯的财政理论

凯恩斯（1883～1946）是现代西方经济学最有影响的英国经济学家之一。凯恩斯在大学时代学习马歇尔和庇古的经济学。1936 年，凯恩斯发表的代表作《就业、利息和货币通论》开创了从宏观经济视角研究财政功能新的理论体系，对经济理论体系的发展做出了重大贡献。他认为，经济危机和失业的根本原因在于有效需求不足，而有效需求不足又是由边际消费倾向递减、资本边际效率递减及流动或灵活偏好三个基本心理规律引起的，必须依靠政府干预社会消费倾向和刺激投资，以扩大社会有效需求。

凯恩斯认为，国家干预经济的形式主要是财政政策和货币政策，尤其更注重财政政策的作用，即运用扩大政府支出办法或称为扩张性的财政政策，刺激社会需求，实现社会充分就业；提倡征收所得税和遗产税，特别是累进所得税制。凯恩斯的财税政策理论，对缓和当时的经济危机及解决基本矛盾起到了一定的作用，但实质是为发展国家垄断资本主义服务，由于没有触及资本主义的深层矛盾，所以其"药方"也不可能从根本上解决资本主义发展中的问题。

2. 汉森的财政理论

汉森（1887～1975）是美国经济学家，也是凯恩斯经济理论的忠实信徒和凯恩斯主义的主要代表，其代表作为《财政政策与经济周期》（1941）和《货币理论与政策》（1949）。汉森认为，现代资本主义经济已经不是单一的私人经济，而是私人经济与政府经济并存的混合经济；注重研究经济周期，提出了"长期停滞理论"，认为利用财政政策能有效地控制"停滞"，实现所谓充分就业和经济稳定；主张政府扩大公共工程投资，从而扩大整个社会投资规模的加速作用。

汉森认为，国家干预经济的目的是"熨平"由于经济周期引起的经济波动，以保持宏观经济的较长期稳定，促进经济增长。因此，汉森进一步将财政政策分为汲水政策和补偿政策，力主政府推行补偿政策，即在萧条时期实行扩张性的财政政策，扩大投资支出、推行赤字预算；而在繁荣时期实行紧缩性的财政政策，缩减投资规模、增加税收收入。实行扩张性的财政政策可能出现财政亏损，实行紧缩性的财政政策可能获得财政盈余，而在长期中以盈补亏就可实现财政预算平衡和经济稳定增长。

3. 马斯格雷夫的财政理论

西方财政学研究主流转到公共产品论，是以马斯格雷夫（1910～1989）1938 年发表的《公共经济自愿交换论》为标志的，该文系统论述了私人通过缴纳税收享受政府提供的公共品的"自愿交易"理论。1959 年，他又出版了专著《公共财政论：公共经济学研究》，几乎成为 20 世纪 60 年代财政领域研究的"圣经"。该书对财政领域的相关问题进行了全面、系统和严谨的论述，对公共部门经济作用持一种积极、正面的观点。

马斯格雷夫认为政府的作用主要包括三个方面：一是提供公共物品、矫正资源配置过程中出现"市场失灵"的手段；二是调节收入分配，旨在使社会成员求得公平的社会产出分配；三是在适当稳定的价格水平下，运用凯恩斯政策求得较高水平的就业率。马斯格雷夫在财政研究上，首次将公共产品论与价格理论联系起来，同时书中关于税收局部均衡和一般均衡的分析，也十分精彩。

4. 新剑桥学派的财政理论

新剑桥学派即新凯恩斯主义学派，其主要代表人物为琼·罗宾逊（1903～1983）等。该学派的形成标志是 1956 年罗宾逊的《资本积累》一书和卡尔多的《可选择的分配理论》一文。该学派认为，资本主义经济的缺陷是收入分配不均，主张政府干预的首要目标是改进资本主义社会收入分配结构，实现收入均等化。他们反对新古典综合派以经济增长为宏观经济政策的主要目标，主张改进税制来实现收入均等化，通过福利措施解决富裕中的贫困问题，对投资进行全面社会管制和克服盲目的经济增长。

新剑桥学派财政理论的内容主要包括：政府干预经济活动的资金来源是税收或举债，并对企业的生产经营产生影响；增加政府支出可刺激总需求、促进经济增长，而减少政府支出则会抑制总需求、引起经济衰退；减税可刺激增加家庭支出、增加消费，且有助于鼓励投资、增加总需求、刺激经济增长，如果减税是对最低收入者的削减，可使贫富不均的程度有所减轻，那么旨在与扩大就业相结合的政策就是最有效的政策，相反如果增税除为消除收入分配不均之外，则会抑制经济增长。

5. 新古典综合学派的财政理论

新古典综合学派自认为是凯恩斯主义主流学派，所以又被称为后凯恩斯主义，以美国经济学家萨缪尔森（1915～1991）为主要代表。萨缪尔森的研究领域十分广泛，从数理经济学到一般经济理论、从纯理论到经济政策的应用都有所论述。他继承了凯恩斯和汉森的理论，其经济理论主要体现在 1948 年出版的《经济学》中，所提出的混合经济理论成为他反对自由放任、主张国家干预经济的重要理论基础。他认为当今资本主义经济既不是纯粹的私人经济、也不是完全的公有经济，而是私人经济与政府经济并存的混合经济，政府在经济中的作用日益重要，必须强调国家干预经济。

萨缪尔森认为，如果投资过多会导致通货膨胀，投资过少又会导致通货紧缩而造成失业率上升，只有适当的财政政策和货币政策才能维持充分就业下的国民收入水平。萨缪尔森对财政研究的重大成果是公共产品需求理论，他于 1954 年和 1955 年先后发表了《公共支出纯理论》和《公共支出论图解》两篇论文。他在前文中分析了公共产品消费上的非排他性和非竞争性的特点，为以后的分析打下了良好的基础；在后文中运用一般均衡分析方法建立了公共产品的最佳供应模型，得出了公共产品最佳供应的帕累托效率条件。

6. 货币学派的财政理论

货币学派是在 20 世纪 50 年代开始、70 年代蓬勃兴起的一个很有影响的学派，以反对凯恩斯主义著称。弗里德曼是货币学派的创始人，他认为资本主义经济基本上是一种具有稳定性的经济，反对凯恩斯的政府干预经济，并以现代货币数量论为基础提出了以控制通货膨胀、稳定物价为主要目标的宏观经济政策。其财政理论内容主要包括：提倡"收入指数化"，将工资、利息、政府债券收益和其他收入等与物价指数挂钩，使之能随物价指数的变动而调整；反对凯恩斯学派扩大支出和赤字财政政策，主张压缩财政支出，实施财政平衡的财政政策；主张实行"负所得税政策"，即政府规定收入保障数额（最低收入指标），根据个人实际收入按比例给予适当的补助。

可见，货币学派是与凯恩斯主义对立的学派，主要分歧表现在：凯恩斯主义以有效需求论为基础，认为资本主义经济通常是小于充分就业的均衡；货币学派则是以现代货币数量论为基础，认为资本主义市场经济在动态上是稳定的。由此出发，凯恩斯主义以实现充分就业和经济增长为主要目标，主张实行相机抉择的国家干预经济政策；货币学派则以稳定物价为主要目标，主张实行单一规则的货币政策和经济自由主义政策。

7. 供给学派的财政理论

供给学派是20世纪70年代中期在美国兴起的一个经济学流派，主要是围绕如何使资本主义经济摆脱滞胀困境发展起来的。其主要代表人物有拉弗、温尼斯基、吉尔德和蒙代尔等。供给学派重新肯定萨伊理论，把滞胀原因归咎于凯恩斯主义的需求管理政策。他们认为，凯恩斯把需求作为经济活动的决定性因素，忽视了劳动、储蓄、投资和生产等供给因素。要医治滞胀顽症，就必须彻底否定凯恩斯主义，推行注重供给管理的经济政策，由此提出的"拉弗曲线"具有重要的理论价值和实践意义。

拉弗曲线表明：高税率不一定取得高收入，高收入不一定是高税率，适度的低税率反而有利于经济发展。他们反对高税率特别是累进税制的高税率，因为高边际税率会降低人们工作的积极性、阻碍投资，从而极力主张减税，以刺激供给、抑制通胀和促进经济增长，所以减税成为供给学派的核心和基础。他们还主张减少社会福利支出，这是促进供给增长的又一重要措施。可见，供给学派主张实施减税和减缩政府支出两者并举并配合其他政策措施，旨在追求预算的收支平衡和稳定的经济增长。

8. 公共选择学派的财政理论

公共选择学派的创始人为詹姆斯·麦吉尔·布坎南（1919～2013），其代表作为《民主程序中的公共财政学》《官僚政府与代议政府》《自由、市场与国家》等。公共选择从经济学视角研究政治问题，其经济学方法是方法论个体主义、经济人假设和经济学交换范式。公共选择理论是一种指导人们利用政治过程来决定政府所应提供产品与服务数量的一种理论，主要立足于"经济人"分析，以成本收益法作为基础的利益最大化为原则，适用于经济和政治等领域。

布坎南认为，政府失灵主要是由于政府扩张、政策失误、机构低效和官员寻租所致，因而应实施立宪政治、建立政府机构竞争机制、约束政府税收及其财政支出。1986年，布坎南获得诺贝尔经济学奖，标志着公共选择理论得到了认可。该理论对财政政策研究最有价值的是投票理论、集团理论、寻租理论和政府理论。财政政策机制从根本上看是一个公共选择的机制，即将市场经济分析方法运用于财政领域，试图在政府征税决策同社会和个人的选择之间建立起内在联系，这是他们对财政理论的重要贡献。

9. 新古典宏观经济学派的财政理论

新古典宏观经济学派以卢卡斯、巴罗和斯坦利·费希尔等为代表人物，他们是在抨击凯恩斯主义的过程中建立起自己的声望。因特别强调理性预期的概念而一度被称为理性预期学派，但后来理性预期的概念渐为其他学派所用，进入 20 世纪 80 年代后被称为新古典宏观经济学派。他们反对政府干预经济，认为宏观经济政策是无效甚至是有害的。因为政府支出的增加和税率的提高，都会产生减少私人投资、降低社会资本存量和人们"永久性财富"减少的后果。

1981 年，卢卡斯发表了《关于使用计量经济方法进行政策评估的批判》一文，他认为，现行政策制定方法有一个致命的问题，即错误地把结构变量看作"常数"，而事实上这些常数是随着人们对经济环境的反应而变化，而凯恩斯理论将有生命、有才智的人和企业都当成机器一样的常数，其经济政策当然不会有效。巴罗分析"李嘉图等价定理"后，否定了用预算赤字来调节总需求水平的财政政策。1988 年，斯坦利·费希尔提出政府用债券为预算赤字融资，比用货币融资可能会产生更高的通货膨胀率。

10. 新凯恩斯主义经济学派的财政理论

当代西方财政理论中最值得注意的是新凯恩斯主义经济学派，其代表人物有哈佛大学教授曼昆、萨默斯和麻省理工学院的布兰查德、罗泰姆伯格等。他们认识到原凯恩斯主义的不足和新古典宏观经济学在理论上的新发展，因而主张以工资、价格黏性取代工资、价格刚性。其主要特点：一是在财政政策上主张"适度"的国家干预，如果没有紧缩性政策通货膨胀会更严重，没有扩张性政策失业会更严重；二是用许多数学模型来阐述经济政策主张，但很少将对策具体化，缺少可操作性措施。

他们认为，即使存在理性预期，政府的经济政策仍可发挥效力。财政支出的增加会产生溢出效应，通过乘数增加未来收入。政府必须通过收入再分配增进公平，通过税收补贴消除外溢性，通过政府投资提供公共产品。他们在分析中加入经济当事人最大化和理性预期的假设，与原凯恩斯主义注重对经济进行"数量"的调节相比，他们更关注财政政策调节经济的"质量"，其财政政策主张不仅使美国经济取得了成功，更重要的是该学派重新审视了以往的国家干预经济理论并综合了各派的观点，它代表了当代财政理论与政策的演变趋势。

二、中国财政理论的演进

（一）中国古代财政思想的简要分析

1. 财政与经济的关系

中国古代的理财家从其实践中，较早地体会到财政与经济的关系问题。例如，儒学奠基人周代周公就提出了"勤政裕民"的思想，春秋战国时期齐国上卿（丞相）管仲提出了"强国必先富民"和"薄赋敛，则民富矣"的思想，唐代刘晏（户部侍郎兼御史中丞）提出了"理财常以养民为先"的思想，等等。

明清时期，当政要员及理财家更加重视财政与经济的辩证关系。如明代丘浚（户部尚书兼武英殿大学士）提出了"理财之道，以生财之道为本"的思想，善理财者先要着眼于为民理财；明代张居正（内阁首辅）反对重课商税；清代著名的思想家魏源主张培养税源、稳定税收等。这些理财家说明了"只有生产发展，财政收入才能自丰，国家开支就能充裕"的财政与经济的辩证关系。

2. 财政的职能与原则

中国古代以财政手段去调节经济和平抑经济波动的朴素思想早已存在。如管仲为推行重农抑商政策，在税收上实行了农轻于商等政策。桑弘羊在西汉时期统管国家财政近40年之久，推出"均输"和"平准"的宏观调控方法，不仅是筹集财政收入的重要手段，同时也是发挥财政调节经济作用的需要。

当今仍在议论不休的财政原则问题在中国古代也早已提出。早在周代周公就率先提出了"量入为出"，这是世界上最早出现的财政原则；先秦时期管仲提出了"轻税富民、相地衰征、寓税于价"的原则；秦汉时期傅玄（御史中丞）提出了"至平、税俭而趣公、有常"的原则；唐代杨炎（宰相）提出了"量出为入、税制简化和按能负税"的原则；明代张居正提出了"资商利农、税制简化"的原则等。

（二）中国计划经济的财政理论研究

20世纪50年代，中国在借鉴苏联财政理论体系的基础上，总结其财政理论与实践经验，形成了在马克思主义理论指导下的中华人民共和国财政观。为适应建立计划经济体制的需要，20世纪60~90年代经过不断探索与实践，逐步形成了具有中国特色的社会主义财政理论，主要包括以下五个方面：

（1）国家分配论的财政理论。该理论强调财政分配的国家地位，是国家分配主体性和集中性的体现，并将财政释义是国家为实现其职能而参与社会产品的分配和再分配关系。这种分配关系的本质特征是以国家为主体，依靠国家权力，基本上采用无偿分配方式，以满足国家消费需要为目的，因而具有鲜明的阶级属性和国家主体的特征。

（2）价值分配论的财政理论。该理论强调财政分配的价值形式，是国家对社会产品价值的分配，并将财政释义为国家以价值形式进行社会产品的分配而形成的分配关系。因为国家参与价值的分配必然涉及社会的诸多领域、多个方面、多个环节，从而形成一系列的分配关系，所以国家分配价值所发生的分配关系就是财政的本质，其显著特征是财政参与价值的特殊分配关系。

（3）剩余产品论的财政理论。该理论强调财政分配剩余产品的属性，体现国家、集体和个人之间剩余产品的分配关系，并将财政释义是由剩余产品形成各种社会基金的过程。因为财政分配与工资等其他经济分配范畴是不同的，财政分配的对象是包括在社会总产品之中的剩余产品，这是财政分配的质的规定性，也是区别于其他分配关系的本质特征。

（4）社会再生产论的财政理论。该理论强调财政在社会再生产中的功能，表现为财政运行的分配属性，并将财政释义是社会再生产全过程的分配关系。因为财政分配参与社会经济生活的各个方面和环节，从生产到交换、分配与消费都体现国家的集中性分配，以法律、经济和行政等手段在全社会配置资源，并带动全社会人财物的流动。

（5）社会共同需要论的财政理论。该理论强调财政满足社会共同需要的目的性和针对性，是对社会人力、物力、财力的分配活动，并将财政释义是为满足社会公共需要所发生的分配关系。因为财政的产生是社会生产发展的结果，是人类社会发展出现剩余产品或剩余劳动之后，发生了社会共同需要而产生的，同时随着社会共同需要发展变化而具有新的要求。

上述各种学说是从不同角度来探索财政的内涵和外延，各自有鲜明的论点。但各派之间并不是绝对排斥的，既有差异性也有共同点。

（三）中国市场经济的财政理论研究

1. 中国公共财政理论的提出

从 20 世纪 90 年代中期至今，是适应中国计划经济向社会主义市场经济转化、借鉴西方公共财政理论、建立有中国特色的公共财政理论体系阶段。1999 年 3 月的第九届全国人民代表大会第二次会议，中国正式确立公共财政作为财政改革的目标模式，意味着中国财政学界围绕着公共财政的长期争论有了定论，也表明中国公共财政体系由此进入运作与实施阶段，这是中国经济改革和财政改革的一件根本性大事。

2005 年和 2006 年，时任总理温家宝在政府工作报告中，再次提出完善和健全公共财政体系的要求；2007 年，党的十七大明确了"围绕推进基本公共服务均等化和主体功能区建设，完善公共财政体系"的改革目标；2012 年，党的十八大提出了"完善促进基本公共服务均等化和主体功能区建设的公共财政体系"的目标；2013 年，党的十八届三中全会提出了"财政是国家治理的基础和重要支柱"及深化财税体制改革的目标；2017 年，党的十九大又明确提出了建立现代财政制度、规范预算制度和完善地方税体系等改革要求。

2. 中国公共财政的基本框架

公共财政的首要任务是为所有的市场主体提供均等的公共服务，政府不仅要矫正市场失灵，还要培育市场、弥补"市场残缺"，建立完整的市场体系；不仅在收入领域通过经济和法律手段调节收入分配、解决社会分配不公的问题，还要在生产领域加大对基础产业和基础设施的投入，提高国有企业的经济效率，运用财政政策等保持经济的可持续发展。

正确理解现代意义的公共财政，必须澄清以下两个方面的认识：一是现代公共财政不等于"吃饭财政"，与过去相比，目前中国财政活动范围主要是基础设施、环保和农业等方面，其性质属于建设领域或经济方面的支出；二是现代公共财政不等于取消国有经济，实际上财政对国有企业的投资从根本上说也是满足公共需要，但投资的出发点和归宿要立足于满足公共需要而不是以盈利为目的。

随着中国社会主义市场经济体制的建立与发展，公共财政的基本框架已初步形成。从服务于一要吃饭、二要建设的"两位一体"，发展为一要吃饭、二要建设、三要发展的"三位一体"，再到经济建设、政治建设、文化建设、社会建设全面发展的"四位一体"，以及经济建设、政治建设、文化建设、社会建设、生态文明建设"五位一体"发展的过程。党的十九大提出了进一步建立现代财政、预算及税收等制度的改革要求，体现了公共财政体系的深化与完善。

第三节　财政学科体系

一、财政学的发展历程

财政的存在已有几千年的历史，但财政学的产生至今只有几百年的时间。按照西方和中国的财政学发展历程，大体可分为以下三个阶段：

（一）财政学的萌芽与思想

财政学在创立之前，一些理财家、政治家、思想家、改革家及当权者或官员就已经在认识、探讨、提出财政问题，并实施了诸如家计与国家财政的主张、政策与法律制度。人们也从实践中提炼出一些精辟的财政思想，并在财政学的形成与发展中起到了重要作用，乃至为现代公共财政学研究奠定了一定的基础。

财政学的萌芽与思想主要体现在奴隶社会与封建社会时期。在其漫长的社会发展历程中，中国的理财思想和理论是最为丰富的。如早在西周时期和唐代就有"量入为出"和"量出为入"财政收支原则的主张，可谓现代财政原则的萌芽；周代周公提出的"勤政裕民"思想，可称为最早认知财政经济、民生财政的思想。在同一时期的西方国家也有一些财政思想的火花，如古希腊的《雅典之收入》著作，就提出了"国家收入"内容等。

（二）财政学的创立与发展

1. 财政学的创立阶段

财政学的创立阶段主要体现在自由资本主义至垄断资本主义时期。西方国家尤其是英国代议制民主制度的确立和资本主义经济的快速发展，为财政发展奠定了基本的政治基础和经济基础，也为财政学的创立提供了直接的和决定性的条件。

1663年，威廉·配第出版的《赋税论》，较为系统地论述了公共经费、税收理论和征税方法，为财政学的创立奠定了基础。1776年，亚当·斯密出版了《国民财富的性质和原因的研究》（以下简称《国富论》），在第五篇"论君主或国家的收入"中，从增加财富问题入手系统地论述了政府财政支出、税收和公债等问题，创造性地建立了财政学的理论体系，这也意味着作为一门科学——财政学的创立。

1892~1928年，各种财政学专著和教科书不断涌现。如巴斯塔布尔1892年出版的《财政学》、普林1896年出版的《财政学导论》、阿当斯1898年出版的《财政科学：公共支出与收入探索》、道尔顿1922年出版的《财政学原理》，以及庇古1928年出版的《财政学研究》等著述，从形式到内容无不标志着完整的财政学体系的建立。这一时期西方国家的财政学研究走在了世界的前列，1776~1929年亚当·斯密的财政理论基本占据了西方财政学的主导地位。

2. 财政学的发展阶段

财政学的发展阶段主要体现在国家垄断资本主义后期。资本主义进入垄断时期以后，资本主义自身固有的基本矛盾引起了持久的、严重的经济危机。古典经济学和斯密的财政理论在经济危机面前显得无能为力，凯恩斯的财政理论应运而生，并在西方经济学体系中占据了重要地位。1936 年，英国经济学家凯恩斯出版的《就业、利息和货币通论》一书认为，经济危机是需求不足和生产过剩引起的，故此凯恩斯以"有效需求"理论为核心，提出了国家干预经济的理论，形成了财政学的主流学派。

自凯恩斯将传统的财政收支行为，扩展为市场经济的政府宏观管理和调节的范围以后，政府干预经济活动的范围逐步扩大，其财政分配活动也进一步扩大到对市场失灵的矫正，以及对经济稳定增长的调节和管理上。因此，财政学的分析基点和根本思路，也从履行国家基本职能转到对政府如何提供公共产品与服务，以满足公共需要和矫正市场失灵的分析上来，财政学家们也开始从该视角描述和研究财政学的基本内容及其理论体系。

（三）财政学的研究与丰富

1. 财政学的研究阶段

财政学的研究阶段主要体现在中国计划经济时期。从 1924 年陈启修编写《财政学总论》开始到 1949 年，中国财政学基本处于引入、编译、学习西方财政学阶段，也没有完整的财政学体系。中华人民共和国成立后，中国财政学随着社会制度的变迁发生了深刻的变化。20 世纪 50 年代，中国财政学与西方财政学彻底决裂，以马克思主义理论为指导来研究中国财政学的问题。1949 年千家驹的《新财政学大纲》、1951 年伍丹戈的《论国家财政》，以及 1951 年丁方和罗毅的《新财政学教程》等，都是有影响的财政学著作。由于中国财政理论体系还不成熟，源于苏联财政理论的"货币关系论"被直接引入，成为 20 世纪 50 年代中国财政学的主流理论。

从 20 世纪 60 年代到 90 年代，为适应计划经济体制的需要，中国财政形成了以国家为主体的分配关系和分配机制。学术界对财政的概念及其本质进行了深入探讨与争论，形成了具有中国特色的国家分配论、价值分配论、剩余产品论、社会再生产论和社会共同需要论等观点，其中国家分配论成为主流。该阶段后期，中国财政学体系虽仍以马克思主义政治经济学为核心，但也出现一些借鉴西方财政学的现象。如 1989 年邓子基的《财政学原理》中就包含公共支出、税收弹性和财政政策研究等西方财政学的内容，这一时期中国财政学的研究逐渐形成了一定的特色。

2. 财政学的丰富阶段

财政学的丰富阶段主要体现在中国市场经济时期。中国 1994 年实施了分税制财政管理体制改革，逐步建立和形成了符合社会主义市场经济体制要求的财政制度，公共财政体系建设提到了议事日程。至此，一些专家、学者开始探讨公共财政的概念、特征、内容和体系等理论问题，如何借鉴西方财政学理论体系构建具有中国特色的财政学理论体系，以及公共财政体系的框架和内容等现实问题。

1999 年 3 月，中国正式确立公共财政作为财政改革目标模式以后，政府及科研工作者的研究热情日益高涨，相继修订或编写有关财政学著述的一系列工作，诸如《新编财政学》《公共财政学》《现代财政学》《现代公共财政学》《政府财政学》，甚至《公共经济学》《部门经济学》等，以示区别于传统的财政学书籍。这些著述的出版和国外原版或翻译、译著类财政学书籍的涌现，对丰富中国财政学的体系与内容确实起到了重要研究或参考借鉴的积极作用。

　　一般认为，公共财政学与传统财政学既有联系、又有区别。在联系上，两者可统一在公共部门经济学范畴，前者是广义公共经济学，后者是狭义公共经济学；在观念上，前者是公共经济学、公共部门经济学、政府经济学或其核心内容，即政府资源配置之学，后者是政府收支管理学，即国家理财之学；在理念上，前者是补缺、服务、民主、民生与法制的财政，后者是吃饭、建设与发展的财政；在研究对象上，前者是公共部门经济活动，是公共部门资源配置有效与否的矛盾，后者是政府收支及管理行为，是收与支的矛盾。

二、财政学的基础理论

（一）财政学的相关概念

1. 财政学的基本含义

　　一般认为，财政学是一门研究财政现象及其发展规律的应用科学，是研究政府配置资源的应用经济学。市场机制是一种有效的社会资源配置方式，但仍旧存在市场失灵或失效、无效的领域，也就决定了财政存在的必要性及其职能范围，随之理论与实践研究的财政学就显得尤为重要。

　　我国多数人认为，英文中的 public finance progtam 或 cameralistics 是汉语的财政学；有人将 public finance 译为财政学，也有人喜欢用公共部门经济学（public sector economics）之名，还有人采用政府经济学（government economics）或公共经济学（public economics）的名称。我们认为，财政学的含义可界定为：政府为满足公共需要提供公共产品、矫正市场失灵、调节资源配置和收入分配等而研究政府经济行为的一门应用经济学。

2. 财政学与相关科学的关系

　　财政学作为一门相对独立的科学，与经济学、税法学、社会学和政治学等其他科学之间，既有联系，又存在较大的区别。

　　（1）财政学与经济学的关系。一般认为，经济学是一门研究人类经济行为尤其是经济选择行为及其政策的科学，分为宏观经济学和微观经济学、理论经济学和应用经济学等科学。在经济学的发展进程中形成了诸如古典学派、重商主义、凯恩斯主义、供给学派和公共选择学派等学派，其不同的财政理论及其政策主张为财政学提供了重要的研究途径。

　　财政学是应用经济学的分支科学，与经济学的关系极为密切，主要表现在：经济学较早地研究了财政理论及其政策，两者的研究也有重合之处。如经济学名著中斯密的《国富论》、李嘉图的《政治经济学及赋税原理》、萨伊的《政治经济学概论》、马尔萨斯的《政治经济学原理》、凯恩斯的《就业、利息和货币通论》和萨缪尔森等的《经济学》等著述，就包含了财政学的重要理论和财政政策研究。但两者又有区别：经济学研究的是如何扩展一个国家或地区的经济，使其经济能力达到最大、社会资源配置达到最优；而财政学研究的是如何最佳地利用这些经济能力，组织财政收入、有效配置资源和促进经济良性运行，使社会公共需求的满足达到最大。

（2）财政学与税法学的关系。财政学主要包括对财政理论、财政活动和财政政策等方面的研究，其中财政活动包括财政的收入和支出，税收是财政收入的主要来源，所以财政学收入理论的核心必然是税收理论。由此可见，财政学可为税收立法提供宝贵的资料，即财政学在税法的立改废过程中发挥着重要的影响作用。

财政学中的财政政策、税收制度、分税体制和转移支付制度等内容，都与税法学有着密切的关系。财政学是从宏观角度来分析财政现象，更多地关心税收资金的运动过程，研究如何提高税收经济活动的效率，减少税收的负面影响；而税法学是对财政学的税收问题侧重法学角度进行分析，更多地着眼于税收主体之间的权利义务关系，并考虑纳税人基本权责的实现过程，以体现对征税权力的制衡和对纳税人权利的保护。

（3）财政学与社会学的关系。一般认为，社会学是研究人类社会各种社会生活、社会交往、社会工作、社会结构和社会发展等社会现象并使人们形成对社会整体的、认知的一门科学。任何一门科学的研究范畴都离不开社会的范畴，都与社会的方方面面有着密切的关联性，因而财政学与社会学也较为密切。从最广泛的意义上说，社会学又是政府管理学或公共管理学，这与财政学所研究的满足社会公共需要有着直接的联系。

社会学对财政学的研究与发展有着积极的现实意义，如社会学重视研究社会福利、社会保障、人们就业、和谐社会及社会政策等社会问题，而财政学必须对其关注并研究支持或解决问题。社会学与财政学的区别也较明显，如在学科划分上，社会学属于独立的学科门类，而财政学则属于经济学门类下的二级学科；在基本内容上，社会学要研究社会问题，而财政学要研究促进和谐社会、经济发展的财政决策和政策措施等。

（4）财政学与政治学的关系。财政学与政治学也有着密切的联系。政治学就是研究特定的社会关系即政治关系及其发展规律的科学，其中政治关系包括政治行为、政治体系和政治文化等。而财政活动本身就是一种国家的政治行为，由于财政的前提是政治权力，因而从某种意义上讲，政治学是财政学的理论基础，决定着财政活动的基本方向特别是财政政策的导向。也可以说，财政学是政治学的重要组成部分。

财政学与政治学又存在质的差别，如财政学对政府职能尤其是对财政政策的研究更为具体、全面和专门化；政治学的研究包括基本理论、政治思想、政治制度、行政管理和国际政治等，除重视研究政府职能外，还要研究诸如国家、政党、体制或结构和民主等其他问题。财政学强调政府行为（包括政府的政治、经济和社会行为）的规范及其主客体之间的分配关系；而政治学强调政府的结构、作用和政治行为。

（二）财政学的研究对象

任何一门科学都应以客观世界的某类事物、现象及其过程作为研究对象，以揭示事物或现象及其过程的本质联系和规律性，并形成科学理论体系。尽管人们对财政学的含义及其研究对象的认识有着一定的差别，其科学的界限还未真正确立，但财政学却有着相对独立的研究对象和领域是不争的事实。

1. 西方学者对财政学研究对象的观点

从西方财政理论的发展过程看，财政学是在经济学的丰富与发展中逐步建立与发展起来的。如斯密认为，经济学主要是研究财富和国富的问题，而财富就是价值并只限于物质生产领域，土地、资本和劳动是价值的三个来源（马克思主义认为劳动是价值的唯一来源），可以说价值学说是财政学的理论基石。主流经济学派在第二次世界大战前对财政问题的研究主要集中在税收方面，即研究政府税收行为对财富的影响。

凯恩斯主义把经济学的研究范围拓展到效率、公平和稳定三大领域，他们认为效率是市场经济（市场机制）的事情，而公平和稳定是政府即非市场机制的事情。凯恩斯把政府对收入分配和经济稳定的影响融入财政研究范畴，而且一批美国经济学家开始对国家组织本身进行研究，把财政研究对象扩展到政府决策和财政支出效率方面，这在第二次世界大战以后的主流学派中占有重要地位。

美国经济学家科斯在1937年发表的《企业的性质》一文中，把企业组织作为经济学的研究对象，并提出"交易费用"的著名观点（获诺贝尔经济学奖），对财政学的效率研究具有较大的影响，是现代财政理论的集大成者；1938年，他从"公共经济的自愿交换理论"出发，提出税收和政府公共产品供给之间的"自愿交换学说"。1949年，布坎南提出政府财政的纯理论，并在政治程序上探索政府行为。

萨缪尔森于1954年提出公共产品的需求理论，并在前人的基础上建立了萨缪尔森模型，此后财政家们就更喜欢采用公共部门经济学的名称。马斯格雷夫于1959年出版了《公共财政论》一书，并多次再版而成为财政学的权威教科书，这与萨缪尔森的《经济学》教科书同样著名，但没有阐明"公共部门经济"，因而也就没有形成统一、严密的理论体系。

2. 中国学者对财政学研究对象的争论

中国学术界对财政学研究对象的看法不尽一致，并有着激烈的争论，归纳起来大体分为以下几种：一是按政府经济职能确定的研究对象，主要是围绕财政提供公共产品或满足公共需要、安排财政收支等经济活动进行研究；二是按政府财政职能确定的研究对象，如对财政的资源配置、收入分配和经济稳定等政府行为进行研究；三是按财政本质确定的研究对象，包括对财政本质及其分配规律，或财政分配关系及其规律，或财政分配活动及其管理等进行研究；四是按财政分配对象确定的研究对象，即围绕财政参与国民收入或社会产品、剩余产品等分配活动进行研究；五是按财政范围与内容确定的研究对象，一般是对财政学说（财政思想或财政认识）、分配活动、财政管理、财政政策和财政制度等方面进行研究。

3. 本书对财政学研究对象的基本认识

结合上述西方和中国学术界对财政学研究对象的不同观点与争论，我们认为，中国的财政学研究对象可概括为：财政学是以政府提供的公共产品及其法律规范为研究对象，主要包括财政学说、公共产品、财政收支和财政制度等。

（1）财政学说。虽然人们一直对财政学说或财政思想、认识进行研究，但较少将其列入财政学的研究对象。财政学说是前人对财政理论与实践或财政分配及其规律的研究成果，古今中外，从中国周代的"量入为出"思想，到现代各国的财政理论，以及各个时代的财政实践活动，都产生了丰富的财政学说，也具有鲜明的阶级性、时代性、区域性和共同性。财政实践有一定的局限性，单纯依靠中国自身研究和实践经验总结，显然不能适应财政理论创新和实践改革的要求，因而应将财政学说列入财政学的研究对象，大胆引进、吸收各学说的合理成分，使其具有跨越时空、高度开放、科学指导、勇于实践的特征，逐步形成中国特色社会主义的财政学理论体系。

（2）公共产品。公共部门作为市场主体参与经济活动，首先面临"生产什么"的问题，公共产品理论较好地回答了这一问题。该理论将社会产品划分为私人产品、公共产品和混合产品三类，分析了公共产品的基本特征，进而得出公共产品应当由财政来提供的结论。随着西方公共产品理论的创新与发展，公共产品所涵盖的内容愈益广泛，即广义上的公共产品涵盖了一切具有共同消费性质的产品和服务，而政府提供狭义上的公共产品、纠正外部效应、克服不完全信息、参与收入分配和调节宏观经济失衡等一切活动，都可被看成财政提供公共产品。因此，在市场经济活动中以弥补"市场失灵"为出发点的政府干预行为，属于公共产品供应行为。

（3）财政收支。财政收支是现代财政活动的核心，更是财政学研究的重点。现代市场经济是政府介入的公私混合经济，政府为履行其职能应当具有相应的财政收入和财政支出。财政收入是政府凭借政治权力进行分配活动形成的收入，主要研究财政收入理论、税收收入理论、政府非税收入和政府公债收入等，这是政府弥补市场失灵而行使的重要财政经济行为；财政支出反映政府活动的范围与方向，并影响着财政资金的使用效率和效益，主要研究财政支出的类型、规模、结构和效益等基础理论，以及按照财政支出经济性质划分的财政购买性支出与转移性支出，前者包括社会消费性和财政投资性支出，后者包括社会保障、财政补贴和税收支出等。

（4）财政制度。财政制度主要包括财政政策、法律和制度等。财政政策是国家经济政策的重要组成部分，是国家为实现一定的经济社会目标而调整财政收支和调控经济运行所采取的策略与措施，贯穿于财政分配的全过程。它是税收政策、收费政策、支出政策、预算政策和国债政策等构成的一个完整的财政政策体系。财政法律是国家制定的用以调整财政分配活动的行为规范。主要包括预算法、政府投资法、政府采购法、税收实体法和征收管理法等；财政制度是国家有关分配活动和财政工作的行为规范与管理办法的总称，一般包括财政分配、财政收支、财政管理和财经纪律等制度，在西方和中国有关的财政学著作中一般包括对财政制度的研究。

（三）财政学的研究方法

1. 财政学的宏观分析

宏观分析是指以整个国民经济活动作为考察对象，来研究各个有关的总量及其变动的方法。凯恩斯是现代西方宏观经济分析方法的创立者，他运用这种方法建立了凯恩斯经济理论体系，因此宏观分析在西方经济理论中有着很重要的地位。该方法运用于财政学中重点在于解决经济总量和财政收支的均衡问题，在实际运用中描述财政工作经验，分析财政的收支结构、运行机制和变化规律，并将其总结、归纳上升到理论高度，运用政府财政手段调控经济运行、指导财政政策制定和推动社会经济发展。

2. 财政学的制度分析

财政学的制度分析与宏观分析相对应，一般是指分析以制度平台为基础的公共政策的方法，即将制度作为变量，将集体主义和整体主义引入经济理论的研究中，揭示制度对社会经济发展的影响，以及分析制度在经济体系中的地位和作用。该方法运用于财政学中主要侧重制度视角来研究财政对资源配置和收入分配的影响，通过产权制度界定、政府财政调控、税收优惠或补偿来治理外部性经济问题，从财政制度设计出发实施有效配置资源的机制，力求运用制度变迁来解释财政体制、财政增长和财政改革等问题。

3. 财政学的实证分析

财政学的实证分析是指超越一切价值判断从某个可证实的前提出发分析人的经济活动，即通过客观性的经验事实分析经济问题"是什么"的研究方法。实证分析在一定的假定及考虑有关经济变量之间因果关系的前提下，描述、解释或说明已观察到的事实，并作出预测。该方法运用于财政学中是从财政现象的分析与归纳中预测和构建财政收支的活动及其框架体系，概括财政分配活动产生或可能产生的经济影响，财政活动与整个国民经济活动的相互作用，以及组织财政活动所建立的制度和政策安排。

4. 财政学的规范分析

财政学的规范分析是指根据一定的价值判断为基础提出某些处理经济问题的标准来分析人的经济活动，即通过树立经济理论作为制定经济政策的依据，分析经济问题"应该是什么"的研究方法。它着重确定若干准则，并据以判断研究对象所具有的状态是否符合这些准则，如果有偏离应如何调整。该方法运用于财政学中是根据社会主义市场经济这一制度前提，依据公平与效率这两大基本社会准则，来判断现行财政制度是否与上述前提和准则相一致，并探讨财政制度的改革问题。

（四）财政学的内容体系

根据财政理论的发展历程和国内外实践的基本内容，来确立中国财政学的理论体系。本书的理论体系及其研究内容主要包括以下四个部分。

第一部分：财政概论。研究和阐述财政、财政学的基本理论与内容，主要包括财政基础理论和财政职能分析，具体包括财政相关概念、财政理论演进和财政学科体系，以及市场经济效率、财政基本目标和财政职能内容。

第二部分：财政支出。研究和阐述财政支出的基本理论与内容，主要包括财政支出理论、财政购买支出和财政转移支出，具体包括财政支出的概念、规模、结构和效益，社会消费支出、政府投资支出和政府采购支出，以及社会保障支出、财政补贴支出和税收支出理论。

第三部分：财政收入。研究和阐述财政收入的基本理论与内容，主要包括财政收入理论、税收收入制度、非税收入制度和公债收入制度，具体包括财政收入的概念、规模和结构，税收基础理论、税收制度理论与体系，非税收入的理论、形成和管理，以及公债的基础理论、制度内容和市场管理。

第四部分：财政管理。研究和阐述财政管理的基本理论与内容，主要包括财政政策体制、财政预算管理、财政监督管理和外国财政管理，具体包括财政政策的理论、配合与运用、财政管理体制和财政转移支付，财政预算的理论、流程和财政平衡管理，财政监督的理论、制度和财政风险管理，以及外国财政管理理论、财政收支管理和财政管理比较。

三、财政学的学科体系

（一）学科与科学的关系

科学的英文为 science，一般指对世界的认识和知识或知识的特定结构形态，按照《现代汉语词典》释为"反映自然、社会、思维等的客观规律的分科的知识体系"；学科的英文 discipline，一般指相对独立的知识体系，即科学领域或一门科学的分支或高校教学科研等的功能单位。

按照上述认识，科学是构成学科的基础，学科由众多的科学所构成。财政学是从经济学中逐步分离出来的，并逐步发展为较为成熟的学科体系。财政学既是一门科学（基础性科学），又是一门学科（应用经济学的二级学科及本科专业类或专业）。

（二）财政学的学科构成

学界对财政学科构成体系认识不一，甚至还有较大的分歧。我们认为，财政学作为知识体系的学科构成，可做以下分析研究。

1. 财政基础学

财政基础学是阐述和研究财政本质及其一般规律性的科学。研究内容是财政的基本理论、基本知识、基本原理与基本方法。它既是财政学学科入门的基础知识，又是财政学内容的高度概括。其主要科学包括基础财政学、财政经济学、财政政治学、财政文化学、财政社会学、财政教育学、财政卫生学、财政传媒学、财政公文学和财政心理学等。

2. 财政制度学

财政制度学是阐述和研究财政制度的基础理论、制度设计和国外财政制度的科学。属于财政学与制度学等交叉、融合的科学。其主要科学包括财政政策学、财政法制学、规制财政学、财政体制学、政府债务学、政府会计学、税收价格学、海关税收学、外国财政制度学和比较财政制度学等。

3. 财政管理学

财政管理学是阐述和研究财政管理理论及其程序、技能、组织和监管的科学。属于财政学与管理学等交叉的科学。其主要科学包括资产管理学、财源管理学、财政计划学、财政统计学、财政信息学、财政电算学、国库管理学、政府采购学、预算管理学、财政行政学、财政监察学、财政审计学和财政评估学等。

4. 财政历史学

财政历史学是阐述和研究国家财政思想理论及其实践活动演变发展的科学。它是财政历史经验的总结，属于经济史学的范畴。按内容划分为财政史和财政思想史；按历史时期划分为古代财政（思想）史、近代财政（思想）史和现代财政（思想）史；按国别划分为中国财政（思想）史和外国财政（思想）史。其主要科学包括中国财政史、外国财政史、中国财政思想史、外国财政思想史等。

（三）需要说明和注意的问题

为体现学科的科学性、规范性，所研究的财政各门科学注重其"学"字阐释分析。本文阐述的财政学是从科学、课程视角研究的，属于财政学科构成体系中的基础财政学，同时也兼顾了"财政制度学、财政管理学和财政历史学"的相关内容，是财政理论的凝练与财政实践的总结。

上述是对财政学学科体系框架的思考，至于如何构建其体系及研究内容，还有待于理论上的探讨和实践中的摸索。在财政教育教学管理中，可综合考虑课程设置的科学性、系统性、客观性及科学间的融合与互补，如政府采购学等诸多科学可单独设置，有的科学如基础财政学、经典财政论和财政经济学可合并为财政基础学等。

本 章 小 结

• 财政既是一个历史范畴，又是一个经济范畴。它是人类社会发展到一定历史阶段的产物，随国家的产生而产生，也随国家的发展而发展。在奴隶制、封建制、资本主义和社会主义的社会形态下，财政的分配形式、作用范围、数量规模和财政管理不尽相同。

• 财政的字面含义是以钱财治理国家事务之意，即指国家为实现其职能而依法参与社会产品分配及其管理的行为活动。其主要特征是阶级性和公共性、强制性和有偿性、收支性和平衡性。

• 对财政发展过程的历史考察，包括对家计财政、国家财政和公共财政的含义及基本内容的分析。家计财政是指个人的、私人的财政类型；国家财政是国家需要、生产建设型的财政；公共财政是区别于自然经济时期的家计财政和计划经济时期的国家财政的一种财政模式。

• 公共财政是指市场经济中以国家为主体，通过财政分配活动集中一部分社会资源用于履行政府职能和满足公共需要的经济活动。它与市场经济相适应，是满足社会公共需要和提供公共产品的民主法治财政，具有市场的弥补性、服务的公共性、实施的法治性、收支的透明性和非营利性的特征。

• 西方财政理论经历了早期的、传统的和现代的财政理论三个发展阶段，即以托马斯·孟、威廉·配第和尤斯蒂等为代表的早期的财政理论，以亚当·斯密、大卫·李嘉图、让-巴蒂斯特·萨伊、马尔萨斯和瓦格纳等为代表的传统的财政理论和以凯恩斯、汉森、马斯格雷夫、新剑桥学派、新古典综合学派、货币学派、供给学派、公共选择学派、新古典宏观经济学派、新凯恩斯主义经济学派为代表的现代的财政理论。

• 中国财政理论的发展历程包括古代财政思想、计划经济和市场经济的财政理论。中国古代财政思想起源较早，也为现代财政理论研究提供了有益的参考；在计划经济时期先后形成了以货币关系论和国家分配论为主流的财政理论；市场经济时期逐步形成了经济建设、政治建设、文化建设、社会建设和生态文明建设全面发展的"五位一体"的公共财政基本框架。

• 按照西方和中国财政学的发展历程，大体可分为三个时期：财政学的萌芽与思想，主要体现在奴隶社会与封建社会时期；财政学的创立与发展，主要体现在资本主义时期；财政学的研究与丰富，主要体现在中国计划经济时期和市场经济时期。

• 一般认为，财政学是一门研究财政现象及其发展规律的应用科学，是研究政府配置资源的应用经济学。它与经济学、税法学、社会学和政治学等科学之间既有联系又有着较大的区别。其研究对象是政府提供的公共产品及其法律规范，主要包括财政学说、公共产品、财政收支和财政制度；其研究方法是宏观分析、制度分析、实证分析和规范分析。

• 中国的财政学理论体系主要包括四个部分：一是财政概论，如财政基础理论和财政职能分析；二是财政支出，如财政支出理论、财政购买支出和财政转移支出；三是财政收入，如财政收入理论、税收收入制度、政府非税收入和国家公债收入；四是财政管理，如财政政策体制、财政预算管理、财政监督管理和外国财政管理等。

• 科学是构成学科的基础，学科由众多的科学所构成。财政学是从经济学中逐步分离出来的，并逐步发展为较为成熟的学科体系。财政学作为知识体系的学科，由财政基础学、财政制度学、财政管理学和财政历史学四类构成。

复 习 思 考

一、概念题

财政　家计财政　国家财政　公共财政　财政学

二、思考题

1. 如何理解财政与公共财政的含义？
2. 对财政的历史考察有何现实意义？
3. 如何理解中国各时期的财政理论？
4. 西方各时期的财政理论有何异同？
5. 如何建立中国财政学的理论体系？

三、分析题

公共财政改革的思考

中国时任财政部长项怀诚认为，公共财政改革实际上贯穿了中国财政改革的方方面面。……公共财政的灵魂最核心的是什么？第一，部门预算。部门预算最重要的是全面、细致、公开、透明，人人都可以查，别的作用现在看不到，等到你把部门预算全部公开时可就厉害了。你这个部长一年能干多少事，你这个部长一年之中事情干得怎么样，你这个部长一年花了国家多少钱，你这个部长一年给国家做了多少贡献，这是必须向人大报告的，这时人大立法机构的作用就体现出来了，人大这种政治改革的推动力就体现出来了。

第二，公共财政的改革，也叫国库集中收付制度。财政部门管资金的支付，预算成立以后，你作为这个部门的首长可以决定预算的使用方向，不削、不减你的权，但钱不到你这儿。商品谁提供的，我就拨给谁；劳务谁提供的，我就拨给谁，不经任何中间环节直接到达，这样资金效益就高了。……我们中国最大的问题不就是水到田头使嘛，不就是雁过拔毛嘛，叫作截留嘛，叫作挪用嘛，背后就是腐败嘛。你说讲反腐败，我就说开一百个会，不如推动一个制度的建立。这个过程中间，有的人老觉得是财政部这个权力太大，财政部在剥夺人家的权利，实际上这个剥夺权利的过程就是中国政治民主化的过程。

要求：请根据上述资料，分析中国建立公共财政的重要性及其措施。

财政职能分析

市场效率问题是财政学研究的起点。在市场经济中存在着市场有效与失灵、政府干预与失灵，而财政是以弥补市场失灵为主要目的。研究财政问题主要是研究如何实现政府职能的有效运行，并通过财政手段来满足公共需要和提供公共产品。本章阐述和分析市场经济效率、财政基本目标与财政职能内容，其内容主要包括市场经济的含义、市场效率与公平、市场有效与失灵、政府干预与失效、公共需要与公共产品，以及资源配置、收入分配和稳定经济的财政职能。重点是财政的基本目标和职能，难点是市场经济效率。

■ 第一节　市场经济效率

一、市场经济的含义

（一）市场的基本含义

一般认为，市场有两层含义：一是起源于古时人类对固定时段或地点进行交易场所的称呼，现指商品和劳务交换的场所，其主体是市场参与者，客体是主体在市场活动中的交易对象；二是指市场机制，即市场各构成要素之间相互影响、相互制约的关系及特定资源配置功能的实现方式。我们这里所称的市场是指市场机制。市场机制使市场分配成为最基本的分配形式，包括各种市场资源和劳动产品，都通过市场交换来进行分配，实行"各增其值、等价交换"原则。

（二）市场经济的界定

对什么是市场经济，人们的看法不尽一致。一般认为，市场经济是指以市场机制作为配置资源的基础手段和发达的商品经济，是通过市场配置社会资源的经济形式。它是生产社会化和商品经济发展到一定高度的产物，具有自发性、盲目性、竞争性和滞后性等特点。

社会主义市场经济是把市场经济与社会主义制度相结合，它不仅具有市场经济的一般规定和特征，同时又是与社会主义基本制度相结合的市场经济。市场经济的体系是由相对独立又相互联系的各类市场构成的有机统一体，包括消费品市场、生产资料市场、资本市场、劳动力市场、技术市场、信息市场和房地产市场等。

二、市场效率与公平

我国社会主义市场经济是市场与政府、计划与市场、政府与个人经济的混合，实际上是一种混合经济体制。而财政是政府的一种经济活动，要研究市场经济条件下的政府财政，应从分析效率与公平入手。

（一）效率的含义与标准

1. 效率的含义

效率一般指单位时间内完成的工作量。现代经济学所说的效率，通常指市场经济条件下的资源配置效率。资源配置效率是指如何将社会资源合理分配到社会各领域中并实现资源的最佳利用，即用最少的资源耗费产出最适用的商品和劳务、获取最佳的效益，从而最大限度满足人类的愿望和需要。如果一个社会的资源配置能够使得社会的总福利和总剩余最大化，这个社会的资源配置就是有效率的。

资源的稀缺性使得人们不得不考虑如何利用有限的资源来满足人类无穷的欲望，因此人类需要不断地进行资源的调整配置，使其达到最有效的使用。资源配置合理与否，对一个国家经济发展水平有着极其重要的影响。一般来说，资源如果能够得到相对合理的配置，经济效益就会显著提高，经济就能充满活力；否则，经济效益就可能低下，经济发展就会受到阻碍。

2. 效率的标准

效率的标准可用帕累托最优进行判断。帕累托最优（Pareto Optimality），也称帕累托效率（Pareto Efficiency），由意大利经济学家维尔费雷德·帕累托提出，是指在既定的个人偏好、生产技术和要素投入量下，资源配置已达到这样一种境地：无论任何改变都不可能使一个人受益而其他人不受损。也就是说，如果要增加一个人的效用，就必须以减少他人的效用为代价。

帕累托最优要求经济社会在既定的资源和技术条件下，使人们的需要得到最大限度的满足。从帕累托最优可引申出帕累托改进（Pareto Improvement）的概念。帕累托改进是指在个人偏好、生产技术和要素投入量既定的条件下，在没有任何一个人的情况变坏的前提下，通过改变资源配置使至少有一个人的情况变好，此时的社会资源配置效率得到了提高。当一种资源配置状态不可能再进行帕累托改进时，就是帕累托最优的资源配置。

帕累托最优是实现资源配置的一种理想状态，但仅以此作为评价的唯一标准和目标是不全面的。一个饥肠辘辘的乞丐从一个挥霍无度的富翁处拿走一块面包，也不是帕累托最优或效率提高，因为一个社会成员的处境变坏了。如果社会财富只被少数人拥有而大多数人仍旧贫困，这时的社会经济福利水平不值得称赞。此外，帕累托最优只是阐明资源配置的理想状态而没有涉及分配问题，可见效率标准有一定的缺陷，应引入公平标准。

（二）公平的含义、标准与计量

1. 公平的含义

公平一般是指人们对一定社会历史条件下人与人之间利益关系的一种评价，主要内涵包括经济公平和社会公平两个方面。

（1）经济公平。经济公平是指国家对每一个社会成员参与竞争、就业等一切经济活动的资格一视同仁，所有社会成员按同一规则参与经济活动，个人按其生产贡献份额获取相应的收入份额，即机会均等。经济公平追求的是竞争和过程的公平，能够有效激发社会成员的积极性并推动社会生产力的发展。它是市场经济的内在要求，强调要素投入和要素收入相对称，是在平等竞争的环境下通过等价交换原则来实现的。

（2）社会公平。社会公平是指国家通过对国民收入和社会财富的调节与再分配，以达到社会普遍认可的公平和公正的要求，即结果公平。例如，通过社会保障和财政补贴对缺乏竞争能力的弱者提供帮助，以及税收对个人收入和财产进行调节，避免两极分化。社会公平是收入分配的理想状态，强调收入差距在社会各阶层所能接受的范围之内。贫富差距大是不公平的体现，而缩小贫富差距就是促进公平。

2. 公平的标准

公平是一种价值判断，即主观认识对客观存在的一种反映，不同的人会有不同的公平观，不同社会制度下人们对公平也会有不同的价值判断。这里采用以下两个标准。

（1）功利主义标准。由边沁（Jeremy Bentham，1748～1832）提出。边沁认为，全部社会福利是每个人的效用之和、社会福利最大化，即总福利和平均福利的最大化。该标准强调社会所认可的公平是每个人的收入和财富相同，即最终走向平均主义。

（2）罗尔斯标准。由罗尔斯（John Rawls，1921～2002）提出。罗尔斯认为，社会公平状况取决于社会中生活处境最差的那个人。例如，A 和 B 两个国家，A 国人均年收入10 000 美元，但最低收入仅为 1 000 美元；B 国人均年收入 5 000 美元，最低收入也是1 000 美元，则 B 国相对于 A 国公平。该标准充分考虑了市场经济的不确定性，最大限度地保护了社会中可能出现的弱势群体，要求政府帮助社会中处境最差的人。

3. 公平的计量

在现实生活中，对公平精确量化确有较大的困难。根据经济学和社会学研究惯用的计量方法，对公平的衡量主要采用基尼系数和贫困指数两种方式。

（1）基尼系数。基尼系数是意大利经济学家基尼（Corrado Gini，1884～1965）于1922 年提出的定量测定收入分配差异程度的数值或常数。一般认为，基尼系数是指不公平收入占全部收入的比例。如图 2-1 所示，由绝对平等线和实际洛伦兹曲线所围成的面积 A，除以由绝对平等线和绝对不平等线所围成的三角形 OFE 的面积（$A+B$），即为基尼系数。

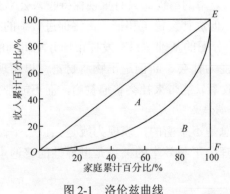

图 2-1　洛伦兹曲线

以基尼系数表示的公平是结果公平，其值为 0～1，越接近 0 则表明收入分配越是趋向平等，反之收入分配越是趋向不平等。国际上认定的标准为：基尼系数在 0.2 以下表示绝对公平；0.2～0.3 表示较为平均；0.3～0.4 表示较为合理；0.4～0.5 表示贫富差距较大；0.5 以上说明收入差距相当悬殊。

2012 年 12 月西南财经大学中国家庭金融调查显示：2010 年中国家庭的基尼系数为0.61，大大高于 0.44 的全球平均水平。根据国家统计局数据显示：2012～2016 年中国居民收入的基尼系数总体呈下降趋势，分别为 0.474、0.473、0.469、0.462 和 0.465，虽然 2016 年同比提高了 0.3 个百分点，但没有改变其总体下降的趋势。

（2）贫困指数。贫困指数（poverty index）是指处于贫困线以下的人口占社会总人口的比例。其比例越大说明贫困者越多，收入分配相应也就越不公平；反之则体现为公平。

计算贫困指数的前提是确定某一收入水平为贫困线，通常为满足基本生活水平所需要的收入，但基本生活水平的标准具有不确定性。若贫困线定得高，贫困指数所反映的公平程度就会低一些；如果贫困线降低一些，贫困指数所反映的收入分配状况就会变好，因此用贫困指数来反映收入分配的公平性程度有一定的偏差或困难。

世界各国的贫困标准应综合考虑财力、收入水平和生存需要等因素，因国情不同而标准各异。一般分为绝对贫困和相对贫困，前者指难以维持基本生活，是可以消除的；后者指无法过上大多数人的生活，是长期存在的。2015 年，美国、日本和欧洲主要发达国家等已消除绝对贫困，但相对贫困率仍高达 15%左右，中国仅为 5.70%。

国际和中国的贫困标准都是不断调整的，世界银行的贫困线公布和调整了 4 次，即从 1990 年的每人每天生活费 1.01 美元调至 2015 年的 1.90 美元，发展中国家使用 3.10美元的一般贫困标准[①]。中国调整了 3 次，即从 1986 年的人均年纯收入 206 元调至 2001年的 865 元、2010 年的 2 300 元及 2016 年的 3 000 元。2015 年中国实际贫困标准已至每人每天生活费 2.12 美元，高于国际贫困标准 0.22 美元。

（三）公平与效率的关系

1. 公平与效率的统一性

公平与效率是既对立又统一的矛盾统一体。协调公平与效率的矛盾，是现代市场经济正常运行和社会稳定的必要条件。公平与效率的统一性表现在以下两个方面：

（1）公平分配是提高效率的前提。只有重视保持收入公平分配、防止两极分化，才能激发劳动者的积极性，促进社会稳定和谐，最终促进效率的提高。

（2）提高效率是公平分配的基础。只有发挥市场分配机制的激励作用，提高企业和社会的劳动生产率，才能为社会不断创造出物质财富，以实现人们生活水平不断提高基础上的社会公平。低效率只能带来社会普遍贫穷，而不能带来真正的公平。

2. 公平与效率的协调性

公平与效率的关系总是不平衡的，表现为或是强调公平而损害效率，或是强调效率而损害公平。如何处理公平与效率的关系是世界性的普遍难题，我们必须充分认识

---

① 杨正位，马海龙. 精准理解我国的贫困标准[N]. 经济日报，2016-09-14.

公平与效率的内在统一性，因为效率是实现公平的物质基础，只有提高效率从而创造出更多的物质财富，才能为实现公平提供保证；而社会公平则有利于提高劳动者的积极性，促进生产力发展与和谐社会建设。

协调公平与效率之间的关系应立足实际，具体问题具体分析。在进行新时代中国特色社会主义建设、决胜建成小康社会时期，就必须把效率作为优先考虑的目标，并采取有效措施防止收入分配差距过大及危害社会稳定。坚持效率优先、兼顾公平，优先实现市场经济的公平竞争、高效多得的目标。在此基础上通过收入的再分配，对低收入者及失业者予以保障，真正实现社会公平的目的。

三、市场有效与失灵

市场经济无疑是有效率的，亚当·斯密已做过精彩的阐述，但效率的发挥需要满足一定的前提和条件，否则就会出现市场失灵。市场有效是指市场在完全竞争的理想状态下经济运行自发产生高效率。

（一）市场有效的特征与前提

1. 市场有效的特征

市场作为一种经济运行和资源配置方式，在有效配置资源、调动市场经济主体和各要素的积极性，以及提高经济运行效率等方面具有不可比拟的优越性。其特征主要体现在以下四个方面：

（1）自主性。在市场经济中生产什么、为谁生产、生产多少和怎样生产，投资的方向与规模、买卖的数量和消费的方式，是由市场经济主体自主决定的，即各个市场主体必须能够自主决策、自主经营和自负盈亏，并以实现利润最大化为目标。

（2）竞争性。为生存和发展、追求最大利润，参与到市场经济中的各个市场主体必然会展开激烈的竞争，一般通过采用先进技术、加强经济管理、提高商品与服务质量、降低成本等措施来占领市场，以最大限度地获取利润。

（3）平等性。各个市场主体必须遵循统一的市场法则，按照公平、公正、公开的原则进行竞争，保证其在市场经济活动中具有完全平等的地位和权利。

（4）法制性。市场经济在某种意义上是一种法制经济，它要求市场竞争和一切经济活动都要在科学、严谨的法制框架内有序进行；同时要有一整套法律、法规、规章制度来规范市场主体的行为，并维护正常的市场秩序。

2. 市场有效的前提

市场机制可实现交换的、生产的和生产与交换的帕累托最优，但最优条件的实现需要有特定的前提，即完全竞争市场。所谓完全竞争市场是指竞争充分而不受任何阻碍和干扰的一种市场机制。

完全竞争市场应满足以下假设：一是市场上有数量众多的生产者和消费者，且任何一个生产者或消费者都不具备影响市场价格的能力；二是企业生产的产品具有同质性，不存在差别；三是厂商可自由进出一个行业而不存在任何障碍，所有的生产要素都可以自由流动；四是市场上的信息是完全的和充分的。

（二）市场失灵的含义与表现

经济市场中所有的生产者和消费者从自身利益最大化与理性行为方式出发，通过市场竞争、供求与价格引导的相互作用，进而推动社会资源配置达到最优状态。当完全竞争市场条件不具备时，市场效率就不复存在，就会导致"市场失灵"。

1. 市场失灵的含义

市场失灵是指市场机制本身存在无法解决或解决不好的缺陷或问题。如果完全依靠市场机制的作用，就无法或不能充分实现社会资源的最优配置和社会福利的最佳状态。帕累托效率为实行市场经济体制的社会描述了一种合理配置资源的最理想状态，但现实中大多数的经济活动都可能是以其他人情况变坏为条件，而使某些人的情况变得更好。

因此，我们可将帕累托效率的实际含义解释为：经济活动的任何措施都应使"得者所得大于失者所失"。从全社会看，如果任何重新调整和改变会使社会福利大于由此而产生的社会成本，即在受损者得到充分的利益补偿后还有社会福利的净增加，那么这种改变和调整就是有效率的。由于市场失灵的存在，完全依靠市场机制本身是不能达到这种社会资源配置的帕累托最优状态。

2. 市场失灵的表现

（1）垄断的形成。市场经济的首要特征是市场主体选择和决策的自主性，在完全竞争的条件下存在众多的生产者和消费者，但不能控制市场。在价格机制的作用下，各种资源能在各部门、各行业之间合理、自由流动，价格机制使各种资源能流向高效率的企业，使资源配置能够达到最优状态。然而现实中并不存在或不是永远存在这种完全竞争的自由市场，如在一些行业和部门存在规模收益递增和成本递减的特点，即存在自然垄断。一些具有天然垄断性质的行业，如供水和供电规模经济效益明显，这就意味着市场机制在这些领域存在天然失灵的可能性。随着生产经营规模不断扩大，边际成本不断下降，规模收益递增，优势企业在竞争中的地位不断提高，生产经营越来越集中到少数企业手中，从而使一些行业和部门被少数企业所控制，产生垄断现象。

图 2-2 给出自然垄断的平均成本和需求曲线。由图 2-2 可知，生产的平均成本是随着生产规模的扩大而不断减少，因而仅有一家企业从事该行业的经营是最有效的；在不亏本的前提下，该企业最大的可变产量处于 Q_1 处，即当需求曲线与平均成本曲线相交时处于不亏不盈的状态；自然垄断的企业也不能按边际成本定价，因为边际成本低于平均成本，如果没有政府干预，垄断企业将会限制其产量于 $Q*$ 处，企业的边际收入等于边际成本，企业将获得垄断利润，垄断利润的数额即为阴影表示的面积。

（2）市场不完全。市场无法有效提供的产品不仅是公共产品和其他有外部收益的产品，而且还有一些（私人）产品市场也无法提供或无法充分提供，即存在市场不完全的问题。例如，在保险市场上虽然保险业发展很快，但市场仍不能为个人面临诸多重要的风险提供保险。一方面是因为私人保险市场范围太窄；另一方面有很多风险本身就是由政府行为引起的，如失业受到政府宏观经济政策的影响，因而政府部门可直接进入保险市场。

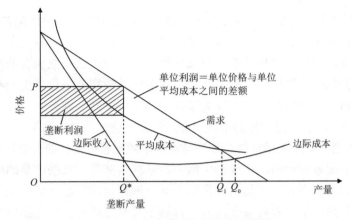

图 2-2　自然垄断需求与成本示意图

此外，市场在提供信贷上也远不够称职。例如，在农业贷款、助学贷款、中小企业贷款和住宅贷款等领域，市场上对资金的需求是大量存在的。但该类贷款的盈利并不高，甚至可能亏损，故这种私人产品金融单位（市场）并不愿意提供。对尚处于起步阶段的市场经济，市场不完全的领域是非常广泛的。

（3）分配不公平。在市场经济条件下，每一个参与市场活动的人都是追求自身利益最大化的经济人，人与人之间又必然存在差别，如人在体格、天分、智力、学历、知识、技能、环境、家庭条件等各种先天和后天的因素上存在差异，这种差异必然会影响到个人在市场竞争中的能力，再加上机会的不均等，从而影响到每个人的收入分配。

市场经济就是靠收入差别来产生利益的刺激，从而优胜劣汰并带来效率。但如果完全自发地依靠市场机制来进行分配，那么个人收入差距会越来越大，贫富两极分化会越来越严重，甚至会违背人类社会最基本的公平准则。这不仅影响经济发展，还会带来社会的不稳定。可见，收入分配的不公平是市场机制无法依靠自身力量解决的难题之一。

（4）信息不对称。竞争性市场的生产者和消费者需要有充分、真实的信息进行相应的决策，生产者应知道消费者需要何种商品、数量多少和需求变化，消费者想了解产品的品质和性能，不同的生产者、消费者之间也需要信息的沟通。

在市场经济条件下，生产者和消费者的生产、销售、购买都属于自身行为，不可能完全掌握充分的信息，加之"经济人"追求利润最大化的动机，信息掌握者通常只将对自己有利的信息提供给需求者或只提供部分信息，以致信息的提供者与需求者间的不对称，以及逆向选择和道德风险，从而导致资源配置的低效率，这是市场机制本身无法解决的。

（5）外部效应性。外部效应是指私人成本与社会成本之间或私人得益与社会得益之间的非一致性，即某个人或企业的行为活动影响了他人或其他企业却没有为之承担相应的成本或没有获得应有的报酬。其包括正、负两种类型：前者是指给他人带来了利益却没有获得应有的报酬；后者是指给他人造成了损失却没有承担相应的成本。外部效应的存在，导致具有外部效应的产品无法通过市场供给来达到最优配置。

公共产品具有典型的正外部效应特征，如治理环境污染、兴办义务教育会给社会或他人带来利益，但如果这种活动完全依靠市场机制则无法获取应有的报酬，那么追求自身利益最大化的、理性的市场主体就会更多地希望别人来投资生产和提供这类公共产品，自己则"免费搭车"。假设大家都这样想，必然导致公共产品供应不足、社会福利遭受损失，而这正是理性的市场主体进行自由选择的必然结果。

（6）偏好不合理。个人偏好的合理性是市场资源配置最优化的前提，因为市场是按所有个人偏好来配置资源的。在现实生活中，某些人某时对某些产品的偏好是不符合理性的要求，如消费者对某产品的评价低于其合理评价而只愿意低价或免费享受，则该产品称为优效品；消费者对某产品的评价高于其合理评价而愿意高价享受，则该产品称为劣效品。

无论是优效品还是劣效品都违背了市场效率的条件，导致市场的无效率。就优效品而言，由于其具有较强的正外部性，社会的边际收益往往超过个人的边际收益，个人对社会收益的认知和评价不足，因此导致其支付意愿不强和消费不足；劣效品则恰恰相反，其负外部性较强，个人的边际收益往往超过社会的边际收益，从而产生过度消费的状况。

（7）经济波动性。经济周期是市场经济固有的特征，市场机制是通过价格和产量的自发波动达到需求与供给的均衡，而过度竞争又不可避免地导致供小于求与供大于求的不断反复过程。因为供小于求，物价上涨，会导致通货膨胀；供大于求，压缩生产，会导致失业率上升。

自由放任的市场经济不可能自动、平稳发展，其原因：一是价格信号在某些重要的市场上并不具有伸缩自如、灵活反应的调节能力；二是从供求看，不同经济主体在实现其经济利益时所具有的竞争性和排他性，也会使市场的自发力不能经常保证供求平衡，从而使人员失业、通货膨胀、经济波动与失衡等问题周期性出现，甚至发展为经济危机。

综上所述，市场失灵是市场经济机制运行本身所固有的一种缺陷，是以居民和企业为主体的私人经济或私人部门经济无力解决的问题，此时需要市场以外的力量来进行干预和调节，即需要以政府为主体的公共经济或公共财政的介入，用非市场机制方式来解决市场失灵的问题。可见，市场经济条件下为什么需要政府干预、政府如何进行干预等问题，都是以"市场失灵"为切入点来进行界定和分析的。

四、政府干预与失效

（一）政府干预的争论

世界实践证明，市场机制在资源配置中发挥主导性的作用，同时竞争性的市场机制必须与国家干预或政府宏观调控相结合，但各国在强调市场机制和政府作用的程度上有所不同。一般认为，社会经济运行应以市场调节为主，只是在市场难以调节或欠缺的领域，才需要政府对市场进行干预。从西方财政理论看，在不同时期、不同国家、不同学派或专家及其政府，对政府要不要干预、干预什么、如何干预有着不同的认识，概括起来大致可分为主张政府干预、反对政府干预和适度进行政府干预三种情形。

1. 主张政府干预

重商主义和凯恩斯主义等主张在市场经济的前提下，进行积极的政府干预。

（1）重商主义的全面干预。早在16世纪和17世纪，占经济学统治地位的重商主义就认为货币是社会财富的主要形态，流通领域是财富的直接来源。他们提出：为能使外国货币大量流入、增加本国财富，必须由政府控制经济活动，采取各种经济方法和行政手段，扶持本国出口产业发展，实行贸易保护主义和严格外汇管制，实现贸易顺差，以获取和积累金银货币，使国家富裕强盛，即主张政府对经济进行全面干预。

（2）凯恩斯主义的积极干预。随着资本主义经济危机的爆发和"市场万能"神话的彻底破灭，主张对市场进行政府干预的凯恩斯主义应运而生并成为主流学派。他们认为，有效需求的不足使自由放任的市场机制不可能实现"供给自动创造需求"，市场经济不能自动达到充分就业，提出了以需求管理为主的政府干预思想，即依靠政府刺激需求政策，以弥补市场自发调节的不足，实现充分就业的均衡，其措施主要是实行扩张性的财政政策。

2. 反对政府干预

新经济自由主义主要以反对政府干预而存在，主要包括以弗里德曼等为代表的货币学派、以拉弗等为代表的供给学派、以布坎南等为代表的公共选择学派和以卢卡斯等为代表的新古典宏观经济学派。他们的共同特点是继承和发展了传统的经济自由主义思想，更注重市场机制本身的力量。

货币学派认为，社会经济动乱是政府采用了旨在干预市场经济的错误财政货币政策，因而提出货币最重要，主张实行单一规则的货币政策，精简政府机构，减少政府对经济的干预；供给学派认为，要医治滞胀顽症就必须彻底否定凯恩斯主义，以拉弗曲线为理论依据反对高税率政策，极力主张减税，以降低政府干预的程度；公共选择学派立足于"经济人"分析，主要以成本收益法为基础、利益最大化为原则，提出政府干预永远只是第二位的选择；新古典宏观经济学派也认为，宏观经济政策是无效的，甚至是有害的，因而反对政府干预经济，他们提出政府不过多地卷入经济是最好的选择。

3. 适度进行政府干预

经济自由主义和新古典综合派等主张在市场经济的前提下，进行适度的政府干预。

（1）经济自由主义的限制干预。17世纪中叶到20世纪初，反对重商主义的经济自由主义占经济学的主流地位。其代表人物斯密认为，自由竞争的市场机制这只"无形的手"能自动增进整个社会的福利，通过市场的自发调节完全可以达到资源的最优配置，因而反对政府对经济的干预，但也不否认其作用。

经济自由主义提出政府干预要有一定的限制：一是凡用利润能偿还其费用的活动，都应交由市场来做，政府不应插手，反之对利润不能偿还其费用且为社会所必需的事业可由政府出面兴办；二是政府干预也有成本，且各种花费都是非生产性的，因此提倡建立"廉价政府"，尽量减少政府干预的成本费用。

有鉴于此，斯密认为政府活动主要限制在以下三个方面：一是保护社会发展，使其不受其他独立社会的侵犯；二是保护社会中每一个成员，使其不受社会上其他任何人的侵害或压迫，并制定规则维护自由交易和平等竞争；三是支持某些公共事业发展和公共设施建设。

（2）新古典综合学派的双重干预。以萨缪尔森等为代表的新古典综合学派主张宏观经济学与微观经济学的有机结合，既要重视政府干预，又要重视市场调节。他们提出：改变政府干预的单一政策，而主张采取灵活多样的经济政策解决相应的和不同的经济问题，其中包括以需求管理为目标而相机抉择的财政和货币政策，以反经济周期为目标的财政和货币政策，以充分就业为目标的扩张性财政和货币政策，以及实现多项目标的多种政策的综合运用等。

值得注意的是：上述对政府干预的认识和主张不是绝对的，只是相对而言。现代市场经济中基本不存在极端的经济自由主义思想和完全自由放任的政策主张，以及极端的集权主义和实行政府全面管制的政策主张。经济自由主义也主张政府发挥一定的职能作用，做好市场做不好的事情；凯恩斯主义及其追随者也不否认市场机制的作用，而是主张市场机制与政府干预的有机结合，他们之间主要是在政府干预的内容和程度上存在差异。

（二）政府干预的手段

针对市场失灵问题，政府进行干预而发挥其经济调控作用。其干预手段主要包括以下三个方面：

（1）法律行政手段。该手段主要包括国家通过立法调整社会经济关系、干预和管理社会经济生活，保证市场经济良性运行；制定发展战略和规划，引导和调节经济运行；直接采取行政方法，常见的方法有规定产品价格、实行公共管制、责令造成污染的企业限期治理或停产等。例如，为解决垄断问题，政府可利用《中华人民共和国垄断法》对自然垄断行业实行国有化、管制和定价措施等；为控制生产者造成环境污染，政府可规定法定的排污标准或企业的生产量或强制排污工厂停产和治理等。

（2）经济管理手段。政府通过经济手段干预经济主要是组织公共生产，即由政府出资（财政拨款等）兴办所有权归政府所有的工商企业和单位，提供市场不能提供或提供不足的公共产品，合规、合理使用财政资金。政府组织公共产品生产不仅是出于提供的目的，而且还在于有效调节市场供求和经济稳定。例如，为弥补市场信息的不充分和不对称，政府有关部门向社会提供有关产品供求状况、价格趋势，以及宏观经济运行和前景预测的资料，也属于公共产品与服务的范围。

（3）政策调节手段。政府运用的政策手段灵活多样，但主要包括财政政策、货币政策、产业政策和国际收支政策，其中财政政策是主要的经济政策手段之一，包括公共支出和公共收入政策两个方面。本书在第一章已做过阐述，此外还将专章（第十章财政政策体制）进行较为详细的论述。

上述三种手段，都在不同程度上与财政活动有着密切的联系。例如，法律方法中也包含财政法律制度，提供公共产品本身即由财政出资，采取财政政策则更不待言。采用财政手段通过征税和收费为政府部门组织生产与提供公共产品，其最终目标是满足社会公共需要，并通过财政投资、税收优惠和财政补贴等方式调控市场经济运行，这更说明了市场经济条件下政府干预的必要性。

（三）政府干预的失效

1. 政府干预失效的主要表现

政府在经济运行中能够发挥上述重要作用，弥补市场机制存在的缺陷，使人们有理由对政府扮演的角色给予足够的重视。但必须注意，政府的作用不能随意夸大，因为政府机制也存在失效或无效的问题。一些西方国家在第二次世界大战后，更为重视政府对经济过度干预造成的不良后果。

西方理论界认为，政府失效比市场失灵更受关注。政府干预失效的主要表现为：一是政府干预未达到预期的目标；二是虽达到了政府干预目标，但成本太高，造成了资源的浪费；三是虽实现了政府干预目标，但同时又产生了未预料的负效应。

2. 政府干预失效的主要原因

（1）政府决策失误。政府决策是一个十分复杂的过程且具有不确定性，使得政府制定合理的政策较为困难。例如，政府对市场信息掌握不完全或失真，制定的政策有误或失效，甚至消除了市场作用。宏观上包括发展战略和经济政策失误，微观上包括一个投资项目选择或准公共物品与服务提供方式选择不当等；政策变化频繁，企业较难适应，市场经济效率下降。

（2）政府权力寻租。政府寻租是指政府工作人员凭借政府保护而进行的寻求财富转移的活动，被形象地称为"看不见的脚"，包括政府无意寻租、政府被动寻租和政府主动寻租三种形式。政府官员滥用权力寻租和牟取私利，使市场失去作用，被称为"看不见的脚"踩了"看不见的手"，导致资源的无效配置和分配格局的扭曲，降低社会效率、影响政府声誉，或因此降低政府活动的效率。

（3）政策时滞效应。政策时滞主要包括认识、决策、执行和效果的时滞，其中认识时滞是指从问题产生到被纳入政府考虑的时间；决策时滞是指从政府认识到某一问题到政府最后得出解决方案的时间，这个过程可能要经过反复的讨论、争论；执行时滞是指从政府公布某项决策到付诸实施的时间，如从中央到省域到市县到基层；效果时滞是指政府政策执行到实际可以观察到经济形势发生预期变化的时间。

（4）政府职能错位。该错位包括政府职能的"越位"和"缺位"，前者是指应当而且可能通过市场机制办好的事情而政府却通过财政等手段人为地参与，如政府热衷于竞争性生产领域的投资而代替了市场职能；后者是指该由政府通过财政等手段办理的事务而没有办或没有办好，如政府对公共设施、义务教育、公共卫生和环境保护等方面无投入或投入不足等，这些都是政府干预失效或财政失责的表现。

■ 第二节　财政基本目标

强调现代财政的公共性就是要实现或强调政府职能转变，政府职能回归到弥补市场缺陷、满足公共需要和提供公共产品上来。因此，满足公共需要和提供公共产品是财政活动的基本目标，更是财政学的重要内容和研究对象。

一、满足公共需要

人类的一切活动都有自身的动机，都源于某种需要，财政活动也不例外。人类的社会需要可归结为私人需要和公共需要两类，财政活动以满足公共需要为基本目标，从而揭示财政活动的最终目的。

（一）公共需要的含义

公共需要是指社会公众对公共产品的需要。一般情况下，社会成员可无差别地共同享受政府为满足公共需要所提供的产品和服务，且不必承担相应的费用。公共需要是一种整体的、多数人的需要。其基本属性有：一是只有政府出面组织和实施才能实现的事务；二是只有政府举办才能有效协调各方面利益的事务；三是企业和个人不愿意举办而又是社会存在与发展所必需的事务。其含义包括以下四个方面：

（1）公共需要是社会公众在生产、生活和工作中共同的需要。它不是普通意义上人人有份的个人需要或个别需要的数学加总，而是就整个社会而言的需要，而这种需要具有不可分割性，由政府集中组织来满足。

（2）公共需要是每一个社会成员可以无差别共同享用的需要。一个社会成员享用的需要，并不排斥其他社会成员享用。例如，社会的每一个成员对国防和公共安全等方面的需求，就不能排挤其他成员的需求。

（3）公共需要是社会成员在享受的同时需要付出代价的需要。这种代价是缴税或付费（西方财政理论将税收称为公共产品的价格），但其规则不是等价交换，付出与所得也是不对称的。

（4）满足公共需要的物质手段只是来自社会产品剩余的需要。政府满足公共需要的财政分配对象是社会总产品和国民收入中的剩余产品，也即价值中的"V＋M"部分。

（二）公共需要的特征

公共需要既有一般性和共同性，又有历史性和特殊性。公共需要的一般性和共同性一方面是指公共需要在任何社会性质、发展阶段和社会形态下都是存在的；另一方面是指有些需要项目（如国防和行政管理等），在任何社会性质、发展阶段和社会形态下都属于公共需要的范畴。

公共需要的历史性和特殊性是指公共需要不是一成不变的，而是逐步发展变化的，具体存在于特定的社会形态之中。对公共需要的历史性、特殊性可沿着两条线索分析：一是社会生产力或经济发展的不同阶段，公共需要的具体内容及结构有所不同；二是社会生产关系发展的不同阶段，公共需要的认定及内容也存在差异。

（三）公共需要的范围

1. 社会需要的满足方式

社会需要分为公共需要和私人需要，但公共需要是客观存在的社会现象，在任何社会形态中都是如此。社会中的个人虽在外貌、性情、兴趣和爱好方面千差万别，但他们总存在某些基本的共性，总有某些共同的需要。

在公共需要中，有的是任何个人或集团都无法满足和提供的，有些虽可由个人或集团提供，但由于其消费的不可分割性或存在规模效益而无法获得最佳的社会经济效益，因此对于这种"偏好一致性"的公共需要只能通过财政予以满足。从这个意义上说，财政又是满足公共需要的财政。

2. 确定公共需要的范围

在现代市场经济条件下，公共需要的范围主要是围绕实现政府职能的需要来确定的。其大体上可分为以下三个方面：

（1）政府行使其政治职能的需要。即政府财政对外防御侵略和敌对势力、对内保障社会政治经济秩序稳定的需要。例如，国防安全、国家及地方的行政管理和公检法司等，这些都属于纯粹的公共需要。

（2）政府行使其经济职能的需要。即政府财政保障市场经济顺利高效运行所必需的各种调控政策措施等的需要。现代市场经济条件下，应逐步取消或减少财政直接提供的公共产品，而以财政政策引导或控制为主。

（3）政府行使其社会职能的需要。即政府财政保障社会经济发展、提高人们生活质量和福利水平的一些公益性、基础性条件的需要。例如，文化教育、医疗卫生、社会保障、生态环境保护、公共基础设施、基础产业、支柱产业和高风险产业等，有的属纯公共需要，更多是属于介于公共需要和私人需要之间的准公共需要。

二、提供公共产品

在市场经济活动中，以弥补市场失灵为出发点的政府干预行为，属于政府的公共产品供应行为。现代政府主要的经济职责就是提供维持市场有效运转所需的公共产品，要理解财政就必须全面把握公共产品理论。

（一）公共产品的概念

1. 公共产品的含义

"公共产品"一词的提出约在20世纪初，60年代成为西方财政学理论的重要组成部分。西方财政理论认为，公共产品的严格定义由美国经济学家萨缪尔森在《公共支出的纯理论》一文中提出的："公共产品是指这样一种产品，不论每个人是否愿意购买它们，它们带来的好处不可分开地散布到整个社区里。"[①]我们认为，公共产品是指每个人对某产品的消费不会影响或减少他人对其消费的产品。即公共产品供人消费享用并不需要也不可能让这些消费者按市场的方式分担费用或成本，是真正所有社会成员共有的产品。

与公共产品对应的是私人产品，是指能够分别提供给不同个人，数量将随着人们对其消费的增加而减少的产品。私人产品的数学表达式为 $X=\sum X_i$，其中 X 为某种私人产品的总量，i 为每个消费者所消费的 X 产品的数量，即产品 X 的总量等于每一个消费者所拥有或消费该产品数的总和，这意味着私人产品是能在消费者之间分割的，如食品和衣服等。

而公共产品的数学表达式为 $Y=Y_i$，其中 Y 为某种公共产品的总量，i 为每个消费者

---

① [美] 萨缪尔森：经济学[M]. 12版. 北京：华夏出版社，1996.

所消费的 Y 产品的数量，即对任何一个消费者来说，他为了消费而实际可支配的公共产品的数量就是该公共产品总量 Y，这也就意味着公共产品在消费者之间是不可分割的，如国防、公路和公园等。

2. 公共产品的界定

（1）公共产品与私人产品的界定。人类社会需要的各种各样的产品和服务，依据需要主体和供给渠道不同，可以分为公共产品和私人产品两大类。公共产品和私人产品主要是根据消费该产品的不同特征加以区分，不是按产品的所有性质即公有还是私有来区分，也不是按产品提供的部门是私人部门还是公共部门来区分。

两种产品的提供者通常分别是政府部门和私人部门，但私人产品并不一定完全由私人部门提供，如政府部门提供给个人的食品和住房等；反之，公共产品也不排除由私人部门提供的可能，如个人捐建的学校和图书馆等公共设施。

（2）公共产品与社会产品的界定。社会产品是由物质生产部门创造的物质产品，通常不包括服务，更不包括精神产品。而公共产品不仅指物质产品，还指各种公共服务，包括无形产品和精神产品。一些传统意义上不认为是产品的，也具有公共产品的烙印。

例如，国防作为公共产品指的不是向军队提供武器装备和防御设施等，而是指政府通过这些物质所提供的保卫国家安全的服务等。西方经济学认为，政府是经济行为的主体且创造价值，因而西方国民经济核算体系的生产活动包括物质生产部门和提供各种服务的第三产业，如政府机关、军队、警察、教育和卫生等部门向社会提供服务也属于生产活动的范围。

（二）公共产品的特征

公共产品与其他产品尤其是与私人产品相比，具有以下四个特征：

（1）消费的非排他性。其非排他性是指某个人或集团对公共产品的消费，并不影响或阻碍其他人或集团同时消费该产品。如消除空气污染可使所有人享受新鲜的空气，让某个人不享受新鲜空气是不可能的。其内涵为：一是技术上找不到办法能够阻止他人享受公共产品；二是技术上可行而经济上不可行；三是不可拒绝性。而私人产品具有排他性，当消费者为私人产品付钱之后，其他人就不能享用该产品带来的利益。

（2）获取的非竞争性。其非竞争性是指一部分人对某一产品的消费不会影响其他人对该产品消费的数量或质量，受益对象之间没有利益冲突。如国防、外交、司法和环保等产品，增加消费者不会增加供给者的成本或减少任一消费者的消费量等。其内涵：一是边际成本为零，即增加一个消费者但不增加供给者的边际成本；二是边际拥挤成本为零，即产品是共同消费的，也不存在消费的拥挤现象。而私人产品如衣服、食品和住宅等，消费者必须通过市场竞争价格方式获取。

（3）效用的不分割性。其不分割性是指公共产品是面向整个社会或群体提供的，即所提供的公共产品是不能分割成若干部分而分别归个人或集团消费，如安全和国防等。尽管根据受益范围的大小，可将公共产品分为全国性或区域性的，但它必须向该区域的所有成员提供其效用。而私人产品的效用则具有可分割性，如私人用的衣服和食品等消费品。

（4）目的的非营利性。其非营利性是指提供的公共产品不以营利为目的，而是为满足社会公共需要或为社会提供市场不能提供和提供不足的公共服务，并以追求社会效益和社会福利的最大化为目标，如城市公共绿地和义务教育等。而私人产品的提供则是为追求利润或利益的最大化，如个人的股票投资和家庭用车等。

公共产品的上述四个特征是密切联系的，核心特征是非排他性和非竞争性，其他两个特征是其必然延伸。

（三）公共产品的分类

1. 按照公共产品特征的分类

（1）纯公共产品。纯公共产品是指同时具有非排他性和非竞争性的产品。它具有规模经济的特征，消费上不存在"拥挤效应"，一般不能通过技术手段进行排他性使用，否则代价将非常高昂，如国防和秩序等。只要国家建立了防务体系，就几乎不可能排除任何居住在国境内的人不受该体系的保护，即使是罪犯也是如此。此外，多一个婴儿降生或多一个移民，也不会增加该国的国防费用或妨碍其他人享受其保护。

（2）俱乐部产品。俱乐部产品是指那些受益人相对固定、通过俱乐部形式组织起来的利益共同体所提供的公益性产品。俱乐部成员有明确的会员身份，且需要分担俱乐部的产品成本。其产品特点是消费上具有非竞争性，但却可轻易排他，如公共游泳池、电影院和公园等，故而学者们将其形象地称为俱乐部产品。该公共产品可通过收费方式把不付费的消费者排除在外，即有票者可消费，无票者则不能消费。

（3）公共资源产品。公共资源产品是指资源的公共性，公众对其具有使用权和消费权的产品。其特点是消费上具有竞争性，但无法有效排他，如学校教育、路桥和草地等。它具有"拥挤性"，当消费者的数目增加到"拥挤点"后就会出现边际成本为正的情况，即每增加一个消费者将会减少原有消费者的效用。因而谁来得早谁就可能得到满足，来得晚的可能就得不到满足，具有一定的竞争性。

需要说明的是：俱乐部产品和公共资源产品通称为"混合产品"或"准公共产品"，即不同时具备非排他性和非竞争性。在现实生活中，真正的纯公共产品并不多，多数产品属于介于公共产品与私人产品之间的"准公共产品"。

2. 按照受益范围大小的分类

（1）全球性公共产品。全球性公共产品是指有很强的跨国界正外部性的产品、资源、服务和规则。如国际贸易规则、国际金融稳定、地区和世界安全、全球公共卫生等。一般而言，其经济实力、军事实力、知识实力强大的世界大国特别是世界的超级大国，是全球性公共产品的主要提供者。

（2）全国性公共产品。全国性公共产品是指那些与国家整体有关、各社会成员均可享用的产品。其受益范围是全国性的，如国防等。其特征为：一是全国性公共产品的受益范围限定在整个国家的疆域之内，而无论国土面积大小；二是全国性公共产品的提供者为中央政府，而不应是某一级地方政府。

（3）地方性公共产品。地方性公共产品是指那些只能满足某一特定区域（而非全国）范围内居民公共需要的产品。如路灯等一系列城市基础设施。该类公共产品受益范围具有地方局限性，即受益者主要是本辖区的居民。这表明地方公共产品的提供者应是各级地方政府，而不应是中央政府。

3. 按照公共产品形态的分类

（1）有形公共产品。有形公共产品是指公共产品以实物产品的形态存在并以其物质属性提供效用。如城市的广场、音乐喷泉、公共雕塑和防洪大堤等。

（2）无形公共产品。无形公共产品是指公共产品以某种服务形态或通过服务所产生的集合效应。如通过交警指挥提供的交通秩序、通过军队戍边服务提供的国防安全等。

通常意义上，从公共部门通过管理公共事务、解决公共问题的角度，可以将所有公共部门提供的公共利益都称为公共服务，但某些场合公共产品和公共服务被并列使用。

4. 按照消费者意愿的分类

（1）强制性公共产品。强制性公共产品是指不管人们是否愿意都要强制消费的公共产品。该类产品又称优效品，即政府强制人们消费的，能增进社会和个人利益的物品，如义务教育、计划免疫和强制保险等。

（2）选择性公共产品。选择性公共产品是指消费者可以有某种程度自由选择的公共产品。它一般属于可收费的准公共产品或混合产品，如人们对学校的选择、对接种疫苗站的选择和对公园的选择等。

（四）公共产品的提供

1. 公共产品提供的方式

公共产品提供的方式包括政府提供、私人提供、混合提供和俱乐部提供等类型。其中，政府提供即公共提供，在经济上主要依靠税收；私人提供即自愿提供，包括共同消费者根据享受的公共产品的边际效用支付公共产品的价格，个体或单位出于慈善或某种价值追求志愿提供社会所需的公共产品；混合提供即公私合作，它是在公私部门之间将"提供与生产"进行合理分工，可广泛引入外包等市场机制；俱乐部提供的重要特征是俱乐部产品只对俱乐部成员提供，即只有俱乐部成员的身份才能消费俱乐部产品。公共产品提供方式的不同组合，如表 2-1 所示。

表 2-1　公共产品提供方式的不同组合

提供方式	公共生产	私人生产
政府提供	政府生产政府提供：如公立学校、图书馆和体育场等	私人生产政府提供：如监狱外包和城市环保外包等
私人提供	政府生产私人提供：如电力、燃气和自来水供应等	私人生产私人提供：如私立学校和图书馆等
混合提供	政府生产混合提供：如收学费的公立大学和城市公共交通等	私人生产混合提供：如享受政府补贴的私立学校等

2. 纯公共产品提供的主体

纯公共产品是完全用于满足社会公众需要的，具有鲜明的、完全非排他性和非竞争性特征。学术界普遍认为，纯公共产品不能由市场提供而只能由政府提供，这是由市场和政府的运行机制不同所决定的。市场是通过买卖提供产品和服务的，在市场上谁有钱就可以购买商品或享用服务，即钱多多买、钱少少买、无钱不买，因而市场买卖要求的是利益边界的精确性。其内容主要表现在以下三个方面：

（1）完全非排他性意味着无法排斥他人消费同一产品。公共产品在非排他性的条件下所需要或消费的是公共的或集合的，每个消费者都不会自愿掏钱去购买，而是等着他人去购买而自己顺便享用其所带来的利益，即经济学所称的"搭便车"现象，因此由于"免费搭车"问题的存在就需要政府来提供公共产品。

（2）非竞争性意味着增加消费者的边际成本为零。增加一个公共产品消费者，不减少或不影响其他消费者的消费水平，则增加消费者的边际成本为零。在非竞争性的条件下，对消费公共产品的消费者收费，会使消费者的边际效用大于零，以致违反效率定价原则。

（3）政府的责任是解决市场提供公共产品的难题。因为政府主要是通过无偿征税来提供公共产品。但征税是能精确计量的，而公共产品的享用一般是不能分割的，无法个性量化。即每一个纳税的单位和个人缴纳的税额与其对公共产品的享用数量是不对称的，不能说多纳税就可多享用、少纳税就少享用、不纳税就不享用。

3. 混合产品提供的主体

混合产品的特征是兼具公共产品和私人产品的性质，因此可采取公共提供或市场提供方式，也可采取混合提供方式。从世界各国实践看，混合产品的有效提供主要有以下三种：

（1）政府补助。对那些提供教育服务、卫生服务的私人机构及从事高新技术产品开发的私人企业，政府给予一定数量的补贴和优惠政策。这是因为教育服务、卫生服务、高新技术开发都具有正外部效应。政府补助方式主要包括财政补贴、贴息贷款和减免税等。

（2）社会组织提供。社会组织提供主要有独立提供、与政府合作提供两种，前者是社会组织通过自筹资金、依靠自身力量提供各类公共产品；后者是通过公共服务社区化或与公共部门建立合作关系，政府以付费、资助或特许的方式购买，或支持社会组织提供公共服务，或通过委托方式与社会组织签约，由社会组织承担某些公共服务。

（3）私人提供公共产品。政府有意识地降低私人资本进入公共领域的门槛，以一定的利润水平作为"诱饵"，以制度性的安排促进私人提供公共产品。

4. 公共产品提供的限定

由上述分析可知，市场只适用于提供私人产品和服务，对提供公共产品是失效的，而提供公共产品恰恰是政府活动的领域，是政府的首要职责。传统上是政府直接负责公共产品的生产和提供，存在着过度提供公共产品、财政赤字负担过重和无法迅速回应公众多元化需求等诸多问题，使政府承担了越来越多的对经济活动的规制、干预和生产功能，政府机构越来越庞大，财政支出规模也与日俱增。而现代财政学则关注政府提供公共产品与市场提供私人产品之间的恰当组合，政府提供公共产品所花费的成本和代价，以便合理地确定政府提供公共产品和财政支出的规模。

上述纯公共产品、混合产品和私人产品三种产品，在产品的区别、提供和筹资等方面所进行的比较，如表2-2所示。

表 2-2　纯公共产品、混合产品和私人产品的比较

性质	排他性	非排他性
竞争性	私人产品 （如个人服装与食品） 1. 较低的排他性成本 2. 仅为私人企业生产 3. 运用市场进行分配 4. 通过个人收入筹资	混合产品 （如学校教育与路桥） 1. 集体消费有拥挤性 2. 私人或部门的生产 3. 由市场或预算分配 4. 通过销售收入筹资
非竞争性	混合产品 （如公共泳池与公园） 1. 含外在性私人产品 2. 私人企业进行生产 3. 含补贴或税收分配 4. 通过销售收入筹资	纯公共产品 （如国防安全与外交） 1. 很高的排他性成本 2. 政府或其授权生产 3. 采用公共预算分配 4. 通过税收收入筹资

■ 第三节　财政职能内容

财政职能是财政在社会经济生活中所具有的职责和功能，它是财政这一经济范畴本质的反映。一般来讲，在任何情况下组织收入都是财政最基本的职能，政府运作和职能履行就是靠财政收入支持。从市场经济条件下财政宏观调控的角度看，财政具有资源配置、收入分配和稳定经济的职能。

一、财政资源配置职能

（一）财政资源配置的实质

财政资源配置职能是指政府通过财政收支及相应的财政政策，调整和引导现有经济资源的流向与流量，以达到资源的优化配置和充分利用，实现最大的经济社会效益的功能。它是国家经济职能的体现和财政职能的核心，影响社会生产中生产什么和怎样生产的问题。

高效配置资源实质上是对社会劳动和各种生产要素的合理分配与有效使用，这是经济学和财政学的核心问题。在不同经济体制下，资源配置的方式不同：计划配置在计划经济下包罗一切并起着主导作用，也包含财政配置；市场配置在市场经济下起主导作用，总体上看市场配置是有效率的，在市场竞争中受利益的驱使，每一个经济活动主体都会根据市场需求来不断调整其对资源的配置，以使自己获取最大的收益。

然而，单靠市场机制并非在任何情况下都能实现资源的合理配置，即存在市场缺陷或失灵。主要表现在两个方面：一是许多公共需要和公共产品无法通过市场配置有效提供；二是市场配置资源有一定的盲目性，经济活动主体容易从自身利益出发、存在短期行为，而市场提供的错误信息又会将其引入歧途。因此，在市场经济条件下政府应从全社会整体利益出发，将市场配置与政府配置相结合，运用财政等手段对资源进行必要的分配和调节，以达到整个社会资源优化配置的目标。

（二）财政资源配置的范围

按公共产品的不同分类，财政资源配置的范围也不同。

（1）纯公共产品。纯公共产品对每个消费者来说有不同的"价格"（公共产品支付成本），因为公共产品对每个消费者的效用不同，其资源配置的资金由政府提供。如果公共产品提供不足，在消费中通常会发生公共产品"拥挤"的情况。

（2）准公共产品。对准公共产品来说，政府要参与资源配置，但通常也要有一部分由消费者（如受教育者）直接支付。由于准公共产品是由政府决定的，因此属于财政资源配置的范围。也可以说，生产准公共产品是政府职能的延伸。

（3）行业垄断产品。行业垄断产品的资源配置较为复杂，有时是财政进行资源配置，有时是市场进行资源配置，但市场配置资源应实行政府管制。究竟采取何种资源配置方式，要以效率优先的原则视具体情况而定。

（三）财政资源配置的内容

财政资源配置是调节资源在区域经济之间、产业部门之间和利益主体之间的合理、有效配置。其主要内容包括如下三个方面：

（1）调节资源在区域经济之间的配置。世界各国、区域之间经济发展不平衡是较为普遍的现象，包括历史、地理和自然条件等多方面的原因。这一问题在我国尤为严重，解决这一问题仅靠市场机制难以奏效，有时还产生逆向调节，即资源从落后地区向发达地区进行流动，显然不利于整个国家的经济均衡和社会稳定，这就要求政府在这方面发挥财政资源配置的职能作用。如增加落后地区的财政投资和转移支付、优化其资源配置、改善区域环境，以促进国民经济的协调与稳定发展。

（2）调节资源在产业部门之间的配置。产业部门配置包括调整产业投资结构和改变现有企业生产方向两个途径，财政都能发挥积极的调节作用。例如，增加能源、交通、原材料等基础产业和基础设施投资或减少加工部门投资，优化产业结构；利用财税政策引导企业的投资方向，如对长线和短线产品生产规定不同的税率与折旧率等，可起到对不同部门投资的奖限作用；而改变企业生产方向，除必要的"关停并转"等行政手段以外，还可主要采取有利于市场竞争和对不同产业区别对待的税收政策予以调节。

（3）调节资源在利益主体之间的配置。政府职能取决于财政收入占 GDP（gross domestic product，国内生产总值）的比重，即提高该比重则意味着社会资源利益主体中政府部门支配使用的部分增多，非政府部门即企业和个人可支配使用的部分减少；反之则相反。社会资源在利益主体之间的分配，主要是根据公共需要在整个社会需要中所占的比例而定的。这一比例不是固定不变的，而是随着经济发展、政府职能和活动范围的变化而变化的。政府部门支配使用的资源应当与其承担的责任相适应，政府支配使用的资源过多或过少都不符合优化资源配置的要求。

（四）财政资源配置的手段

财政资源配置职能的发挥，主要有以下三种手段：

（1）税收。政府是一个非生产性部门，它要参与到社会资源配置中，首先必须依靠国家政权的力量集中一部分社会资源，税收是征收财富的一种最重要的手段，主要是国家凭借其政治权力依法向单位和个人进行的强制性征收。

（2）公债。公债是现代市场经济国家经常使用的一种财政工具。许多国家都通过发行公债筹集资金，并将其配置到适宜的领域。我国1998～2004年和2008年以来实施的积极财政政策，就是通过大规模发行公债来为基础设施等"瓶颈"产业进行融资的。

（3）财政支出。政府财政支出的过程实质上是社会资源配置的过程。如财政投资就是政府根据特定时期产业政策的要求，将集中起来的社会资源配置到某个行业或某个地区；财政补贴支出是政府为支持某种产业或某个地区的发展将社会资源配置到其中。

上述税收、政府公债和财政支出等内容，将在以后设专章做进一步阐述。

二、财政收入分配职能

（一）财政收入分配的含义

财政收入分配是指对国民收入的再分配，即通过对国民收入的分配形成流量收入分配和存量财产分配的格局。在市场经济条件下，政府通过调节政府、企业、个人所占国民收入的份额，以改变国民收入在各利益主体之间的比例关系，以实现分配公平的目标。它对"为谁生产"，即各市场主体在总收入中的份额或生产效益归谁享用产生影响。

对国民收入的分配可以分为初次分配和再分配：初次分配是在企业单位内部进行的要素分配，即根据要素投入的数量和价格而获得相应的要素收入，如凭借劳动力的投入获得工资、凭借资本的投入获得利润或利息、凭借土地的投入获得地租等；再分配是在初次分配的基础上进行的财政分配，如对销售（营业）收入、企业利润和个人工资等流量收入征收流转税与所得税，对拥有房产、车船等存量财产征收财产税，对贫困地区和低收入者等安排转移支付、补贴支出等给予保障。

（二）财政收入分配的目标

1. 财政分配公平的含义

财政收入分配的主要目标就是实现财政分配公平。财政分配公平是指财政分配符合一国社会绝大多数成员认可的正义观念。在现实社会中，用以衡量财政分配是否公平的标准，是财政合理的分配程序结果。但需要注意以下两个问题：

（1）财政分配公平不限于平等。实质意义上的公平要求在某些情况下实行法律上和财政分配上的不平等。就内容而言，财政分配公平是一般情况下财政分配平等与特殊情况下财政分配不平等的有机结合；在税收方面是平等与不平等的结合，也就是横向公平（条件相同者同等对待）和纵向公平（条件不同者区别对待）的结合。

（2）财政分配体现全过程公平。财政分配全过程的公平即指财政分配起点、过程和结果的公平。起点的公平主要是指机会均等，包括参与财政决定的机会均等和法律适用的平等，如税法规定免税政策，则所有符合条件的人都应享受免税的优惠；过程的公平主要是指财政行政和财政执法的公平；结果的公平则是指财政分配结果的合理和公正。

2. 财政分配公平的依据

（1）经济基础。我国公有制经济对政府财政已长期并将继续做出重要的贡献，财政收支以绝大多数人公平地承受负担和享受利益为其目标；在市场经济条件下，公平竞争是市场机制发挥作用的必要条件，为实现公平竞争必须公平税负，并使所有的经济主体公平受益，而不应有财政上的差别待遇。

（2）政治体制。我国是人民民主专政的社会主义国家，决定了财政的民主性，也决定了财政只能是公平地为全体人民利益服务。尤其是确定的共同富裕目标，虽然不是所有人一样的富裕或平等的富裕，但必然是所有人达到公平意义上的富裕水平，因而要求我国的财政应当是对所有人公平的财政。

（3）政策目标。我国宪法等法律中已明确公平的政策目标，如《中华人民共和国宪法》（以下简称《宪法》）规定了公民在法律面前人人平等的原则，并在《中华人民共和国预算法》（以下简称《预算法》）等法律中予以运用。其实质是一般情况下的平等与特殊情况下不平等的有机结合，即公平的精神。公平是法律追求的最高价值目标，该目标在财政领域中的具体化即为财政公平原则。

（三）财政收入分配的内容

财政收入分配的主要内容是调节企业的利润水平和居民的个人收入水平。调节企业利润水平的主要任务在于：使企业的利润水平能够反映企业的生产经营管理水平和主观努力状况，使企业在大致相同的条件下获得大致相同的利润。

调节企业的利润水平主要是通过征税来剔除或减少客观因素的影响，如通过征收消费税剔除或减少价格的影响；通过征收资源税、房产税和土地使用税等，剔除或减少由于资源、房产和土地状况的不同而形成级差收入的影响；统一企业所得税法、公平税负，也是实现企业公平竞争的重要外部条件；调节居民的个人收入水平，主要是通过征收个人所得税和遗产税等达到目的。

（四）财政收入分配的手段

实现财政收入分配的职能，主要有以下三种手段：

（1）税收制度。通过征收企业所得税和个人所得税，可调节不同企业、个人等微观主体的收入水平；通过征收房产税等财产税，可缓和财富在不同人群中的分布不均状况；通过征收资源税，可缩小部门和地区间资源条件的差距等。

（2）财政支出。通过财政支出可反映市场经济条件下政府活动的范围、规模、结构和方向，体现国家的社会经济政策导向。尤其是通过加大对特殊区域和重点行业、部门、项目等财政投资的力度，不断优化经济结构，以促进经济的可持续发展。

（3）转移支付。通过政府间的转移支付、社会保障、救济支出及各种补助支出，实现收入在全国范围内的转移分配，实现公共服务均等化的基本目标，保证社会成员的基本生活需要和社会福利水平，以促进和谐社会的建设与发展。

三、财政稳定经济职能

（一）财政稳定经济的含义

财政稳定经济是指财政保证经济的通畅、健康和稳固的良性运行，通常包括充分就业、物价稳定和国际收支平衡。充分就业是指有工作能力且愿意工作的劳动者能找到工作，也泛指通过自己的劳动来维持自己生活的活动；物价稳定是指物价总水平的基本稳定，即在纸币流通条件下物价上涨幅度在社会可容忍的范围内；国际收支平衡是指一国在进行国际经济交往时，其经常项目和资本项目的收支大体保持平衡。

应当指出的是：稳定经济并不是不要经济增长，稳定和增长是相辅相成的。这里所言的稳定经济是在经济适度增长中的稳定，即动态稳定而不是静态稳定。因此，稳定经济就包含经济增长的内容，就是指保持经济的持续、稳定、协调发展。

（二）财政稳定经济的内容

（1）调节社会总供求总量上的平衡。实现稳定经济增长的关键是要实现社会总供求的平衡，如果总供求实现了平衡，物价水平基本稳定，经济运行处于良好状态，充分就业和国际收支平衡目标也较容易实现。政府预算收支总量增加或减少，可以直接影响总需求，即增收减支会抑制总需求，相反减收增支则会扩大总需求。

（2）调节社会总供求结构上的平衡。社会总供求在总量上实现了平衡，还应再考虑其结构方面的平衡状况。社会总供求的结构包括部门结构、产业结构、产品结构和企业结构和地区结构，财政在调节总供求结构方面的原理，类似于财政通过资源配置职能的实现优化国民经济结构。

（三）财政稳定经济的手段

财政稳定经济的手段主要有政府预算政策和财政收支制度。

（1）政府预算政策。政府预算收入代表可供政府支配的商品物资量，是社会供给总量的一个组成部分；政府预算支出会形成货币购买力，是社会需求总量的一个组成部分。通过调整政府预算收支之间的关系，就可起到调节社会供求总量平衡的作用。当社会总需求大于社会总供给时，可通过政府预算收大于支的结余政策进行调节；当社会总供给大于社会总需求时，可通过政府预算支大于收的赤字政策进行调节；在社会供求总量平衡时，政府预算应实行收支平衡的中性政策与之相配合。

（2）财政收支制度。通过财政制度性安排，发挥财政"内在稳定器"的作用。在财政收入上主要是指实行累进所得税制，当经济过热、通货膨胀时，企业和居民收入增加，适用税率相应提高，税收增长超过 GDP 的增长，从而抑制经济过热，反之可刺激经济复苏和发展。在财政支出上主要体现在转移性支出（社会保障、补贴、救济和福利支出等）的安排上，其效应与税收相配合，在经济高涨、失业人数减少时，转移性支出下降，对经济起抑制作用，反之对经济复苏和发展起到刺激作用。

本 章 小 结

• 一般认为，市场有两层含义：一是通常指商品和劳务交换的场所，其主体是市场参与者，客体是主体在市场活动中的交易对象；二是指市场机制，即市场各构成要素之间相互影响、相互制约的关系及特定资源配置功能的实现方式。市场经济是指以市场机制作为配置资源的基础手段和发达的商品经济，是通过市场配置社会资源的经济形式。它是生产社会化和商品经济发展到一定高度的产物。

- 现代经济学所说的效率即指帕累托效率，是在既定的个人偏好、生产技术和要素投入量下，资源配置已达到这样一种境地：无论任何改变都不可能使一个人受益而其他人不受损。公平一般是指人们对一定社会历史条件下人与人之间利益关系的一种评价。公平与效率是既对立又统一的矛盾统一体。

- 重商主义和凯恩斯主义等都主张在市场经济前提下，进行积极的政府干预；新经济自由主义主要是反对政府干预，更为注重市场机制本身的力量；经济自由主义主张实行政府的限制干预；新古典综合学派主张市场与政府的双重干预。现代单纯的市场机制或政府机制都是不可取的，只有两种机制相互配合才有助于实现目标。

- 公共需要是指社会公众对公共产品的需要。它是社会公众在生产、生活和工作中共同的需要，来自社会产品剩余，社会成员可无差别共同享用。其主要围绕实现政府职能来确定公共需要的范围，具有一般性、共同性、历史性和特殊性等特点。

- 公共产品是指每个人对某产品的消费不会影响或减少他人对其消费的产品；按公共产品的供给、消费和技术等分为纯公共产品和混合产品，它有别于私人产品和社会产品；具有消费的非排他性、获取的非竞争性、效用的不分割性、目的的非营利性等特征。

- 财政资源配置职能是指政府通过财政收支及相应的财政政策，调整和引导现有经济资源的流向与流量，以达到资源的优化配置和充分利用，实现最大的经济社会效益的功能。其配置的范围是纯公共产品、准公共产品和天然垄断行业产品，其内容是调节社会资源在区域经济之间、产业部门之间和利益主体之间的合理、有效配置，以税收、公债和财政支出等为手段。

- 财政收入分配一般指对国民收入的分配，即通过对国民收入的分配形成流量收入分配和存量财产分配的格局。其主要目标是实现公平分配，其内容主要是调节企业的利润水平和居民的个人收入水平，以税收制度、财政支出和转移支付为手段。

- 财政稳定经济是指保证经济的通畅、健康和稳固的良性运行，通常包括充分就业、物价稳定和国际收支平衡。其内容主要是调节社会总供求在总量上和结构上的平衡，以财政预算政策和财政收支制度等为主要手段。

复 习 思 考

一、概念题
市场机制　市场有效　市场失灵　政府干预　公共需要　公共产品　私人产品
混合产品　财政职能

二、思考题
1. 如何处理市场经济的效率与公平关系？
2. 市场有效的特征及其失灵的基本表现是什么？
3. 政府干预的基本理论及其失效的原因是什么？
4. 如何发挥市场与政府的"双重"功效？
5. 现代社会如何发挥财政的职能作用？

三、分析题
公共产品短缺引发的思考

我国经历"文化大革命"以后，引发的最大社会问题是物质产品短缺、老百姓缺衣少食、物质生活水平较差，人们渴望少点政治斗争，多点物质生活改善。政府也逐步认识到物质产品的短缺是其垄断了生产和分配所致，因而有了改革开放、放权让利、自由竞争、私有发展和市场经济等一系列政策。经过近40年的市场化改革和经济的持续增长，缺衣少食、上无片瓦已不再是社会矛盾的主要起源，私人物品极度匮乏已不是社会主要矛盾的根本起因。

然而，一个主要矛盾的结束却催生了新的主要矛盾。2017年党的十九大报告明确提出了"人民日益增长的物质文化需要同落后的社会生产之间的矛盾"转化为"人民日益增长的美好生活需要和不平衡不充分的发展之间的矛盾"。但社会现实中可看到，"端起碗吃肉"的情形淡化了，而"放下筷子骂娘"的情形凸显了。为什么吃饱了还要骂娘呢？也许是恨贪官太多，也许是恨社会不安全，也许是恨土地被征占，也许是恨找不到工作，也许是恨有冤无处诉，也许是恨教育收费太高……所有这些抱怨也许都是公共产品短缺的影响。

公共产品就是花费纳税人的税款，由公共权力部门提供的、服务于社会公共利益的产品和服务。公共产品供给的高效与公平，是保证社会和谐发展的基础。近年来引发舆论高度关注的社会矛盾，实际上不再是私人物品的普遍短缺，而是公共产品的普遍短缺。社会上的各阶层、各群体普遍感到公共产品的短缺，对公共产品的主要提供者——政府埋怨不已。社会普遍痛恨的官员腐败、普遍批评的行政低效、普遍关注的财政黑洞、普遍质疑的官商勾结、普遍要求的官员问责等问题，其实就是公共产品问题。也可以说，公众日益增长的公共产品需求与公共产品短缺低效之间的矛盾，已成为当前我国社会的主要矛盾之一，社会公众需要一个高效廉洁、平等参与、公开透明的公共领域。

为什么经济持续增长到今天，中国公共产品供给短缺问题反而突出了呢？为什么只进行政策性的调整，就难以满足公众的公共产品需求了呢？是因为公共产品需求急剧攀升而现行供给体制不适应吗？

要求：结合上述资料分析政府与市场的关系，以及政府职能定位与满足公共需要，提供公共产品与供给侧结构改革的效应。

第二篇　财政支出

　　财政支出是政府将集中起来的社会资源运用于满足公共需要的过程，反映市场经济条件下政府活动的范围、规模、结构和方向。"财政支出"篇主要是研究财政支出的基本理论、内容与方法，分三章阐述财政支出理论、财政购买支出和财政转移支出，主要包括财政支出的概念、规模、结构和效益基础理论，以及社会消费、政府投资、政府采购、社会保障、财政补贴支出的内容和税收支出理论。

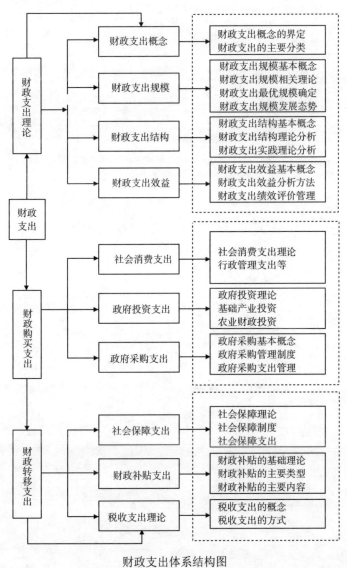

财政支出体系结构图

财政支出理论

财政支出是政府对财政资金的具体运用，它从最初满足国家基本职能，扩展到宏观经济调控；从瓦格纳等专家学者研究财政支出规模等内容开始，到公共管理学和公共部门经济学等科学的丰富，财政支出理论已发展为包括财政支出效益在内的现代财政支出理论。本章阐述和分析财政支出概念、财政支出规模、财政支出结构和财政支出效益，其内容主要包括财政支出的含义与范围、原则与分类，财政支出规模的基本概念、理论依据、影响因素、最优规模和发展态势，财政支出结构的概念、理论分析和实践分析，以及财政支出效益的基本概念、分析方法和财政支出绩效评价管理。其重点是财政支出的分类、规模和效益，难点是财政支出的结构和效益。

■ 第一节　财政支出概念

一、财政支出概念的界定

（一）财政支出的含义

财政支出通常又称为政府支出或公共支出，是指政府为提供公共产品和服务、满足社会共同需要而进行的资金支付。它是财政分配活动的重要组成部分，是国家调控经济运行的重要手段。

财政支出的数量和范围反映了政府介入经济生活与社会生活的规模和深度，以及公共财政在经济和社会生活中的地位与作用。通过优化财政支出的规模和结构，对弥补市场机制缺陷，合理和有效配置资源，调节国民收入分配和产业结构，促进经济持续、协调和稳定增长等方面都具有积极的现实意义。

（二）财政支出的范围

财政支出与政府职能、公共利益密切相关，在借鉴市场经济发达国家经验的基础上，根据中国调整财政预算的指导思想和客观实际，其财政支出范围可界定为以下四个领域：

1. 政权建设支出

我国国家机关包括权力机关、行政机关、审判机关、检察机关和武装警察部队等，这些都是国家机器的基本组成部分，具有社会管理、保证人身与财产安全等重要职能，属于财政支出的范围。依法成立的政党组织、政协常设机构及部分人民团体等，财政应保证其合理的资金需要。因此，政权建设领域的财政支出主要包括行政管理支出、国防支出、国家安全支出和对外事务支出等。

2. 事业发展支出

事业发展类型主要包括：一是提供纯公共产品，如义务教育、基础研究、卫生防疫、妇幼保健、公共图书馆和博物馆等单位，私人不愿意或无力承担，需要政府组织管理，因而财政必须保证其经费的合理需要；二是提供准公共产品，如高等学校和应用基础研究单位等提供一定公共性质的产品，并向消费者收费取得一定的补偿，因而财政可对其补助一部分经费；三是提供私人产品，如研发型科研单位、新闻出版和社会中介机构等单位提供具有排他性与竞争性的私人产品，其耗费可通过收费来补偿并获取相应的利润，无须政府举办和出资，逐步交由市场管理。因此，公共事业发展领域的财政支出，主要包括基础教育、基础科研和卫生保健等的支出。

3. 公共投资支出

财政主要应对那些对国民经济有重大影响的非经营性和非竞争性领域，进行必要的公共投资。其类型主要包括：一是非营利性领域，主要是公共设施、基础设施等非营利性领域，如道路、桥梁、码头、农业水利建设、环境保护和防治污染工程等；二是自然垄断产业，如铁路、航空、邮政、自来水等基础产业和城市公用事业等；三是风险或高技术产业，主要是重大的技术先导产业，如航天、新能源和新材料等；四是政策性产业，如军工、粮食和国企改革等；五是农业及公益性事业，加强政府对农业的扶持和保护，加大对落后地区、环保项目和农业科技成果的推广与应用，扶持农业公益性事业的发展等。

4. 转移分配支出

对社会保障提供资金支持是公共财政的显著特征，政府应发挥保证社会分配公平、提高社会保障程度的功效。其内容主要包括：一是按财政政策等要求调节不同地区和居民的收入水平，提高收入分配的公平程度，保证丧失工作能力者、无职业和低收入者的生活需要，如下岗职工基本生活费和城市居民最低收入保证等；二是实行各种社会保险和福利救济，以及对欠发达地区的转移支付和扶贫支出等。因此，转移分配领域支出主要包括社会保障、价格补贴等补助和补贴性的支出。

（三）财政支出的原则

建立适应中国特色社会主义市场经济要求的公共财政体系，其实质就是从满足公共需要和提高社会整体福利水平出发，使财政支出的范围、规模、结构、效益与政府职能范围、方向相适应，因而应当遵循以下四个原则：

1. 保证政府职能的原则

财政是政府职能在社会产品分配过程中的集中体现，财政支出就是要保证政府实现其职能的需要。在社会主义市场经济体制下，政府通过财政参与社会资源配置，弥补市场失灵等缺陷，为社会提供必不可少的公共产品与服务。保证实现政府职能的需要，一方面，要求科学界定财政支出范围，明确财政资金供给对象；另一方面，财政支出要保证重点支出的需要，如教育、科技、农业、能源和社会保障等涉及国计民生的领域与事务。

2. 兼顾公平效率的原则

公平与效率是政府财政支出应遵循的重要原则。讲求公平就是要在财政支出中做到合理、公开和透明，使各部门和单位对年度经费预算做到心中有数。效率与资源配置紧密相连，是以投入和产出之比来计量的，高效率主要来自对社会资源的优化配置，要将有限的资源发挥最大的效益，就必须以最小的投入取得最大的效益，为此财政支出预算规模要适当、支出结构要合理。

3. 贯彻依法支出的原则

依法支出包括两层含义：一是建立健全财政支出法律法规体系及其相适应的监督管理机制，使其有法可依，保证财政支出活动的科学性和法制性；二是树立依法财政的观念，真正做到有法必依、执法必严和违法必究，以保证财政支出活动的规范性和有效性。因此，在财政支出预算的编制、执行和调整等环节，必须坚持依法支出的原则，严格执行部门预算和国库集中支付等制度，避免"以言代支、以权代支"等违法违纪问题的发生。

4. 促进经济发展的原则

财政支出结构的长期演变与经济发展的阶段性密切相关，一般而言，经济发展的上升阶段，政府经济性支出占公共支出的比重及政府维持性支出占财政支出的比重呈递减趋势，社会服务性支出占财政支出的比重呈递增趋势，社会服务性支出内部的转移支付支出呈上升的趋势。因此，必须根据国家和各地区经济发展水平和财政能力等情况，适时调整与优化财政支出结构，以保证经济的健康、稳定与持续发展。

二、财政支出的主要分类

财政支出分类是指根据不同的需要和标准将财政支出进行划分与归类的方法。对财政支出进行科学分类是财政支出结构和规模分析的基础，可以更加全面、准确和科学地把握财政支出的发展变化规律。其分类标准主要包括补偿程度、支出功能和经济用途，补偿程度分类明确反映财政支出的经济分析意义，支出功能分类明确反映政府职能的活动范围，经济用途分类明确反映政府资金的支付途径。

（一）财政支出按照经济性质的分类

财政支出按照经济性质或补偿程度，分为购买性支出与转移性支出。

1. 购买性支出与转移性支出的含义

购买性支出是指政府购买产品或劳务即购买日常政务活动所需的或用于政府投资所需的各种物品或劳务的支出。前者如政府各部门的行政管理费，后者如政府各部门的投资拨款。它是政府消耗性的资金支付，主要包括用于政府雇员薪金、购置从事公务活动所需的设备与物品、投资于公共工程等方面的支出。购买性支出反映了政府部门占用和消耗社会资源的状况，也表明由政府部门运用这些资源而排除了私人部门运用这些资源的可能性。

转移性支出是指政府按一定方式把一部分财政资金无偿地、单方面转移给居民或其他受益者的支出。它是政府资金的一种单方面的无偿支付，主要包括政府部门用于社会保障（如养老保险金等）、财政补贴和债务利息等方面的支出。转移性支出并不直接消耗公共资源，消耗者是转移性支出的接受者，政府并不直接获得相应的产品和劳务等经济补偿。其实质是对社会资源在社会成员之间进行的再分配，政府部门只充当中介的作用。

2. 购买性支出与转移性支出的类型

（1）购买性支出的分类。按照购买商品与服务的不同，购买性支出可分为消费性支出和投资性支出。消费性支出是指政府直接在市场上购买并消耗商品和服务所形成的支出。它是国家履行政治和社会职能的财力保证，其支出主要包括一般公共服务、公共安全、外交支出、国防、教育、科学技术、文化体育与传媒、医疗卫生八类，其中前四类是纯公共产品，后四类是准公共产品。

投资性支出是指政府对社会产品或国民收入筹集起来的财政资金进行集中性和政策性投资而发生的财政支出。该类支出主要包括基础产业支出和支持农业支出，基础产业包括基础设施和基础工业，具有明显的经济和社会效益；农业发展对人口大国来说至关重要，因此重大的农业投资项目原则上应由政府承担。

消费性支出和投资性支出的共性都是在必要的限度内为社会再生产正常运行所必需的财政支出。但两者也有明显差异，其根本区别在于前者的使用形成资产，而后者的使用并不形成任何资产。

（2）转移性支出的分类。转移性支出是政府通过一定的渠道和形式，对相关社会成员或特定社会集团给予财政资金的无偿性支付。转移性支出包括社会保障支出、财政补贴支出和税收支出。

社会保障支出是财政转移支出中的重要组成部分，它以转移支付的方式对贫困线以下的社会成员生活予以保障，以期实现一个更为公平的收入分配；为年老、失业、生病和残疾的社会成员提供生活保障，使他们安居乐业，创造稳定的生活环境。

财政补贴支出是国家根据一定时期政治经济形势的客观需要，对某些特定的产业、部门、地区、企事业单位或居民个人提供的特殊补助。其实质是把纳税单位和个人的一部分收入转移给补贴领受者，它不要求接受者支付对等的代价。

税收支出是政府以法律形式给予特定活动或纳税人以各种税收优惠待遇而形成的收入损失或放弃的收入。它是政府的一种间接性支出，是特殊的财政补贴支出，为西方发达国家所重视和运用。

3. 购买性支出与转移性支出的特点

（1）购买性支出的特点。其特点主要表现在以下三个方面：

第一，市场交换的有偿性。政府一手付出财政资金，另一手相应地通过征税等收回产品与服务，并运用、消耗这些产品与服务来履行政府职能。如同企业和个人等其他市场经济主体，政府在购买性支出中从事的是等价交换的市场活动。

第二，经济影响的直接性。政府在购买性支出活动中直接以产品和服务的需求者、购买者的身份出现在市场上，政府通过财政支出直接占有产品和劳务、消耗经济资源，形成社会总需求的一部分。因此，政府购买支出的数量变动会直接影响当期的社会购买力，进而影响就业、生产，最终对经济总量产生明显的影响。

第三，分配影响的间接性。一般而言，当政府购买支出增加时，因其对生产具有刺激、扩张效应，国民收入或社会财富随之增长，资本利润和劳动报酬也会有一定程度的增长；与此同时，如果政府购买商品和劳务的结构有所变动，将直接影响到相关企业和劳务提供者的资本利润与劳动报酬，从而对不同企业和就业群体的收入分配格局产生影响。

（2）转移性支出的特点。其特点主要表现在以下三个方面：

第一，资金转移的无偿性。政府在将财政资金转移给企业、居民和其他受益者时，并未得到任何直接的补偿，实际上只是价值单方面的转移。因此，政府只起到中介人的作用，体现了收入再分配的作用。

第二，经济影响的间接性。转移性支出在财政资金转移过程中，没有形成新的社会产品价值，也不会增加经济总量。领受者获得资金后是否用于购买、购买哪些产品与服务，已脱离政府的掌控，因而转移性支出对资源配置不产生直接影响，对经济的影响是间接的。

第三，分配影响的直接性。转移性支出是通过财政支出过程，使政府拥有的部门资金转移到受益者手中，它是财政资金使用权的让渡，也涉及所有权的转移，因而对国民收入分配会产生直接的影响。

4. 购买性支出与转移性支出的影响

从经济分析看，购买性支出和转移性支出对经济运行的影响是不同的。在财政支出规模一定的情况下，当购买性支出在财政支出总额中占有较大比重时，对经济运行影响较大，执行资源配置功能较强；当转移性支出在财政支出总额中占有较大比重时，对收入分配影响较大，执行收入再分配功能较强。因此，按这种分类研究财政支出对宏观经济运行的影响有着积极的重要意义。

从各国实践看，其购买性支出与转移性支出所占比重有所不同。通常发达国家的转移性支出相比发展中国家高，而发展中国家的购买性支出相比发达国家高。这是因为发达国家的社会生产主要依赖私营企业，政府较少直接参与社会生产，同时随着经济发展和财政收入增长，政府为社会提供的福利水平不断提高，尤其居民补助支出增长尤为迅速。但在发展中国家刚好相反，从这种意义上说，发达国家财政支出对分配的影响大于发展中国家，而发展中国家财政支出对生产的影响大于发达国家。

（二）财政支出按照政府职能的分类

1. 各国财政支出按照政府职能的分类

按照政府职能对财政支出进行分类是各国财政支出管理最常采用的一种分类方法，并在编制财政支出预算时也采用类似的分类方法，但各国实际情况的不同，在分类的项目和包括的内容上也不可能完全相同。

国际货币基金组织（International Monetary Fund，IMF）发布的《政府财政统计年鉴》，对财政支出按政府职能大体上划分为一般公共服务、公共债务交易、国防、公共秩序与安全、经济事务、农林渔猎、燃料和能源、采矿等、运输、环保、房屋和社区建设、健康、娱乐等、教育和社会保障等项目。如表 3-1 所示。

表 3-1   若干国家中央政府的财政支出分类情况

项目	美国/亿美元（2009 年）	韩国/亿韩元（2009 年）	英国/万英镑（2008 年）	泰国/亿铢（2009 年）
一般公共服务	3 638	517 290	9 719 900	2 745
公共债务交易	2 547	115 190	3 197 200	976
国防	6 953	277 450	3 674 200	1 500
公共秩序与安全	565	120 300	2 713 000	1 184
经济事务	2 437	497 240	5 964 400	4 008
农、林、渔、猎	—	126 280	—	965
燃料和能源	—	26 740	—	279
采矿、制造与建筑	—	57 530	—	90
运输	—	189 430	—	848
环保	—	60 300	603 000	41
房屋和社区建设	1 527	111 330	757 600	500
健康	9 013	27 920	10 785 400	2 815
娱乐、文化、宗教	51	25 250	812 200	204
教育	1 090	367 170	7 597 000	3 978
社会保障	11 895	533 930	20 137 700	2 650

资料来源：国际货币基金组织《政府财政统计年鉴》（2010）

2. 我国财政支出按照政府职能的分类

（1）2007 年以前财政支出按照政府职能的分类。2007 年以前，我国财政支出按政府职能进行分类，可分为经济建设支出、社会文教支出、国防支出、行政管理支出和其他支出五类。如经济建设支出包括政府以经费拨款、投资、补贴和贷款等，按照使用部门还可分为农业、能源、采矿、制造业和运输等支出。如表 3-2 所示。

表 3-2   我国按政府职能分类的财政支出　　　　　　单位：亿元

年份	经济建设支出	社会文教支出	国防支出	行政管理支出	其他支出
1978	718.98	146.96	167.84	52.90	35.41
1980	715.46	199.01	193.84	75.53	44.99
1985	1 127.55	408.43	191.53	171.06	105.68
1990	1 368.01	737.61	290.31	414.56	273.10
1995	2 855.78	1 756.72	636.72	996.54	577.96
2000	5 748.36	4 384.51	1 207.54	2 768.22	1 777.87
2005	9 316.96	8 953.36	2 474.96	6 512.34	6 672.66
2006	10 734.63	10 846.20	2 979.38	7 571.05	8 291.47

资料来源：《中国统计年鉴》（2007）

（2）2007 年以后财政支出按照政府职能的分类。2007 年 1 月起我国正式实施政府收支分类科目改革，主要采用国际通用做法将支出科目按支出功能设置类、款、项三级，更能清晰反映支出的总量结构和方向。类级科目反映政府的某一项职能，款级科目反映为完成某项政府职能所进行的某一方面工作，项级科目反映某一方面工作的具体支出。按功能分类主要满足政府支出宏观控制的需要，即国家向哪些部门、方向安排多少支出，反映的是政府支出的去向，为制定宏观支出政策提供全面、真实、准确的经济信息。根据财政部制定的《2016 年政府收支分类科目》，财政支出按支出功能分类的类级科目有 24 个，如表 3-3 所示。

表 3-3　2016 年我国一般公共预算支出决算

项目	决算数/亿元	项目	决算数/亿元
一、一般公共服务支出	14 790.52	十三、交通运输支出	10 498.71
二、外交支出	482	十四、资源勘探信息等支出	5 791.33
三、国防支出	9 765.84	十五、商业服务业等支出	1 724.82
四、公共安全支出	11 031.98	十六、金融支出	1 302.55
五、教育支出	28 072.78	十七、援助其他地区支出	303.17
六、科学技术支出	6 563.96	十八、国土海洋气象等支出	1 787.06
七、文化体育与传媒支出	3 163.08	十九、住房保障支出	6 776.21
八、社会保障和就业支出	21 591.45	二十、粮油物资储备支出	2 190.01
九、医疗卫生与计划生育支出	13 158.77	廿一、其他支出	1 899.33
十、节能环保支出	4 734.82	廿二、债务付息支出	5 074.94
十一、城乡社区支出	18 394.62	廿三、债务发行费用支出	69.90
十二、农林水支出	18 587.36	廿四、预备费	
全国一般公共预算支出			187 755.21
扣除地方使用结转结余及调入资金后支出			181 843.90
补充中央预算稳定调节基金			876.13

注：本表中全国一般公共预算支出预算数为中央本级支出预算数、中央预备费、中央代编的地方财政支出预算数三项之和。资料来源：财政部网站

上述的每类科目中还可进一步划分，如公共安全再分为武装警察、公安、国家安全、检察、法院、司法、监狱、强制隔离戒毒、国家保密、缉私警察、海警和其他公共安全支出等款级科目；款级科目还可进一步细分，如教育是类级科目，普通教育是款级科目，小学教育就是项级科目。可见，类、款、项三级科目的划分方法，对政府资金投向何方，在预算支付和决算统计上就能清楚地反映出来。

（三）财政支出按照经济用途的分类

1. 各国财政支出按照经济用途的分类

按照财政支出经济用途分类是按财政支出的经济性质和具体用途所做的一种分类。IMF 按经济用途将财政支出划分为经常性支出、资本性支出和贷款净额三类。经常性支出是政府用于经常项目的财政支出，包括产品和服务支出、利息支出、补贴和经常性转让支出；资本性支出是政府用于资本项目的支出，包括现存的和新的固定资产购置、存货购买和资本转让支出等；贷款净额包括国内外贷款净额。

上述分类实际上从总体上反映了政府财政支出，即公共消费支出、公共投资支出和政府融资活动用途，有利于增强政府支出预算的透明度，社会各界监督支出预算的执行以及加强政府对投资的管理和对经济的宏观调控。

2. 中国财政支出按照经济用途的分类

从 2007 年 1 月起，我国对政府收支分类进行了改革，即在支出功能分类的基础上建立与预算管理要求相适应的支出经济分类科目。可以说，功能分类是反映政府支出"做了什么"，用途分类则是反映"怎么去做"。根据财政部制定的《2017 年政府收支分类科目》，按照支出经济分类的类级科目有十类，包括工资福利支出、商品和服务支出、对个人和家庭的补助、对企事业单位的补贴、转移性支出、债务利息支出、债务还本支出、基本建设支出、其他资本性支出和其他支出。

从 2018 年 1 月起，各级政府根据《预算法》要求按照支出经济分类编制预算，即从支出经济属性的维度清晰、完整、细化反映政府用于工资、机构运转、对事业单位补助、对企业投入，以及对个人和家庭补助支出等方面。其作用为：一是合理确定各级政府及其部门的支出预算，进一步规范各级政府及其部门（单位）的支出行为；二是进一步提升预算编制的科学化、精细化水平，提高预算透明度；三是更好地发挥人大监督、审计监督和社会监督效能，实现依法理财、民主理财、科学理财。

■第二节　财政支出规模

一、财政支出规模的基本概念

（一）财政支出规模的含义

财政支出规模是指在一定时期（预算年度）内，政府通过财政渠道安排和使用的财政资金的绝对量与相对量。它是根据国民经济发展和实现政府职能要求等因素，测算和完成的政府集中性支出在总量上的反映。

财政支出规模包括预算支出规模和决算支出规模两种：前者是指在编制年度预算时根据支出的预算要素测算出的年度支出预计数；后者则是指预算年度内政府财政实际完成的支出总量。预算支出与决算支出一般是不相等的。

（二）财政支出规模的指标

财政支出规模是研究和确定财政分配规模的重要指标。衡量财政支出规模的指标通常有绝对量指标和相对量指标两种。一般而言，财政支出的规模越大，说明社会财力越集中，政府对经济运行的介入或干预程度也就越高；反之亦然。

1. 财政支出的绝对量指标

财政支出的绝对量指标是指财政年度内政府实际安排和使用财政资金的总额，一般用元（或万元、亿元）表示。该指标的优点是直接用货币量表示财政支出的数额较为直观、具体，可以反映一定时期内政府财政的活动规模。

绝对量指标的缺点为：绝对量指标以本国货币为计算单位，不利于国际间的横向比较；以现价反映支出数额，与以前年度特别是物价水平变化较大年度的支出缺少可比性，不利于一国财政支出的纵向分析。

2. 财政支出的相对量指标

财政支出的相对量指标是指预算年度内政府实际安排和使用的财政资金的金额占相关经济总量等指标的比率。其中相关经济总量指标，如国民生产总值（gross national product，GNP）、国内生产总值（GDP）和国民收入（national income，NI），其他指标如 GDP 的增长额和增长率等。在财政支出规模的理论研究和现实比较分析中，衡量财政支出规模的相对量指标主要包括以下四种：

（1）GDP 财政支出率。GDP 财政支出率即指财政支出占 GDP 的比重。它反映了一定时期内在全社会财富中由政府直接支配和使用（财政支出）的数额。其计算公式为：

$$财政支出占GDP的比重 = \frac{G}{GDP} \times 100\%$$

式中，G 为财政支出，是一定时期（一般为一年）数值；GDP 为当期（同期）数值。各国一般使用该指标来衡量财政支出的相对规模。通过对一国不同时期 GDP 财政支出率变化的序时分析，可以掌握国家财政支出规模的变动情况，以及不同国家财政规模的差异情况。

（2）财政支出增长率。财政支出增长率是指当年财政支出增长数额与上年财政支出数额的比例，即谓"同比"增长率。其计算公式为：

$$\Delta G (\%) = \frac{\Delta G}{G_{n-1}} = \frac{G_n - G_{n-1}}{G_{n-1}}$$

式中，ΔG 为当年财政支出与上年相比的增减额；G_n 为当年财政支出额；G_{n-1} 为上年度财政支出额。

（3）财政支出增长弹性系数。财政支出增长弹性系数是指财政支出增长率与 GDP 增长率的比值。它表示由 GDP 增长引起财政支出增长的幅度。其计算公式为：

$$E_g = \frac{\Delta G (\%)}{\Delta GDP (\%)}$$

式中，E_g 为财政支出增长弹性系数；$\Delta G\%$ 为财政支出增长率；$\Delta GDP\%$ 为 GDP 增长率。其基本含义：当弹性（系数）大于 1 时，表示财政支出增长快于 GDP 增长；当弹性（系数）小于 1 时，表示财政支出增长慢于 GDP 增长；当弹性（系数）等于 1 时，则说明二者保持同步增长。

（4）财政支出增长边际倾向。财政支出增长边际倾向是指财政支出增长额与 GDP 增长额之间的比值。表明 GDP 每增加 1 个单位的同时财政支出增加了多少数值。其计算公式为

$$MGP = \frac{\Delta G}{\Delta GDP}$$

式中，MGP 为财政支出增长边际倾向；ΔG 为财政支出增长额；ΔGDP 为财政支出增长额。当边际倾向大于 1 时，表明每增加 1 个单位 GDP 需要财政支出更多的资金。

二、财政支出规模的相关理论

（一）财政支出增长的理论依据

面对财政支出不断增长、规模不断扩大的趋势，西方经济学界从各种角度探讨其依据和原因。比较有代表性的理论主要包括如下五个方面：

1. 政府活动扩张理论

1882 年，德国经济学家瓦格纳通过对 19 世纪欧洲的多数国家和日本、美国的财政支出增长情况的考察，提出了政府活动扩张理论，即瓦格纳法则（图 3-1）。

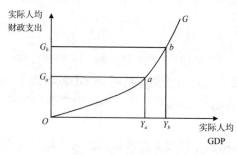

图 3-1　瓦格纳法则

瓦格纳认为，政府职能的扩大与国家所得的增加之间存在一种函数关系，即随着国家职能的扩大和经济的发展，要求保证国家财政支出不断增加，即使出现暂时的财政不均衡也无妨。他把导致政府支出增长的因素分为政治、经济和社会因素，把对教育、娱乐、文化、保健与福利服务的公共支出增长归于需求收入弹性，即这些项目公共支出的增长会随实际收入上升而快于 GDP 的增长。瓦格纳的追随者对该理论做了补充：政府支出增长幅度大于经济增长是一种必然趋势，政府消费性支出占国民所得的比例不断增加，随着经济发展和人均所得的上升财政支出也就逐渐增加。

财政支出增长的原因主要包括：一是随着经济的大规模工业化，人口急剧增加和城市迅速发展导致各种矛盾激化，各经济主体之间的矛盾也日益复杂，政府在建立司法制度和扩大对外职能过程中，一般行政、公安司法等政治管理支出不断扩大；二是市场失灵的问题逐渐暴露，出于调节经济活动的需要，原来由私人部门进行的若干活动逐渐由政府介入，政府参与更多的投资和调控，增加了经济管理方面的支出；三是工业化的发展，公民收入的增加，教育、文化、保健福利的需求收入弹性加大，政府社会管理方面的支出也会成倍增加。

2. 梯度渐进增长理论

梯度渐进增长理论又称时间形态理论，由英国经济学家皮考克和威斯曼在《联合王国公共支出的增长》（1961）一书中提出。他们对英国 1890～1955 年的财政支出考察后认为，财政支出的增长在一个较长的时期内不是直线型的，而是呈现出阶梯性增长的特点。也就是说，财政支出在正常年度中会呈现一种渐进的上升趋势，但当社会经历了"激变"（如战争、经济大萧条或严重灾害）时财政支出会急剧上涨，而"激变"过后的财政支出不会低于原来的水平，这在政府支出的统计曲线上呈现一种梯度渐进增长的特征。该理论实质阐明了财政支出增长的内在因素和外在因素：内在因素是指公民可以忍受的税收水平的提高；外在因素是指社会动荡对财政支出造成的压力。如图 3-2 所示。

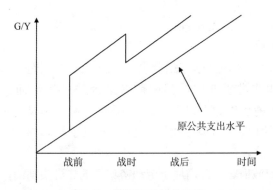

图 3-2 梯度渐进增长理论

梯度渐进理论是建立在一种假设基础上："政府喜欢多花钱，而公民不喜欢多纳税，这就迫使政府更多地注意公民的意愿。"尽管政府财政支出本身具有膨胀的内在动因，但公众的税收容忍水平将通过投票箱而遏制政府支出膨胀的势头。它决定了在正常的时期，政府支出规模是渐进扩大的。因为在既定的税率水平下，随着经济增长和国民收入的扩大，政府财政支出与经济增长同步，也使政府支出呈现出逐渐向上缓慢爬升的趋势。然而，一旦社会剧变到来，政府为应付这些突变而临时增加财政支出，此时公民可接受增税，危机促使政府财政支出替代私人支出，从而大大增加了财政支出的相对规模。

3. 经济发展阶段理论

经济发展阶段理论由美国财政学家马斯格雷夫提出。他认为，在经济发展早期阶段，由于公共产品尤其是经济发展所必需的社会基础设施（如交通等）落后，直接影响私人部门生产性投资，而社会基础设施投资大、周期长、收益小，私人部门不愿意投资导致供给不足，这就需要政府提供，为经济发展创造一个良好的投资环境，所以该时期公共投资在社会总投资中占有较高比重。这些公共投资对支持早期阶段的经济"起飞"，是必不可少的前提条件。此时，人们对衣、食等消费需要要求不高，政府消费性支出较少。

当经济发展进入中期阶段，社会基础设施供求趋于均衡，政府公共投资在社会总投资中的比重有可能降低。但公共支出总规模并不一定下降甚至有可能继续上升，其原因在于：当经济社会发展进入中期阶段后市场失灵问题日益突出，并成为阻碍经济发展进入成熟阶段的关键因素，这就要求政府加强对经济的干预，以矫正、补充、完善市场机制的不足，但政府对经济干预的强化必然引致财政支出增长。此外，随着人均收入的增加，人们要求政府提供满足个人发展需要的项目（如教育和安全等）和消费性支出的比重相应提高。

随着经济发展由中期阶段进入成熟阶段，以及人均收入进一步增长，人们对生活的质量有了更高的要求，迫使政府进行更大规模的投入，公共支出又出现较高的增长率。同时财政支出结构会发生很大变化，即从社会基础设施投资支出为主的结构转向以教育、保健和社会福利为主的支出结构，强调人们生活水平与质量的提高。相对而言，财政购买性支出下降，财政转移性支出上升。从长期看，公共财政支出结构的这种变化趋势，引致了公共财政支出规模的不断扩大。

4. 非均衡增长理论

非均衡增长理论由美国经济学家鲍莫尔（1922～2017）提出。鲍莫尔将国民经济部门区分为进步部门和非进步部门，其中前者是因技术进步而使劳动生产率迅速提高，后者因缺少技术进步以致劳动生产率的提高缓慢。他从公共部门生产函数中投入品价格的角度，对财政支出现象进行分析，形成了解释财政支出增长原因的非均衡增长理论。

鲍莫尔认为，国家政府公共部门属于劳动密集型的非进步部门，但由于它们的劳动报酬即工资水平与进步部门保持同样的增长，在其他因素不变的情况下，财政支出会随着进步部门的工资水平增长而增长，即财政支出的增长是因较高的工资成本推动造成的。此外，政府部门投资和管理效率偏低，也是导致政府支出规模不断扩大的重要原因。

5. 官僚行为增长理论

按照公共选择理论的观点，官僚机构是指政府负责提供服务的部门。它以追求机构规模最大化为目标，机构规模越大，官僚的权力就越大。与私人部门相比其特点为：一是政府官僚机构在提供公共产品过程中缺乏竞争，导致政府服务效率低下；二是官僚机构不以利润最大化为追求目标，官僚行为成本相对较高；三是公共产品与服务不以价格形式出售，社会成员对政府工作效率评价时的敏感度低于市场价格。正因如此，导致财政支出规模不断扩大，甚至财政支出规模增长超出了公共产品最优产出水平所需要的支出水平。

此外，官僚机构一般拥有提供公共产品与服务的垄断权，其监督部门难以完全掌握所需要的信息，政府财政部门也很难控制官僚行为。因此，官僚机构通常以两种方式来扩大其预算规模：一是千方百计让政府相信其确定的产出水平是必要的；二是利用低效率的生产技术来增加生产既定的产出量所必需的投入量，此时效率损失不是源于官僚服务的过度提供，而是由于官僚投入的滥用所导致。由此可见，官僚行为从产出和投入两个方面迫使财政支出规模不断膨胀。

（二）财政支出规模的影响因素

财政支出规模是由多种因素决定的，其中社会经济发展水平、经济体制、政府职能的变化、财政支出领域的调整、财政支出效率的高低等都会产生重要的影响。

1. 经济因素

经济因素对财政支出规模的影响，体现在经济发展水平的提高引起了财政支出规模增长方面。从总体上来说，随着社会经济发展、社会财富不断增加和居民收入水平提高，人们维持最低生活需要的部分在社会财富中所占比重下降，可以由政府集中更多的社会财富用于满足社会公共需要的可能性不断提高。

随着经济发展和 GDP 增加，税基不断扩大、财政收入增加，为支出规模不断扩大提供了可能；政府取得财政收入的主要手段是税收，其中一些税种尤其是所得税具有累进性，在其他条件保持不变的情况下，税收收入增长具有累进性，即政府财政收入增长要快于经济增长，使得财政支出规模扩大成为可能；随着经济发展、社会和私人财富增多，使政府通过发行公债方式筹资扩大支出成为可能。

2．政治因素

（1）政府职能的扩大。政府职能的不断扩大，是导致各国政府财政支出不断增长的重要原因。在市场经济条件下，政府只履行"守夜人"的角色。随着社会基本矛盾的激化和经济危机的爆发，人们认识到政府干预的重要性，政府需要提高人民的生活水平及其基本的社会保障。与此同时，社会对公共产品及其质量的要求越来越多，也越来越高，扩大了政府提供公共产品的范围，进而推动了财政支出规模的不断增长。

（2）经济体制和制度。计划经济和市场经济国家对财政支出规模的影响不同，计划经济国家向经济建设领域延伸较多，因而财政支出占 GDP 的比重也较高。即使经济体制相同，但各国实行不同福利制度而导致的差异，也对财政支出规模产生影响。例如，同是市场经济体制的美国和瑞典，由于瑞典实行高福利政策，所以其政府支出占 GDP 比重要远高于美国，如 1991 年瑞典为 67%，而美国仅为 33%。

（3）国家政局稳定性。当一国政局不稳定出现内乱或外部冲突等突发性事件时，财政支出的规模必然会超乎寻常的扩大。如美国联邦政府支出，在南北战争时期首次突破 10 亿美元；在第一次世界大战期间的 1919 年，政府财政支出高达 185 亿美元；在第二次世界大战期间的 1944 年和 1945 年，联邦政府的支出超过 1 000 亿美元。而第二次世界大战后，联邦政府支出在 1947～1948 年下降到 360 亿美元。

（4）政府的工作效率。政府工作的效率对财政支出规模也有很大的影响，政府工作效率高，则设置较少的政府职能机构就能很好地履行政府职能，较少的支出就能办较多的事，因而财政支出的规模就相对会小一些；如果政府工作效率低下、机构臃肿、人浮于事，则办同样的事就需较多的支出，因而会加大财政支出规模。

3．其他因素

上述经济、政治因素以外其他因素的社会因素，如人口状态、文化背景等也在一定程度上影响政府财政支出规模。发展中国家人口基数大、增长快，相应的教育、保健和社会救济支出的压力就较大；而一些发达国家人口老龄化问题较为严重，公众要求改善社会生活质量、提高社会福利等，也会对政府财政支出提出新的要求。

世界银行研究报告表明：随着经济的发展，政府转移支付和补贴支出呈现较快增长的势头，而且越是市场经济发达的国家，其用于转移支付和补贴支出占政府支出的比重就相对越大。在 OECD（Organization for Economic Cooperation and Development，经济合作与发展组织）国家中，政府总支出的一半以上转移支付给了个人。

三、财政支出最优规模的确定

（一）财政支出最优规模的实质

财政支出最优规模的问题实际上是分析在全社会资源总量一定的前提下，政府在资源配置中应占多大比例最为适宜的问题。从经济性质分析，财政支出用于购买性支出和转移性支出，前者最终转化为各种公共产品，体现政府实际支配资源的多寡，并影响微观经济主体对资源的支配或私人产品的供给量；后者则属于政府的再分配范围，这种再分配影响的只是微观经济主体之间对资源的支配量，并不直接影响资源在政府公共部门与微观经济部门之间的配置比例。

（二）财政支出最优规模的效率

假定财政支出全部用于提供公共产品，且在一个理想的财政经济体中，私人产品与公共产品的生产和消费都是有效的，用于生产公共产品的资源与用于生产私人产品的资源之间的流动是不受限的和没有成本的，那么如何实现整个社会资源配置的最佳效率呢？

政府集中支配用于提供公共产品的资源是有社会机会成本的，其社会机会成本是指因这部分资源由微观经济部门转移到政府公共部门而导致的微观经济部门的效益损失。这样，政府财政支出规模的效率评估也就演变为同一笔资源或资金是由政府公共部门集中配置使用更为有效，还是由微观经济主体分散配置使用更为有效。比较的结果有以下三种情况：

（1）如果一部分特定的资源或资金，交由政府公共部门集中支配使用所能达到的效益大于由微观经济主体分散支配使用所能达到的效益，说明政府支配的用于提供公共产品的资源或财政支出规模尚未达到最优规模水平，那么这部分资源或资金由微观经济部门向政府公共部门的转移，或者说政府财政支出规模的扩大是有效率的。

（2）如果一部分特定的资源或资金，交由政府公共部门集中支配使用所能达到的效益小于由微观经济主体分散支配使用所能达到的效益，说明政府支配的用于提供公共产品资源或财政支出规模已经超过最优规模水平，那么这部分资源或资金由微观经济部门向政府公共部门转移，或者说财政支出规模的扩大是缺乏效率的。

（3）如果一部分特定的资源或资金，交由政府公共部门集中支配使用所能达到的效益恰恰等于由微观经济主体分散支配使用所能达到的效益，那么整个社会的资源配置处于最佳状态。一旦整个社会资源配置满足了该条件，则不仅资源配置状态是最优的，而且与此相对应的财政支出规模也是最优的。如图 3-3 所示。

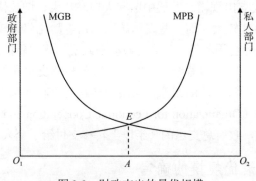

图 3-3　财政支出的最优规模

在图 3-3 中，左右两条纵轴分别是政府部门和私人部门配置资源所获得的边际收益，横轴 O_1O_2 表示全社会可供配置的社会资源总量，MGB 为政府部门的边际收益曲线，MPB 为私人部门的边际收益曲线。按此推导，只有在私人部门的边际收益等于政府部门边际收益时，即图中 MGB 与 MPB 相交的 E 点，整个社会资源在私人部门和政府部门之间的分配达到最优状态，这时的财政支出规模就是最优财政支出规模，即图中所示的 O_1A 部分。

对上述问题的另一种解释是，如果政府财政支出效率很低或政府提供公共产品的效率很低，那么同样会导致公共产品供给不足。在低效的公共产品生产条件下，解决公共产品供给不足的问题，不是简单地靠扩大财政支出的规模，还应找出消除财政支出和公共生产低效率的途径。只有这样，才能在增加公共产品生产量的同时，又不会影响微观经济主体支配和使用资源的能力。

（三）合理确定财政支出的最优规模

以上分析主要说明，政府财政支出和公共产品供应存在一个最佳水平的问题。人们努力在寻找这个最佳水平，从理论与实践对财政支出的科学管理和财政体制机制的创新，都会使财政支出规模水平与最优水平更为接近。

财政支出规模过大和过小，都将对资源配置效率和社会经济发展产生不利的影响，但就某一国家来说，确定财政支出规模时应考虑与本国国情、经济发展水平相适应，同时也要根据政府职能的范围和重点的变化而调整财政支出规模。

四、财政支出规模的发展态势

（一）世界各国财政支出的发展态势

财政支出规模即财政支出占 GDP 的比重，在各国或同一国家的不同时期的比重也会有所不同。从全球范围来看，财政支出规模呈现不断增长的趋势，并不因各国的经济发展水平和国家结构而不同，不同的只是增长速度的快慢。从财政支出占 GDP 的比重看，美国 1880 年、1960 年、2005 年和 2011 年分别为 8%、27%、36.2% 和 41.4%，英国分别为 10%、32%、46.8% 和 45.7%，而日本分别为 11%、18%、29.2% 和 40.7%。

各国财政实践说明：一是各国财政支出占 GDP 的比重总体呈上升趋势；二是 20 世纪 80 年代中期以前财政支出占 GDP 的比重上升较快，90 年代达到最高峰后开始有所下降，如法国从 1996 年的 57% 降为 2003 年的 48%；三是经济发达国家财政支出占 GDP 的比重高于发展中国家，如 2003 年法国高于印度 31 个百分点。

（二）我国近期财政支出的发展态势

我国 1998～2016 年财政支出变化趋势，如表 3-4 所示。

表 3-4 我国 1998～2016 年财政支出变化趋势

年份	财政支出/亿元	GDP/亿元	GDP 财政支出率/%	财政支出增长率/%	财政支出增长弹性	财政支出边际倾向
1998	10 798.18	85 195.5	12.67	16.90	2.63	0.29
1999	13 187.67	90 564.4	14.56	22.10	3.73	0.45
2000	15 886.50	100 280.1	15.84	20.50	2.12	0.28
2001	18 902.58	110 863.1	17.05	19.00	1.99	0.28
2002	22 053.15	121 717.4	18.12	16.70	1.87	0.29
2003	24 649.95	137 422.0	17.94	11.80	1.03	0.17
2004	28 486.89	161 840.2	17.60	15.60	1.03	0.16
2005	33 930.28	187 318.9	18.11	19.10	1.40	0.21
2006	40 422.73	219 438.5	18.42	19.10	1.30	0.20

续表

年份	财政支出/亿元	GDP/亿元	GDP财政支出率/%	财政支出增长率/%	财政支出增长弹性	财政支出边际倾向
2007	49 781.35	270 232.3	18.42	23.20	1.23	0.18
2008	62 592.66	319 515.5	19.59	25.70	1.67	0.26
2009	76 299.93	349 081.4	21.86	21.90	2.59	0.46
2010	89 874.16	413 030.3	21.76	17.80	1.15	0.21
2011	10 9247.79	489 300.6	22.33	21.60	1.39	0.25
2012	125 952.97	540 367.4	23.31	15.30	1.62	0.33
2013	140 212.10	595 244.4	23.56	11.30	1.23	0.26
2014	151 785.56	643 974.0	23.57	8.30	1.10	0.24
2015	175 877.77	689 052.1	25.52	15.80	2.02	0.53
2016	187 755.21	744 127.2	25.23	6.40	0.85	0.22

资料来源：根据《中国统计年鉴》（2017），数据计算整理所得

由表3-4可以看出，1998～2016年GDP财政支出率从12.67%达到25.23%（2015年到达峰值为25.52%），这种增长具体体现在以下三个方面：

（1）财政支出的绝对数量快速增长。改革开放以来，随着经济发展和财政收入水平的提高，财政支出的绝对数增长较快，2016年达到187 755.21亿元，比1998年的10 798.18亿元增加了176 957.03亿元，增长了16.39倍。

（2）财政支出占GDP比重持续增长。财政支出绝对数量不断增加，GDP财政支出率也在持续增长，即从1998年的12.67%上升到2016年的25.23%。这说明在市场化进程中，在原有的国家财政范围之外的新的政府职能，如社会保障和社区建设职能等得到了大幅度的加强。

（3）财政支出增长率等数值波动较大。表现在以下两方面：一是财政支出增长率从1998年的16.90%降为2016年的6.40%（2008年最高为25.70%）；二是财政支出增长弹性和边际倾向开始下降，两者虽然从1980年的负值增为1998年的2.63和0.29，但增长弹性却从2.63降为0.85（1999年最高为3.73），边际倾向从1998年的0.29降为2016年的0.22（2015年最高为0.53）。总体上说，我国财政支出增速快于GDP的增速，GDP每增加100元带来的财政支出增加额为22元（2016年），也说明市场化改革逐步深入。

■第三节　财政支出结构

一、财政支出结构的基本概念

（一）财政支出结构的基本含义

财政支出结构是指在一定的经济体制和财政体制下财政资金用于政府各部门、国民经济和社会生活各方面的数量、比例及其相互关系。它是按照不同的要求和分类标准对财政支出进行科学的归纳、综合所形成的财政支出类别构成及其比例关系。

财政支出结构只有在一定的支出分类基础上，才能对由此形成的各项支出数额

及其所形成的关系做出分析研究。财政支出结构的实质是财政支出的分类组合和配置比例，其目标是确定科学的、合理的和优化的财政支出结构。

（二）财政支出结构的分析目的

从财政分配自身角度上分析，财政支出结构反映了财政支出的基本内容及各类支出的相对重要性，体现了一定时期内国家经济政策的取向和政府财政活动的范围、支出责任和重点。对财政支出结构进行分析的目的在于探索财政支出的内在联系及其规律性，分清主次和轻重缓急，合理安排财政资金，形成财政支出的最优结构，保证政府各部门和经济社会发展各方面的资金需求，同时提高财政资金的使用效率。

从宏观经济运行角度上分析，财政支出涉及国民经济、社会生活的方方面面，并对经济运行起着重要的作用。更重要的是，我国社会主义市场经济条件下的生产要素配置和调整主要是通过市场进行的，而财政分配要从宏观上调控市场，主要通过调整财政支出结构来发挥其宏观调控的作用，即通过调整财政支出结构来协调、引导、控制经济结构、产业结构、消费结构和社会结构，以实现国家宏观经济的调控目标。

二、财政支出结构的理论分析

（一）财政支出结构的评价分析

对财政支出结构的评价分析，主要是评价分析各类财政支出结构领域及其方案的合理性和有效性，旨在调整和优化财政支出结构，提高财政支出效益。

1. 财政支出结构领域的合理性和有效性

对财政支出结构领域的合理性和有效性进行分析，主要依据政府作用与市场失灵的规范理论进行，如政府在经济发展中的作用何种程度为宜，或者说财政支出作用在哪些领域是应当的，对此不同的"市场—政府"观念有着不同的看法。

（1）市场主导型观念。该观念认为市场机制本身能够运转很好，政府行为应提升市场机制运行的效率，财政支出除提供国防、法律等基本的公共服务，就是限于环境保护、基础教育等具有明显外部效应的领域。

（2）政府主导型观念。该观念认为市场失灵是较为普遍存在的，市场自身难以实现资源有效配置、产业成长和经济稳定，特别是在经济发展初期出现大量市场失灵的现象，需要政府强有力的干预，因此财政支出的范围相对来说更为宽泛。

（3）市场增进型观念。该观念认为政府职能在于促进和补充民间部门的功能，提高民间部门克服市场失灵的能力，并在其无力克服市场失灵时进行干预。因此，财政支出结构是否合理，主要是看财政支出是否作用于市场失灵领域及其效率。

2. 财政支出结构方案的合理性和有效性

在经济发展的不同阶段，由于市场失灵的范围和程度不同，民间部门解决市场失灵的能力也不同。因此，一方面处于不同发展阶段的国家的财政支出结构会有所差别；另一方面处于相同发展阶段的国家财政支出结构又会有其共性，而且随着经济发展阶段的演进，财政支出结构会出现一定的规律性。

评价分析各种不同财政支出结构方案，应当分析和比较各种不同财政支出结构方案的成本与效益，以便选出那些能够使社会福利达到最大化的支出结构。财政支出结构的成本和效益的计算，既要考虑项目本身，又要考虑它所带来的社会效益、社会成本及其对社会公平目标的影响。

（二）财政支出结构的一般规律

财政支出结构与经济发展阶段之间的相关性，即前述的经济发展阶段理论，最早是由美国经济学家马斯格雷夫在财政支出结构发展模型中提出。该模型将经济发展分为早期阶段、中期阶段和成熟阶段，发展到大众消费阶段时，社会服务和转移支付日益重要且不断增长，从而逐步成为政府财政支出中最重要的项目。

根据经济发展阶段理论和国家职能在不同阶段重点的转变，可以得出各国财政支出结构变化的一般规律：一是经济性支出占全部财政支出的比重将逐步下降，社会服务性支出比重将逐步上升；二是在经济性支出的内部，基础设施投资比重将从较高的水平逐步下降，该比重在经济发展初期阶段最大，到经济发展中期阶段后会有一定程度的下降；三是在社会服务性支出内部，转移支付的比重将会经历一个逐步提高的过程。

三、财政支出结构的实践分析

（一）财政支出的职能结构分析

按照职能结构分类，对国家某时期支出结构进行分析，可反映和分析国家职能发展变化的过程和国家职能的执行情况。我国 2007 年预算科目调整后不再使用该分析方法。按照职能分类法，中华人民共和国成立以来各时期的财政支出结构如表 3-5 所示。

表 3-5　中华人民共和国成立以来各时期的财政支出结构　　单位：%

时期	经济建设支出	社会文教支出	国防支出	行政管理支出	其他支出
"一五"时期	50.8	14.5	23.8	8.5	2.4
"二五"时期	66.6	14.3	12.2	5.9	1.7
1963～1965 年	53.8	15.2	19.1	6.4	5.5
"三五"时期	56.1	11.1	21.9	5.3	5.6
"四五"时期	66.6	10.9	19.1	5.0	7.2
"五五"时期	59.9	14.4	16.4	5.3	4.0
"六五"时期	56.1	19.7	11.9	7.9	4.4
"七五"时期	48.5	23.2	9.1	11.8	7.5
"八五"时期	41.5	25.7	9.5	13.8	9.6
"九五"时期	38.3	27.2	8.3	15.7	10.5
"十五"时期	27.8	26.5	7.5	19.0	19.2

资料来源：根据各年度《中国统计年鉴》数据整理

（1）经济建设支出是最大的支出项目。"六五"以前，经济建设支出占全部财政支出的比重一般高于 55%。这主要是计划经济体制的原因，其经济建设支出比重高是正常的。改革开放以来，随着社会主义市场经济的发展，该比重逐渐下降为"十五"时期的 27.8%。这说明随着市场化进程，其财政支出逐步地退出竞争性领域。

（2）社会文教支出是重要的支出项目。社会文教支出自改革开放以来，在财政支出中所占比重有了较大的提高，体现了政府对社会文教事业的重视。如该比重从"一五""六五"时期的 14.5% 和 19.7%，上升为"十五"时期的 26.5%。随着公共财政体系的完善和科教兴国战略的实施，社会文教财政支出将呈现稳中有升的态势。

（3）国防支出是不断下降的支出项目。中华人民共和国成立初期，国防支出比重相对较高，但随着抗美援朝战争结束，国家转入正常的经济建设，特别是改革开放后，国防支出在财政支出中的比重呈下降趋势，并逐步呈现稳定态势。如该比重从"一五""六五"时期的 23.8% 和 11.9%，下降为"十五"时期的 7.5%。

（4）行政管理支出是占比较大的项目。长期以来，我国行政管理支出总体上奉行了"保障供给、厉行节约、从严控制"的方针。但从实践上看，该比重呈不断上升的趋势，即从"六五"时期的 7.9% 上升为"十五"时期的 19.0%。这说明我国先后几次大规模机构改革成效并不明显，陷入了"膨胀—精简—再膨胀"的不良循环。

（二）财政支出的级次结构分析

在政府职能范围确定及中央与地方政府职能划分明确以后，各级政府在履行其职能时就必须有相应的财力相支持，财政支出必须在中央与地方进行合理的划分，使得财政支出既能保证各级政府履行其职能的需要，又要保证中央政府进行宏观调控的需要。我国 1998～2016 年中央和地方财政支出比重，如表 3-6 所示。

表 3-6　我国"一五"至"十二五"、1998～2016 年中央和地方财政支出比重

年份	财政支出/亿元			比重/%	
	全国	中央	地方	中央	地方
"一五"时期	1 320.52	966.85	353.67	73.2	26.8
"二五"时期	2 238.18	1 047.15	1 191.03	46.8	53.2
1963—1965	1 185.81	701.34	484.47	59.1	40.9
"三五"时期	2 510.60	1 530.07	980.53	60.9	39.1
"四五"时期	3 917.94	2 123.64	1 794.3	54.2	45.8
"五五"时期	5 282.44	2 625.34	2 657.1	49.7	50.3
"六五"时期	7 483.18	3 725.64	3 757.54	49.8	50.2
"七五"时期	12 865.67	4 420.27	8 445.4	34.4	65.6
"八五"时期	24 387.46	7 323.13	17 064.33	30.0	70.0
"九五"时期	57 043.46	17 481.55	39 561.91	30.6	69.4
"十五"时期	128 022.85	36 629.87	91 392.98	28.6	71.4
"十一五"时期	318 970.83	66 023.15	252 947.68	20.7	79.3
"十二五"时期	703 076.19	103 862.72	599 213.47	14.8	85.2
1998	10 798.18	3 125.60	7 672.58	28.9	71.1
1999	13 187.67	4 152.33	9 035.34	31.5	68.5
2000	15 886.50	5 519.85	10 366.65	34.7	65.3
2001	18 902.58	5 768.02	13 134.56	30.5	69.5

续表

年份	财政支出/亿元			比重/%	
	全国	中央	地方	中央	地方
2002	22 053.15	6 771.70	15 281.45	30.7	69.3
2003	24 649.95	7 420.10	17 229.85	30.1	69.9
2004	28 486.89	7 894.08	20 592.81	27.7	72.3
2005	33 930.28	8 775.97	25 154.31	25.9	74.1
2006	40 422.73	9 991.40	30 431.33	24.7	75.3
2007	49 781.35	11 442.06	38 339.29	23.0	77.0
2008	62 592.66	13 344.17	49 248.49	21.3	78.7
2009	76 299.93	15 255.79	61 044.14	20.0	80.0
2010	89 874.16	15 989.73	73 884.43	17.8	82.2
2011	109 247.79	16 514.11	92 733.68	15.1	84.9
2012	125 952.97	18 764.63	107 188.34	14.9	85.1
2013	140 212.10	20 471.76	119 740.34	14.6	85.4
2014	151 785.56	22 570.07	129 215.49	14.9	85.1
2015	175 877.77	25 542.15	150 335.62	14.5	85.5
2016	187 755.21	27 403.85	160 351.36	14.6	85.4

注：①中央、地方财政支出均为本级支出；②2000 年以前，财政支出不包括国内外债务还本付息支出和利用国外借款收入安排的基本建设支出，从 2000 年起财政支出中包括国内外债务付息支出。

资料来源：《中国财政年鉴》（2017），比重经计算而得

从表 3-6 中的时期和年度上看，中央和地方财政支出占全部财政支出的比重均呈现下降的态势，中央财政支出权重在"一五"时期高达 73.2%，降至"十二五"时期的 14.8%，下降了 58.4 个百分点，体现了财政管理的高度集权到下放管理权的过程。2016 年中央和地方财政支出分别为 27 403.85 亿元和 160 351.36 亿元，分别占全国财政支出的 14.6% 和 85.4%，中央财政支出权重与 1998 年的 28.9% 相比下降了 14.3 个百分点。

（三）财政支出的功能结构分析

按财政支出功能分类法，我国 2007～2016 年财政支出结构变化如表 3-7 所示。

表 3-7　我国 2007～2016 年财政支出结构变化　　　　单位：%

	年度	2007	2008	2009	2010	2011	2012	2013	2014	2015	2016
	合计	100	100	100	100	100	100	100	100	100	100
1	一般公共服务支出	17.10	15.65	10.70	10.39	10.06	10.08	9.81	8.74	7.70	7.88
2	外交支出	0.43	0.38	0.33	0.30	0.28	0.27	0.25	0.24	0.27	0.26
3	国防支出	7.14	6.68	6.49	5.93	5.52	5.31	5.29	5.46	5.17	5.20
4	公共安全支出	7.00	6.49	6.22	6.14	5.77	5.65	5.55	5.51	5.33	5.88
5	教育支出	14.31	14.39	13.68	13.96	15.10	16.87	15.69	15.18	14.94	14.95
6	科学技术支出	3.58	3.40	3.60	3.62	3.50	3.54	3.63	3.50	3.33	3.50

续表

	年度	2007	2008	2009	2010	2011	2012	2013	2014	2015	2016
	合计	100	100	100	100	100	100	100	100	100	100
7	文化体育与传媒支出	1.81	1.75	1.83	1.72	1.73	1.80	1.81	1.77	1.75	1.68
8	社会保障和就业支出	10.94	10.87	9.97	10.16	10.17	9.99	10.33	10.52	10.81	11.50
9	医疗卫生与计划生育支出	4.00	4.40	5.23	5.35	5.89	5.75	5.91	6.70	6.80	7.01
10	节能环保支出	2.00	2.32	2.53	2.72	2.42	2.35	2.45	2.51	2.73	2.52
11	城乡社区支出	6.52	6.72	6.47	6.66	6.98	7.21	7.96	8.54	9.03	9.80
12	农林水支出	6.84	7.26	8.81	9.05	9.10	9.51	9.52	9.34	9.88	9.90
13	交通运输支出	3.85	3.76	6.09	6.11	6.86	6.51	6.67	6.85	7.03	5.59
14	资源勘探信息等支出	—	—	3.77	3.88	3.67	3.50	3.49	3.29	3.41	3.08
15	商业服务业等支出	—	—	1.21	1.57	1.30	1.09	0.97	0.89	0.99	0.92
16	金融支出	—	—	1.19	0.71	0.59	0.36	0.27	0.33	0.55	0.69
17	地震灾后恢复重建支出	—	1.28	1.54	1.26	0.16	0.08	0.03	—	—	—
18	援助其他地区支出	—	—	—	—	—	0.10	0.11	0.14	0.15	0.16
19	国土海洋气象等支出	—	—	1.31	1.48	1.39	1.32	1.36	1.37	1.20	0.95
20	住房保障支出	—	—	2.36	2.64	3.50	3.56	3.20	3.32	3.30	3.61
21	粮油物资储备支出	—	—	1.70	1.30	1.16	1.09	1.18	1.28	1.49	1.17
22	债务付息支出	—	—	1.95	2.05	2.18	2.09	2.18	2.36	2.02	2.70
23	其他支出	14.48	14.65	3.01	3.00	2.66	1.97	2.33	2.14	2.09	1.01
24	债务发行费用支出	—	—	—	—	—	—	—	—	0.03	0.04

资料来源：根据《中国统计年鉴》（2017）数据计算而得

从表3-7可以看出：在财政支出的24个项目中，一般公共服务支出占财政支出比重持续下降且降幅最大，即从2007年的17.10%降为2016年的7.88%，下降了9.22个百分点。这是由于近年来我国政府职能转变，政府机构和人员精简，政府加大力度降低"三公经费"（出国境费、车辆购置及运行费、公务接待费）等相关事务开支，以及中央实施"八项禁令"和反腐、反"四风"等活动所取得的成效。

住房保障、医疗卫生与计划生育、城乡社区、农林水和交通运输等财政支出占财政支出的比重持续上升，如前两项支出从2009年的2.36%和5.23%分别上升至2016年的3.61%和7.01%，表明政府不断加强基本民生方面的支持力度；国防、外交、公共安全、金融、商业服务业等支出呈下降趋势，如国防支出从2007年的7.14%下降到2016年的5.20%；而科学技术、节能环保、文化体育与传媒、社会保障和就业等支出，基本处于稳定发展的态势。

2007 年政府收支分类改革将教育支出单列，教育支出占财政支出的比重一直在 13.60% 以上，且总体上呈上升趋势，即从 2007 年的 14.31% 增至 2016 年的 14.95%（2012 年最高为 16.87%），年均增长 14.91%。虽然教育支出增长幅度平缓，但自 2009 年以来其比重是各项财政支出中最高的。另据数据显示，我国教育支出占 GDP 的比重一般保持在 4% 以上，2016 年全国教育经费投入 38 888 亿元，年均增长 7.9%，较好地促进了我国教育事业的快速发展。

第四节　财政支出效益

一、财政支出效益的基本概念

（一）财政支出效益的含义

财政支出效益是指政府为实现一定的目标而通过财政支出手段获取最大的社会经济效益。即以最少、最节省的各项财政支出取得最佳的社会经济效益。其内涵主要包括：一是财政支出的自身效益，即财政支出本身所产生的直接和间接的效益，包括财政支出的总量、结构和项目效益；二是财政支出的部门绩效，是指管理财政支出部门（如财政、教育和科技等）的工作绩效；三是财政支出的单位绩效，是指财政资金使用单位的工作绩效。

提高财政支出效益的主要途径包括：一是科学地编制财政支出预算，通过预算规范来保证政府部门和非政府部门之间实现社会资源的优化配置；二是对每项财政支出效益都要进行考察与评价，尤其是要运用经济分析方法来决定支出方案的取舍，以达到用最少支出实现最大效益的目的。此外，还可根据国民经济供求平衡情况，适时调整财政平衡政策，这也是财政支出效益原则的重要体现。

（二）财政支出效益的特性

财政支出的效益与微观经济主体支出的效益相比，有许多特殊之处，主要区别表现在以下三个方面：

（1）计算效益范围。效益是通过对"所费"与"所得"的对比分析计算出来的。对微观经济主体来说，如国有企业只计算发生在企业自身核算范围以内的直接的和有形的所费与所得；而政府除了要计算直接的和有形的所费与所得，还要考虑长期的、间接的、无形和潜在的所费与所得。

（2）衡量效益标准。微观经济主体的支出在于追求自身经济效益的最大化，只要能获得利润（所得大于所费）就是可选择的目标；而财政支出更重要的是追求社会经济效益的最大化，即使某项支出从其自身看可能出现亏损，但对整个社会来说能取得较大的效益，这项支出也是必要的。

（3）效益表现形式。微观经济主体支出效益只采取单一的货币价值形式就可以满足决策的需要；而财政支出效益表现形式是多样的，除了可以用货币价值形式表现外，还可采取如社会管理、安全保卫、教科文卫支出，以及通过政治的、社会的、文化的等多种形式表现出来，以满足财政支出决策的需要。

二、财政支出效益的分析方法

财政支出内容的复杂性和性质的差别性，决定了不同项目性质的财政支出分析的不同方法。其主要包括成本效益法和最低费用法。

（一）财政支出效益分析的成本效益法

1. 成本效益法的概念

（1）成本效益法的由来。成本效益法作为一种经济决策方法运用于政府部门的计划决策之中，以寻求在投资决策上如何以最少成本获取最大的收益。其概念首次出现在19世纪法国经济学家朱乐斯·帕帕特的著作中，被称为"社会的改良"，后被意大利经济学家帕累托重新界定。1940年，美国经济学家尼古拉斯·卡尔德和约翰·希克斯对前人的理论加以提炼，形成了成本效益法的理论基础。其类型有直接成本效益与间接成本效益、有形成本效益与无形成本效益、内部成本效益与外部成本效益、中间成本效益与最终成本效益等。

随着成本效益法理论的逐步成熟并渗透到政府活动中，如美国的洪水控制法案和田纳西州泰里克大坝的财政预算。经济的发展和投资项目的增多，使得人们日益重视投资、重视项目支出的经济社会效益，这就需要找到一种能比较成本与效益关系的方法，因此成本效益法在理论与实践上都得到迅速发展，被世界各国广泛采用。

（2）成本效益法的原理。其基本原理是：根据政府所确定的建设目标及其实现的各种方案，运用一定的方法计算出各方案的全部预期效益，通过计算成本与效益比率来比较不同项目或方案效益，以确定优先采用的次序。该方法特别适用于财政支出中有关投资性支出项目的分析。

（3）成本效益法的步骤。其步骤一般包括：一是政府根据国民经济发展的要求确定若干备选的支出项目，并组织有关专家为每一个备选项目制订出若干备选的支出方案；二是用贴现率计算各备选方案的成本与效益及其比率，并排出优劣次序；三是为每个备选项目从其备选方案中选择一个最佳的实施方案；四是根据已确定的财政支出总规模，从备选项目中选择一个最佳的项目组合；五是对选定的项目组合进行机会成本分析，并确定财政支出项目。

2. 成本效益法的运用

本书以修建防洪工程实例说明成本效益法的运用：目前有7个备选方案，相关的成本效益的测算如表3-8所示。

表3-8 某防洪工程的成本效益的测算 单位：万元

项目（方案）	效益 B	成本 C	净效益（B-C）	B/C	(B-C)/C	排序
A	40 000	20 000	20 000	2.0	1.0	2
B	19 500	15 000	4 500	1.3	0.3	4
C	12 000	10 000	2 000	1.2	0.2	5
D	12 500	5 000	7 500	2.5	1.5	1
E	45 000	30 000	15 000	1.5	0.5	3
F	12 500	12 500	0	1.0	0	6
G	27 000	30 000	−3 000	0.9	−0.1	7

假设：表 3-8 所列的是 7 个不同的项目，并假设政府投资总额不得超过 7 亿元，那么应选择的项目为 D、A、E、B。因为这 4 个项目的成本之和恰好是 7 亿元，效益之和为 11.7 亿元，效益和成本之差为 4.7 亿元。这是在给定的条件下所能获得的最大的净效益，因此这样的选择是比较合理的。如果表 3-8 所列的是一个项目的 7 个不同方案，那么在没有其他限制性条件的情况下，D 方案应是唯一的选择。

（二）财政支出效益分析的最低费用法

1. 最低费用法的含义

财政支出效益分析的最低费用法是指对每个备选的财政支出方案进行经济分析时，只计算备选方案的有形成本费用而不用计算其社会效益，并以费用最低为择优的标准，即选择那些使用最少的费用又能达到财政支出目的的方案。最低费用法主要适用于军事、政治、文化、教育和卫生等支出项目。

2. 最低费用法的步骤

最低费用法的基本操作步骤，与成本效益法大体相同。只是由于不计算支出的无形成本与效益，其运用起来比成本效益法简单一些。但需要指出的是：许多财政支出项目都含有政治和社会等因素，如果只是以费用高低来决定方案的取舍，而不考虑其他因素是不妥当的，这就需要在综合分析、全面比较的基础上进行择优选择。

三、财政支出绩效评价管理

市场经济要求推进财政支出公共化，提高财政支出效益，其有效的办法之一就是实施财政支出绩效评价，它与国库集中支付、政府采购制度并称为公共财政理念的三大基石。为加强财政支出管理，强化支出责任，建立科学、合理的财政支出绩效评价管理体系，提高财政资金使用效益，根据《预算法》等有关规定，2011 年 4 月财政部制定了《财政支出绩效评价管理暂行办法》，使财政支出绩效评价有了可靠的法制依据。

（一）财政支出绩效评价的概念

1. 财政支出绩效评价的含义与主体

（1）财政支出绩效评价的含义。绩效一般是指组织或个人为了达到某种目标而采取的各种行为的结果。绩效评价是指运用一定的评价方法、量化指标及评价标准，对部门、单位所确定的绩效目标的实现程度及其执行结果所进行的综合性评价。

财政支出绩效评价简称绩效评价，是指财政部门和预算部门（单位）根据设定的绩效目标，运用科学、合理的绩效评价指标、评价标准和评价方法，对财政支出的经济性、效率性和效益性进行客观、公正的评价。

（2）财政支出绩效评价的主体。各级财政部门和各预算部门（单位）是绩效评价的主体。预算部门（单位）（以下简称"预算部门"）是指与财政部门有预算缴拨款关系的国家机关、政党组织、事业单位、社会团体和其他独立核算的法人组织。

2. 财政支出绩效评价的原则与依据

（1）财政支出绩效评价的原则。绩效评价的原则包括：一是科学规范原则，即绩效评价应严格执行规定的程序，按照科学可行的要求，采用定量分析与定性分析相结合的方法；二是公正公开原则，即绩效评价应符合真实、客观、公正的要求，依法公开并接受监督；三是分级分类原则，即绩效评价由各级财政部门、各预算部门根据评价对象的特点分类组织与实施；四是绩效相关原则，即绩效评价应针对具体支出及其产出绩效进行，评价结果应清晰反映支出和产出绩效之间的紧密对应关系。

（2）财政支出绩效评价的依据。绩效评价的主要依据包括：国家相关法律、法规和规章制度；各级政府制定的国民经济和社会发展规划与方针政策；预算管理制度、资金及财务管理办法、财务会计资料；预算部门职能职责、中长期发展规划及年度工作计划；相关行业政策、行业标准及专业技术规范；申请预算时提出的绩效目标及其他相关材料，财政部门预算批复，财政部门和预算部门年度预算执行情况，年度决算报告；人大审查结果报告、审计报告及决定、财政监督检查报告；其他相关资料。

（二）财政支出绩效评价的制度

1. 财政支出绩效评价的对象与内容

（1）财政支出绩效评价的对象。绩效评价的对象包括纳入政府预算管理的资金和纳入部门预算管理的资金。绩效评价按照预算级次，可分为本级部门预算管理的资金和上级政府对下级政府的转移支付资金，前者包括基本支出绩效评价、项目支出绩效评价和部门整体支出绩效评价；后者包括一般性转移支付和专项转移支付。

预算部门年度绩效评价对象由预算部门结合本单位工作实际提出并报同级财政部门审核确定，也可由财政部门根据经济社会发展需求和年度工作重点等相关原则确定。

（2）财政支出绩效评价的内容。绩效评价内容主要包括：绩效目标的设定情况；资金投入和使用情况；为实现绩效目标制定的制度、采取的措施等；绩效目标的实现程度及效果；绩效评价的其他内容。

绩效评价一般以预算年度为周期，对跨年度的重大（重点）项目可根据项目或支出完成情况实施阶段性评价。

2. 财政支出评价的绩效目标与要求

（1）财政支出评价的绩效目标。绩效目标是绩效评价的对象计划在一定期限内达到的产出和效果，由预算部门在申报预算时进行填报，根据不同情况由财政部门和部门分别或共同设定。绩效目标应包括以下主要内容：一是预期产出，包括提供的公共产品和服务的数量；二是预期效果，包括经济效益、社会效益、环境效益和可持续影响等；三是服务对象或项目受益人满意程度；四是达到预期产出所需要的成本资源；五是衡量预期产出、预期效果和服务对象满意程度的绩效指标；六是其他。

（2）财政支出绩效目标的要求。绩效目标的要求主要包括：一是指向明确，即绩效目标符合国民经济和社会发展规划、部门职能及事业发展规划，并与相应的财政支出范围、方向和效果紧密相关；二是具体细化，即绩效目标应从数量、质量、成本和时效等方面进行细化，尽量进行定量表述，不能以量化形式表述的，可采用定性的分级分档形式表述；三是合理可行，即制订绩效目标时要经过调查研究和科学论证，目标要符合客观实际情况。

（3）财政支出绩效目标的确定。财政部门对预算部门申报的绩效目标进行审核，符合相关要求的，可进入下一步预算编审流程，否则财政部门可要求其调整、修改；绩效目标一经确定一般不予调整；绩效目标确定后，随同年初预算或追加预算一并批复并作为预算部门执行和项目绩效评价的依据。

3. 财政支出绩效评价的指标与标准

（1）财政支出绩效评价指标的原则。绩效评价指标是衡量绩效目标实现程度的考核工具，其指标确定原则包括：一是相关性原则，即应与绩效目标有直接的联系，能够恰当反映目标的实现程度；二是重要性原则，即应优先使用最具代表性评价对象、最能反映评价要求的核心指标；三是可比性原则，即对同类评价对象要设定共性的、可比较的绩效评价指标，以便于评价结果可相互比较；四是系统性原则，即应将定量指标与定性指标相结合，系统反映财政支出所产生的社会效益、经济效益、环境效益和可持续影响等；五是经济性原则，即应通俗易懂、简便易行，数据的获得应考虑现实条件和可操作性，符合成本效益原则。

（2）财政支出绩效评价的指标。绩效评价指标分为共性指标和个性指标，共性指标是适用所有评价对象的指标，主要包括预算编制和执行情况、财务管理状况、资产配置、使用、处置及其收益管理情况，以及社会效益和经济效益等，由财政部门统一制定；个性指标是针对预算部门或项目特点设定的，适用于不同预算部门或项目的业绩评价指标，由财政部门会同预算部门制定。

（3）财政支出绩效评价的标准。绩效评价标准是指衡量财政支出绩效目标完成程度的尺度。其标准包括：一是计划标准，即以预先制定的目标、计划、预算、定额等数据作为评价的标准；二是行业标准，即参照国家公布的行业指标数据制定的评价标准；三是历史标准，即参照同类指标的历史数据制定的评价标准；四是其他经财政部门确认的标准。

4. 财政支出绩效评价的方法与选用

绩效评价方法主要采用成本效益法、比较分析法、因素分析法、最低成本法和公众评判法等。其方法的选用应当坚持简便有效的原则。根据评价对象的具体情况，可采用一种或多种方法进行绩效评价。

（1）成本效益法。成本效益法是指将一定时期内的支出与效益进行对比分析，以评价绩效目标实现程度。

（2）比较分析法。比较分析法是指通过对绩效目标与实施效果、历史与当期、不同部门和地区同类支出的比较，综合分析绩效目标实现程度。

（3）因素分析法。因素分析法是指通过综合分析影响绩效目标实现、实施效果的内外因素，评价绩效目标实现程度。

（4）最低成本法。最低成本法是指对效益确定却不易计量的多个同类对象实施成本比较，评价绩效目标实现程度。

（5）公众评判法。公众评判法是指通过专家评估、公众问卷及抽样调查等对财政支出效果进行评判，评价绩效目标实现程度。

（6）其他评价方法。除上述方法以外，经财政部门确认的方法。

（三）财政支出绩效评价的实施

1. 财政支出绩效评价的程序与组织

（1）财政支出绩效评价的程序。绩效评价工作一般按照以下程序进行：一是确定绩效评价对象；二是下达绩效评价通知；三是确定绩效评价工作人员；四是制订绩效评价工作方案；五是收集绩效评价相关资料；六是对资料进行审查核实；七是综合分析并形成评价结论；八是撰写与提交评价报告；九是建立绩效评价档案。

（2）财政支出绩效评价的组织。财政部门负责拟定绩效评价规章制度和相应的技术规范，组织、指导本级预算部门及下级财政部门的绩效评价工作，根据需要对本级预算部门及下级财政部门支出实施绩效评价或再评价，提出改进预算支出管理意见并督促落实。

预算部门负责制定本部门绩效评价规章制度，具体组织实施本部门绩效评价工作，向同级财政部门报送绩效报告和绩效评价报告，落实财政部门整改意见，根据绩效评价结果改进预算支出管理。

财政部门根据需要，绩效评价工作可委托专家、中介机构等第三方实施，同时应对第三方组织参与绩效评价的工作进行规范，并指导其开展工作。

2. 财政支出绩效评价的报告与结果

（1）财政支出绩效评价报告。财政资金具体使用单位应按照规定提交绩效报告，其报告内容主要包括：基本概况，包括预算部门职能、事业发展规划、预决算情况和项目立项依据等；绩效目标及其设立依据和调整情况；管理措施及组织实施情况；总结分析绩效目标完成情况；说明未完成绩效目标及其原因；下一步改进工作的意见及建议。

财政部门和预算部门开展绩效评价并撰写绩效评价报告，其内容主要包括：基本概况；绩效评价的组织实施情况；绩效评价指标体系、评价标准和评价方法；绩效目标的实现程度；存在问题及原因分析；评价结论及建议；其他需要说明的问题。

绩效评价报告应依据充分、真实完整、数据准确、分析透彻、逻辑清晰、客观公正。预算部门应对绩效评价报告涉及基础资料的真实性、合法性和完整性负责，财政部门应对预算部门提交的绩效评价报告进行复核，提出审核意见。

（2）财政支出绩效评价结果。绩效评价结果应采取评分与评级相结合的形式，具体分值和等级可根据不同评价内容设定。绩效评价结果应按照政府信息公开规定，在一定范围内公开。

财政部门和预算部门应及时整理、归纳、分析、反馈绩效评价结果，并将其作为改进预算管理和安排以后年度预算的重要依据。对绩效评价结果较好的，可予以表扬或继续支持；对绩效评价发现问题、达不到绩效目标或评价结果较差的，可予以通报批评，并责令其限期整改；不进行整改或整改不到位的，应根据情况调整项目或相应调减项目预算，直至取消该项财政支出。

本 章 小 结

- 财政支出是指政府为满足公共需要、提供公共产品和服务而进行的财政资金的支付。财政支出范围包括政权建设支出、事业发展支出、公共投资支出和转移分配支出。遵循保证政府职能、兼顾公平效率、贯彻依法支出和促进经济发展的原则。
- 按财政支出经济性质分类，可将财政支出分为购买性支出和转移性支出。根据财政部制定的《2017年政府收支分类科目》，按照支出功能分为一般公共服务、外交、国防、公共安全、教育、科学技术、文化体育与传媒、社会保障和就业等24个类级科目；按照支出经济分为工资福利支出、商品和服务支出、对个人和家庭的补助等10个类级科目。

• 财政支出规模是指政府在一定时期（预算年度）内通过财政渠道安排和使用的财政资金的绝对量与相对量。反映的是政府在一定时期内集中支配使用的资金量，是考察政府财政活动规模的重要指标。包括绝对量指标和相对量指标，通常用GDP财政支出率（财政支出占GDP的比重）指标反映。

• 财政支出从全球范围来看呈不断增长的趋势，并不因各国经济发展水平和国家结构而不同，只是有别于增长速度的快慢。西方有关财政支出规模的理论依据主要包括政府活动扩张、梯度渐进增长、经济发展阶段、非均衡增长和官僚行为增长。

• 财政支出结构是指在一定的经济体制和财政体制下，财政资金用于政府各部门、国民经济和社会生活各方面的数量、比例及其相互关系。对财政支出结构主要是评价分析各类财政支出结构领域及其方案的合理性和有效性。

• 财政支出效益是指政府为实现一定的目标而通过财政支出手段获取最大的社会经济效益。它与微观经济主体支出效益相比，在计算效益范围、衡量效益标准和效益表现形式等方面有着不同。财政支出效益的分析方法主要包括成本效益法和最低费用法。

• 财政支出绩效评价是指财政部门和预算部门（单位）根据设定的绩效目标，运用科学、合理的绩效评价指标、评价标准和评价方法，对财政支出的经济性、效率性和效益性进行客观、公正的评价。其主体是各级财政部门和各预算部门（单位），遵循科学规范、公正公开、分级分类和绩效相关的原则进行绩效评价。

• 财政支出绩效评价的对象包括纳入政府预算管理的资金和纳入部门预算管理的资金，分为共性指标和个性指标，具体包括计划、行业和历史标准，主要采用成本效益法、比较分析法、因素分析法、最低成本法和公众评判法等评价方法。

复 习 思 考

一、概念题

财政支出　财政支出规模　财政支出结构　财政支出效益　成本效益法
最低费用法　比较分析法　因素分析法　公众评判法　财政　支出绩效评价

二、思考题

1. 财政支出有哪些分类方法？
2. 西方财政支出增长理论有哪些？
3. 如何确定财政支出的最优规模？
4. 财政支出结构变化有哪些规律？
5. 如何加强财政支出绩效评价管理工作？

三、分析题

表3-9为我国2007～2016年财政支出结构情况。

表 3-9　我国 2007～2016 年财政支出结构情况

单位：亿元

项目	2007	2008	2009	2010	2011	2012	2013	2014	2015	2016
一般公共服务支出	8 514.24	9 795.92	8 161.60	9 337.16	10 987.78	12 700.46	13 755.13	13 267.50	13 547.79	14 790.52
外交支出	215.28	240.72	250.94	269.22	309.58	333.83	355.76	361.54	480.32	482.00
国防支出	3 554.91	4 178.76	4 951.10	5 333.37	6 027.91	6 691.92	7 410.62	8 289.54	9 087.84	9 765.84
公共安全支出	3 486.16	4 059.76	4 744.09	5 517.70	6 304.27	7 111.60	7 786.78	8 357.23	9 379.96	11 031.98
教育支出	7 122.32	9 010.21	10 437.54	12 550.02	16 497.33	21 242.10	22 001.76	23 041.71	26 271.88	28 072.78
科学技术支出	1 783.04	2 129.21	2 744.52	3 250.18	3 828.02	4 452.63	5 084.30	5 314.45	5 862.57	6 563.96
文化体育与传媒支出	898.64	1 095.74	1 393.07	1 542.70	1 893.36	2 268.35	2 544.39	2 691.48	3 076.64	3 163.08
社会保障和就业支出	5 447.16	6 804.29	7 606.68	9 130.62	11 109.40	12 585.52	14 490.54	15 968.85	19 018.69	21 591.45
医疗卫生与计划生育支出	1 989.96	2 757.04	3 994.19	4 804.18	6 429.51	7 245.11	8 279.90	10 176.81	11 953.18	13 158.77
节能环保支出	995.82	1 451.36	1 934.04	2 441.98	2 640.98	2 963.46	3 435.15	3 815.64	4 802.89	4 734.82
城乡社区支出	3 244.69	4 206.14	4 933.34	5 987.38	7 620.55	9 079.12	11 165.57	12 959.49	15 886.36	18 394.62
农林水支出	3 404.70	4 544.01	6 720.41	8 129.58	9 937.55	11 973.88	13 349.55	14 173.83	17 380.49	18 587.36
交通运输支出	1 915.38	2 354.00	4 647.59	5 488.47	7 497.80	8 196.16	9 348.82	10 400.42	12 356.27	10 498.71
资源勘探信息等支出	—	—	2 879.12	3 485.03	4 011.38	4 407.68	4 899.06	4 997.04	6 005.88	5 791.33
商业服务业等支出	—	—	923.73	1 413.14	1 421.72	1 371.80	1 362.06	1 343.98	1 747.31	1 724.82
金融支出	—	—	911.19	637.04	649.28	459.28	377.29	502.24	959.68	1 302.55
地震灾后恢复重建支出	—	798.34	1 174.45	1 132.54	174.45	103.81	42.79	—	—	—
援助其他地区支出	—	—	—	—	—	126.56	158.54	216.50	261.41	303.17
国土海洋气象等支出	—	—	1 002.62	1 330.39	1 521.35	1 665.67	1 906.12	2 083.03	2 114.70	1 787.06
住房保障支出	—	—	1 804.07	2 376.88	3 820.69	4 479.62	4 480.55	5 043.72	5 797.02	6 776.21
粮油物资储备支出	—	—	1 294.91	1 171.96	1 269.57	1 376.29	1 649.42	1 939.33	2 613.09	2 190.01
债务付息支出	—	—	1 491.28	1 844.24	2 384.00	2 635.74	3 056.21	3 586.70	3 548.59	5 074.94
其他支出	7 209.05	9 167.16	2 299.45	2 700.38	2 911.24	2 482.38	3 271.79	3 254.53	3 670.55	1 899.33
债务发行费用支出	—	—	—	—	—	—	—	—	54.66	69.90
合计	49 781.35	62 592.66	76 299.93	89 874.16	109 247.79	125 952.97	140 212.10	151 785.56	175 877.77	187 755.20

资料来源：《中国财政年鉴》（2017）和财政部网站

要求：请根据上述资料，运用财政支出理论分析我国财政支出变化趋势及其原因。

第四章

财政购买支出

　　财政购买支出是按照经济性质划分的一种财政支出类型，与财政转移支出相对应。它是政府作为市场经济主体的一种市场性购买行为，遵循等价交换市场原则，通过市场价格体系和供需关系影响宏观经济运行。本章阐述和分析社会消费支出、政府投资支出和政府采购支出，其内容主要包括社会消费支出理论、行政管理支出、国防支出和教科文卫支出，政府投资理论、基础产业投资和农业财政投资，以及政府采购的基本概念、管理制度和支出管理。其重点是行政管理、教科文卫、政府采购支出和基础产业投资、农业财政投资，难点是基础产业投资和政府采购支出。

■第一节　社会消费支出

一、社会消费支出理论

（一）社会消费支出的含义

　　社会消费支出是政府为履行政治经济、社会管理和社会服务的职能而发生的日常财政支出。就其本质而言，社会消费支出满足的是纯社会公共需要。在财政支出项目中属于社会消费支出的，主要包括行政管理、国防、教育、科技、文化和卫生等项支出。

　　社会消费支出的性质和特点：一是能够引起社会产品的消耗，丧失的价值不能收回或补偿；二是只要消费单位存在，就得连续不断地支出；三是与人们切身利益密切相关，增加容易减少难；四是一般不受技术经济条件的制约。

（二）社会消费支出的作用

　　社会消费支出在使用中不能形成任何资产，属于非生产性支出。但它所提供的服务能满足社会公众的共同消费需要，是社会再生产不可缺少的部分，对社会安定和生产发展起着重要作用。其作用主要表现在以下两个方面：

　　（1）社会消费支出是国家机器正常运转的物质基础。从性质上看，国家司法和行政机关是社会管理部门，不直接从事经济活动，其职能之一就是维护社会秩序的稳定，这一职能的实现需要一定的物质基础作为保证，而社会消费支出恰恰为国家行使其职能提供了必要的财政资金支持。

（2）社会消费支出是提高人民生活质量的物质前提。衡量人民生活质量包括个人消费水平、公共环境质量和接受教育的程度。而这些是不能够完全通过市场来解决的，必须由政府通过社会消费支出来提供。因此，财政用于这些方面的支出，其规模的大小和使用效益的高低将直接影响人民的生活质量。

二、行政管理支出

（一）行政管理支出的概念

1. 行政管理支出的含义

行政管理支出是财政用于国家各级权力机关、行政管理机关和外事机构行使其职能所需的经费支出。它是社会消费支出的重要组成部分，属非生产性支出。

注意控制和节约行政管理支出，对合理安排国家财政支出，用更多的资金支援经济建设和各项文化、教育、科学、卫生事业的发展，发扬艰苦奋斗、勤俭建国的优良传统，克服官僚主义，都有非常重要的现实意义。

2. 行政管理支出的特性

国家行政管理部门属于非生产部门，它不直接创造物质财富，没有独立的收入来源，所需经费主要依靠财政拨付。因此，行政管理支出从经济性质来说，是非生产性支出，但从维持一国政府正常运转的作用来说，又是必需的财政支出。

行政部门的性质决定了行政管理支出的特殊性：一是财政拨款是行政部门除某些零星杂项收入外的唯一收入来源，政府对行政部门的经常支出应当予以保证；二是在保证完成国家政治经济任务的前提下，厉行节约经费支出。

（二）行政管理支出的范围

按照传统的预算科目，我国的行政管理支出主要包括行政支出、公安支出、国家安全支出、司法检察支出和外交支出等。我国 2007 年政府收支分类改革后，行政管理支出在统计指标上明确划分为一般公共服务支出、公共安全支出（含武装警察部队支出）和外交支出（含对外援助支出）三大类。

根据财政部制定的《2017 年政府收支分类科目》，一般公共服务支出包括人大、政协、政府办公厅（室）及相关机构、发展与改革、统计信息、知识产权、财政、税收、审计、海关、人力资源、纪检监察、商贸、工商行政管理、质量技术监督与检验检疫和其他一般公共服务支出等 16 项；公共安全支出包括武装警察、国家安全、公安、检察、法院、司法、监狱、强制隔离戒毒、国家保密缉私警察、海警和其他公共安全支出等 12 项；外交支出包括外交管理事务、驻外机构、对外援助、国际组织、对外合作与交流、边界勘界联检和其他外交支出等 7 项。

行政管理支出分类改革后，实际核算内容并无大的变化，但核算角度从强调资金使用主体即度量"某个行政机关用了多少经费"，转变为强调资金使用用途方面即度量"某项公共事务用了多少经费"，更能清楚地说明政府财政资金具体做了什么、怎么去做的，为预算管理、统计分析、宏观决策和财政监督等提供全面、真实、准确的经济信息。

（三）行政管理支出的效率

财政资金用于政府的行政管理，提供一定质量的行政管理服务，实际上就是一种资源配置，但资源配置必须讲求效率。所谓行政管理支出效率，就是在保证政府充分履行其行政管理职能的条件下如何使政府行政管理支出最少，或在一定财政支出量的前提下，如何使政府行政管理的产出最高。

对政府行政管理职能支出效率的衡量，不存在精确的方法，因为这既不能像衡量市场的盈利性投资那样考核利润和成本并进行对比，也不可能像公共投资项目那样模拟计算社会收益。但也不是完全不可衡量，如通过民意调查或公民投票评价，按财政财务管理制度对行政管理支出进行核算和检查监督等，也可对行政管理支出的某些方面进行评价。

（四）行政管理支出的分析

1. 行政管理支出的基本趋势

我国 1978～2016 年行政管理支出总体上呈现一种不断上升的趋势，大体上可分为四个阶段，如表 4-1 所示。

表 4-1　我国 1978～2016 年行政管理支出及占财政支出比重

年份	财政支出/亿元	行政管理支出/亿元	行政管理支出占财政支出比重/%
1978	1 122.09	52.90	4.71
1980	1 228.83	75.53	6.15
1985	2 004.25	171.06	8.53
1990	3 083.59	414.56	13.44
1991	3 386.62	414.01	12.22
1992	3 742.20	463.41	12.38
1993	4 642.30	634.26	13.66
1994	5 792.62	847.68	14.63
1995	6 823.72	996.54	14.60
1996	7 937.55	1 185.28	14.93
1997	9 233.56	1 358.85	14.72
1998	10 798.18	1 600.27	14.82
1999	13 187.67	2 020.60	15.32
2000	15 886.50	2 768.22	17.42
2001	18 902.58	3 512.49	18.58
2002	22 053.15	4 101.32	18.60
2003	24 649.95	4 691.26	19.03
2004	28 486.89	5 521.98	19.38
2005	33 930.28	6 512.34	19.19
2006	40 422.73	7 571.05	18.73

续表

年份	一般公共服务支出/亿元	外交支出/亿元	公共安全支出/亿元	行政管理支出合计/亿元	行政管理支出占财政支出比重/%
2007	8 514.24	215.28	3 486.16	12 215.68	24.54
2008	9 795.92	240.72	4 059.76	14 096.40	22.52
2009	8 161.6	250.94	4 744.09	13 156.63	17.24
2010	9 337.16	269.22	5 517.7	15 124.08	16.82
2011	10 987.78	309.58	6 304.27	17 601.63	16.11
2012	12 700.46	333.83	7 111.6	20 145.89	15.99
2013	13 755.13	355.76	7 786.78	21 897.67	15.61
2014	13 267.5	361.54	8 357.23	21 986.27	14.48
2015	13 547.79	480.32	9 379.96	23 408.07	13.30
2016	14 790.52	482.00	11 031.98	26 304.50	14.01

资料来源：《中国统计年鉴》（2017），其比重经计算而得

由表 4-1 可以看出，我国行政管理支出的规模及其占财政支出比重的变化，大体经历了四个阶段：第一阶段为 1978 年至 1990 年的迅速提高阶段，即由 1978 年的 4.71% 提高到 1990 年的 13.44%；第二阶段为 1991 年至 1998 年的相对稳定阶段，即在 12.22% 至 14.93% 之间徘徊，其中 1996 年为最高；第三阶段为 1999 年至 2004 年的稳中有升阶段，即由 1999 年的 15.32% 提高到 2004 年的 19.38%；第四阶段为 2005 年至 2016 年的稳中有降阶段，即由 2005 年的 19.19% 逐步降为 2016 年的 14.01%。

2. 行政管理支出增长的原因

由表 4-1 可以看出：我国行政管理支出数额不断增长，从 1978 年的 52.90 亿元增加到 2016 年的 26 304.50 亿元，增长了 26 251.6 亿元，38 年增加了 469.25 倍；行政管理支出占财政支出的比重，进入 20 世纪 80 年代以来呈明显的上升趋势。其原因有正常的，也有非正常的。就正常情况看，随着社会经济的发展，包括公、检、法在内的公共事务日益增多，行政管理支出的增长有其一定的必然性，主要表现在以下三个方面：

（1）机构扩大增加行政支出。原有党政机关的扩大和新机构的设置，都会使机关经费中的人员经费和办公经费增加。如与市场经济运行有关的若干机构在扩大或增设，而那些已与新体制运行不协调的机构却得不到有效的压缩，新旧叠加的结果是行政支出的增加。机构庞大、政企不分和"四风"问题等，也给财政带来沉重负担。

（2）公、检、法支出不断增长。公安、司法、检察、安全等方面的支出是用于维持社会秩序的。社会经济活动日趋复杂，社会交往规模日益扩大，"城市化"的浪潮不可遏制，难免导致犯罪和违法事件及经济社会纠纷增多。为保证社会在法制轨道上有秩序运行，用于维持秩序的机关费用增加也是不可避免的。

（3）外交外事支出增长较快。国际交往会随经济发展和外事活动的频繁而增多，因而驻外机构经费、招待费用支出也呈不断增加的趋势。如外交支出从 2007 年的 215.28 亿元，增至 2016 年的 482 亿元，10 年间增长了 266.72 亿元、增长 1.24 倍；外交支出占行政管理支出的比重从 2007 年的 1.76% 增至 2016 年的 1.83%，增长了 0.07 个百分点。

需要说明的是：对行政管理支出分析是一个比较困难的问题，因为行政管理支出规模是由多种因素形成的，且具有历史延续性。其直接影响因素主要有经济增长水平、政府职能范围、国家机构设置、财政收支规模和行政管理效率等，因而规范行政管理费的规模和加强管理必须从多方面着手。其解决问题的关键在于进一步深化政治、经济体制改革，转换政府职能，精简机构、压缩编制与合理定员；建立健全财务管理制度，严格控制行政费用开支，实行政府采购制度，以及建立健全经费定额包干管理办法等。

三、国防支出

（一）国防支出的含义

国防支出即国家防卫支出，是指用于国防、国防科研事业和军队建设等方面的支出。它属于社会消费的非生产性支出。国防支出的规模与结构，集中反映了一个国家的国防战略和政策，通过国防支出占 GDP 和财政支出的比例及国防支出内部的分配与使用结构，可以看出各个国家不同的国力、国策和国防建设的方针政策。

国防支出受一定技术条件的制约，且与国际国内局势变动密切相关。一般在国际国内局势紧张的情况下，需要的国防支出较多；反之在国际国内局势缓和时，需要的国防支出较少。可见，国防费用支出在一定的技术经济条件的制约下，随国际国内局势变动而呈波动性的变化。为实现国防现代化的目标，就必须根据经济发展状况和所面临的国际政治经济环境，合理安排国防支出，提高国防费的分配和使用效益。

（二）国防支出的内容

国防支出是国家机器运行所必需的，用于国防建设、国防科技事业、军队正规化建设和民兵建设、各军兵种和后备部队的经常性开支，以及专项军事工程及战时的作战经费等方面的军事支出，主要包括现役部队、预备役部队、民兵、国防科研事业、专项工程和国防动员六项支出。

国防支出按经费性质划分，主要内容包括国防费、国防科研事业费、民兵建设事业费及用于专项工程和其他支出，以及用于陆海空各军种兵种的经常费用、国防建设、国防科研费和战争时期的作战费用。

国防支出按支出项目划分，主要内容包括人员生活费、活动维持费和装备费。人员生活费主要用于军官、士兵、文职干部和职工的工资、伙食、服装等；活动维持费主要用于部队训练、工程设施建设及维护和日常消耗性支出；装备费主要用于武器装备的科研、试验、采购、维修、运输和储存等费用支出。

（三）国防支出的规模

国防支出对一个国家来说是重要的，但国防支出尤其是现代化高科技的军事装备是一项费用巨大的非生产性支出，过大的国防支出将会给经济造成巨大的压力和负担，会减缓经济发展的能力和速度，直接后果将是经济无力支撑国防所需的人力、物力和财力，国防建设也难以真正搞好。因此，各国都必须确定适当的国防建设和国防支出规模。我国 1978～2016 年国防支出及财政支出比重如表 4-2 所示。

表 4-2 我国 1978～2016 年国防支出及占财政支出比重

年份	财政支出/亿元	国防支出/亿元	国防支出 增长速度/%	国防支出 占财政支出比重/%
1978	1 122.09	167.84	—	14.96
1980	1 228.83	193.84	15.49	15.77
1985	2 004.25	191.53	−1.19	9.56
1990	3 083.59	290.31	51.57	9.41
1991	3 386.62	330.31	13.78	9.75
1992	3 742.20	377.86	14.40	10.10
1993	4 642.30	425.80	12.69	9.17
1994	5 792.62	550.71	29.34	9.51
1995	6 823.72	636.72	15.62	9.33
1996	7 937.55	720.06	13.09	9.07
1997	9 233.56	812.57	12.85	8.08
1998	10 798.18	934.70	15.03	8.66
1999	13 187.67	1 076.40	15.16	8.16
2000	15 886.50	1 207.54	12.18	7.60
2001	18 902.58	1 442.04	19.42	7.63
2002	22 053.15	1 707.78	18.43	7.74
2003	24 649.95	1 907.87	11.72	7.74
2004	28 486.89	2 200.01	15.31	7.72
2005	33 930.28	2 474.96	12.50	7.29
2006	40 422.73	2 979.38	20.38	7.37
2007	49 781.35	3 554.91	19.32	7.14
2008	62 592.66	4 178.76	17.55	6.68
2009	76 299.93	4 951.10	18.48	6.49
2010	89 874.16	5 333.37	7.72	5.93
2011	109 247.79	6 027.91	13.02	5.52
2012	125 952.97	6 691.93	11.02	5.31
2013	140 212.10	7 410.62	10.74	5.29
2014	151 785.56	8 289.54	11.86	5.46
2015	175 877.77	9 087.84	9.63	5.17
2016	187 841.00	9 543.54	5.01	5.08

资料来源：《中国统计年鉴》（2017），其增长速度及比重经计算而得

社会公众一直希望能找到若干明确的指标，来衡量国防活动应有的合理规模。当今新兴的国防经济学对相关问题进行了研究，如国防的目的是保卫国家不受侵犯，而可能的侵犯之敌位于何方及侵犯的程度、可能动员的侵犯力量有多大、有效遏止这种侵犯所需的军事力量要多强等，是可以较为准确地估计出来的，且可量化为若干指标，这就为确定国防费用奠定了一定的基础。一国可以首先确定所需的军事打击力量规模，据此制订军事措施计划；为执行各个计划项目拟订各种可替代的实施方案，对各

个方案的成本效益进行分析比较，选定成本最小而效益最大的方案；根据被选定的方案确定的资金规模，据此编制国防支出预算。这种方法一般称为"计划—方案—预算"制度（PPBS），最早由美、英等国在第二次世界大战期间使用，现为世界各国所普遍重视和运用。

（四）国防支出的变动趋势

国防支出占公共支出比重的波动，与国际局势密切相关。20 世纪 50 年代，第二次世界大战虽已尘埃落地，但冷战仍在紧锣密鼓地进行，处在这样紧张的国际军事境中，各国自然都要做好准备，或准备侵略或反侵略，军费支出自然居高不下。60 年代末期，国际社会发起了几次规模较大的裁军活动，国际局势趋于缓和，各国军费支出大都相对减少。进入 21 世纪后，个别国家小范围、局部摩擦和战争的出现，以致各国军费支出有所增加。

中国 20 世纪 80 年代以经济建设为中心，国防建设处于低投入和维持性状态；90 年代在经济建设发展的基础上，为维护国家主权和安全统一，适应世界新军事变革的发展，保持了国防支出的逐步增长，这属于弥补国防基础薄弱的补偿性增长；1979～1989 年国防费用年均增长-1.23%，与同期居民消费价格总指数年均上涨 7.49%相比，实际为年均增长-5.83%；1990～2005 年国防费用年均增长 15.36%，扣除同期居民消费价格总指数年均上涨5.22%的因素，实际年均增长12.47%；2006～2016 年国防费用增长总体上呈不断下降的趋势，即从 2006 年的 20.38%降为 2016 年的 5.01%，年均增长 13.15%。

中国建立巩固的国防是国际现代化的一项战略任务，是维护国家安全统一和全面建设小康社会的保障，更是"强军兴国"的"中国梦"。从国际比较看，中国国防费规模近年来在绝对总额和相对水平方面都有大幅度的提高，如 2005 年中国的国防费用分别相当于美国的 6.19%和英国的 52.95%，2016 年分别提高到 30.84%和356.51%；但从人均数额看，其比例明显偏低，如 2016 年中国的人均国防费用仅为 79.82美元，相当于美国的 5.57%和英国的 11.11%。2017 年 3 月第十二届全国人民代表大会第五次会议新闻发言人傅莹说，2016 年我国国防预算为 9543.54 亿元，2017 年我国国防预算增幅在 7%将达到 10 211.59 亿元左右。财政部有关负责人表示，财政预算增加的国防支出主要用于支持深化国防和军队改革，促进军民融合深度发展，改善基层部队工作、训练和生活保障条件等。

英国《简式防务周刊》2016 年底发布的世界各大国的军费显示：2016 年国防支出排名前十的依次是美国、中国、英国、俄罗斯、沙特、印度、法国、日本、德国和韩国，其中美国军费开支为 6 220 亿美元，远远超过世界其他国家排名第一；中国以 1918 亿美元排在世界第二，也远远大于排在第三的英国（538 亿美元）；国防支出规模排名第 4～10 位的俄罗斯为 507 亿美元、沙特 487 亿美元、印度 484 亿美元、法国 443 亿美元、日本 417 亿美元、德国 358 亿美元和韩国 335 亿美元。此外，在十大军事国家中，军费占GDP比重最高的国家是沙特阿拉伯为11.84%，美国排在第二为 3.59%，中国仅排在第九为 1.28%而略高于日本。因此，中国军费水平在世界范围内处于较低水平。如图 4-1～图 4-3 所示。

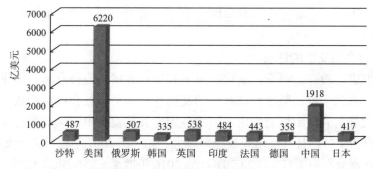

图 4-1　2016 年各国军费开支

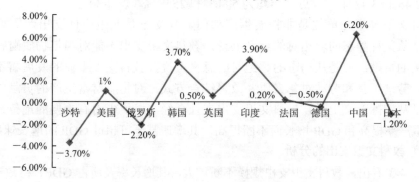

图 4-2　2016 年各国军费开支增长速度

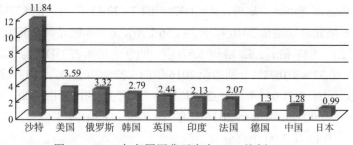

图 4-3　2016 年各国军费开支占 GDP 比例（%）

四、教科文卫支出

（一）教科文卫支出的概念

教科文卫支出是指国家财政用于教育、科学、文化、卫生和体育等事业单位的经费支出。根据财政部制定的《2017 年政府收支分类科目》，教科文卫支出按照支出功能划分为教育、科学技术、文化体育与传媒、医疗卫生支出四个类级科目。

教育支出主要包括教育行政管理、学前教育、小学教育、初中教育、普通高中教育、普通高等教育、初等职业教育、中专教育、技校教育、职业高中教育、高等职业教育、广播电视教育、留学生教育、特殊教育、干部继续教育和教育机关服务等方面的支出；科学技术支出包括科学技术管理事务、基础研究、应用研究、科技条件与服务、社会科学、科学技术普及、科技交流与合作等方面的支出；文化体育与传媒支出包括文化、文物、体育、广播影视、新闻出版等方面的支出；医疗卫生支出包括医疗卫生管理事务支出、公立医院、基层医疗卫生机构支出、公共卫生、医疗保障、中医药、食品和药品监督管理事务等。

（二）教科文卫支出的性质

从广义上讲，教育、科学、文化、卫生和体育等属于混合产品，由于具有较强的外部正效应，有助于提高整个经济社会的文明程度和全体社会成员的素质，从而对经济的繁荣与发展起到决定性的作用，因而各国尤其是发展中国家对教科文卫事业都给予了较大的财力支持，且其支出规模越来越大。如中国 2007 年教科文卫支出占 GDP 和财政支出的比重分别为 4.37%和 23.70%，到 2016 年增至 6.85%和 27.12%，10 年间分别增长了 2.48 和 3.42 个百分点，年均为 5.86%和 25.90%（表 4-3）。

教科文卫等事业单位是非物质生产部门，其支出是非生产性支出。需要强调的是：一是从某种静态的、相对的意义上说，教科文卫支出不能对当年物质财富的生产做出直接的贡献；二是从动态的、绝对的意义上说，教科文卫事业的发展将不断提高劳动者、劳动工具和劳动对象素质并改善结合方式，对物质财富生产的贡献将越来越大；三是从实际意义上说，教科文卫支出在社会经济发展中占有重要的地位，且应随着劳动生产率提高和 GDP 增长而不断提高，其增速甚至可超过 GDP 的增长速度。

（三）教科文卫支出的分析

从表 4-3 看出，教科文卫支出规模不断扩大，其增长率及所占 GDP、财政支出比重总体上呈现稳步上升的趋势。其中教育、科学技术、文化体育与传媒、医疗卫生与计划生育支出（简称四项支出）的规模，由 2007 年的 7 122.32 亿元、1 783.04 亿元、898.64 亿元和 1 989.96 亿元分别增至 2016 年的 28 056 亿元、6 568 亿元、3165 亿元和 13 154 亿元，增长 2.94 倍、2.17 倍、2.52 倍和 5.51 倍。四项支出所占 GDP 的比重由 2007 年的 2.64%、0.66%、0.33%和 0.74%分别增至 2016 年的 3.77%、0.88%、0.43%和 1.77%，增长了 1.13、0.22、0.10 和 1.03 个百分点；其所占财政支出的比重由 2007 年的 14.31%、3.58%、1.81%和 4.00%分别增至 2016 年的 14.94%、3.50%、1.68%和 7.00%，增长了 0.63、−0.08、−0.13 和 3.00 个百分点。

为满足人民群众日益增长的教科文卫需求，提高国民的综合素质，当务之急是不断深化教科文卫体制改革，建立政府主导的多元化投入与管理机制，进一步扩大教科文卫支出，这是维护社会公平正义、提高人民生活质量的重要举措。

（四）教科文卫支出的管理

政府部门财政支出的基本任务是保证有关部门的经费供应和提高财政支出的使用效果，因此教科文卫支出管理主要是采取定员定额管理办法，并加强财务管理。

1. 教科文卫单位的定员定额管理

定员定额管理是指根据事业单位的工作任务和开展业务工作的需要，规定人员配备标准和各项经济指标的额度。它是财政安排和控制教科文卫支出的重要依据。

所谓定员即确定人员编制指标，是指根据精兵简政的原则，按照各个事业单位的不同性质及国家规定的定员比例和机构等级，规定完成一定工作任务所需要的职工人数。定员管理对教科文卫支出管理具有重要的意义，它可以使财政部门向这些单位供应人员经费有据可依，也有利于控制教科文卫的支出规模。

表 4-3　中国 2007~2016 年教科文卫支出及占 GDP、财政支出比重表

年份	教育支出			科学技术支出			文化体育与传媒支出			医疗卫生支出			教科文卫支出		
	规模/亿元	比重% GDP	支出	规模/亿元	比重% GDP	支出	规模/亿元	比重% GDP	支出	规模/亿元	比重% GDP	支出	规模/亿元	比重% GDP	支出
2007	7 122.32	2.64	14.31	1 783.04	0.66	3.58	898.64	0.33	1.81	1 989.96	0.74	4.00	11 793.96	4.37	23.70
2008	9 010.21	2.82	14.39	2 129.21	0.67	3.40	1 095.74	0.34	1.75	2 757.04	0.86	4.40	14 992.20	4.69	23.94
2009	10 437.54	2.99	13.68	2 744.52	0.79	3.60	1 393.07	0.40	1.83	3 994.19	1.14	5.23	18 569.32	5.32	24.34
2010	12 550.02	3.04	13.96	3 250.18	0.79	3.62	1 542.70	0.37	1.72	4 804.18	1.16	5.35	22 147.08	5.36	24.65
2011	16 497.33	3.37	15.10	3 828.02	0.78	3.50	1 893.36	0.39	1.73	6 429.51	1.31	5.89	28 648.22	5.85	26.22
2012	21 242.10	3.93	16.87	4 452.63	0.82	3.54	2 268.35	0.42	1.80	7 245.11	1.34	5.75	35 208.19	6.51	27.96
2013	22 001.76	3.70	15.69	5 084.30	0.85	3.63	2 544.39	0.43	1.81	8 279.90	1.39	5.91	37 910.35	6.37	27.04
2014	23 041.71	3.58	15.18	5 314.45	0.83	3.50	2 691.48	0.42	1.77	10 176.81	1.58	6.70	41 224.45	6.41	27.15
2015	26 271.88	3.81	14.94	5 862.57	0.85	3.33	3 076.64	0.45	1.75	11 953.18	1.73	6.80	47 164.27	6.84	26.82
2016	28 056.00	3.77	14.95	6 568.00	0.88	3.50	3 165.00	0.43	1.68	13 154.00	1.77	7.00	50 943.00	6.85	27.12
平均	—	3.37	14.91	—	0.79	3.52	—	0.40	1.77	—	1.30	5.70	—	5.86	25.90

资料来源：《中国统计年鉴》(2008—2017)，其比重经计算而得

所谓定额即确定开支的限额,是指对不同的事业单位制定相应的开支标准。教科文卫单位定额包括收入定额和支出定额两大类:前者指教科文卫活动中向服务对象收取一定费用的额度,包括补偿性收入、生产性收入和代办性收入三种定额;后者按支出用途分为人员经费定额和公用经费定额,按范围包括单项定额、综合定额和扩大综合定额三类。

2. 教科文卫单位的财务管理

按现行规定,教科文卫单位财务管理要全面反映单位的收支情况,全面采取核定收支等管理办法。

(1)核定收支的办法。事业单位必须将全部收入和支出统一编列财务经费计划,报经主管部门和财政部门核定。主管部门和财政部门根据事业单位特点、发展计划、财务收支状况及国家政策与财力可能,来核定事业单位的年度收支规模。

(2)定额补助或定项补助。定额补助是根据事业单位收支情况,并按相应标准确定一个总的补助数额,如对高等院校实行生均定额补助等;定项补助则是根据事业单位收支情况确定对事业单位某些支出项目实行补助,如对医院职工的工资支出项目进行补助,或对大型修缮项目和设备购置的补助等。

(3)财务包干。事业单位经费计划经主管部门和财政部门核定后,单位经费由单位自求平衡,增收节支的结余留归单位继续使用。除特殊情况外,通常情况下单位超支主管部门和财政部门不予追加。

(4)收入上缴办法。这是对少数非补助事业单位实行的一种经费管理办法。收入上缴规定的上缴数可以是定额的,也可是按比例的;上缴时限可按月或季,也可在年终一次上缴。该办法主要适用于非补助事业收入大于支出较多的事业单位。

第二节　政府投资支出

一、政府投资基础理论

(一)政府投资的含义与性质

1. 政府投资的含义

在西方学界,投资通常是指为获取利润而投放资本于企业的行为。我国经济学上的投资是指经济主体为获得经济效益而垫付货币或其他资源用于某项事业的经济活动。它既指特定的经济活动,又指特种资金。投资对象主要包括固定资产(房产)、股票、债券、基金、保险、理财产品、信托、收藏品、贵金属、民间借贷和短期投资等。一般而言,投资收益越大,其风险越高。

经济增长在很大程度上依赖于社会总投资的增加,社会总投资可分为政府投资和非政府投资两部分。政府投资也称财政投资、公共投资,是指以政府为主体将财政资金用于经济部门和相关领域或项目等的一种集中性、政策性投资;非政府投资即私人投资,是指以个人和企业等为主体的投资。政府投资可以微利或不盈利,资金来源可靠,主要集中于"外部效应"较大的基础产业和设施。

由于社会经济制度和经济发展阶段的不同，政府投资和非政府投资在社会总投资中所占的比重有相当大的差异。一般来说，在实行市场经济体制的国家，市场是资源配置的主要方式，非政府投资在社会投资总额中所占比重较大；在实行计划经济体制的国家中，计划是资源配置的主要方式，政府投资所占比重较大。从经济发展状况来看，在发达国家中政府投资所占的比重较小，在发展中国家中政府投资所占的比重较大。

2. 政府投资的性质

考察政府投资或财政投资的性质，应从其内涵进行分析，从它与私人投资的联系与区别来着手。政府投资是以政府为主体的投资，而私人投资则是以个人等为主体的投资。两者的区别要表现在以下四个方面：

（1）投资领域不同。在市场经济条件下，私人投资是以追求利润最大化为目标，其投资方向一般是收效快、期限短、盈利大的领域和项目。而政府投资是根据一定时期的社会经济发展战略目标考虑投资的产业和方向，一般是私人不愿意投资的、风险大、盈利小而经济发展又非常需要的产业及中比较薄弱的重点工业和新兴产业。

（2）资金来源不同。政府投资的资金来源主要是通过国家参与 GDP 的再分配，是以政治权力筹集财政收入，是来自社会产品价值中的 V 和 M 部分。而私人投资的资金来源主要是自身创造的一部分利润，以及通过银行贷款、发行企业债券和股票等方式筹集的一部分社会资金，来自社会产品价值中的 C、V、M 等各个部分。

（3）使用规模不同。政府投资一般是大规模的集中性投资；而私人投资无论其资金来源和筹资手段如何多样化，都要受自身收入水平和偿债能力等的限制，这就决定了它们的投资是分散的，在投资规模上无法与政府投资相比拟。

（4）投资方式不同。政府投资是以政府为主体的资金投资，是一种决策性的、把握大方向的投资，政府投资不可能像私人投资那样亲自参与投资的全过程。而私人投资则参与投资的全过程，直接承担投资的决策、施工和经营风险。

（二）政府投资的范围与效应

1. 政府投资的范围

根据国民经济各行业的性质和特点，可将投资项目划分为竞争性产业、基础性产业和公益性产业三大类，并根据投资项目的不同性质和特点确定投资范围。

（1）竞争性产业。竞争性产业是指完全受市场调节的营利性项目和行业，如轻工和电器等加工业。其价格完全通过市场竞争形成，提供的产品属于私人产品，具有排他性和竞争性。该类产业应以企业为投资主体，通过市场筹集建设资金，政府对支柱产业、重点项目和高技术开发项目，可有选择地加以支持、参与投资。

（2）基础性产业。基础性产业是指基础设施和基础工业。基础设施主要包括交通运输、机场、港口、桥梁、通信、水利和城市排水、供气供电等；基础工业主要指能源和基本原材料等，具有公共产品的一般特征。该类产业主要应由政府集中必要的资金进行建设，并引导社会资金、企业资金和外资参与投资。

（3）公益性产业。公益性产业是指文化、教育、科学、卫生、体育、社会福利等部门和行业，也可包括行政管理和国防等。它们提供的产品与服务基本上属于公共产品。该类产业主要由各级政府运用财政资金安排建设。

2. 政府投资的效应

政府部门根据宏观经济政策目标，安排自身投资的方向、规模与结构，使全社会的投资达到优化状态；政府部门通过产业政策和财政投资的导向作用，以及税收、财政补贴、折旧等政策，来影响非政府投资的条件与方向。

（1）自然垄断行业财政投资的效应。市场失灵的一个必然后果就是自然垄断，大企业或集团由于成本费用较低，通常能够在市场竞争中占据有利地位，从而导致垄断的形成。如果专用设备是该行业的固定资产，那么该行业一旦引入相当数量的投资就无法撤出，导致沉淀成本的形成，潜在竞争者不愿加入竞争，使得垄断者进一步巩固了其垄断地位。垄断者获取垄断利润的主要途径是提高价格、限制数量，严重损害了社会公共福利，对经济发展和人民生活水平的提高造成严重的不良影响。

（2）基础产业财政投资的效应。基础产业包括基础设施和基础工业，是一国经济运行的基础和支撑，影响着工农商等直接生产经营水平。在社会经济活动中，基础设施能够将共同生产条件提供给整个生产经营过程，其他生产经营部门生产和再生产时必需的投入品就是处于上游的基础工业产品，如能源和原材料等。基础设施和基础工业属于资金密集型行业，需要投入大量资本，具有较长的建设周期和较慢的投资回收效率，通常私人部门没有能力介入，也不愿意介入，因而政府投资成为其资金的主要来源。

（3）农业发展财政投资的效应。农业是国民经济的基础，从农产品供应看，气候等条件影响着农业发展。农业具有极大的波动和极为明显的周期性，而社会却有着相对稳定的农产品需求，这种矛盾导致农产品供求关系的不稳定，也导致了农业发展长期处于不稳定的状态，因此农业生产与发展需要政府的参与。从世界范围看，以水利为核心的农业基础设施建设、农业教育和培训等是财政支持农业发展的主要领域，且该领域具有投资量较大、投资周期较长、牵扯面较广、不易分割投资收益等特点，所以分散的农户不可能也不适合独立进行，农业政府投资是必须和必要的。

（4）高新技术产业财政投资的效应。随着科技的飞速发展和不断进步，知识经济时代到来，高新技术产业成为主导产业。高新技术产业具有较大的风险性和资金投入较高的回报率，单一企业的资金有限且投资风险较高，因此不适合作为投资的主体。其有效的做法是借鉴国际经验，建立一个具有规范管理的风险投资基金作为投资主体，同时财税政策应从多方面支持和促进风险投资基金的发展。但私人资本力量有限，政府仍需要直接投资诸如航天、遗传工程等特殊的尖端科技产业。

（5）国内生产总值财政投资的效应。一般而言，政府不同时期的政策及其变化，会对系统外生变量及投资变量产生直接、较大的影响，如财政投资会引导或影响全社会固定资产投资，其投资基本上是同方向的。虽然固定资产投资对经济增长的作用有些滞后，但固定资产投资每增加一定单位，GDP 也会相应地增长一定单位，其中固定资产投资增长中就有当年政府财政投资的结果，可见财政投资对 GDP 增长起着极为重要的促进作用。

综上所述，财政投资作为一个政策工具，对经济发展始终起着至关重要的作用。但应有效改变过去只重投资规模、忽视投资效率，以致经济建设只求速度不求效益的问题，从而提升财政投资的产出效应，最大限度地发挥其在经济发展中的作用。

（三）财政投融资的含义、目标与管理

1. 财政投融资的含义

财政投融资是指以国家信用为基础，通过多种渠道筹措资金并有偿地投资于具有公共性领域的活动。它是不以盈利为直接目的，既不同于一般的财政性投资，也不同于一般的商业性投资，而是介于两者之间的一种新型的政府投资方式。其特点在于既体现政府政策取向，又在一定程度上按照信用原则组织经营。

公共产品特别是准公共产品，若完全依赖财政无偿投资，因财力有限以致"瓶颈"制约、供给不足；若完全依靠企业筹资、银行融资，因准公共产品的"效益外溢"特点，供给更加不足甚至无人投资。因此，在私人产品与私人投资、纯公共产品与财政无偿投资大体对应平衡的情况下，财政投融资填补了准公共产品投资的空白。

2. 财政投融资的目标

财政投融资的目标是贯彻国家产业政策，建立对企业和商业银行的诱导机制，促进经济结构的调整、经济增长方式的转变和经济的可持续发展。财政投融资对经济增长的作用不仅表现为短期内"数量增加"，更表现为长期内"质量提高"。

现阶段，我国总需求与总供给的矛盾基本解决，但"新矛盾"已经转化，供给侧结构改革任务依然艰巨，预算内财力增长仍旧贫乏。财政投融资作为一个投融资体系，可直接把资金引入优先领域，从而形成一种"财政投融资先行—商业银行投融资跟踪—企业投资随后"的连锁反应机制。

3. 财政投融资的管理

（1）财政投融资资金的投向。财政投融资资金主要用于政府产业政策的领域，主要包括基础产业、基础设施、地区开发、中小企业发展和居民生活设施（特别是住宅建设），但在不同的发展阶段，其优先顺序和投资力度不同。在投资项目上，坚持社会效益与经济效益相结合，除国家政策重点扶持的产业外，尽量投资于周期短、见效快的项目；在贷款利率上实行低利率政策，利率补助金由预算弥补。

（2）财政投融资资金的来源。财政投融资的资金不以盈利为目的，但应收回全部投资成本。其资金来源是需要还本付息的有偿资金，包括财政资金和非财政资金，其中前者主要包括各项财政周转金、预算执行中的间歇资金、专户储存的预算沉淀资金和行政摊发的国家债券或金融债券等；后者主要包括邮政储蓄存款余额、社会保险基金结余和政府担保借款等。

（3）财政投融资资金的管理。财政投融资的预算管理比一般预算管理更为灵活，在预算年度内一般预算的调整（削减或追加预算）需要经过人民代表大会审批通过，既费时又有不被批准的风险；而财政投融资预算限定在一定比例（如50%）的范围内，无须人民代表大会审批即可追加。财政投融资资金由国家设立的专门机构——政策性银行负责统筹经营和管理。政策性银行是政府投资的代理人，如国家开发银行、中国进出口银行和中国农业发展银行等作为政策性银行负责统筹管理。

4. 财政投融资的改革

目前，中国财政投融资取得了一定的成效，但也存在着融资渠道单一、财政投融

资与商业银行投融资界限不清、财政投资不规范和管理体系不健全等问题，需要进一步加大管理与改革的力度。

（1）规范财政投融资渠道。邮政储蓄存款和社会保障基金的结余资金是重要的资金来源；预算拨款作为无偿使用的财政资金的比重不能过大；政府担保债券和政府担保借款；各种民间资金是资金来源的重要组成部分；预算外资金专户储存中间歇资金的部分（不包括周转快、间歇时间短的资金）；增加政策性银行筹资量；其他资金，如财政投融资机构的借款，以及发行债券等方式的直接融资。

（2）明确财政投资的领域。财政投资应以坚持增进公共福利、不能扭曲市场的资源配置功能、不宜干扰和影响民间投资的选择与偏好、不宜损害财政资金的公共性质而进行风险性投资为基本准则。为此，应进一步明确财政的投资领域，即市场机制难以发挥作用的公共领域。在今后相当长的一段时间内，财政投融资的重点应是基础设施和基础产业、农业、科技和环境保护等过去忽视的领域。

（3）完善财政投融资制度。建立合理、高效的财政投融资管理机构，并实行现代化管理；建立财政投融资的信贷资金综合计划、资金来源计划和资金运用计划编制制度，其中财政投融资计划从长远看应成为政府的"第二预算"；制定和完善财政投融资资金使用的审批制度、监督检查制度、回收和效益考核制度、预决算制度和财政投融资内部财务核算制度等，使财政投融资活动做到有法可依、有法必依。

（4）创新财政投融资机制。按照市场机制要求对经营性基础设施项目可采取政府和民间合作投资经营模式（PPP 模式）、租赁开发经营模式和管理合同模式等；建立财政投融资和市场投融资的协调机制，以社会经济效益为标准；建立多层次的财政投融资风险责任分担机制，减小财政投融资风险；确立以企业为主体的投资决策机制，政府应发挥政策引导、增强社会服务和完善经济管理功能的积极作用。

二、基础产业投资

（一）基础产业的特征

基础产业有狭义和广义之分，狭义的基础产业是指社会经济活动的基础设施和基础工业；广义的基础产业除基础设施和基础工业外，还包括一些提供无形产品和服务的部门（如科学、文化、教育、卫生等部门），这些部门提供服务所需的固定资产通常归于广义的基础设施之列。这里研究的基础产业是指狭义的。一般而言，一国基础产业越发达，其经济运行就越顺畅，人民生活就越便利，生活质量与水平也就越高。在社会经济活动中，基础产业与其他产业相比具有以下特征：

（1）基础设施为整个社会提供共同生产条件。从整个生产过程看，作为提供共同生产条件的固定资产，基础设施不是独占性地处在某个特殊的生产过程中，不能被某一生产者独家使用或被卖者当作产品一次性地将其整体出售给使用者，即基础设施具有公用性、非独占性和不可分性，这些特性决定了其具有公共产品的一般特性。

（2）基础工业是处在上游的生产部门。基础工业所提供的产品是其他生产部门（也包括本部门）生产和再生产时所必需的投入品，如能源和原材料等。而其他产业对基础产业的需求程度较高，从价值构成上分析，基础工业所提供的产品的价格，构成其他部门产品成本的组成部分，其价格变动具有很强的连锁效应。

（3）基础产业大都属于资本密集型行业。基础产业需要大量的资本投入，且建设周期较长，即投资形成生产能力和回收投资往往需要较长的时间。这些特点决定了基础产业很难由个别企业的独立投资来完成，尤其在经济发展初期阶段，如果没有政府强有力的支持，就很难有效地推动基础设施和基础工业的发展。

（二）基础设施投资方式

公共基础设施建设通常由政府组织供给、投资和运营，但随着市场经济发展，单一的政府直接投资难以满足灵活多样的公共产品与服务需求，其投资主体多元化日益增强，因而各种投资方式也应运而生。

1. 政府直接性投资

政府直接性投资是指政府直接将财政资金用于公共产品生产。这是政府投资的传统方式。其优点是：政府直接投资不讲投资项目本身的利益和收费补偿，而是注重社会效益；不受私人资本数量限制，一般通过征税筹措资金；消费不受限制，其潜在效用可得到充分体现。其缺点是：投资成本高，经济效益差；投资品种单一，供给质量低，消费者处于无选择的被动地位；基础设施使用缺乏有效管理，损耗较为严重。

为提高公共产品投资效率、克服政府直接投资缺陷，借鉴国际经验，可由政府委托投资公司代其运营管理，政府根据法规和协议对投资公司与项目法人就项目实施监管。我国长期以来特别是计划经济时期，国家对经济建设直接投资比重较大，如经济建设财政投资由"五五"时期占比的59.9%降为"十五"时期的27.8%，降低了32.1个百分点，特别是近年来加大了对文教和生态文明等建设支出的力度，体现了市场经济公共财政的总体要求，旨在逐步解决财政投资的"越位"与"缺位"问题。

2. 政府经营性投资

政府经营性投资是指政府投资后拥有全部资本，由法人团体按商业方式经营。该种投资既能保留政府投资的某些优势，又能使政府从繁杂的生产活动中解脱出来。政府确定明确的目标后，将具体计划的实施交给某些法人团体，这些法人团体的自主权较大、责任较为明确、成本效益透明度高，因而这种方式较政府直接投资效率高。

处理好政府投资的所有者与经营者关系，是采用政府经营性投资方式的关键。在投资运营中应注意两个方面：一是经营者的自主权应有一定限度，国家具有收回投资经营的权力；二是要防止所有者与社会公众利益被侵蚀的情况发生。

3. 政府管制性投资

政府管制性投资是指政府管制下的私人投资。对单位投资额不大的基础设施，如公共汽车、电车、缆车、渡轮、电力和电信等，可以由政府授予企业特许投资权，然后对其价格、数量、利润等方面进行一定的管制。

政府管制性投资的内容包括：规定企业所提供的服务的价格增加幅度，以及上限或下限的价格；通过特许方式限制一些行业的经营者数目；通过规定利润标准，控制企业的盈利水平。因此，在政府管制或引导下形成具有竞争性的准投资市场，投资者自担风险，具有提高投资效率的内在动力和竞争的外在压力，可减轻财政负担。

4. 政府合作性投资

政府合作性投资是指政府与私人合作共同投资，政府具有主体地位。国际上称政府与私人资本合作性投资模式即 PPP 模式（public-private-partnership，译为"公共—私营—合作模式"）。中国 PPP 模式称政府与社会资本合作模式，即以政府购买服务合同、特许经营协议为基础，以伙伴关系、全程合作、利益共享和风险分担为原则，通过引入市场竞争和激励约束机制，形成"政府监管、企业运营、社会评价"的良性互动格局，达到更高质量提供公共产品或服务的目的。按照项目合作内容、期限等情况采用不同的运作方式。

（1）BOT 方式。BOT（build operate transfer）即建造、运营、移交之意，是指私营部门的合作伙伴被授权在特定的时间内进行融资、设计、建造和运营基础设施组件，期满后转交给公共部门的合作伙伴。政府无须投入资金就可向公众提供服务。

（2）PFI 方式。PFI（private finance initiative）即私人融资启动之意，是指通过招投标由获得特许权的私营部门进行公共基础设施项目的建设与运营，并在特许期（通常为30 年)结束时将所经营的项目完好地、无债务地归还政府，而私营部门则从政府部门或接受服务方收取费用形式回收成本。该方式是对 BOT 项目融资的优化。

（3）BOOT 方式。BOOT（build own operate transfer）即建造、拥有、运营、移交之意，是指私营部门为基础设施项目进行融资并负责建设、拥有和经营这些设施，待期限届满将该设施及其所有权移交给政府部门。

（4）BT 方式。BT（build transfer）即建造、移交之意，是指私营部门与政府部门签约并设立项目公司，以阶段性业主身份负责某项基础设施的融资、建设，并在完工后即交付给政府部门。

（5）BTO 方式。BTO（build transfer operate）即建造、移交、运营之意，是指私营部门为基础设施融资并负责其建设，完工后将设施所有权移交给政府，政府再授予其经营该设施的长期合同。

（6）ROT 方式。ROT（reconstruction operate transfer）即重构、运营、移交之意，是指私营部门负责既有基础设施的运营管理及扩建、改建项目的资金筹措、建设及其运营管理，期满将全部设施无偿移交给政府部门。

（7）DB 方式。DB（designed and built）即设计、建造之意，也称"交钥匙"，是指项目原则确定后私营部门选定合作伙伴负责项目的设计和施工。该方式责任明确，可控制成本和缩短工期，私营部门合作伙伴承担所有风险。

（8）DB-FO 方式。DB-FO（design build-finance operate）即设计、建造、融资及经营之意，是指政府与私营部门的合作伙伴签约，合作伙伴设计、融资和构造一个新的基础设施组成部分，并长期租赁运行和维护，在租约到期时将基础设施部件转交给政府部门的合作伙伴。

（9）BOO 方式。BOO（build own operate）即建造、拥有、运营之意，是指政府与私营部门的合作伙伴签约，合作伙伴融资、建立、拥有并永久经营基础设施部件。政府部门合作伙伴在协议上进行限制并持续监管。

（10）BBO 方式。BBO（biogeography build optimization）即购买、建造及营运之意，是指政府与私营部门的合作伙伴签约，公有资产在一定时间内从法律上转移给私营部门的合作伙伴。

（11）BLOT 方式。BLOT（build lease operation and transfer）即建造、租赁、营运及移交之意，是指政府与私营部门的合作伙伴签约，合作伙伴通常作为金融服务公司投资基础设施，并向政府部门收取使用投资资金的利息。

（12）JO 方式。JO（job outsourcing）即作业外包之意，是指政府或政府性公司通过签订外包合同方式，将某些作业性、辅助性工作委托给外部企业、个人承担和完成，以期达到集中资源和注意力于自己的核心事务的目的。

（13）O&M 方式。O&M（operation and maintenance）即运营与维护合同之意，是指政府与私营部门的合作伙伴签约，根据合同在特定的时间内运营公有资产。政府部门的合作伙伴保留资产的所有权。

（14）TOT 方式。TOT（transfer operate transfer）即移交、运营、移交之意，是指政府部门将拥有的基础设施移交给私营部门运营，私营部门需要支付一笔转让款，期满后再将设施无偿移交给政府部门。

20 世纪 90 年代以后，PPP 模式取得了较大的进展，并广泛适用于世界各国的公共管理领域。在大多数国家 PPP 模式主要适用基础设施建设领域，包括收费公路、铁路、桥梁、地铁、轻轨系统、机场设施、电厂、电信设施、学校建筑、医院、监狱、污水和垃圾处理等。中国主要在能源、交通运输、市政公用、农业、林业、水利、保障性安居工程、环境保护、教育、科技、文化、体育、医疗卫生、养老和旅游等公共服务领域开展 PPP 项目。至 2016 年底，全国 PPP 综合信息平台入库项目 11 260 个、总投资 13.5 万亿元，已签约落地的项目 1 351 个、总投资 2.2 万亿元。

5. 资产证券化投资

资产证券化投资（asset backed securitization，ABS）是指以项目所属资产为基础，以项目资产所能带来的预期收益为保证，通过在资本市场发行证券来募集资金。它通过一个严谨有效的交易结构做保证，交易结构由原始权益人（政府）、特设信托机构和投资者构成，而原始权益人将其财产（如大桥）以出售方式过户给特设信托机构，特设信托机构获得该资产并发行以该资产的预期收入流量为基本资产的证券，凭借资产所有权确保未来的现金收入先用于证券投资者的还本付息。

ABS 是近年来世界金融领域最重大的创新之一，形成了比较完善的运行机制。由于 BOT 控制权问题较为敏感，政府在采用这种方式时通常持谨慎态度，而 ABS 更具有经济上的优势，能在有效保护国家对基础设施所有权的基础上解决资金问题，因而是可供利用的基础设施投资。我国为保持较高的经济增长率，在基础设施建设投资不断增加的前提下，如果仅依靠政府财政拨款是根本不能满足资金需求的，因而可研究和谨慎运用资产证券化投资方式筹集基础设施建设资金。

三、农业财政投资

（一）农业生产的特殊性

农业是"三农"的核心，但农业生产受自然等因素的影响，与工业生产、商业经营等相比有其特殊性。主要表现在以下三个方面：

（1）农业生产的季节性。农业是一个自然再生产和经济再生产交织的过程。农业生产的对象是有生命的物质，而土地、森林、水利和气象是农业生产的要素。人类利用动植物生长机制和资源要素的配置为社会提供产品，但由于动植物生长发育规律和自然环境的制约，农业生产具有季节性和周期性等特点。

（2）农业供需的波动性。市场经济条件下农产品需求弹性小、可替代性差，但其供给弹性较大、转换性差。相对稳定的需求和不规则波动的供给，会使农业生产经常处于不稳定的状态，而这又很难依靠农业自身力量通过市场加以克服，从而影响国民经济的正常运行。

（3）农业发展的欠佳性。长期以来，我国农产品的价格相对偏低，而农业投入品的价格相对偏高，即工农业产品价格之间存在着不利于农业部门发展的"剪刀差"。在农业生产经营单位分散单一的情况下，这就使农业部门的盈利水平长期处于偏低状态，农业部门自我积累能力不足，严重地影响了农业生产发展。

（二）农业财政投资的作用

农业财政投资是指财政用于扶持、发展农业方面的支出。从财政视角支持农业发展是重要的，也是迫切的。从世界各国的经验看，农业财政投资的特点表现在：一是以立法形式规定农业财政投资的规模和环节，使投资具有相对稳定性；二是对农业财政投资范围有明确的界定；三是农业财政投资虽是必要的，但一般占农业投资总量的比例较低。农业是国民经济的基础，其发展状况制约乃至决定着其他产业和全社会的经济发展状况。因此，农业财政投资的重要作用主要表现在以下三个方面：

（1）农业生产为人类生存提供基本的生存条件。无论人类社会发展到什么阶段，都离不开食物消费，而不论何种食物最终都离不开农业生产。但农业对自然条件和基础设施的依赖性较强，因而财政支持和保障农业发展就显得极为重要。

（2）农业劳动生产率的提高是工业化的起点和基础。农业生产为工业特别是为轻工业生产提供最重要、最基本的原料，农业劳动生产率的提高为工业发展提供资金积累、为工业生产提供巨大的市场，是经济可持续发展的基础保障。

（3）农业稳定是国民经济持续稳定发展的必要条件。只有当农业源源不断地提供能满足居民消费需要的生活资料和工业部门所需要的原材料时社会才会稳定，国民经济才能健康、有序的运行与发展，因而从财政视角对降低农业风险、保障农业健康发展有着重大的现实意义。

此外，我国对农业财政投资的必要性，不仅在于农业部门自身难以产生足够的积累，而且还在于农业生产率较低的现状及农业部门获得贷款较为困难，更重要的是许多农业投资项目只适宜政府投资，如农业科技产品等投资。因此，近年来我国每年的中央一号文件都明确规定了支持农业发展的重点和措施等内容。

（三）农业财政投资的管理

我国农业财政投资的范围主要是农业基础设施建设、农业科技的普及推广、农村教育和培训等方面。对农业发展至关重要，对具有"外部经济"和牵涉面广、规模巨大等特点的农业投资，原则上都应由政府财政承担。

我国农业生产的重要性和特殊性,决定了政府必须对农业生产发展在资金和政策等方面予以大力支持。农业财政投资的方式主要包括预算投资、税收优惠、财政贴息和对农业生产资料补贴等,财政支农资金主要包括农业基建拨款、农业事业费、科技三项费用及农村救济费等支出。

(四)农业财政支出的分析

根据财政部制定的《2017 年政府收支分类科目》,设置"农林水事务支出"类级科目,具体包括农业支出、林业支出、水利支出、扶贫支出和农业综合开发支出等。我国近年来加大了对农业投资的力度,从实际上看,农业基本建设拨款和农业事业费构成了财政支农资金的主要内容,其支出总和一般占同期财政支农支出总额的 80%左右。如表 4-4 和表 4-5 所示。

表 4-4 国家财政用于"三农"各项支出及其比例

时期	农业财政支出总额/亿元	占总财政支出比例/%	支援农村生产支出和农林水利气象等部门事业费/亿元	农村基本建设支出/亿元	农业科技三项费/亿元	农村救济费/亿元	其他/亿元
"五五"	693.55	13.13	345.87	238.03	5.60	42.82	61.23
"六五"	658.48	8.80	437.19	158.57	8.25	49.51	4.96
"七五"	1 167.77	9.08	836.08	247.70	12.96	71.03	—
"八五"	2 271.95	9.32	1 665.93	472.49	14.93	118.60	—
"九五"	4 938.88	22.58	3 141.21	1 533.49	38.47	225.75	—
"十五"	9 579.88	37.43	6 641.71	2 486.96	68.10	383.11	—

表 4-5 2007~2016 年国家财政用于农林水事务支出情况

年份	农林水事务支出/亿元	财政总支出/亿元	农业财政支出相对上年的增长率/%	农业财政支出占财政总支出的比重/%
2007	3 404.7	49 781.4	7.3	6.8
2008	4 544.0	62 592.7	33.5	7.3
2009	6 720.4	76 299.9	47.9	8.8
2010	8 129.6	89 874.2	21.0	9.1
2011	9 937.6	109 247.8	22.2	9.1
2012	11 973.9	125 953.0	20.5	9.5
2013	13 349.6	140 212.1	11.5	9.5
2014	14 173.8	151 785.6	6.2	9.3
2015	17 380.5	175 877.8	22.6	9.9
2016	18 442.0	187 841.0	5.9	9.8

资料来源:《中国财政年鉴》(2017),其增长率及比重经计算而得

2016 年,国家继续实施农业财政补贴政策,其补贴项目主要包括种粮大户直补、农资综合、良种、农机购置等补贴政策,产粮(油)大县和生猪大县奖励政策,扶持家庭农场发展政策,菜果茶标准化创建、设施农用地、推进现代种业发展和农业保险等支持政策,以及农产品目标价格、农业防灾减灾、推进粮棉油糖高产、小麦和水稻最低收购价等政策 27 项,如中央财政对种粮农民直接补贴资金 140.5 亿元。

2017 年中央一号文件明确提出了完善农业补贴制度和改革财政支出投入机制,如进

一步提高农业财政补贴支出的指向性和精准性，深入推进农业"三项补贴"制度改革；坚持把农业农村作为财政支出的优先保证领域，确保农业农村收入适度增加；推进专项转移支付预算编制环节源头整合改革，探索实行"大专项+任务清单"管理方式；创新财政资金使用方式，推广支付和社会资本合作，实行以奖代补和贴息等。

第三节　政府采购支出

一、政府采购基本概念

政府采购是指各级国家机关、事业单位和团体组织，使用财政性资金采购依法制定的集中采购目录以内的或采购限额标准以上的货物、工程及服务的行为。政府采购于 1782 年英国创立，目前已得到国际上的广泛重视与运用。我国政府采购的法律依据是 2002 年 6 月第九届全国人民代表大会常务委员会第二十八次会议通过的《中华人民共和国政府采购法》（以下简称《采购法》），自 2003 年 1 月 1 日起施行。

政府采购工作涉及领域广泛，采购规模较大，行为活动规范，是私人采购所不能相比的，它具有资金来源公共性、采购对象广泛性、采购任务政策性、采购过程公开性和采购行为非营利性等特点。实行政府采购制度对节约财政支出、提高资金的使用效益、强化宏观调控、保护民族产业、活跃市场经济、推进反腐倡廉等方面，都具有重要的意义。

二、政府采购管理制度

政府采购管理制度是国家为了规范政府采购行为和过程，加大政府采购管理力度而制定的各种法令和办法的总称。它主要包括采购目标与原则、采购模式与方法、采购程序与管理等内容。

（一）政府采购的目标与原则

1. 政府采购的目标

政府采购目标主要有经济性目标、有效性目标、调控性目标和社会性目标。经济性目标主要是指采购机构根据项目的需要，谨慎合理地使用采购资金，以达到节约使用公共资金的目的；有效性目标是指采购机构要在合理时间内，按照合理价格采购合理数量物品，实现最大采购效率的目的；调控性目标是指为促进本国经济的发展，将政府采购作为调控国民经济的手段，以达到刺激经济发展、保持社会稳定的目的；社会性目标是指国家根据本国社会发展的需要，通过政府采购制度的实施，以实现某些社会政策的目的（如消除腐败等）。

2. 政府采购的原则

政府采购原则是指贯穿政府采购规则中，为实现政府采购目标而设立的一般性规则。政府采购的原则为公开、公平、公正和有效竞争原则。公开原则是指有关政府采购的法律政策、程序活动都必须对社会公开；公平原则是指要给予每一个货物和服务的提供者相同的待遇与平等的机会参与竞争，使其享有同等的权利并履行相应的义务，不允许对任何投标商有所歧视；公正原则是指参与政府采购的相关部门要实事求是提供采购信息，一视同仁对待采购活动的所有参与者；有效竞争原则是指政府采购可以在市场最大范围内，使所有货物和服务的提供者开展竞争活动，有效地利用财政资金，获得最大的收益。

（二）政府采购的模式与方法

1. 政府采购的模式

国际上通行的政府采购模式主要包括以下三种：

（1）集中采购。集中采购是指由专门机构负责本级政府所有的采购事项的活动。其优点是采购专业化，有利于明确责任、降低采购成本、便于采购管理。

（2）分散采购。分散采购是指绝大部分项目由需求单位自己根据有关法律法规自行采购的活动。其优点是采购单位易于与供应商沟通、采购事项快捷。

（3）混合采购。混合采购是指集中与分散相结合的采购模式，即部分项目由一个部门统一采购，另一部分项目由各需求单位自行采购。各国通常没有百分之百的集中采购或分散采购，大多数都是混合采购制度。

2. 政府采购的方法

政府采购可根据采购项目的不同，选择不同的采购方法，主要包括以下六种：

（1）公开招标。公开招标是指政府采购实体发出招标公告，邀请所有有意向的供应商参加采购投标，按规定程序评标和选定供应商，并与其签订政府采购合同的一种采购方法，这是政府采购的主要方法。

（2）邀请招标。邀请招标又称选择性招标方法，即指招标人不刊登招标公告，直接邀请一定数量的潜在投标人参加投标，并按规定程序确定中标人的一种采购方法。

（3）协商采购。协商采购又称竞争性谈判采购方法，即指招标人直接邀请三家以上供应商就生产工艺、质量、性能、价格等进行谈判确定供应商的一种采购方法。

（4）询价采购。询价采购即指招标人对三家以上供应商提供的报价进行比较，以确保价格具有竞争性的一种采购方法。

（5）直接采购。直接采购又称单一来源采购，即指采购实体向某一供应商直接购买的一种无竞争的采购方法。

（6）其他方法。其他方法是国务院政府采购监督管理部门认定的其他采购方法。

（三）政府采购的程序与管理

完整的政府采购程序包括确定采购需求、预测采购风险、选择采购方法、审查采购资格、执行采购任务、签订采购合同、履行采购合同、验收采购合同、进行资金结算和评估采购效益十个阶段。

有效的政府采购管理一般由财政部门作为管理主体，也可以由国库或其他有权机构代为管理。其管理职责主要包括编制采购预算、制定采购法规、协调采购事务、统计采购项目、分析采购过程和评估采购效益等。

三、政府采购支出管理

根据我国《采购法》等法律制度，政府采购所需资金是财政性资金。所谓的财政性资金包括财政预算资金和纳入财政管理的其他资金。以事业单位和团体组织占有或使用的国有资产做担保的借贷资金视同财政性资金。

据财政部 2017 年 8 月发布的全国政府采购简要情况显示：2016 年全国政府采购规模继续保持快速增长，采购规模为 31 089.8 亿元，剔除一些地方以政府购买服务方式实施的棚户区改造和轨道交通等支出 5 358.5 亿元，其同口径规模 25 731.4 亿元，同比增加 4 660.9 亿元、增长 22.1%，占全国财政支出和 GDP 的比重分别为 11% 和 3.5%。

全球公共采购每年总规模已达 6 万亿美元，其中发达国家的公共采购总规模一般占 GDP 的 10% 以上。2016 年我国 GDP 超过 74 万亿元（744 127 亿元），但政府采购资金规模仅占 GDP 的约 4.2%，与国际上平均约 10% 的水平相比还有较大的提升空间，同时也表明了我国加大政府采购支出力度，并加强财政性资金管理的重要性和艰巨性。

本 章 小 结

• 社会消费支出是政府为履行政治经济、社会管理和社会服务的职能而发生的日常财政支出。就其本质而言，社会消费支出满足的是纯社会公共需要，主要包括行政管理、国防、教育、科技、文化和卫生等项支出。它是国家机器正常运转的物质基础和提高人民生活质量的物质前提。

• 行政管理支出是财政用于国家各级权力机关、行政管理机关和外事机构行使其职能所需的经费支出。它属于非生产性支出，主要包括一般公共服务支出、公共安全支出（含武装警察部队支出）和外交支出（含对外援助支出）三大类。我国 1978～2016 年行政管理支出总体上呈现一种不断上升的趋势，这是因为机构扩大、公检法支出不断增长和外交外事支出增长较快所导致的。

• 国防支出是指国家用于国防、国防科研事业和军队建设等方面的支出。它包括现役部队、预备役部队、民兵、国防科研事业、专项工程和国防动员支出，属于社会消费的非生产性支出。一般按"计划—方案—预算"制度确定国防支出规模。中国建立巩固的国防是国际现代化的一项战略任务，是维护国家安全统一和全面建设小康社会的保障，更是"强军兴国"的"中国梦"。

• 教科文卫支出是指国家财政用于教育、科学、文化、卫生和体育等事业单位的经费支出。它按照支出功能可划分为教育、科学技术、文化体育与传媒、医疗卫生四大类级科目。我国教科文卫支出增长率及所占 GDP、财政支出的比重总体上呈现稳步上升的趋势。教科文卫支出管理主要是实行定员定额管理和加强财务管理。

• 政府投资也称财政投资、公共投资，是指以政府为主体将财政资金用于经济部门和相关领域或项目等的一种集中性、政策性投资。它与私人投资在投资领域、资金来源、使用规模和投资方式等方面有着较大的差别，对自然垄断行业、基础产业和农业发展的财政投资具有不同的效应。

• 财政投融资是指以国家信用为基础，通过多种渠道筹措资金，有偿地投资于具有公共性领域的活动。它是介于财政性投资和商业性投资两者之间的一种新型的政府投资方式。其目标是贯彻国家产业政策，主要用于政府产业政策的领域，资金来源是需要还本付息的有偿资金，比一般预算管理更为灵活，由政策性银行负责统筹经营和管理。

• 基础设施投资方式主要包括政府直接性、经营性、管制性、合作性投资和资产证券化投资。其中政府合作性投资是指政府与私人合作共同投资。国际上称政府与私人资本合作性投资模式即 PPP 模式。按照项目合作内容、期限等情况采用不同的运作方式，有 BOT、PFI、BOOT、BT、BTO、ROT、DB、DB-FO、BOO、BBO、BLOT、JO、O&M 和 TOT 方式。

• 中国 PPP 模式称政府与社会资本合作模式，即以政府购买服务合同、特许经营协议为基础，以伙伴关系、全程合作、利益共享和风险分担为原则，通过引入市场竞争和激励约束机制，形成"政府监管、企业运营、社会评价"的良性互动格局，达到更高质量提供公共产品或服务的目的。

• 农业的经济地位和农业生产的特殊性，决定了财政对农业投资的重要性。《2016年政府收支分类科目》中设置农林水事务支出类级科目，具体包括农业支出、林业支出、水利支出、扶贫支出和农业综合开发支出等。财政投资的方式主要包括预算投资、税收优惠、财政贴息和对农业生产资料补贴等。

• 政府采购是指各级国家机关、事业单位和团体组织，使用财政性资金采购依法制定的集中采购目录以内的或采购限额标准以上的货物、工程及服务的行为。政府采购制度是国家为规范政府采购行为和过程，加大政府采购管理力度而制定的各种法令和办法的总称。

• 政府采购目标主要包括经济性、有效性、调控性和社会性等，遵循公开、公平、公正和有效竞争原则，分为集中采购、分散采购和混合采购三种模式，以及公开招标、邀请招标、协商采购、询价采购和直接采购等方法。

复 习 思 考

一、概念题

政府投资　国防支出　行政管理支出　教科文卫支出　定员定额管理
财政投融资　政府直接性投资　政府经营性投资　政府管制性投资
政府合作性投资　政府采购制度

二、思考题

1. 政府投资的基本内容有哪些？
2. 试比较基础设施的投资方式。
3. 如何确定国防支出的内容与规模？
4. 理解农业投资的特殊性及其方式。
5. 如何加强政府采购的管理工作？

三、分析题

中国 2007~2016 年一般公共服务支出呈现逐年递增的趋势，即从 2007 年的 8 514.24 亿元增至 2016 年的 14 790.52 亿元，增长了 6 276.28 亿元，但其占总支出的比重却呈逐年下降的趋势。2016 年一般公共服务支出占财政支出比重 7.87%，比 2007 年的 17.10% 下降了近 10 个百分点，如表 4-6 所示。

表 4-6　中国 2007~2016 年一般公共服务支出及占财政支出比重表

年份	财政支出 /亿元	一般公共服务支出 /亿元	一般公共服务支出 增长速度/%	一般公共服务支出 占财政支出比重/%
2007	49 781.35	8 514.24	—	17.10
2008	62 592.66	9 795.92	15.05	15.65
2009	76 299.93	8 161.60	−16.68	10.70
2010	89 874.16	9 337.16	14.40	10.39
2011	109 247.79	10 987.78	17.68	10.06
2012	125 952.97	12 700.46	15.59	10.08
2013	140 212.10	13 755.13	8.30	9.81
2014	151 785.56	13 267.50	−3.55	8.74
2015	175 877.77	13 547.79	2.11	7.70
2016	187 755.21	14 790.52	9.17	7.87

要求：请根据上述资料，分析中国一般公共服务支出的特点及其对策。

财政转移支出

财政转移支出是按照经济性质划分的一种财政支出类型，与财政购买支出相对应。它是国家实现公平分配的重要调节手段，体现为政府资金单方面的无偿支付，从而间接影响社会经济发展。本章阐述和分析社会保障支出、财政补贴支出和税收支出理论，内容主要包括社会保障的概念、功能和模式等基础理论，社会保障的制度内容与支出分析，财政补贴支出的概念、原因、效应、类型和内容，以及税收支出的概念和方式。重点是社会保障支出和财政补贴支出，难点是社会保障制度和税收支出方式。

■ 第一节　社会保障支出

一、社会保障基础理论

（一）社会保障的概念

1. 社会保障的含义

社会保障是政府按一定的标准向丧失劳动能力、失去就业机会和遇到其他事故而面临经济困难的公民给予资金或物质帮助的行为活动。社会保障制度一般是按照某种确定的规则而经常实施的社会保障政策体系或措施。

社会保障是随着生产的社会化而产生和发展的。在自给自足的自然经济中，人们以家庭为生产和消费单位，劳动成果属于劳动者自己所有。随着生产力的发展，劳动者之间形成了紧密的社会分工，每个劳动者成为社会化大生产中的重要环节，但生病、受伤、致残乃至死亡会影响到他们自己和家庭的正常生产与生活，这就需要医疗、护理、照顾或善后，于是便有了社会保障的必要。

19世纪80年代末德国俾斯麦政府推行的《普鲁士计划》，向德国工人提供退休养老金和其他救济金，这是历史上第一个社会保险法。而"社会保障"一词，最早出自美国1935年公布的《社会保障法》，第二次世界大战中美国总统罗斯福和英国首相丘吉尔签订的《大西洋宪章》中再次使用该词，随后该词被国际劳工组织接受，且在世界各国得到广泛使用。

2. 社会保障的特征

社会保障除具备保障的基本特征以外，还具有社会性、公平性、强制性、互济性和福利性等特征。

（1）社会性。从社会保障发展进程看，社会保障制度必将随着社会进步、生产力水平提高和经济持续发展而不断发展与完善，保障项目将逐步完备，保障范围将逐步扩大，保障优惠将最终涉及全体社会成员。国家主体地位将更加突出，政府、企业与民间将共同承担各项社会保障事业的责任，社会保障管理将进一步社会化。

（2）公平性。社会保障目标是满足社会成员在特殊情况下的基本生活需要，通过对低收入者或无收入者提供必要的帮助，以确保社会成员不因特殊或意外事件而陷入生存困境。每个社会成员享有平等的机会，即在资金筹集上按个人收入征收、在资金发放上兼顾能力差异和互济原则，在资金管理上增加透明度。

（3）强制性。社会保障的直接目的是维护社会稳定，承担一定的社会风险，具有非确定性。如果不采取强制性手段，就可能有人不愿意缴纳保费却要享受国家的救济或帮助，其所需要筹集的资金和社会成员的合法权益得不到法律保障。因此，社会保障的对象、内容、方式和方法必须由国家制定法律制度，以法律形式强制实施。

（4）互济性。在现实社会经济生活中，不同的人所面临的风险是不同的，有的人面临的风险大，有的人面临的风险小，这就决定了每个人在社会保障中的权利与义务是不完全对等的。而社会保障参与的强制性，使得利益从风险小的人向风险大的人转移，其实质是通过社会保障把个人风险分散给全社会，使社会保障具有互济性。

（5）福利性。社会保障资金的来源渠道是多方面的，除企业或个人缴纳外，还包括政府的资金投入。对受保障者整体所得到的生活补偿、物质文化待遇和其他派生收入，要远远超出其付出而具有福利性；对单个受保障者，社会保障是对公民在特殊情况下所提供的物质帮助，在各受保成员之间形成了一种互济的关系。

（二）社会保障的功能

社会保障功能主要包括社会保障的社会性功能和经济性功能两个方面：

1. 社会保障的社会性功能

（1）社会补偿功能。社会补偿功能是指根据最低的生活水准（贫困线）来判断贫困者并给予适当的救济，使其能维持必要基本生活的功能。社会保障主要包括社会保险和社会救济，其中前者是对劳动者在其生命周期遇到失去收入后进行的补偿，以保证其基本生活需要；后者是保障人们最低的生活水平，具有鲜明的扶贫特征。

（2）社会稳定功能。社会稳定功能是指社会保障作为一种社会安全体系具有稳定社会经济的功能。导致社会不安定的因素很多，其中社会成员的生存无保障是重要因素之一。社会保障通过保证全体国民的基本生活而实现整个社会的稳定，因而世界各国都将其视为社会震动的减震器和安全网，给予高度的重视。

（3）社会公平功能。社会公平功能是指社会保障通过其资金的筹集和待遇的给付将一部分高收入社会成员的收入转移到另一部分生活陷入困境社会成员手中的功能。市场机制并不自动向公平倾斜，竞争中的弱者其贫困也在所难免。国家以社会保障的形式对弱者、失业者乃至贫困者给予生存保护，从而实现社会公平目标。

2. 社会保障的经济性功能

（1）平衡需求功能。平衡需求功能是指运用社会保障支出手段促进社会总需求与总供给平衡的功能。当经济衰退失业增大时，对失业给付和社会救济，增加失业和生活困难者的购买力，扩大有效需求，反之社会保障支出相应缩减。可见，社会保障支出随着经济发展情况进行反方向增减变化，体现其"内在稳定器"的功能。

（2）调节投融资功能。调节投融资功能是指社会保障基金增值保障和国家调节投资手段的功能。如发达国家向全体国民征收年金保险费较多，对产业基础的调整更具有积极的作用，成为对本国经济实行计划和合理控制的有效手段；发展中国家社会保障调节投融资的功能明显，通常对基础设施和重点项目进行投融资。

（3）收入再分配功能。收入再分配功能是指通过社会保障方式对人们在老年、失业和伤病等情况时给予资金扶持的功能。主要包括垂直性再分配和水平性再分配，前者是从高收入向低收入阶层的收入转移，后者是在劳动与非劳动、健康与伤残之间的收入转移。其目的是实现对收入的再调节，尽量缩小贫富差距，缓和社会矛盾。

（4）保护劳动力功能。保护劳动力功能是指社会保障保护劳动力再生产、促进劳动力合理流动及有效配置的功能。劳动者及其家属因失业陷入生存危机，社会保障通过帮助而使其维持基本生活需要；通过建立统一的社会保障网络，劳动者在变换工作和迁徙时无后顾之忧，以实现劳动力的合理流动及其要素的有效配置。

（三）社会保障的模式

1. 社会保障的基本模式

从各国社会实践来看，社会保障模式不尽相同，概括起来主要有社会保险型模式、国家保障型模式、福利国家型模式和强制储蓄型模式。

（1）社会保险型模式。社会保险型模式又称德俾斯麦型社会保障，是最早出现的社会保障模式，为德俾斯麦政府于1889年颁布养老保险法所创设，后被美国和日本等国家所采纳。其特点是实行社会保障"自助"原则，其费用由国家、雇主和雇员三方负担，且以个人和雇主投保为主。社会保障的内容或险种不同，其比例也不同。

（2）国家保障型模式。国家保障型模式为苏联创设，其理论基础为列宁的国家保险理论，后为东欧各国、蒙古、朝鲜及我国改革开放以前所采用。其特点是社会保障资金主要来源于财政收入，受保人不缴纳任何费用而享有社会保障。一般适用于实行计划经济体制尤其是实行高度集中分配体制的国家。

（3）福利国家型模式。福利国家型模式又称贝弗里奇型社会保障，为英国首创。其特点是在公平与效率不能兼顾时强调公平，以牺牲效率来维护社会公平；以高税收支撑高福利，财政负担过重；资金由国家统筹，以按需保障原则给予救助或补助。适用该类型的国家主要包括英国、瑞典、挪威、澳大利亚和加拿大等国。

（4）强制储蓄型模式。强制储蓄型模式强调效率而忽视公平。该模式分为新加坡模式和智利模式，前者是一种公积金模式，其特点是强调自我保障，由劳动者与其雇主共同缴费，劳动者在退休后从个人账户领取养老金，国家不再支付，也为东南亚和非洲等发展中国家采用；后者规定最大化回报率，并实行养老金最低保险制度，个人账户交由自负盈亏的私营养老保险公司负责，该模式也被拉美一些国家效仿。

2. 社会保障的资金来源

（1）预算安排的社会保障支出。这是社会保障资金的最主要来源。2007～2017 年我国政府收支分类科目中单独列示"社会保障和就业"类级支出，其中款级科目的"补充全国社会保障基金"反映用于补充全国社会保障基金的支出。

（2）向单位和个人征收的税（费）。劳动者个人及劳动者所在单位承担社会保障税（费）是当今社会保障制度的发展趋势。目前在 170 个建立社会保障制度的国家中，有大多数的国家向劳动者所在单位及个人征收了社会保障税（费）。

（3）社会保障基金的投资收入。社会保障基金从内容看主要有社会保险基金和社会保证基金，前者主要用于社会保险项目，后者则主要用于社会救济、社会福利和社会优抚。为保证社会保险基金的保值增值，就需要将其进行投资并形成收益。

（4）社会捐助形成的保障支出。福利救助性质的社会团体和宗教组织，出于对社会弱势群体的关爱，自愿为社会保障项目募集的慈善捐款，因其捐助是自愿的而非强制的，故此社会捐助具有非连续性和非稳定性的特征，是社会保障基金的辅助来源。

3. 社会保障的缴费方式

（1）现收现付制。现收现付制是以横向平衡原则为依据，以同一时期正在工作的所有人的缴费来支付现在保险收益人开支的制度。该方式具有制度易建、给付及时、不受通货膨胀影响、再分配功能较强的优点，适用于人口年龄结构年轻、保障范围较窄、支付标准较低的年轻型社会。但其缺点是难以应付人口老龄化的挑战，尤其在经济不景气、支付范围和标准不断提高的情况下，就会出现缴费比例过高、当代负担沉重和资金筹集困难等问题，且收入替代具有刚性，可能诱发代际之间的矛盾。

（2）完全基金制。完全基金制又称完全积累制，是以远期纵向平衡原则为依据，要求劳动者采取储蓄方式建立个人账户，达到领取条件一次性或按月领取的制度。该方式具有透明度高、激励作用强的特点，易为群众接受。但社会保障基金因社会统筹比重小，其收入再分配功能弱，对保障水平的调剂作用也小。一般适用于收入差别较大、制度水平落后的国家。它与现金收付制相比，前者是在职者养退休者，具有互助共济、无保值增值压力；后者是自己养自己，管理复杂且有保值增值压力。

（3）部分基金制。部分基金制也称"部分积累制"，是现收现付制和完全积累制两种方式的结合。以养老保险基金为例，该方式下退休人员的养老基金一部分来自现收现付制方式，另一部分来自完全基金制方式。与完全基金制和现收现付制两种方式相比，它既保持了现收现付制下的代际间的收入再分配功能，又能通过部分资金积累降低现收现付制下当代人的负担与完全基金制下货币贬值的风险和资金保值增值的压力。因此，该方式是现收现付制和完全基金制有机结合的一种有效方式。

二、社会保障制度的内容

各国社会保障制度在特定历史条件下是不同的，在理论和实践上都经历了一个不断发展变化的过程。国际劳工组织 1952 年制定了《社会保障（最低标准）公约》，规定社会保障范围覆盖疾病、生育、老年、残疾、死亡、失业、工伤、职业病及家庭九个方面。我国现行社会保障制度包括社会保险、社会救济、社会福利和优抚安置制度，其中社会保险制度是核心。2016 年全国社会保障和就业支出 21 591.45 亿元，同比增长 13.53%，约占全国财政一般公共预算支出（187 755.2 亿元）的 11.50%。

（一）社会保险制度

社会保险是指由国家、集体和个人共同筹集基金，以确保社会成员在遇到生老病死伤残和失业等风险时，获得基本生活需要和健康保障的一种社会保障制度。其法制依据主要包括 1999 年 1 月国务院发布的《社会保险费征缴暂行条例》，2010 年 10 月第十一届全国人民代表大会常务委员会第 17 次会议通过的《中华人民共和国社会保险法》，以及 2011 年 6 月和 2013 年 9 月人力资源和社会保障部制定的《中华人民共和国社会保险法实施细则》和《社会保险费申报缴纳管理规定》。社会保险主要包括养老保险、失业保险、医疗保险、工伤保险、生育保险和住房公积金，社会上统称为"五险一金"。人力资源和社会保障部发布的《中国社会保险发展年度报告 2016》（以下的相关数据以此为准）数据显示：2016 年中国 5 项社会保险基金总收入 53 564 亿元，同比增长 14.1%；总支出 46 888 亿元，同比增长 20.3%。

1. 养老保险制度

（1）养老保险的基本含义。养老保险是指由国家制定的劳动者在年老失去劳动能力或退出就业领域时享有退休养老权利，依靠政府和社会帮助来维持基本生活水平的一项社会保险制度。它具有矫正市场分配不公和发挥"内在稳定器"的效应。2016 年我国企业职工基本养老保险基金支出 24 829 亿元，同比增长 11.7%；城乡居民基本养老保险基金支出 2 105 亿元，同比增长 1.7%。

（2）养老保险的筹资模式。采取社会统筹与个人账户相结合的养老保险模式，社会统筹部分采取现收现付方式，由用人单位负担；个人账户部分采取积累方式，体现个人责任，全部由个人缴费形成。

（3）养老保险的缴费标准。企业和机关事业单位按职工缴费工资总额和单位工资总额 20% 缴费，个人按个人缴费工资的 8% 缴费；个体劳动者等按缴费基数 18% 缴费，其缴费基数为：城镇个体工商户为 6 047 元（确有困难的可在 2 912～6 047 元选定）、灵活就业人员及自谋职业人员为 2 912 元、托管中心中大龄灵活就业人员为 2 812 元。

（4）养老保险的主要条件。单位职工达到法定退休年龄，个人缴费满 15 年在退休后可按月领取基本养老金。国家参照城市居民生活费用价格指数和职工工资增长情况对基本养老金水平进行调整，如 2016 年企业退休人员月平均养老金达到 2 737 元，同比增加 122 元、增长 5.4%，与 2004 年月人均 647 元相比提高 3.23 倍。

（5）养老保险的覆盖范围。1997 年统一实施养老保险的范围包括国有和城镇集体企业及其职工，1999 年扩至外商投资、城镇私营企业和其他城镇企业及其职工，2002 年扩至城镇灵活就业人员，2005 年包括城镇各类企业职工、个体工商户和灵活就业人员，2009 年统一将机关、事业单位纳入养老保险范围。截至 2016 年底，全国参加基本养老保险人数从 2 000 年的 13 618 万增至 88 777 万，参保人数增长 4.5 倍。

（6）养老保险的资金筹集。为确保基本养老保险金按时足额发放，我国政府采取了多种渠道筹集基本养老保险基金的有效措施，主要有以下三种办法：

第一，实行单位和职工共同缴费办法。如 2016 年全国企业职工基本养老保险基金收入 28 519 亿元，同比增加 1965 亿元、增长 7.4%；城乡居民基本养老保险基金收入 2 956 亿元，同比增加 77 亿元、增长 2.7%。

第二，增加财政对养老保险基金补助。如 2016 年全国企业职工基本养老保险财政补贴收入 4 291 亿元，同比增加 398 亿元、增长 10.2%；城乡居民基本养老保险财政补贴收入 2 092 亿元，同比增加 48 亿元、增长 2.4%。

第三，建立全国社会保障基金。全国社会保障基金的来源包括国有股减持划入资金及股权资产、中央财政拨入资金、经国务院批准筹集的资金及投资收益。2016 年全国企业职工基本养老保险基金收支结余 2 737 亿元，年末滚存结余 36 577 亿元；城乡居民基本养老保险基金收支结余 782 亿元，年末滚存结余 5 399 亿元。

（7）养老保险的发放办法。对缴费年限累计满 15 年的人员，退休后按月发给基本养老金，其标准以当地上年度在岗职工月平均工资和本人指数化月平均缴费工资的平均值为基数，缴费每满一年发给 1%；个人账户养老金月标准为个人账户储存额除以计发月数，计发月数根据职工退休时城镇人口平均预期寿命、本人退休年龄和利息等因素确定。

2. 失业保险制度

（1）失业保险的基本含义。失业保险是指由国家制定的劳动者在失业时所应享有的权利，以维持基本生活需要的一种社会保险制度。1998 年 12 月，国务院制定了《失业保险条例》。2016 年我国失业保险基金收入 1 228 亿元，同比降低 −10.0%；基金支出 976 亿元，同比增长 32.5%；收支结余 253 亿元，年末滚存结余 5 333 亿元。

（2）失业保险的缴纳办法。城镇企事业单位及其职工必须参加失业保险，用人单位按照本单位工资总额的 2%、职工按照本人工资的 1%缴纳失业保险费；统筹地区的失业保险基金不敷使用时，由失业保险调剂金调剂和地方财政补贴。

（3）失业保险金的标准。省、自治区、直辖市按低于当地最低工资标准、高于城市居民最低生活保障标准的水平，确定本地区失业保险金标准。享受期限规定为：失业人员失业前所在单位和本人，按规定累计缴费时间满 1～5 年的，领取期限最长为 12 个月；满 5～10 年的，最长为 18 个月；10 年以上的，最长为 24 个月。2016 年全国失业人员每月领取保险失业金 1 051 元，同比增加 91 元、增长 9.5%。

（4）失业保险享受的待遇。失业人员享受失业保险待遇的基本条件为：一是失业人员缴纳失业保险费满 1 年；二是非因本人意愿中断就业；三是已办理失业登记并有求职要求。失业人员在领取失业保险金期间，可享受职业培训和职业介绍补贴，患病时可领取医疗补助金。失业人员在领取失业保险金期间死亡，其遗属可领取丧葬补助金和遗属抚恤金。

3. 医疗保险制度

（1）医疗保险的基本含义。医疗保险是指由国家制定的对被保险人因疾病造成的经济损失和医疗费用予以补偿的一种社会保险制度。其基本法律依据是国务院 1998 年颁布的《关于建立城镇职工基本医疗保险制度的决定》和 2013 年 12 月 15 日颁布的《中华人民共和国城镇职工基本医疗保险条例》。2016 年城镇职工基本医疗保险基金收入 10 082

亿元，同比增长 13%；支出 8 088 亿元，同比增长 9.5%；收支结余 1 994 亿元，年末滚存结余 12 736 亿元。居民基本医疗保险基金收入 6 095 亿元，同比增长 12.8%；财政补贴收入 4 612 亿元，同比增长 9.5%；支出 5 472 亿元，同比增长 14.4%；收支结余 623 亿元，年末滚存结余 3 330 亿元。

（2）医疗保险的缴费标准。基本医疗保险覆盖城镇所有单位和职工，也包括城镇灵活就业人员。实行社会统筹与个人账户相结合，其缴费标准为：单位缴费比例为职工工资总额的 6%～12%；个人缴费为本人工资的 2%，退休人员不缴费。个人缴费全部划入个人账户，单位缴费按 30%左右划入个人账户，其余 70%左右建立统筹基金。

（3）医疗保险的支付要求。医疗费由医疗保险基金和个人共同分担：门诊（小额）医疗费用主要由个人账户支付；住院（大额）医疗费用主要由统筹基金支付。统筹基金起付标准原则上控制在当地职工年平均工资的 10%左右，最高支付限额一般为当地职工年平均工资的 4 倍左右。起付标准以上、最高支付限额以下的医疗费用，主要从统筹基金中支付。退休人员个人负担医药费的比例，适当低于在职职工。

（4）医疗保险的管理办法。主要内容包括：制定国家基本医疗保险药品、诊疗项目和医疗服务设施的目录；保证参保人员享受必要的医疗服务，限制不合理的医疗费用支出；对提供服务的医疗机构和药店实行定点管理，建立竞争机制；完善医疗保险经办机构与定点医疗机构的费用结算办法；各地区根据实际情况，普遍建立大额医疗费用补助制度，其资金来源主要由个人或企业缴费。

4. 工伤保险制度

（1）工伤保险的基本含义。工伤保险是指国家制定的劳动者因工作负伤、致残、死亡时给予劳动者本人及其供养的直系亲属提供物质帮助的一种社会保险制度。2003 年 4 月国家颁布《工伤保险条例》（2004 年起实施）后，其覆盖范围迅速扩大。2016 年全国工伤保险基金收入 716 亿元，同比降低−1.9%；支出 588 亿元，同比增长 2.1%；收支结余 128 亿元，年末滚存结余 1 391 亿元。

（2）工伤保险的缴费标准。企业和有雇工的个体工商户均应参加工伤保险，为本单位全部职工或雇工缴纳工伤保险费，劳动者个人不缴费。政府根据不同行业的工伤风险程度确定行业差别费率，即按风险较小（银行等）、中等风险（房地产等）、风险较大（石油加工等）行业用人单位职工工资总额的 0.5%、1.0%和 2.0%缴费。

（3）工伤保险的管理办法。工伤保险实行以支定收、收支平衡的基金筹集模式，由地级以上城市建立统筹基金。其赔偿项目包括医疗费、康复费、伙食补助费、交通食宿费、护理费、停工留薪期工资、伤残辅助器具费、一次性伤残补助金和伤残津贴等。国家统一制定职工工伤与职业病致残程度鉴定标准。

5. 生育保险制度

（1）生育保险的基本含义。生育保险是指国家制定的对女职工在生育期间中断劳动或工作时给予帮助的一种社会保险制度。通过向生育女职工提供生育津贴、产假和医疗服务等待遇，保障其因生育而暂时丧失劳动能力时的基本经济收入和医疗保健，从而体现国家和社会对妇女在这一特殊时期给予的支持与爱护。1988 年我国开始在部分地区推行生育保险制度改革，1994 年 12 月我国颁发了《企业职工生育保险试行办法》。2016

年全国生育保险基金收入 517 亿元，同比增长 4.2%；支出 526 亿元，同比增长 29%；收支缺口 9 亿元，年末滚存结余 659 亿元。

（2）生育保险的缴费标准。生育保险实行社会统筹，缴费比例由当地政府根据计划内生育人数、生育津贴和生育医疗费等因素确定，并根据费用支出情况适时调整，但最高不超过工资总额的 1%。由单位向社会保险经办机构缴纳生育保险费，建立生育保险基金，职工个人不缴纳生育保险费。

（3）生育保险的管理办法。生育保险实行属地化管理。职工生育依法享受不少于 90 天的生育津贴，其津贴按本单位上年度职工月平均工资计发。女职工的生育津贴，以及生育的检查费、接生费、手术费、住院费、药费和因生育引起疾病的医疗费由生育保险基金支付。

6. 住房公积金制度

（1）住房公积金的基本含义。住房公积金是指国家机关、城镇企事业单位及其在职职工缴存的长期住房储金。其基本规范是国务院 1999 年 4 月发布、2002 年 3 月重新修订的《住房公积金管理条例》，以及地方政府制定的住房公积金管理条例或办法。住房公积金制度实际上是一种住房保障制度，是住房分配货币化的一种形式。它不属于社会保险制度的范畴，因"五险一金"之间密切相关，故在此进行阐述和分析。

（2）住房公积金的缴费标准。单位和职工住房公积金的缴存比例均不得低于职工上一年度月平均工资的 5%，有条件的城市可适当提高比例，但一律不得高于 12%，具体比例由省、自治区、直辖市人民政府批准。生产经营困难企业可申请暂缓缴存。职工个人缴存的住房公积金，由所在单位每月从其工资中代扣代缴。

（3）住房公积金的管理办法。职工个人缴存及单位为其缴存的住房公积金实行专户存储，归职工个人所有；住房公积金应用于职工个人购买、建造、翻建和大修自住住房，不得挪作他用；单位为职工缴存的住房公积金，机关在预算中列支、事业单位由财政部门核定收支后在预算或费用中列支、企业在成本中列支；地方政府财政部门应加强对本行政区域内住房公积金归集、提取和使用情况的监督工作。

综上所述，我国"五险一金"缴费基数及比例情况如表 5-1 所示。

表 5-1　我国"五险一金"缴费基数及比例情况

险种		单位缴费比例	个人缴费比例	缴费工资基数
养老保险		20%	个人 8%，个体劳动者等 18%	企业事业单位为工资总额，个人为缴费工资；个体劳动者等按规定的基数数额
失业保险	城镇户口职工	2%	1%	用人单位为工资总额，职工为本人工资
	农村劳动力	2%	不缴	用人单位为工资总额
医疗保险		6%～12%	2%	用人单位为工资总额，职工为本人工资
工伤保险		0.5%、1.0% 或 2.0%	不缴	用人单位工资总额
生育保险		不超过 1%	不缴	用人单位工资总额
住房公积金		5%～12%	5%～12%	不得低于职工上一年度月平均工资

注："五险一金"的缴纳基数和比例，各地适当调整

（二）社会救济制度

社会救济又称社会救助，是指国家按照法定程序和标准向因自然灾害或其他社会、经济原因而难以维持最低生活水平的社会成员提供保证其最低生活需求的物质援助的一种社会保障制度。它对保障公民生存权和维护社会稳定有着积极的作用。社会救济主要包括城市与农村居民最低生活保障、农村五保户供养和灾害救助等内容。

1. 城市居民最低生活保障制度

城市居民最低生活保障简称城市低保，是指国家对共同生活的家庭成员人均收入低于当地最低生活保障标准的给予最低生活保障。它是为解决城市居民生活困难建立的一种社会救济制度。1999年9月颁布了《城市居民最低生活保障条例》，其补助对象规定为：对持有非农业户口的城市居民，凡共同生活的家庭成员人均收入低于当地城市居民最低生活标准的，均可从当地政府获得基本生活物质帮助；对无生活来源、无劳动能力，以及无法定赡养人、扶养人或抚养人的城市居民，可按当地城市居民最低生活保障标准全额救助。

制定城市居民最低生活保障标准，主要是依据城市居民的人均收入、人均生活消费水平、上年物价水平、维持当地最低生活水平所必需的费用，以及当地经济社会发展水平、本地符合最低生活保障条件人数及财政承受能力等情况确定。其资金列入财政预算，中央对财政确有困难的地区给予支持。2016年全国城市居民最低生活保障标准排名前10的地区为：上海市880元、苏州810元、北京市800元、天津市780元、南京市750元、广州市745元、杭州市644元、拉萨市640元、沈阳620元、青岛市580～650元。

2. 农村居民最低生活保障制度

农村居民最低生活保障制度简称农村低保，是指对持有农业户口的家庭人均收入低于当地农村低保标准的贫困居民给予的差额补助。它是为解决农村居民生活困难建立的一种社会救济制度。我国对农村低保制度的探索虽早于城市，但进展缓慢。2002年党的十六大以来，尤其是确立了构建社会主义和谐社会和建设社会主义新农村两大战略目标后，地方政府对农村低保制度改革有了较高的积极性，地方政府陆续制定了农村居民最低生活保障条例或实施办法。

农村低保的标准，按照当地维持农村居民基本生活所必需的衣食住费用，适当考虑用电及燃料等所需费用确定，并随着当地生活必需品价格变化、经济发展和农村居民生活水平提高适时调整。2016年农村居民最低生活保障标准排名前10的地区为：上海市880元、苏州810元、北京市800元、南京市750元、广州市745元、杭州市744元、天津市700元、厦门市610元、海口市460元、青岛市470～580元。

3. 农村五保户供养制度

农村五保户供养制度是中国在农村地区实施的一种特殊的社会保障制度。五保是指对符合条件的供养对象提供保吃、保穿、保住、保医、保葬（孤儿保教）五项生活保障措施。国务院1994年1月制定、2006年1月修订的《农村五保供养工作条例》中明确规定："农村五保供养资金，在地方人民政府财政预算中安排。有农村集体经营等收入的地方，可以从农村集体经营等收入中安排资金，用于补助和改善农村五保供养对象的生活。"

农村五保供养对象为老年、残疾或未满16周岁的村民，无劳动能力、无生活来源又无法定赡养、抚养、扶养义务人，或其法定赡养、抚养、扶养义务人无能力的。其供养内容主要包括供给粮油、副食品和生活用燃料；供给服装、被褥等生活用品和零用钱；提供符合基本居住条件的住房；提供疾病治疗，对生活不能自理的给予照料；办理丧葬事宜；依法接受义务教育所需费用。供养标准不得低于当地村民的平均生活水平，并适时调整。

4. 灾害救助制度

灾害救助制度是指自然灾害给人类造成损害后，由政府及社会给予灾民物资帮助的一种制度。为解决突发性自然灾害所造成的伤害和损失，国家建立了针对突发性自然灾害的应急体系和社会救助制度。其法律制度依据是2010年6月国务院通过的《自然灾害救助条例》、2011年1月财政部和民政部发布的《自然灾害生活救助资金管理暂行办法》等。

中央及各级政府每年在财政预算中安排救灾支出，用于安置和救济灾民。如 2017年7月湖南、江西、贵州、浙江等省区发生暴雨洪涝等灾害，中央财政紧急下拨补助资金18.8亿元进行救灾，其中生活补助资金7亿元，由省级统筹用于灾区受灾群众紧急转移安置、过渡性生活救助、倒损住房恢复重建和向因灾死亡人员家属发放抚慰金等救灾支出；特大防汛抗旱及农业生产救灾补助资金11.8亿元，用于防汛抢险、水毁水利设施修复和农业生产救灾及灾后恢复生产等。

（三）社会福利制度

社会福利是政府在法律和政策范围内对社会成员提供的特殊照顾、救济、抚恤等除社会保险以外的一种社会保障制度。我国社会福利制度包括老年人社会福利、儿童社会福利和残疾人社会福利等内容。

1. 老年人社会福利制度

老年人社会福利是以老年人为特殊对象的社会福利项目，是指国家和社会为了发扬敬老爱老美德、安定老年人生活、维护老年人健康、充实老年人精神文化生活为目的而采取的政策措施和提供的设施与服务。1996年8月制定、2015年4月修正的《中华人民共和国老年人权益保障法》规定，国家和社会应健全保障老年人权益制度，实现老有所养、老有所医、老有所为、老有所学、老有所乐。国家通过基本养老保险制度保障老年人的基本生活，通过基本医疗保险制度保障老年人的基本医疗需要等。

老年人福利主要包括老年人福利津贴、社会养老、老年保健和老年福利机构。例如，老年人福利津贴是一种普遍养老金计划，其发放对象适宜从高龄老人开始，先发放高龄津贴，有条件时再逐步扩大发放范围以至所有人退休老人；老年人福利院、敬老院、老年公寓、老年医疗康复中心、老年人俱乐部和老年人文化活动中心等福利机构的设立，以满足老年人的各种生理需要和精神需要，使他们能够愉快地安享晚年。其形式主要包括收养性福利、娱乐学习性福利和保健服务性福利。

2. 儿童社会福利制度

儿童社会福利是社会福利的重要组成部分，是社会福利在儿童群体中的体现。联合国《儿童权利宣言》指出："凡是以促进儿童身心健全发展与正常生活为目的的各种努力、事业及制度等均称之为儿童福利。"在中国从狭义视角来界定这一含义，通常是指由社会福利机构向特殊儿童群体——孤儿与弃婴提供的一种福利服务。

依据我国 1995 年 3 月制定的《中华人民共和国教育法》和 2012 年 10 月修正的《中华人民共和国未成年人保护法》等法律法规，国家为儿童提供教育和计划免疫等社会福利，主要倾向于救助、矫治扶助等恢复性功能，特别是为残疾儿童、孤儿和弃婴等处在特殊困境下的儿童提供福利项目、设施和服务，保障其生活、康复和教育。儿童社会福利的享受对象主要是处于不幸境地的儿童，包括残疾儿童、孤儿、弃婴和流浪儿童等。

3. 残疾人社会福利制度

残疾人社会福利是指国家和社会在保障残疾人基本物质生活需要的基础上，为残疾人在生活、工作、教育、医疗和康复等方面提供的设施、条件和服务。其内容包括残疾人就业、残疾人教育、残疾人康复、残疾人文化生活、开办精神病人福利院、扶残助残活动和环境保障等。1990 年 12 月制定、2008 年 4 月修订的《中华人民共和国残疾人保障法》中明确规定，县级以上人民政府应将残疾人事业经费列入财政预算，建立稳定的经费保障机制。

2016 年 8 月国务院制定的《"十三五"加快残疾人小康进程规划纲要》，将加快推进残疾人小康进程作为全面建成小康社会决胜阶段的重点任务，聚焦农村、贫困地区和贫困、重度残疾人，健全残疾人权益保障制度和扶残助残服务体系；2017 年 1 月国务院制定的《"十三五"推进基本公共服务均等化规划》，设专章对残疾人基本公共服务做出部署，为残疾人平等参与社会发展创造便利化条件和友好型环境，让残疾人安居乐业、衣食无忧，生活得更加殷实、更加幸福、更有尊严。

（四）优抚安置制度

1. 优抚安置的基本含义

优抚安置是指国家以对中国革命、建设和改革做出牺牲、奉献的军人及其家属为主要对象的优待、抚恤、褒扬和退役安置的一种社会保障制度。其基本法律依据是1984 年 5 月制定、2011 年 10 月修正的《中华人民共和国兵役法》，以及 2016 年 10 月中共中央、国务院和中央军委制定的《关于加强新形势下优抚安置工作的意见》（以下简称《意见》）。

优抚安置主要包括社会优抚和社会安置两类，前者是指国家与社会根据宪法及有关法律和政策的规定，对现役军人、退伍军人和烈军属等提供保证一定生活水平的资金与服务的特殊社会保障；后者是指国家和社会根据有关法律制度规定，对军人和义务兵等提供就业与服务的社会保障。其措施主要包括优待、抚恤、养老和安置；由中央财政承担优抚安置资金保障主体责任。

2. 优抚安置的主要内容

根据《意见》的规定，优抚安置工作应坚持为军服务根本宗旨、坚持抚恤优待本质属性、坚持中央保障主体责任、坚持继承发展统筹推进的原则。

（1）建立科学规范的优抚待遇保障体系。其内容主要包括：一是完善公民普惠与抚恤优待共享制度；二是确立各类抚恤优待标准参照依据，加快建立各类优抚对象抚恤优待量化标准体系；三是推进优抚保障政策城乡统筹，加快缩小烈士、因公牺牲人员、病故军人的遗属定期抚恤金和义务兵家庭优待金标准城乡差别。

（2）健全退役军人和军人家属安置工作体系。其内容主要包括：一是完善退休军人服务管理政策，如推进安置管理体制和安置住房保障方式改革；二是加强退役士兵安置工作，如严格落实并完善以扶持就业为主的安置政策；三是完善伤病残退役军人接收安置办法，提高残疾军人保障水平；四是健全军人家属安置优待制度。

（3）构建精神和物质并重的荣誉激励制度体系。其内容主要包括：一是建立精神激励常态机制，如制定复退军人荣誉激励政策，完善军队表彰奖励与地方待遇挂钩衔接政策；二是强化国家和社会优待力度，如规范不同对象的具体优待政策，完善邀请优秀复退军人代表出席国家和地方重大庆典活动制度，深化"爱心献功臣"行动等。

（4）完善适应优抚安置对象多样化需求的服务体系。其内容主要包括：一是健全服务载体，如健全部队医院与地方优抚医院对口帮扶机制；二是丰富服务内容，如加快建立优抚对象生活状况、医疗健康、住房情况等的信息档案登记制度，开辟"绿色通道"及时救助等；三是创新服务形式，加快构建实施政府购买服务，提高优抚安置法规宣传、政策咨询、诉求回应和广覆盖、精细化服务水平等。

（五）社会保障改革

中国自实施社会保障制度以来取得了显著的成就，但也存在着社会保障体制不完善，保障性差、项目不全、程度较低，政府与企业包揽过多、负担过重等问题。因此，建立一个完善的、社会化的社会保障体系是当前改革的重要任务。

1. 党的十八大及其三中全会确定的社会保障改革

（1）党的十八大提出的社会保障改革的政策要求。2012年11月党的十八大报告明确提出了"统筹推进城乡社会保障体系建设"的要求，其内容主要包括：一是健全社会保障体系，如全面建成覆盖城乡居民的社会保障体系，健全社会保障经办管理体制等；二是完善社会保险制度，如完善企业和机关事业单位社会保险制度，整合城乡居民基本养老和医疗保险制度等；三是规范其他社会保障制度，如扩大社保基金筹资渠道，建立市场配置和政府保障相结合的住房制度等。

（2）党的十八届三中全会提出的社会保障改革的政策要求。2013年11月党的十八届三中全会报告明确提出了"建立更加公平可持续的社会保障制度"的要求，其内容主要包括：一是完善社会保险制度，如实现基础养老金全国统筹，推进机关事业单位养老保险制度改革，适时适当降低社会保险费率，研究制定渐进式延迟退休年龄政策等；二是规范其他社会保障制度，如健全社会保障财政投入制度，制定实施免税、延期征税等优惠政策加快发展企业年金、职业年金和商业保险等。

2. 党的十九大确立的社会保障改革的政策目标

2017年10月，党的十九大确立了新时代中国特色社会主义的新思想、新矛盾、新征程和新举措等政策要求，明确提出了"提高保障和改善民生水平"的政策目标。

（1）加强社会保障体系建设。其内容主要包括：按照兜底线、织密网、建机制的要求，全面建成覆盖全民、城乡统筹、权责清晰、保障适度、可持续的多层次社会保障体系；全面实施全民参保计划，尽快实现养老保险全国统筹；完善统一的城乡居民基本医疗保险和大病保险制度，以及失业、工伤保险制度；建立全国统一的社会保险公共服务平台，统筹城乡社会救助体系；完善社会救助、社会福利、慈善事业和优抚安置等制度；坚持房子是用来住的、不是用来炒的定位等。

（2）提高就业质量和人民收入水平。其内容主要包括：就业是最大的民生，实现更高质量和更充分就业；注重解决结构性就业矛盾，鼓励创业带动就业，提供全方位公共就业服务；破除妨碍劳动力、人才社会性流动的体制机制弊端；坚持按劳分配原则，促进收入分配更合理、更有序；鼓励勤劳守法致富，扩大中等收入群体，增加低收入者收入，调节过高收入，取缔非法收入；拓宽居民收入渠道；加快推进基本公共服务均等化，缩小收入分配差距。

三、社会保障支出分析

（一）社会保障支出的概念

社会保障支出是指政府通过财政向由于各种原因而导致暂时或永久性丧失劳动能力、失去工作机会或生活面临困难的社会成员提供基本生活保障的支出。即指国家财政用于社会保障方面的支出，包括非财政经费安排的社会保障支出，本文主要指前者。

社会保障和就业支出包括人力资源和社会保障管理事务、民政管理事务、财政社会保险基金补助、补充全国社会保障基金、行政事业单位离退休、企业改革补助、就业补助、抚恤、退役安置、社会福利、残疾人事业、城市居民最低生活保障、其他城市生活救助、自然灾害生活救助、红十字事业、农村最低生活保障、其他农村生活救助、大中型水库移民后期扶持基金、小型水库移民扶助基金、补充道路交通事故社会救助基金、残疾人就业保障金、其他社会保障和就业支出等22项。

（二）社会保障支出的分析

我国2007～2016年社会保障和就业支出情况，如表5-2所示。

表5-2　我国2007～2016年社会保障和就业支出情况

项目	社会保障和就业支出/亿元	增速/%	占GDP比重/%	占财政支出比重/%
2007	5 447.16	—	2.02	10.94
2008	6 804.29	24.91	2.13	10.87
2009	7 606.68	11.79	2.18	9.97
2010	9 130.62	20.03	2.21	10.16
2011	11 109.40	21.67	2.27	10.17
2012	12 585.52	13.29	2.33	9.99
2013	14 490.54	15.14	2.43	10.33
2014	15 968.85	10.20	2.48	10.52
2015	19 018.69	19.10	2.76	10.81
2016	21 591.45	13.53	2.90	11.50
年均	—	16.63	2.37	10.53

资料来源：《中国统计年鉴》（2017），其有关数据经计算而得

从表 5-2 中可以看出，2007～2016 年全国社会保障和就业支出稳定增长，即从
5 447.16 亿元增至 21 591.45 亿元，10 年增长了 1.96 倍，年均增速高达 16.63%，超过了
GDP 和财政支出的增速；社会保障和就业支出占 GDP 的比重缓慢增长，即从 2007 年的
2.02%增至 2016 年的 2.90%，年均占比 2.37%；社会保障和就业支出占财政支出的比重
基本稳定，年均占比 2016 年的 10.53%。此外，2016 年中央财政社会保障和就业支出为
890.58 亿元，同比增长 23.2%。这些都反映出我国政府不断加大社会保障和就业的财政
支持力度，着力解决人民关注的民生热点问题。

第二节 财政补贴支出

一、财政补贴的基础理论

（一）财政补贴的概念
1. 财政补贴的含义

财政补贴是政府财政部门根据国家政策的需要，在一定时期内向某些特定的企业
或个人提供的无偿补助。它是一种特殊的分配形式，也是政府调节经济的杠杆。

一般而言，财政补贴都直接或间接与价格有关，即政府在既定的价格结构条件下
通过无偿支付的财政补贴，使某些符合特定条件的价格受损者得到一定的补偿，从而
保证价格的稳定。

2. 财政补贴的特征

财政补贴具有以下五个特征：

（1）政策性。财政补贴的依据是政府在一定时期的政治、经济和社会等政策目
标，并随着国家政治经济的发展而修正、调整和更新，因而具有很强的政策性。

（2）可控性。财政补贴是政府可直接控制的经济杠杆，具有一定的可控性。具体
补给谁、补贴多少、补贴环节及何时取消补贴等，由财政部门根据需要决定。

（3）灵活性。财政补贴杠杆作用的对象、范围、效果和目标，由财政部门适时确定
和调整，相比价格、税收等经济杠杆的作用更为灵活、直接和迅速。

（4）时效性。当国家某项政策发生变化时，财政补贴做出相应调整；当某项政策
实施完结、失去效力时，某项特定的财政补贴随之中止。

（5）专项性。财政补贴只对政府政策规定和指定的项目或事项进行补贴，其他以外
的项目均不给予补贴。

（二）财政补贴的原因

在市场经济条件下，政府之所以采用财政补贴支出手段主要基于以下三个原因：

（1）市场失效的存在。在自然垄断的领域，如城市的公共交通、煤气和水电等，市
场价格无法有效配置社会资源，因而政府必须对这类企业实行价格管制。政府往往
对其实行低价政策，以向整个社会尤其是中低阶层提供社会福利。由于政府的低价
政策会导致企业产生亏损，因而应由政府提供财政补贴。

（2）社会政策的要求。市场价格是资源配置的有效机制，但市场价格机制并不能解

决所有问题，有些领域并不能完全引入市场经济机制，如农产品价格补贴。因为农业生产成本高，在人们收入水平普遍偏低的情况下很难再提高农产品价格，故此为维护农民和城镇居民的利益，就需要政府采取财政补贴形式予以支持。

（3）经济转轨的需要。企业亏损补贴维持了大批企业的存在和职工就业，避免了大规模破产和失业所导致的社会动荡；而价格补贴则在价格体系从计划价格向市场价格转化的过程中，避免了物价大幅度上涨给居民生活带来的压力，从而有利于社会经济的稳定发展和改革的顺利进行。

（三）财政补贴的效应

财政补贴的效应主要表现在：有效调节社会供求平衡，维护宏观经济稳定；促进社会资源的优化配置；有效配合自然垄断领域的管制价格，提供社会福利；有效促进产业结构调整，加快经济发展。

但财政补贴也有其一定的局限性，主要表现在：财政对一些经济活动长期提供大量补贴，将使价格与价值背离长期化、合法化，从而削弱价格的经济调控功能；不能真实地反映企业经营业绩；加剧了财政收支矛盾，使政府背上了沉重的负担。

二、财政补贴的主要类型

（一）按照经济性质划分的财政补贴

财政补贴以经济性质为标准，可分为价格补贴、财政贴息和亏损补贴等。价格补贴是指政府为稳定人民生活，由财政部门向企业或居民支付的、与人民生活必需品和农业生产资料的市场价格政策有关的补贴。具体包括粮油价格、平抑物价补贴等。

财政贴息是指政府对使用某些规定用途的银行贷款的企业，就其支付的贷款利息提供的财政补贴，即财政代企业向银行支付一部分利息。

亏损补贴是指政府为使国有企业能按政府政策或计划生产经营社会需要的，但因客观原因导致产品亏损而拨付给企业的财政补贴。其亏损的主要原因是政策、供销条件不利和因产品计划价格低不足以抵补产品的生产成本。

（二）按再生产环节划分的财政补贴

财政补贴以再生产环节为标准，可分为生产补贴、流通补贴和消费补贴。生产补贴又称生产性补贴，是指对社会再生产的生产环节进行的补贴。其补贴项目主要有粮、棉、油加价款补贴，农用生产资料价格补贴和工业生产企业亏损补贴等。

流通补贴又称商业经营性补贴，是指对社会再生产的流通环节进行的补贴。其补贴项目主要有粮、棉、油价差补贴，平抑市场肉食、蔬菜价差补贴，民用煤销售价差补贴，以及国家储备粮、棉、油等利息费用补贴。

消费补贴又称消费性补贴，是指对社会再生产的消费环节进行的补贴。其补贴项目主要有房租补贴、副食品价格补贴、水电煤补贴和职工交通补贴等。

一般而言，一种受财政补贴的商品或产品只补贴一个环节，但有的商品同时补贴两个或三个环节。补贴环节不是固定不变的，要依据更有利于发挥财政补贴杠杆作用的要求进行改革和调整。

（三）按照其他标准划分的财政补贴

1. 按透明程度确定的财政补贴

财政补贴以透明程度为标准，可分为明补和暗补。明补是指将财政补贴作为预算的支出项目按照正常的支出程序直接支付给受补者。其优点是收支分明，受补贴单位应上缴财政的依法上缴，应获得的补贴由财政直接拨付。

暗补是指财政补贴不构成预算支出项目，受补者也不直接获得补贴收入，只是从减少上缴和节约支出上受益。其优点是手续简便、工作量少，具有隐蔽性，实际上是一种坐支，但缺点是权责利关系不明确。

2. 按存续时间确定的财政补贴

财政补贴以存续时间为标准，可分为经常性补贴和临时性补贴。经常性补贴是指因政策性原因在较长时间内给予的补贴，该补贴往往具有自我增长的特点。临时性补贴是指因某些临时性原因，一般给予一次性补贴。

经常性补贴和临时性补贴只是相对而言的，如对国家规定的政策性亏损给予的补贴即为经常性补贴，在国家规定扭亏计划限期内给予的亏损补贴即为临时性补贴。

3. 按隶属关系确定的财政补贴

财政补贴以隶属关系为标准，可分为中央财政补贴和地方财政补贴。中央财政补贴是指在整个国家财政补贴项目和金额中，中央财政所承担的补贴数额。地方财政补贴是指在整个国家财政补贴项目和金额中，地方财政所承担的补贴数额。

三、财政补贴的主要内容

（一）财政补贴的方式

财政补贴的方式主要有货币补贴与非货币补贴。货币补贴使补贴的接受者可支配收入增加，而非货币补贴则使接受者的实物支配权（量）或享受的某种服务增加。尽管这些补贴都可以使接受者的福利和效用水平提高，但提高的程度却不相同。

实行货币补贴方式，接受者可以用增加的货币额购买自己希望和可能购买的任何商品与劳务，其消费者主权是完整的，消费能力提高；在非货币补贴的情况下，接受者只能享受到所补贴的实物或劳务带来的收益，而没有其他的选择，如果接受者不需要补贴所提供的商品与劳务，那么该补贴对其是没有意义的。

（二）财政补贴的规模

一般而言，财政补贴规模越大，对接受者越有利，表明接受者的福利和效用水平也就越高。但接受者的福利水平与补贴规模并不是同步增长的，因为随着补贴规模的扩大，接受者的消费能力就会提高，推动产品需求的增加，从而改变原有的产品供求关系，导致供需矛盾的扩大，使产品出现供不应求和产品价格上涨。

实物补贴消费具有专门性和针对性，使补贴产品消费需求增加，导致该产品的价格上涨，从而使财政补贴的效用被削弱，非补贴的接受者也会因此而受损。因此，如何科学选择补贴的规模，使之既符合接受者的需要、又不至于对市场产生负面影响就显得特别重要。

第三节　税收支出理论

一、税收支出的概念

（一）税收支出的提出

随着税收优惠措施的广泛运用，税收优惠失控问题越发突出。一方面，国家损失了大量的税收收入，而企业对这笔资金的使用却漫不经心，效益较差；另一方面，给企业的寻租行为提供了可乘之机，企业依赖思想日趋严重。

1967 年，美国财政部部长助理、哈佛大学教授萨里在一次讲话中，第一次使用了"税收支出"一词，并在 1973 年其所著的《税收改革之途径》一书中进行了系统阐述。税收支出于 20 世纪 70 年代在美国首先采用，并在西方国家普遍推广和运用。

中国虽有税收优惠政策规定，但却没有在政府预算实践中采用，因而不能称其为真正意义的税收支出。这里对税收支出理论及其国外运用情况、中国税收优惠政策进行分析，旨在为政府进行决策时提供有益的参考，为实施税收支出活动提供一些可借鉴之处。

（二）税收支出的界定

税收支出概念提出后，西方各国在官方文件中相继引进了这一概念，并利用国家预算对税收支出加以控制，使之不断完善。当然，在不同的国家或同一国家的不同时期，税收支出概念的表达方式不尽相同。主要包括以下三类观点：

（1）税收收入损失论。有的是从税收收入损失角度来定义税收支出的。如美国和联邦德国，将税收支出定义为：由于允许从毛所得中做不予计列、豁免、扣除、特别抵免、优惠税率、纳税义务延期等税法条款的存在而造成的收入损失。

（2）减轻纳税税负论。有的国家强调以是否减轻纳税人的税负来定义税收支出。如法国将税收支出定义为：税收的任何立法或行政措施所规定的优惠项目，只要减少了国家的税收收入，并减轻了纳税人的税收负担（与法国税法一般原则所规定的税负相比），就可以视其为税收支出。

（3）直接支出比较论。有的是从与直接支出相比较的角度来定义税收支出。如澳大利亚将税收支出定义为：原则上可以由直接支出代替的那些特殊的税收立法。

上述税收支出含义的共同点是，税收支出是与正规的、标准的、基础的或是可接受的税制结构的背离。我们认为，税收支出是指政府以法律制度方式给予特定活动或纳税人以各种税收优惠待遇而形成的收入损失或放弃的收入。它是政府的一种间接性支出，属于补贴性质的财政支出。

二、税收支出的方式

一般而言，科学、合理地确定税收支出项目是极为困难的。从理论研究和各国具体实践看，税收支出的方式大体包括税收豁免、纳税扣除、税收抵免、优惠税率、税收递延、加速折旧、盈亏互抵和退税优惠等。

（一）税收豁免

税收豁免是指在一定时期内对纳税人的某些所得项目或所得来源不予课税，或对其某项活动不列入课税范围等，以免除或降低其税收负担的方法。对豁免的项目与期限，应视当时的经济环境和政策而定。

税收豁免项目一般包括免除关税、货物税和所得税三类，如免除机器或建筑材料等进口关税，可降低企业固定成本；免除原材料及半成品等进口关税，可增强企业在国内外市场的竞争力；免除货物税，原理也相同。

免除企业所得税可增加新投资的利润，使企业更快地收回所投资本，以减少投资风险、刺激投资。如对企业治理污染取得的所得不征税，以激发企业治理污染的积极性；对慈善机构、宗教团体等所得收入不征税，可促进社会政策的顺利实施。

（二）纳税扣除

纳税扣除是指准许企业把一些符合规定的特殊支出，以一定的比率或全部从应税所得中扣除，以减轻其税收负担的方法。换言之，纳税扣除在计算应课税所得时，可从毛所得额中扣除一定数额或以一定比率扣除，以减少纳税人的应课税所得额。

在累进税制下，纳税人的所得额越高，纳税扣除的实际价值就越大。就纳税人而言，在总所得中扣除了一部分数额就可使得原较高税率降低到低一级或几级的税率档次，也就等于降低了其征收的比例。因此，各国根据本国社会经济政策目标及财政的需要情况，往往设置不同的扣除项目与标准。

（三）税收抵免

税收抵免是指允许纳税人从其某种符合奖励规定的支出中，以一定比率从其应纳税额中扣除，以减轻其税收负担的方法。对其抵免的数额，各国规定"允许"超过应纳税额和"不允许"超过应纳税额两种情况：前一种是将没有抵尽的税额返还给纳税人，称为没有剩余的抵免；相反的后一种情况，可称为"有剩余的抵免"。

西方国家的税收抵免主要有投资抵免和国外抵免两种：投资抵免因其性质类似于政府对私人投资的一种补助，故亦称为投资津贴。其含义是：对折旧性资产的投资者，可在当年应纳所得税中扣除相当于新投资设备某一比率的税额，以减轻税负。投资抵免通常是鼓励投资、刺激经济复苏的短期税收措施。

国外抵免见于国际税收业务中，即纳税人在居住国汇总计算国外收入所得税时准予在税法规定的限度内，以其国外已纳税款抵充其应纳税款，以避免重复课税。如果不允许国外税收抵免，居住国税收在不受损失时，其纳税人的负担就会加重。该办法通常只限于以所得为课税对象所征收的各种税。

国外抵免与投资抵免的主要区别在于：前者是为了避免国际双重征税，使纳税人的税收负担公平；后者是为了刺激投资、促进国民经济的增长与发展，是通过造成纳税人的税收负担不平等来实现的。

（四）优惠税率

优惠税率又称低税率优惠，是指通过降低税率给予的税收优惠。按其方式可分为直接降低税率和间接降低税率：前者是指从标准税率中直接扣除一定百分率；后者是指在制定标准税率表时将优惠低税率列入税率表中。

优惠税率的适用期限可根据政策需要伸缩，既有期限的限制，也可给予长期的优惠。一般有期限的优惠税率对企业的奖励程度要小于免税办法，但长期优惠税率的鼓励程度要大于有期限的免税，尤其是需要巨额投资且获利较迟的企业更能得到较大的优惠支持。

（五）税收递延

税收递延又称税收延后或税负分期缴纳，是指允许纳税人对那些符合规定的税收延迟缴纳或分期缴纳其应负担税额的方法。其实质是通过加速扣除来减轻税负，在功能上与免息贷款相同。企业在这种激励办法下可延期支付税款，也就相当于获得了一笔无息贷款，以解除企业财务上的困难。

税收递延包括两种情形：一是现在应缴纳的税款允许将来支付，对现在应纳的国家税收是一种"支出"，而纳税人则因现在实际税负的减轻而得到"收入"；二是随着税款的延期缴纳，政府失去了一笔相当于应纳税款的资金收入，损失数额大致相当于纳税人从银行借得相同资金的成本，企业如同政府给了一笔税收无息贷款。

（六）加速折旧

加速折旧是指在固定资产使用年限的初期计提较多的折旧。加速折旧的原理，与税收递延大体相同，其类型包括两种：一是缩短使用年限来加速折旧；二是采取不同的折旧方法或特殊规定，在使用年限的初期计提较多的折旧，可称快速折旧。而对"初期""较多"的含义，只是相对的比较概念。

折旧本身是一个重要的扣除项目，而加速折旧的税收政策就更为重要，即投资者在最初几年内增大成本而减轻所得税负担，加快资金回收速度。需要注意：加速折旧只改变了年折旧额，即前期提得多、后期提得少，静态上看虽无税收支出，但动态上则是税负减轻在前、加重在后，企业从税收递延缴纳中得到益处。

（七）盈亏互抵

盈亏互抵是指准许企业以某一年度的亏损抵消以后或以前年度的盈余，以减少应付税额的方法。这种优惠形式对扶持新办企业和风险投资具有重要的激励作用，尤其对盈余无常的企业效果更佳。但该办法的应用以企业有亏损发生为前提，否则就不具有鼓励的效果，且就其应用范围而言，只能适用于所得税。

盈亏互抵是国外最常用的税收支出方法之一，但各国一般采用规定时间的办法予以限制。我国企业所得税法也有盈亏互抵的规定，即纳税人发生年度亏损的，可用下一个纳税年度的所得进行弥补；下一个纳税年度的所得不足弥补的，可逐年延续弥补，但延续弥补期最长不得超过5年。

（八）退税优惠

退税是指将已经入库的税款的一部分或全部，经批准按规定的程序与标准退还给纳税人或缴税单位的方法。退税优惠可直接减轻纳税人税负，但并不是所有的退税都是税收支出。按照我国现行税法规定，可以办理退税的情况主要包括：多征和误征的税款；提取的地方附加；提取的代征手续费；财政部专案批准的退税。

我国的退税优惠主要包括出口退税和再投资退税两种：出口退税是为鼓励出口而给予纳税人的税款退还，包括退还进口税、国内消费税和增值税等；再投资退税是指为鼓励投资者将分得的利润进行再投资，而退还纳税人再投资部分已纳税款。为有利于吸引外资，可鼓励外商新投资和在我国境内取得的利润进行的再投资，而给予税权退税优惠政策。

需要说明的是：上述税收支出激励政策的政府负担轻微，即政府只是延后收取税款，因而政府一般愿意采取该类税收支出方式减轻企业早期投资的税收负担。如在计提固定资产折旧时，允许用出售原有资产所产生的所得或资本性质的盈利来冲抵新购置资产的折旧额，这实际上是对这部分出售原资产实现的盈利给予不定期延期征税的待遇，因此该类办法可适用于各种税收特别是数额较大的税收。

本 章 小 结

• 社会保障是政府按一定的标准向丧失劳动能力、失去就业机会和遇到其他事故而面临经济困难的公民给予资金或物质帮助的行为活动。除具备保障的基本特征以外，还具有社会性、公平性、强制性、互济性和福利性等特征；具有社会性功能（社会补偿、社会稳定和社会公平的功能）和经济性功能（平衡需求、调节投融资、收入再分配和保护劳动力的功能）。

• 社会保障模式主要有社会保险型、国家保障型、福利国家型和强制储蓄型。其资金来源包括预算安排的社会保障支出、向单位和个人征收的税（费）、社会保障基金的投资收入和社会捐助形成的保障支出。其缴费方式有现收现付制、完全基金制和部分基金制。

• 我国社会保障制度包括社会保险、社会救济、社会福利和优抚安置制度，其中社会保险是核心内容。社会保险制度是指由国家、集体和个人共同筹集基金，以确保社会成员在遇到生老病死伤残和失业等风险时，获得基本生活需要和健康保障的一种社会保障制度。社会保障包括养老保险、失业保险、医疗保险、工伤保险和生育保险。

• 养老保险是指由国家制定的劳动者在年老失去劳动能力或退出就业领域时享有退休养老权利，依靠政府和社会帮助来维持基本生活水平的一项社会保险制度。主要由基础养老金和个人账户养老金构成，企业和机关事业单位按职工缴费工资总额和单位工资总额的20%缴费，个人按个人缴费工资的8%缴费。

• 失业保险是指由国家制定的劳动者在失业时所应享有的权利，以维持基本生活需要的一种社会保险制度。城镇企事业单位及其职工必须参加失业保险，用人单位按照本单位工资总额的2%，职工按照本人工资的1%缴纳失业保险费。

• 医疗保险是指由国家制定的对被保险人因疾病造成的经济损失和医疗费用予以补偿的一种社会保险制度。目前基本医疗保险覆盖城镇所有单位和职工，单位缴费比例为职工工资总额的6%～12%；个人缴费为本人工资的2%，退休人员个人不缴费。

• 工伤保险是指国家制定的劳动者因工作负伤、致残、死亡时给予劳动者本人及其供养的直系亲属提供物质帮助的一种社会保险制度。用人单位应按职工工资总额的0.5%、1.0%和2.0%缴费，劳动者个人不缴费。

• 生育保险是指国家制定的对女职工在生育期间中断劳动或工作时给予帮助的一

种社会保险制度。由用人单位向社会保险经办机构缴纳生育保险费，建立生育保险基金，职工个人不缴纳生育保险费。生育保险费实行社会统筹，缴费比例最高不超过工资总额的 1%。

• 社会救济又称社会救助，是指国家按照法定程序和标准向因自然灾害或其他社会、经济原因而难以维持最低生活水平的社会成员提供保证其最低生活需求的物质援助的一种社会保障制度。主要包括城市与农村居民最低生活保障、农村五保户供养和灾害救助等。

• 社会福利是政府在法律和政策范围内对社会成员提供的特殊照顾、救济、抚恤等除社会保险以外的一种社会保障制度。我国社会福利制度包括老年人社会福利、儿童社会福利和残疾人社会福利等。

• 优抚安置是指国家以对中国革命、建设和改革做出牺牲、奉献的军人及其家属为主要对象的优待、抚恤、褒扬和退役安置的一种社会保障制度。主要包括社会优抚和社会安置两类：前者是指国家与社会根据宪法及有关法律和政策的规定，对现役军人、退伍军人和烈军属等提供保证一定生活水平的资金与服务的社会保障制度；后者是指国家和社会根据有关法律制度规定，对军人和义务兵等提供就业与服务的社会保障制度。

• 财政补贴是政府财政部门根据国家政策的需要，在一定时期内向某些特定的企业或个人提供的无偿补助。它具有政策性、可控性、灵活性、时效性和专项性的特征。财政补贴以经济性质为标准，可分为价格补贴、财政贴息和亏损补贴；以再生产环节为标准，可分为生产补贴、流通补贴和消费补贴；以透明程度为标准，可分为明补和暗补；以存续时间为标准，可分为经常性补贴和临时性补贴；以隶属关系为标准，可分为中央财政补贴和地方财政补贴。

• 税收支出是指政府以法律制度形式给予特定活动或纳税人以各种税收优惠待遇而形成的收入损失或放弃的收入。它是政府的一种间接性支出，属于补贴性质的财政支出。税收支出方式包括税收豁免、纳税扣除、税收抵免、优惠税率、税收递延、加速折旧、盈亏互抵和退税优惠等。

复 习 思 考

一、概念题

社会保障　社会保险　社会救济　社会福利　优抚安置　养老保险　失业保险
医疗保险　工伤保险　生育保险　财政补贴　税收支出

二、思考题

1. 如何理解社会保障的特点和类型？
2. 我国社会保障制度的内容有哪些？
3. 怎样改革我国的社会保障制度？
4. 如何理解财政补贴的原因和效应？
5. 税收支出方式主要有哪些？

三、分析题

"十三五"规划将实施全民参保计划

人力资源和社会保障部 2016 年 7 月 14 日公布了《人力资源和社会保障事业发展"十三五"规划纲要》(简称《纲要》)。规划纲要分为 9 章 39 节,阐述了"十三五"人力资源和社会保障事业发展的 5 条基本原则、七大发展目标、15 项主要指标、若干重大政策和工程项目。

《纲要》的重要内容是实施全民参保计划,基本养老保险参保率达到 90%,基本医疗保险参保率稳定在 95%以上,实现法定人员全覆盖;完善社会保障制度体系,实现职工基础养老金全国统筹,制定渐进式延迟退休年龄政策,整合城乡居民基本医疗保险制度,推进基本医保异地就医结算,合并实施生育保险和基本医疗保险,全面实施工伤保险省级统筹,完善社会保险转移接续政策;建立待遇合理调整机制;适当降低社会保险费率;拓宽社会保险基金投资渠道,确保基金安全可持续运行。

中国 2008~2015 年财政社会保障和就业支出及占财政支出比重,如表 5-3 所示。

表 5-3 我国 2008~2015 年财政社会保障和就业支出及占财政支出比重

项目		2008	2009	2010	2011	2012	2013	2014	2015
财政支出	总额/亿元	62 592.66	76 299.93	89 874.16	109 247.80	125 953.00	140 212.10	15 1785.60	17 5877.80
	增速/%	—	21.90	17.79	21.56	15.29	11.32	8.25	15.87
社保和就业支出	总额/亿元	6 804.29	7 606.68	9 130.62	11 109.40	12 585.52	14 490.54	15 968.85	19 018.69
	增速/%	—	11.79	20.03	21.67	13.29	15.14	10.20	19.10
	占比/%	10.87	9.97	10.16	10.17	9.99	10.33	10.52	10.81
社会保险基金补助	总额/亿元	1 630.88	1 776.73	2 309.8	3 152.19	3 828.29	4 403.14	5 042.83	6 596.19
	占比/%	2.61	2.33	2.57	2.89	3.04	3.14	3.32	3.75
行政事业单位离退休	总额/亿元	1 812.49	2 092.95	2 353.55	2 737.75	2 848.84	3 208.43	3 668.01	4 360.95
	占比/%	2.90	2.74	2.62	2.51	2.26	2.29	2.42	2.48
就业补助	总额/亿元	414.55	511.31	624.94	670.39	736.53	822.56	870.78	870.93
	占比/%	0.66	0.67	0.70	0.61	0.58	0.59	0.57	0.50
城市居民最低生活保障	总额/亿元	411.70	517.85	539.53	675.06	666.36	763.38	737.47	753.81
	占比/%	0.66	0.68	0.60	0.62	0.53	0.54	0.49	0.43
自然灾害生活救助	总额/亿元	356.92	122.82	333.72	231.65	272.02	240.91	210.47	195.52
	占比/%	0.57	0.16	0.37	0.21	0.22	0.17	0.14	0.11
农村最低生活保障	总额/亿元	228.70	363.00	446.59	665.48	698.71	861.04	869.00	911.36
	占比/%	0.37	0.48	0.50	0.61	0.55	0.61	0.57	0.52

资料来源:《中国财政统计年鉴》(2016)

要求:请根据上述资料,结合中国实际情况分析实施"全民参保计划"的必要性及其有效措施。

第三篇 财政收入

财政收入是衡量国家财力和政府职能范围的重要指标，是财政支出的前提和保障，反映了市场经济条件下国家的经济规模与发展水平。"财政收入"篇主要研究财政收入的基本理论与内容，分四章阐述财政收入理论、税收收入制度、非税收入制度和公债收入制度，主要包括财政收入的概念、规模和结构，税收的基础理论、制度理论和制度体系，非税收入的理论、形式与管理，以及公债的基础理论、制度内容与市场管理内容。

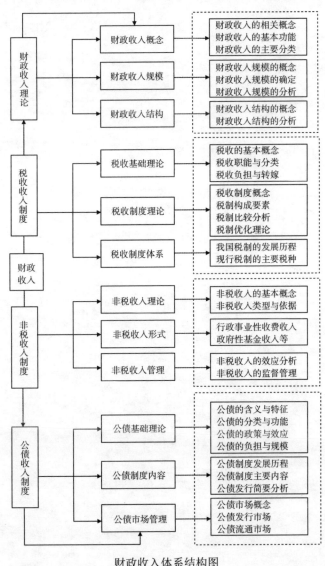

财政收入体系结构图

第六章

财政收入理论

财政收入是政府参与社会资源分配的重要手段，是政府履行职能的物质基础。对政府行使权力筹集资金问题的研究，各国专家学者也进行了公正、客观的分析与论证。财政收入主要包括税收收入、非税收入和债务收入，其中税收收入是财政收入最重要的来源。本章阐述和分析财政收入概念、财政收入规模和财政收入结构，其内容主要包括收入及收入分配的概念，财政收入的含义、功能与分类，财政收入规模的概念、确定和分析，以及财政收入的价值、产业、项目和所有制结构分析。重点是财政收入的分类、规模和结构，难点是财政收入的趋势分析。

■ 第一节　财政收入概念

一、财政收入的相关概念

在研究政府为什么及如何对收入进行再分配之前，有必要先弄清收入和收入分配的基本含义，以便于我们更好地理解财政收入的概念、规模与结构。

（一）收入的概念

1. 收入的基本含义

黑格、西蒙斯两位经济学家提出个人收入的含义为：个人收入是指被行使的消费权利的市场价值总和，以及财产权在一定时期的期初与期末之间储存价值变化的两者的代数和。这种解释是从经济人的内在价格机制视角对收入的界定，在一定程度上忽略了在要素价格既定的条件下，影响个人收入范畴的其他相关因素。

收入是指收进来的钱物，即企业在生产经营活动中所形成的、会导致所有者权益增加的及非所有者投入资本的经济利益的总流入。我国学界普遍认为，收入一般可理解为"经济人"在一个特定的时期所赚得的货币数量，具体表现为企业或个人所拥有的经营收入或薪金收入等。

2. 收入的影响因素

（1）个人禀赋。禀赋一般是指人所具有的智力、体魄等素质或天赋。也可引申为一个经济人在其行为活动拥有的资源，其表现形式包括金融资产（如货币）、物质资本和劳动力。个人禀赋即本人能力及来自父母的天赋、财富遗赠等因素，而这些因素决定了个人获取收入机会的集合。

（2）个人偏好。个人偏好决定了干什么及干多少、储蓄状况及怎样投资等。个人偏好可能受父母影响，也可能因社会氛围形成。在机会相同的情况下，偏好的不同会导致收入的不同，如那些对闲暇有特别偏好的人的收入水平会低于勤奋的人的收入水平。

（3）个人运气。在某种意义上，个人运气指个人在社会经济生活中所面临的机会与机遇，体现为个人决策所面临的后果。由于有不确定因素的存在，拥有相同机会集合且嗜好也相同的人，因个人决策的不同而有不同的收入。

（二）收入分配的概念

1. 收入分配的基本含义

国民收入是收入分配的基础，指一定时期内新增财富的总和，由初次分配与再分配两个阶段组成。人们依据功能分配和规模分配理论，提出国民收入初次分配和再分配的关系。国民收入初次分配是按市场机制即效率原则进行的分配，其分配结果是工资或红利等；国民收入再分配是按权力机制即公平原则进行的分配，形成的分配结果是对收入的调节或再分配，以改变收入分配状态。经济学家康芒斯认为，收入分配是指发生在国民收入领域中的分配主体分割、占有分配对象的过程，是一种"人与物"之间的关系。从本质上讲，体现的是各分配主体之间的权力交易关系。

在现代市场经济条件下，收入分配主体一般由三大利益集团构成，即工人（劳动力所有权）、雇主（生产资料所有权）和政府（公共政治权力）共同分割国民收入。从收入分配主体的关系看，作为资本占有者的雇主集团占有极大优势，由于劳动力属于资本，从而使工人就业、收入和消费水平不得不服从于资本运动的规律。国家作为调节各利益集团冲突的产物，是一个拥有公共权力的特殊利益集团，在国民收入再分配过程中起着突出的作用，成为一个既要维护本集团利益的阶级、又要调节各利益集团冲突的分配主体。

2. 收入分配的影响因素

政府主导的收入分配制度会受到各种因素的制约，主要表现在以下三个方面：

（1）技术进步。在知识经济时代，科技已成为生产力中最为活跃的因素，直接决定着生产关系的演变和国民收入分配格局的形成，这是因为伴随技术的进步，必将带来经济的增长和收入水平的不断提高。这就要求政府在制定或选择收入分配制度时，必须考虑到技术进步对收入分配制度的基础性和刚性约束。

（2）政治制度。通常一国的政治运行制度，影响着收入分配制度的选择。无论采用一党制还是多党制，都必然存在集权与分权、普选制与集团制等冲突。尤其在多党制政权体制下，执政党或在野党为争取社会公众的政治支持，必然会不断地调整其收入再分配的政策，从而影响政府收入分配制度的选择。

（3）市场力量。一般而言，收入分配的两个分配层次之间的博弈关系，实质上体现的是市场机制与政府干预在收入分配过程中此消彼长的关系。但由于政府介入收入分配是以市场缺陷或失灵为前提的，因此市场机制越完善、市场力量越强大，政府介入收入再分配的力度就越小，反之就越大。

（三）财政收入的含义

财政是同国家的产生和存在相联系的，国家为维持自身的存在和发挥职能，就必须消耗一定的社会产品。但国家本身通常不直接从事生产经营活动，因而必须凭借其政治权力，强制性地征收一部分社会产品，以满足各方面支出的需要。这种国家的收入就是财政收入，它是国家通过一定的形式和渠道将货币资金集中起来，用于实现国家职能的物质保障和财力保证。

我们认为，财政收入是指国家为履行其职能、实施公共政策和提供公共产品与服务需要而筹集的一切资金的总和。它是衡量一国政府财力的重要指标，通常表现为政府部门在一定时期内（一般为一个财政年度）所取得的货币收入。政府在社会经济活动中提供公共产品与服务的范围和数量，在很大程度上决定于财政收入的充裕状况。可以说，财政收入是财政分配的基础环节和政府理财的重要活动。

二、财政收入的基本功能

财政收入就是以货币形式表示的政府部门在一定时期内所取得的收入，也是一个分配过程，是财政运行的一个阶段或环节，并形成特定的分配关系或利益关系。一般认为，财政收入具有以下三个基本功能：

（一）国家职能的财力保证

国家为实现其职能，满足社会公共需要，必须掌控一定数量的社会产品或货币资金，而财政收入是国家依法积累资金的重要手段。因为资源的稀缺性和有限性决定了政府在提供公共产品时，需要以有偿的方式占有和使用，这就要求财政收入作为基础保障，以确保实现国家职能和财政支出的需要。

（二）调控经济的主要工具

财政政策与货币政策是政府调控宏观经济的工具，财政收入中的税收、公债等作为财政政策的主要工具，在政府经济调控中发挥重要的作用。此外，在组织财政收入的过程中要充分体现国家政策特别是社会经济政策，正确处理各种物质利益关系，以达到充分调动各方面的积极性、优化资源配置和协调分配关系的目的。

（三）政府理财的重要活动

一般认为，政府理财包括聚财、用财和管财等活动，而财政收入是政府理财中的聚财环节，对处理好财源与收入关系有着不可替代的作用。财政分配是收入与支出的统一过程，即支出是收入的目的，收入则是支出的保证，决定着财政支出的规模。只有在发展经济、提高效益的基础上聚集资金，才能为更多的财政支出创造条件。

三、财政收入的主要分类

（一）国际财政收入的分类

国际上对财政收入的分类，通常按政府取得财政收入的形式分为税收收入、国有资产收益、公债收入、收费收入和其他收入。

1. 税收收入

税收收入是指国家凭借其政治权力，强制和无偿地参与国民收入分配所取得的一种财政收入。一般占财政收入的 90%以上。政府职能主要是提供公共产品与服务，但公共产品的受益和成本补偿均具有不确定性，每个社会成员应承担或是否愿意承担多大份额公共产品或代价无法确定，因此要求政府收入必须稳定、充分和连续，而税收强制性、无偿性和固定性等特征可以满足这些要求。

2. 国有资产收益

国有资产收益是指国家凭借国有资产所有权获得的各种不同形式收益的总称。主要包括利润、租金、股息、红利和资金占用费等收入。其来源是国有企业或国家参股企业的劳动者在剩余劳动时间内为社会创造的剩余产品价值，其形式与数量主要取决于国有资产管理体制及经营方式。

3. 公债收入

公债收入是指国家通过信用方式取得的有偿性收入。它作为财政收不抵支时用于弥补财政赤字的主要手段，其产生和发展需要两个条件：一是正常财政收入不能满足财政支出的需要；二是社会上可供借贷资金的存在。公债属于特殊的财政范畴，是一种特殊的信用范畴并兼有财政和信用的双重性质。在现实经济活动中，凡是由政府部门承担最后偿还责任的债务都称为公债，即政府各部门及其所属公共企业所背负的债务，都可视为公债。

4. 收费收入

收费收入是指国家政府机关或事业单位在提供公共服务、实施行政管理或提供特定公共设施的使用时，向受益人收取一定费用的收入形式。具体包括使用费和规费两种，前者是政府对公共设施的使用者按一定标准收取费用，如对使用政府建设的高速公路等车辆收取的使用费；后者是政府对公民个人提供特定服务或特定行政管理所收取的费用，包括行政收费（如护照费和毕业证费）和司法规费（如民事诉讼费等）。收费收入具有有偿性、不确定性的特点，不宜作为财政收入的主要形式。

5. 其他收入

其他收入是指除上述以外的财政性收入，主要包括罚没收入、基本建设收入、基本建设贷款归还收入和捐赠收入等。其中，罚没收入是指工商、海关、公安、司法等部门按规定依法收取的罚款及处理追回的赃款或赃物的变价收入；基本建设收入是指建设单位在基本建设过程中所取得的各项副产品收入；基本建设贷款归还收入是指政府用于基本建设贷款所归还的收入；捐赠收入是指政府接受国内外单位和个人捐赠所取得的收入等。

（二）我国财政收入的分类

2007 年我国对政府收支分类进行了改革，之后每年都对此进行修订，新收入分类主要反映政府收入的来源和性质。根据财政部制定的《2017 年政府收支分类科目》，将政府收入分类科目分为一般公共预算收入、政府性基金预算收入、国有资本经营预算收入和社会保险基金预算收入 4 类，每个科目按经济性质又分为类、款、项、目 4 级，其中"类和款"设置的基本情况为：

1. 一般公共预算收入科目

一般公共预算收入设税收收入、非税收入、债务收入、转移性收入 4 类 38 款，其中税收收入 20 款、非税收入 8 款、债务收入 2 款和转移性收入 8 款。如税收收入，主要包括增值税、消费税、企业所得税、企业所得税退税、个人所得税、资源税、城市维护建设税、房产税、印花税、土地使用税、土地增值税、车船税、船舶吨税、车辆购置税、关税、耕地占用税、契税、烟叶税和其他税收收入。

2. 政府性基金预算收入科目

政府性基金预算收入设非税收入、债务收入、转移性收入 3 类 7 款，其中非税收入设 2 款、债务收入 1 款和转移性收入 4 款。如非税收入，主要包括政府性基金收入和专项债券对应项目专项收入。

3. 国有资本经营预算收入科目

国有资本经营预算收入设非税收入和转移性收入 2 类 2 款。其中非税收入设 1 款，为国有资本经营收入；转移性收入设 1 款为国有资本经营预算转移支付收入。

4. 社会保险基金预算收入科目

社会保险基金预算收入设社会保险基金收入和转移性收入 2 类 13 款，其中社会保险基金收入 11 款和转移性收入 2 款。如社会保险基金收入主要包括企业职工基本养老保险、失业保险、职工基本医疗保险、工伤保险、生育保险、新型农村合作医疗、城镇居民基本医疗保险、城乡居民基本养老保险、机关事业单位基本养老保险、城乡居民基本医疗保险基金收入和其他社会保险等基金收入。

■ 第二节　财政收入规模

一、财政收入规模的概念

（一）财政收入规模的含义

财政收入规模是指财政收入在数量上的总体水平。它是衡量国家财力和政府职能范围的重要指标，通常用绝对数额（如财政收入总额）和相对数额（如财政收入占 GDP 的比重）来表示，其中前者反映一国政府在一定时期内的具体财力状况；后者主要反映一国政府参与国内生产总值分配的程度，即财政征收程度。

财政收入规模作为衡量一国政府财力的重要指标，直接反映了政府在社会经济活动中所提供的公共产品的范围和数量。财政收入的持续、稳定增长是政府长期追求的目标，也是满足现代政府职能不断扩大、支出不断增加的需要。因此，从政府满足财政支出视角出发，财政收入越多越好。

（二）财政收入规模的指标

1. 衡量财政收入规模的指标

（1）财政收入的绝对量。财政收入的绝对量是指在一定时期内财政收入的实际数值。如 2016 年我国财政收入为 159 604.97 亿元，同比增加 7 335.74 亿元，增长 4.82%，这是对财政收入总量的描述。如果把同一国家不同时期财政收入的绝对量联系起来分析，还可看出财政收入规模随着经济发展、经济体制改革和政府职能变化而增减变化的趋势。我国财政收入从 1950 年的 65.19 亿元，增至 2016 年的 159 604.97 亿元，66年增长了 2 448.30 倍。

（2）财政收入的相对量。财政收入的相对量是指在一定时期内财政收入与有关经济指标和社会指标的比率。财政收入不是孤立的，其规模大小受多种经济和社会因素的影响。单纯从财政收入的绝对数量来分析，可反映一个国家或地区在不同时期的国家财力、政府参与经济资源配置和收入分配范围的变化。但绝对数量在不同的国家或地区不完全具有可比性，甚至容易引起误解。因此，在分析财政收入规模时，不仅要看绝对数量，更要注意对相对量指标的研究，其详细内容见以下所述。

2. 财政收入相对量的主要指标

财政收入相对量指标主要包括财政收入占国民生产总值（GNP）的比重、占国内生产总值（GDP）的比重、占国民收入（NI）的比重和人均财政收入等，其中财政收入占GDP 的比重是衡量一个国家财政收入相对规模的基本指标，也是国际上衡量和比较财政收入规模大小的通用指标。随着我国市场经济改革的深入，经济制度逐渐与国际惯例接轨，财政收入占 GDP 的比重也将成为分析财政收入规模的重要指标。

财政收入占 GDP 的比重反映了财政年度内 GDP 由政府集中和支配使用的份额，在GDP 一定的条件下，财政收入占 GDP 的比重越高，表明社会资源由政府集中配置的数量越多，企业和居民可支配收入相应减少，或政府在整个社会资源配置中的份额越大，而引起社会资源在公共部门和私人部门之间配置结构的变化。2016 年我国财政收入占 GDP 的比重为 21.45%，比 2008 年（19.19%）高出 2.26 个百分点。

二、财政收入规模的确定

（一）影响财政收入规模的因素

一般而言，世界各国将财政收入增长作为主要的财政目标，但财政收入的增长并不是以政府的意愿为转移的，要受到相关因素的制约，包括经济发展水平、生产技术水平、收入分配政策、价格水平、政治与社会等因素的影响。

1. 经济发展水平的影响

一国的经济发展水平可用该国一定时期的 GNP、GDP 和 NI 等指标衡量。联合国分别制定了适用于市场经济国家和中央计划经济国家的经济核算体系（前者简称 SNA，后者简称 MPS），其中 SNA 是将国民经济各行各业都纳入核算范围，完整地反映全社会生产活动成果及其分配和使用的过程，并注重社会再生产过程中资金流量和资产负债的核算；MPS 主要是核算物质产品再生产过程。

经济发展水平反映一国社会产品的丰富程度和经济效益的高低，是制约财政收入规模最基础、最重要的因素。一般而言，经济发展水平越高、社会产品越丰富，财政收入占 GDP 的比重也就越高。从世界各国实际水平看，发达国家财政收入的绝对额和相对额高于发展中国家。例如，根据IMF 2015年数据计算，21 个工业化国家的财政收入占GDP 比重平均为46.4%，而 30 个发展中国家的平均水平为 36.5%。

2. 生产技术水平的影响

生产技术水平一般是指在生产中采用先进技术的程度。它是制约财政收入规模的重要因素之一，内含于经济发展水平中，其影响更为直接和明显，主要表现在：一是技术进步速度越快、生产技术水平越高、社会产品和国民收入增加越快，财政收入规模增长也就有充分的财源；二是技术进步必然带来物耗比例降低、社会经济效益提高、剩余产品价值所占比重扩大，因此可供财政分配的产品也就越多。

据有关专家测算，一些发达国家的经济增长因素中技术进步所占的比重，从20世纪初的5.2%上升为20世纪中叶的40%，70年代进一步上升到60%以上，其中美国和日本等发达国家更是高达80%左右。而我国生产技术水平2001年仅为39%，到2016年该比例提升为55.8%。《国家中长期科学和技术发展规划纲要（2006—2020年）》提出，到2020年该比例达到60%，即便如此我国与发达国家相比还有着较大的差距。

3. 收入分配政策的影响

政府收入分配政策是一国采取的对收入进行再分配的规范措施，一般而言，政府在收入分配中越追求公平，进行再分配的力度就会越大，要求掌握的财力也就会越多。在同等的国民收入或社会产品的水平下，政府财政收入规模就会越大，以致政府财政支出就会越多和再分配力度也就会越大。

收入分配政策，对财政收入规模的影响主要表现在：一是收入分配政策影响剩余产品在GDP或NI总量中所占的份额，进而决定财政分配对象的大小；二是收入分配政策决定财政收入占剩余产品的份额，进而决定财政收入规模的大小，通常实行计划经济体制的国家比市场经济体制国家更强调收入分配公平则相对财政规模更大。

4. 价格水平的影响

在市场经济条件下，价格总水平呈上升趋势，价格微升有利于经济持续增长，但持久的和大幅度的上涨即为通货膨胀，反之价格的持续下滑又形成了通货紧缩。实际上价格变化会对财政收入规模产生不同的影响，物价上升时财政收入增长率可能高于物价上升程度，即财政收入的实际增长；财政收入增长率也有可能和物价上涨程度持平，即财政收入实际上没有增长；当财政收入增长率低于物价上升程度时，财政收入就变成了负增长。

价格总水平对财政收入规模的影响，主要表现在财政赤字上。财政赤字是引发通货膨胀的重要原因，当流通中过多的货币量是为了弥补财政赤字时，即使GDP因物价上升仅有名义上的增长时，国家运用财政赤字占GDP更大份额的办法，通过价格再分配机制也可实现财政收入增长，实际上具有"通货膨胀税"的性质。此外，价格比率的变化也会引起财政收入的变化，由于价格比率的变化会引起货币收入在不同产业部门之间的分配，从而导致收入来源的构成和整体财政收入发生变化。

5. 其他因素的影响

政治因素对财政收入规模的影响，主要体现在政局和政体结构上。一国政局是否稳定，对财政收入规模有着很大的影响。当一国政权更迭或政局不稳而出现内乱或发生外部冲突等突发性事件时，财政支出必然会出现超常规变化，也就引起相应财政收入规模的变化。如果一国行政机构臃肿、人浮于事、效率低下、经费增多，则会产生增加财政收入的要求。

社会因素（如人口和文化因素等）在一定程度上也影响着财政收入规模。发展中国家人口基数大、增长快，相应的教育、保健和救济贫困人口的财政支出压力就会很大；发达国家公共环境改善、提高生活质量也会对财政支出提出新的要求，相应要求增加财政收入；我国社会矛盾的转化，更对财政收入规模产生了较大的影响。

文化因素对财政收入规模的影响，是以往财政分析中常被人们忽略的一项重要内容。事实上，一个社会的文化传统、价值观念及其内含于人们思想中的行为准则，决定着人们的行为习惯。尤其决定着人们对私人产品和公共产品的需求偏好，决定着整个社会对公共经济与私人经济的选择，进而影响着财政收支规模的选择。

（二）确定财政收入规模的方法

1. 确定财政收入规模的意义

如何确定财政收入的规模，是财政理论和实践中的一个重要问题，涉及国家、企业和个人三个方面的关系。财政收入规模一方面必须保证国家行使其职能的需要，另一方面又不能妨碍企业发展和人民生活水平的改善。如果财政收入占 GDP 或 NI 的比重过大，将会影响企业发展和人民生活水平的提高；如果比重过小、资金过于分散，国家财政的宏观调控能力削弱，也不利于国民经济持续、稳定、协调发展。

2. 财政收入规模确定的方法

确定财政收入规模通常采用因素分析法和支出测定法，其中以因素分析法为主。

（1）确定财政收入规模的因素分析法。因素分析法是指在综合分析影响财政收入因素的基础上，通过适度的数量关系确定财政收入的规模。以财政收入占 GDP 的比重说明确定财政收入规模的方法，其计算公式为

$$F/G＝M/G×F/M$$

式中，F 为财政收入；G 为国内生产总值；M 为剩余价值；F/G 为财政收入占 GDP 的比重；M/G 为剩余产品价值占 GDP 的比重（称剩余产品率）；F/M 为剩余产品价值中财政集中的比例（称财政集中率）。

由上述分析可知，影响剩余产品率的因素主要有劳动生产率和工资政策，劳动生产率主要受经济发展和生产技术水平的制约，如果经济发展水平高、生产技术先进就会降低物耗、减少单位产品生产的必要劳动时间而增加剩余劳动时间，从而提高剩余产品率；在 GDP 一定的情况下，工资水平高低与剩余产品价值量成反比例关系，工资提高、剩余产品价值减少、剩余产品率降低，如 V：M 的比例为 60%：40% 及工资水平增长 10%，则剩余产品率将由 40% 降为 30%。因而若工资增长超过劳动生产率的增长幅度，则剩余产品率不仅不会提高，反而有可能下降。

影响财政集中率的因素主要有经济体制和分配政策。我国经济体制已由计划经济体制转变为社会主义市场经济体制，分配政策已由统收统支、高度集中变为减税让利，扩大地方和企业的自主权，国民收入分配已向企业和居民倾斜，从而导致财政集中率的下降。根据有关资料测算，我国目前剩余产品率为 40% 左右、财政集中率为 50% 左右，根据上述公式计算则有 F/G 为 20%（M/G×F/M＝40%×50%），该比例与 1978～2016 年 39 年间和 2007～2016 年 10 年间我国财政收入占 GDP 的平均比重（18.1% 和

20.8%）基本是吻合的。

（2）确定财政收入规模的支出测定法。确定财政收入规模支出测定法即"以支定收"的方法，这也是我国建立社会主义市场经济体制下确定财政收入规模的一种选择，需要在实践中不断探索与规范。因为组织财政收入的基本目的就是满足公共需要或财政支出的需要，如果能科学测定出各种公共需要对财政的资金需求量，即测定出一定时期内（通常为 1 年）的合理财政支出，那么相应一定时期合理的财政支出就是本年度应当组织的财政收入规模。

上面两种方法是确定财政收入规模理论性、原则性的方法。应当注意的是：财政收入规模受多种因素的影响，不可能有一个一成不变的固定数值或比例，应根据政治经济条件的变化和政府职能的变化而适时地加以调整。

三、财政收入规模的分析

（一）财政收入规模总量的变化趋势

改革开放以来，我国财政收入在总量上有了较大增长，由 1978 年的 1 132.26 亿元增加到 2016 年的 159 604.97 亿元（均不包括债务收入），39 年间增长了 139.96 倍。但相对于 GDP 的增长而言，其规模变化情况就不能一概而论，具体情况如表 6-1 所示。

表 6-1 我国 1978～2016 年财政收入规模变化情况

年份	GDP/亿元	财政收入/亿元	财政收入占 GDP 比重/%	财政收入增长率/%	GDP 增长率/%
1978	3 678.7	1 132.26	30.8	29.5	10.7
1979	4 100.5	1 146.38	28.0	1.2	7.6
1980	4 587.6	1 159.93	25.3	1.2	7.8
1981	4 935.8	1 175.79	23.8	1.4	5.2
1982	5 373.4	1 212.33	22.6	3.1	9.1
1983	6 020.9	1 366.95	22.7	12.8	10.9
1984	7 278.5	1 642.86	22.6	20.2	15.2
1985	9 098.9	2 004.82	22.0	22.0	13.5
1986	10 376.2	2 122.01	20.5	5.8	8.8
1987	12 174.6	2 199.35	18.1	3.6	11.6
1988	15 180.4	2 357.24	15.5	7.2	11.3
1989	17 179.7	2 664.90	15.5	13.1	4.1
1990	18 872.9	2 937.10	15.6	10.2	3.8
1991	22 005.6	3 149.48	14.3	7.2	9.2
1992	27 194.5	3 483.37	12.8	10.6	14.2
1993	35 673.2	4 348.95	12.2	24.8	13.5
1994	48 637.5	5 218.10	10.7	20.0	12.6

续表

年份	GDP /亿元	财政收入 /亿元	财政收入占 GDP 比重/%	财政收入 增长率/%	GDP 增长率/%
1995	61 339.9	6 242.20	10.2	19.6	10.5
1996	71 813.6	7 407.99	10.3	18.7	9.6
1997	79 715.0	8 651.14	10.9	16.8	8.8
1998	85 195.5	9 875.95	11.6	14.2	7.8
1999	90 564.4	11 444.08	12.6	15.9	7.6
2000	100 280.1	13 395.23	13.4	17.0	8.4
2001	110 863.1	16 386.04	14.8	22.3	8.3
2002	121 717.4	18 903.64	15.5	15.4	9.1
2003	137 422.0	21 715.25	15.8	14.9	10.0
2004	161 840.2	26 396.47	16.3	21.6	10.1
2005	187 318.9	31 649.29	16.9	19.9	11.3
2006	219 438.5	38 760.20	17.7	22.5	12.7
2007	270 232.3	51 321.78	19.0	32.4	14.2
2008	319 515.5	61 330.35	19.2	19.5	9.6
2009	349 081.4	68 518.30	19.6	11.7	9.1
2010	413 030.3	83 101.51	20.1	21.3	10.4
2011	489 300.6	103 874.43	21.2	25.0	9.3
2012	540 367.4	117 253.52	21.7	12.9	7.7
2013	595 244.4	1 290 209.64	21.7	10.2	7.7
2014	643 974.0	140 370.03	21.8	8.6	7.4
2015	689 052.1	152 269.23	22.1	8.5	6.9
2016	744 127.2	159 604.97	21.4	4.8	6.7
平均	—	—	18.1	14.6	9.5

资料来源:《中国统计年鉴》(2017) 及其计算所得, 财政收入增长率按当年价格计算, GDP 增长率来源于国家公布的数据

1. 财政收入规模逐步扩大的趋势

从纵向分析可以看出, 我国改革开放以来财政收入规模总体上为逐步扩大的趋势, 平均增长率为 9.5%。主要分为以下四个阶段:

(1) 财政收入增长徘徊阶段。1979~1982 年和 1986~1988 年财政收入年均增长率仅为 3.4%, 最低增长率为 1979 年和 1980 年的 1.2%, 最高增长率为 1988 年的 7.2%。

(2) 财政收入缓慢增长阶段。1983~1985 年和 1989~1992 年财政收入年均增长率为 13.7%, 最低增长率为 1991 年的 7.2%, 最高增长率为 1985 年的 22.0%。

(3) 财政收入快速增长阶段。1993~2012 年财政收入年均增长率为 19.3%, 最低增长率为 2009 年的 11.7%, 最高增长率为 2007 年的 32.4%。

(4) 财政收入增长回落阶段。2013~2016 年财政收入年均增长率为 8.0%, 最低增

长率为 2016 年的 4.8%，最高增长率为 2013 年的 10.2%。

2．2016 年财政收入增长情况分析

2016 年全国财政收入增长 4.8%，仍延续增幅逐年回落的走势。其原因主要是政策性减收较多，全面推行"营改增"为近年来减税规模最大的政策措施，全年降低企业税负超过 5 000 亿元；清理涉企收费和扩大行政事业性收费免征范围等的减收。

此外，2016 年经济下行产生的滞后影响，与 2015 年相比，规模以上工业企业利润、一般贸易进口额、工业生产者出厂价格等指标有所改善，但全社会固定资产投资、规模以上工业增加值等增幅仍有不同程度的回落，制约财政收入增长等。

（二）财政收入占 GDP 比重的趋势分析

我国 1978～2016 年 39 年间财政收入占 GDP 年均比重 18.1%，近 10 年（2007～2016）年均比重提升为 20.8%。纵观 39 年来财政收入占 GDP 比重的变化趋势可分为四个阶段：一是 1979～1986 年比重在 20%～30%；二是 1987～1995 年降至 20% 以下，1995 年跌至最低点 10.2%；三是 1996～2012 年稳步攀升，2012 年达到 21.7%；四是 2013 年以来基本趋于平稳状态，即在 21%～23%。

1．1978～1995 年财政收入占 GDP 比重的下降趋势

我国 1978～1995 年财政收入占 GDP 比重不断下降，即从 30.8% 降为 10.2%，降低了 20.6 个百分点。这一过程是在我国经济体制由计划经济向市场经济转化的背景下发生的。在计划经济体制下基本上由政府来完成资源配置过程，政府有必要集中控制尽可能多的财力，用于多项事业特别是经济建设的财力保障。

在市场经济体制下，市场在资源配置中起基础性作用，适当降低政府财力集中率是符合"小政府、大市场"的模式和"公共财政"的思路。因此，我国财政收入占 GDP 比重的下降在经济转轨时期是必然的，具有一定的合理性。其比重下降主要是分配秩序较为混乱、财政收入结构不合理、国有与非国有经济税负不一、税收优惠政策过多等原因。

2．1996～2016 年财政收入占 GDP 比重的上升趋势

我国 1996～2016 年财政收入占 GDP 的比重呈现逐步增长态势，由 1996 年的 10.3% 增至 2016 年的 21.4%，增长了 11.1 个百分点。从财政收入和 GDP 增长规模看，财政收入由 1996 年的 7 408 亿元增至 2016 年的 159 605 亿元，21 年间增长了 20.54 倍；GDP 由 1996 年的 71 814 亿元增至 2016 年的 744 127 亿元，21 年间仅增长了 9.36 倍，两者相差 11.18 倍。此外，1998 年和 2008 年两次实施的积极财政政策，如积极扩大内需和拉动经济增长，较好地保证了财政收入的稳定增长。

（三）财政收入与 GDP 增长关系的分析

1．财政收入增长与 GDP 增长关系的理论分析

从理论上说，在国家、集体和个人三者分配比例相对稳定的情况下，财政收入与 GDP 增长大体上成正比，长期看应趋于同步。经济增长是财政收入增长的重要基础，但财政收入增长并非一定与 GDP 总量保持同步增长。不同税类、税种有着不同的税基，不同的税基与 GDP 有着不同的关系。

税种与 GDP 有着不同的相关度，主要表现为：一是以销售数额或销售数量为税

基的增值税、消费税、资源税和关税等税种与GDP有正相关度,税基随GDP的增长而增加,进而带来税收收入的增长;二是以利润数额为税基的企业所得税等税种与GDP有一定的相关度,且弹性较大,税收收入增长与经济增长质量有着更为密切的关系;三是诸如印花税、房产税、土地使用税、车船税和车辆购置税等税种基一般与GDP无直接关系,税收收入与GDP的增长存在着不确定性。

2. 财政收入增长与GDP增长关系的实践检验

(1)财政收入增长高于GDP增长的现实分析。我国1978~2016年财政收入增长率与GDP年均增长率分别为14.6%和9.5%,前者高于后者5.1个百分点,其中1978~1995年财政收入增长率基本低于GDP增长率,1996年后又快于GDP增长率。因此,财政收入增长率与GDP增长率之间并不存在较强的相关性。

财政收入增速高于GDP的增速是否正常、合理,究竟是何种原因所致,我们认为不能一概而论,应进行综合分析。这里既有积极因素又有消极因素,既有主观原因又有客观原因。其积极因素主要包括经济持续稳定发展、财税政策不断完善和税收征收管理不断加强等,消极因素主要包括统计口径、制度缺陷和本位利益的差异性等。

(2)财政收入增长与GDP增长关系的国际比较。从国际货币基金组织《政府财政统计手册》公布的2015年数据来看,全部51个国家的财政收入占GDP比重平均为41.5%,21个工业化国家平均水平为46.4%,30个发展中国家平均水平为36.5%,其中税收收入占GDP比重的世界平均水平为26.8%,工业化国家平均水平为32.5%,发展中国家平均水平为22.6%。我国2007~2016年财政收入占GDP比重年均为20.8%,即使是最高的2015年也仅有22.1%。国际比较表明,我国财政收入占GDP比重不仅低于发达国家平均水平,而且低于发展中国家平均水平。

综上所述,我国财政收入增长高于GDP增长,总体上看是正常的、合理的,是由于统计口径、调整政策、经济增长和强化征管等因素形成的,也不存在收"过头税"的问题,更不存在加重企业、居民或社会负担等问题。与此同时,还应采取积极措施保障财政收入的稳定增长,逐步使财政收入占GDP的比重合理化、科学化。

■第三节　财政收入结构

一、财政收入结构的概念

(一)财政收入结构的含义

财政收入结构是指财政收入的项目组成及各项目收入在财政收入中的比重。它反映了财政收入的基本构成及各类收入在财政收入总额中的比例及其相互关系,以及一定时期内财政收入的来源和财政收入政策调节的目标、重点、手段和力度。一定时期的财政收入结构既是经济结构的集中反映,又制约着经济结构的形成。

(二)财政收入结构的目的

研究财政收入结构的目的就在于揭示财政收入结构与经济结构之间的内在联系及其规律性,为科学编制和执行政府财政收入预算,有效筹集财政资金和发挥财政收入政策调控经济的职能作用服务；为正确处理政府、经济组织、个人之间的财政分配关系，促进经济发展，建立起科学合理的财政收入结构，保证财政收入取之合理、取之有度提供理论依据。

二、财政收入结构的分析

财政收入结构分析主要包括财政收入的价值结构、产业结构、项目结构和所有制结构分析，这对确定财政收入的重点性、合理性和规范性等具有积极的现实意义。

（一）财政收入价值结构分析

按照马克思的产品价值构成理论，社会总产品包括 C（生产资料投入）、V（劳动力投入）和 M（新创造的价值），这三部分可形成财政收入的价值结构，其中财政收入主要来自 M 部分。

1. 财政收入价值结构 C 部分的分析

来自 C 的财政收入：C 是用来补偿生产过程中消耗掉的生产资料的价值部分，属于补偿基金范围，C 又分为C_1、C_2两部分：C_1是用于补偿生产过程中消耗掉的劳动对象的基金，主要指原材料、燃料、辅助材料等劳动对象的价值；C_2是用于补偿生产过程中消耗掉的劳动手段的基金，主要指机器设备、厂房和其他建筑物等劳动工具的价值。C_1部分不能构成财政收入，C_2部分在理论上不能构成财政收入的来源。

在计划经济体制下，我国将折旧基金部分或全部作为财政收入来源，由国家集中支配使用，有其体制上的必然性。在现行消费型增值税的前提下，折旧基金不能成为财政收入的来源。如果将 C 作为财政收入来源就等于增加了企业的生产成本，延缓了企业设备更新改造，不利于企业提高技术创新能力和产品质量，也不利于企业降低产品生产成本。因此，社会总产品中的 C 部分不应作为财政收入的来源。

2. 财政收入价值结构 V 部分的分析

来自 V 的财政收入：V 是国民收入中以工资形式支付给生产领域的劳动者必要劳动的价值，即新创造价值中归劳动者个人支配的部分，属于个人消费基金范畴。理论上来自 V 的财政收入有直接收入和间接收入，前者是对个人征收的各税、规费收入、罚没收入和居民购买公债等收入；后者是高税率的消费品税负转嫁到消费者所获得的部分收入，服务性和文化娱乐等企业缴纳的税额，以及对 V 部分再分配的转化收入。

个人所得税的税基主要是 V 部分即工资，在世界上许多国家已成为主要税种，构成财政收入的重要来源。但在我国现阶段平均工资水平还较低的前提下，来自 V 部分的财政收入虽是一个来源，但不是主要来源，也不可能成为主体。随着我国科技水平的进步、经济发展的持续性和人均收入水平的大幅提升，来自 V 部分的财政收入（如工资薪金征税）占财政收入的份额也会有较高水平的增长。

3. 财政收入价值结构 M 部分的分析

来自 M 的财政收入：M 是生产领域中劳动者为社会所创造的社会产品价值，即新创造的价值扣除成本（C＋V）中归社会支配使用的部分，这就使其有可能更多地由财政来分配；从 M 的最终用途看，最终形成消费基金和积累基金，而消费基金的绝大部分需要在全社会范围内统一筹集和使用，且主要是通过财政分配进行，所以财政分配的主要对象是 M 部分。

在中国社会主义市场经济条件下，财政参与 M 部分的消费基金分配主要是通过增值税、消费税和关税等流转税，以及企业所得税、个人所得税和社会保障税等所得税实施调节；对积累基金分配主要是通过房产税、车船税和契税等财产税，以及环境保护税和车辆购置税等行为目的税进行调节，并构成了财政收入的重要支柱。因此，M部分的扩大是增加财政收入的最根本源泉。

综上所述，我国财政收入由 C＋V＋M 构成，其中 C、V 部分可构成财政收入，但收入非常有限，M 是财政收入的主要来源。

（二）财政收入产业结构分析

1. 财政收入产业结构的理论分析

分析财政收入产业结构的目的，在于明确国民经济各产业部门对财政收入的贡献及其程度，以便掌握国民经济各产业部门的发展及结构变化对财政收入的影响，并随着国民经济产业部门的发展及其结构变化做适当的调整。

产业部门有着传统和现代意义上的产业分类含义，即按照传统意义上的分类标准，可将产业部门划分为农业、工业、建筑业、交通运输业、商业、服务业和其他行业，反映了各产业结构及其相关的价格结构变化对财政收入的影响。

按照现代意义上的产业分类，将产业部门划分为第一产业、第二产业和第三产业：第一产业为人们提供基本需要的食品，相当于农业、牧业、渔业和林业；第二产业为人们提供其他进一步的物质需要，相当于工业和建筑业；第三产业为人们提供物质需要以外的更高层次的需要，相当于上述部门以外的其他产业。

2. 财政收入产业结构的现实分析

据世界银行统计，在发达国家中，第三产业占 GDP 的比重及其所提供的财政收入占全部财政收入的比重，一般在 60% 以上，中等收入国家平均在 50% 左右。我国作为一个发展中国家，国民经济始终处于以农业和工业为支柱产业的经济格局。中华人民共和国成立后的 60 余年中，这两个生产部门创造的 GDP 在较长的时期内始终占 GDP 的 80% 左右。但伴随我国经济改革进程的不断加快和农业税的取消，这一比例有所下降，到 2016 年降为 48.4%。

从我国产业结构变化看，第一产业和第二产业占 GDP 的比重总体呈下降趋势，即从 1978 年的 28.2% 和 47.9% 降至 2016 年的 8.6% 和 39.8%；而第三产业的比重有了较大幅度的提升，即从 1978 年的 23.9% 增至 2016 年的 51.6%，已超过中等收入国家的平均水平。第一产业在国家取消税费政策下，财政收入为零或忽略不计。特别近年来，我国采取了以工业为主体、大力发展现代服务业等第三产业的政策目标，因而第二产业和第三产业将会成为以后或长时期内财政收入的主要来源。

（三）财政收入项目结构分析

1. 财政收入项目结构的总体分析

我国财政收入按项目结构类别，可分为税收收入和非税收入。2007～2016 年 10 年间财政收入项目结构（类别）情况，如表 6-2 所示。

表 6-2 中国 2007～2016 年财政收入项目结构（类别）情况

年份	财政收入/亿元	税收收入		非税收入	
		总额/亿元	所占比重/%	总额/亿元	所占比重/%
2007	51 321.78	45 621.97	88.89	5 699.81	11.11
2008	61 330.35	54 223.79	88.41	7 106.56	11.59
2009	68 518.30	59 521.59	86.87	8 996.71	13.13
2010	83 101.51	73 210.79	88.10	9 890.72	11.90
2011	103 874.43	89 738.39	86.39	14 136.04	13.61
2012	117 253.52	100 614.28	85.81	16 639.24	14.19
2013	129 209.64	110 530.70	85.54	18 678.94	14.46
2014	140 370.03	119 175.31	84.90	21 194.72	15.10
2015	152 269.23	124 922.20	82.04	27 347.03	17.96
2016	159 604.97	130 360.73	81.68	29 244.24	18.32
平均	—	—	85.86	—	14.14

资料来源：《中国统计年鉴》（2017）及其计算所得

由表 6-2 可知，2007～2016 年财政收入、税收收入和非税收入呈逐年递增趋势，分别由 51 321.78 亿元、45 621.97 亿元和 5 699.81 亿元增至 159 604.97 亿元、130 360.73 亿元和 29 244.24 亿元，增长了 2.11 倍、1.86 倍和 4.13 倍。税收收入占财政收入的比重虽均大于 81%，年均 85.86%，但总体是下降态势，即从 88.89% 降至 81.68%，降低了 7.21 个百分点；而非税收入占财政收入的比重虽低，但总体是上升态势。

2. 财政收入项目结构的具体分析

我国财政收入按项目结构细分为国内增值税、国内消费税、企业所得税等税收收入和行政事业性收费等非税收入。2012～2016 年税收收入项目中，国内增值税占比最高，之后依次为企业所得税、营业税和国内消费税，其中国内增值税和企业所得税稳步增长，国内消费税则相对稳定，而营业税呈逐步下滑趋势，如国内增值税和企业所得税从 2012 年的 22.53% 和 16.76% 增至 2016 年的 25.51% 和 18.08%。在非税收入项目中，行政事业性收费占比略呈下降趋势，即从 2012 年的 3.91% 降至 2016 年的 3.07%，降低了 0.84 个百分点。

2016 年我国国内增值税、企业所得税、营业税和国内消费税收入分别为 40 712.08 亿元、28 851 亿元、11 501.88 亿元和 10 217.23 亿元，与 2012 年相比分别增长了 54.12%、46.79%、−26.96% 和 29.73%，这是因为全面推开"营改增"后形成财政收入的转移，体现增值税增收、营业税减收的特点；其占比为 25.51%、18.08%、7.21% 和 6.40%，分别增长了 2.98、1.32、−6.22 和 −0.32 个百分点。

（四）财政收入所有制结构分析

1. 财政收入所有制结构的理论分析

财政收入的所有制结构也称为财政收入的经济成分构成，是指财政收入来自国有经济、集体经济、涉外经济、个体经济和其他经济成分的比重关系。这种结构分析的意义，就在于说明国民经济成分对财政收入规模和结构的影响及其变化趋势，从而采取相应的增加财政收入的有效措施。

一般说来，国有化程度较高的国家，其财政收入中国有财产收入和国有企业收入的份额较高。20 世纪 40 年代以来，伴随世界各国国有化运动的不断变化，财政收入的所有制结构也处于不断的变化之中，但总的变化趋势是世界各国尤其是发达国家的非国有经济提供的财政收入，占财政总收入的比重始终是保持相当高的比例。

2. 财政收入所有制结构的实践分析

中华人民共和国成立后，国有经济始终是我国财政收入的支柱。国有经济提供的财政收入占整个财政收入的比重，从国民经济恢复时期的 50.1%稳步增长，至"四五"时期达到顶峰 87.4%后逐步下降。例如，来自国有经济的财政收入已由 1981 年的 86.53%降至 1995 年的 71.14%，来自集体、个体和其他经济成分的比重分别由 1981 年的 12.71%、0.75%和 0.01%升至 1995 年的 17.23%、6.12%和 7.74%。

2016 年国有企业缴纳税费收入为 40 382.61 亿元，占当年财政收入的 25.31%。可见，国有经济财政收入比重下降趋势，以及集体经济、个体经济和其他经济特别是涉外经济比重的上升趋势，是与我国经济体制改革与发展趋势相一致的，其主体地位是不可动摇的。

本 章 小 结

• 收入是指收进来的钱物，即企业在生产经营活动中所形成的、会导致所有者权益增加的及非所有者投入资本的经济利益的总流入。收入一般可理解为"经济人"在一个特定的时期所赚得的货币数量。而收入分配是指发生在国民收入领域中的分配主体分割、占有分配对象的过程，其影响因素包括技术进步、政治制度和市场力量。

• 财政收入是指国家为履行其职能、实施公共政策和提供公共产品与服务需要而筹集的一切资金的总和。它是衡量一国政府财力的重要指标，通常表现为政府部门在一定时期内（一般为一个财政年度）所取得的货币收入。一般认为，财政收入具有国家职能的财力保证、调控经济的主要工具和政府理财的重要活动三个基本功能。

• 国际上对财政收入的分类，通常按政府取得财政收入的形式将其分为税收收入、国有资产收益、公债收入、收费收入和其他收入。我国将财政收入分为一般公共预算收入、政府性基金预算收入、国有资本经营预算收入和社会保险基金预算收入。

• 财政收入规模是指财政收入在数量上的总体水平。它是衡量国家财力和政府职能范围的重要指标，包括财政收入的绝对量和相对量，前者是指在一定时期内财政收入的实际数；后者是指在一定时期内财政收入与有关经济指标和社会指标的比率。其影响因素包括经济发展水平、生产技术水平、收入分配政策、价格水平和其他因素。

• 确定财政收入规模通常采用因素分析法和支出测定法，其中前者是指在综合分析影响财政收入因素的基础上，通过适度的数量关系确定财政收入的规模；后者即"以支定收"的方法，这也是我国建立社会主义市场经济体制下确定财政收入规模的一种选择，需要在实践中不断探索与规范。

• 改革开放以来，我国财政收入规模总体为逐步扩大的趋势，主要包括财政收入的增长徘徊、缓慢增长、快速增长和增长回落四个阶段。其财政收入占 GDP 比重 1978～1995 年和 1996～2016 年分别为下降与上升的趋势，与 GDP 增长大体上成正比，长期看应趋于同步。总体上看，财政收入增长高于 GDP 增长是正常的、合理的。

• 财政收入结构是指财政收入的项目组成及各项目收入在财政收入中的比重。主要包括财政收入的价值、项目、产业和所有制等结构分析，其中 M 部分、税收特别是国内增值税，以及第二、第三产业和国有经济是财政收入的主要来源。

复 习 思 考

一、概念题
财政收入　税收收入　非税收入　债务收入　国有资产收益　财政收入规模
财政收入结构

二、思考题
1. 如何理解财政收入的含义及其分类？
2. 影响财政收入规模的因素有哪些？
3. 如何理解财政收入规模的变化趋势？
4. 怎样分析我国的财政收入结构？
5. 分析我国财政收入与 GDP 增长关系及其原因。

三、分析题
2017 年全国财政收支情况分析：财政收入增长 7.4%

在经济回暖、价格上涨的带动下，2017 年全国财政收入超额完成预算目标（高于5%的预算目标）。2017 年全国一般公共预算收入 172 567 亿元，同比增长 7.4%，高于2016 年 2.9 个百分点。全国一般公共预算支出 203 330 亿元，同比增长 7.7%。其中中央一般公共预算收入 81 119 亿元，同比增长 7.1%；地方一般公共预算本级收入 91 448 亿元，同比增长 7.7%。全国一般公共预算收入中的税收收入 144 360 亿元，同比增长10.7%；非税收入 28 207 亿元，同比下降 6.9%。

2017 年主体税种多数增长较快。主要情况如表 6-3 所示。

表 6-3　2017 年主体税种收入及增长情况表

序号	税种	收入/亿元	同比增长/%
1	增值税	56 378	8.0
2	消费税	10 225	0.1
3	企业所得税	32 111	11.3
4	个人所得税	11 966	18.3

续表

序号	税种	收入/亿元	同比增长/%
5	进口货物增值税、消费税	15 969	24.9
6	关税	2 998	15.1
7	出口退税	13 870	14.1
8	城市维护建设税	4 362	8.1
9	车辆购置税	3 282	22.7
10	印花税	2 206	−0.1
11	资源税	1 353	42.3
12	契税	4 910	14.2
13	土地增值税	4 911	16.6
14	房产税	2 604	17.3
15	耕地占用税	16 524	18.6
16	城镇土地使用税	2 360	4.6
17	车船税、船舶吨税和其他税收	944	8.5

财政部国库司负责人娄洪在当日的新闻发布会上表示，2017 年在实施减税降费政策的情况下，财政收入实现较快增长，是中国经济持续稳中向好、发展质量和效益提升的综合反映，也是供给侧结构性改革、"双创"和"放管服"改革等政策效应持续显现、国内外需求回暖等多重因素共同作用的结果。

要求：请根据上述资料，阐述和分析财政收入增长缓慢的原因、影响及其对策。

税收收入制度

税收收入制度是国家制定的有关税收收入及其活动的法律法规与办法的总称。税收是一个古老的历史范畴和经济范畴，是各国财政收入的主要支柱。随着我国社会主义市场经济的稳步发展，税收已成为财政收入的重要来源，更影响着人们的社会经济活动。本章阐述和分析税收基础理论、税收制度理论和税收制度体系，其内容主要包括税收的概念、职能与分类、负担与转嫁，税收制度的概念及税制构成要素、比较分析和优化理论，以及我国税制的发展历程和现行税制的主要税种。重点是税收的概念和分类、税制的构成要素和现行税制的主要税种，难点是税负转嫁和税制的比较及其主要税种。

■ 第一节　税收基础理论

一、税收的基本概念

（一）税收历史上的名称

我国历史上曾将税收称为贡、助、彻、租、赋、税、捐、课、调、役、银和钱等，其中使用范围较广的有贡、赋、租、税和捐五种。贡是最古老的税收名称，后世基本不再使用，税、赋、租、捐则沿用到近代。

"税"最早见于春秋时期鲁宣公十五年（公元前594年）的"初税亩"。"税"由"禾"和"兑"两字组成，"禾"代表农产品，"兑"表示交换，"税"即为农民缴纳农产品给国君，以换取国君对其土地和人身安全的保护。后世的"税"使用范围不断扩大，泛指国家凭借政治权力对整个社会产品进行课征的手段。

"赋"在古代有特定的含义。"赋"字由"贝"和"武"二字组成。古代的"贝"代表珍宝、货币，"武"说明将之用于军事、战争，"赋"即为向人民征收货币而用于军事。《汉书·食货志》中就有"有税有赋，税以足食，赋以足兵"的记载，这说明赋和税是有区别的。春秋时期，赋和税逐渐混合，后世赋和税的区别慢慢消失。

"租"在古代与"税"字通用。按《说文解字》解释：税，租也，田赋也；赋，敛也，即租、税、赋三字的古解是一致的、通用的。另一种解释为：向土地所有者缴纳称为租，向天子、王室缴纳称为税。唐代以前对土地征收的税一直称为租，而现代的租与税的含义显然是不同的。

"捐"通常有两方面的含义：一是指人民对国家的纳税；二是指私人或团体间财富的自愿赠送。在古代历史上，我国也利用政治权力采用捐的形式取得财政收入，但对百姓而言，捐和税难以区分，故有"苛捐杂税"、捐与税同义之说。

上述税收名称，有时在同一时期同时存在，有时又互为混用，形成了贡赋、赋税、租税和捐税等名称。它们反映了不同历史时期税收的经济内容，从一个侧面反映了税收的发展史，现在这些名称已被税收取代。

（二）对税收的不同看法

税收已有几千年的历史，但何谓税收历来是经济学家、学者们争论的问题。由于所处的时代、政治见解和经济环境等差异，他们对税收的解释也不尽相同。

在西方学界研究中，比较有代表性的表述主要包括：日本小川乡太郎认为，税收是国家为了支付行政经费而向人民强制征收的财物；美国经济学家萨缪尔森认为，国家需要钱来偿付它的账单，它偿付支出的钱的主要来源就是税收；美国《经济学辞典》解释为：税收是居民个人、公共机构和团体向政府强制转让的货币（偶尔也采取实物或劳务的形式）。

苏联《简明政治经济学辞典》解释为：税收是私人、企业和机关必须向国家预算或地方预算缴纳的款项；马克思把税收界定为："赋税是政府的经济基础，而不是其他任何东西"；"国家存在的经济体现就是捐税"；列宁认为，"所谓赋税，就是国家不付任何报酬而向居民取得东西"。

我国专家、学者有代表性的观点：《辞海》（1979）解释为：税收是国家对有纳税义务的组织和个人征收的货币和实物；刘志诚、王绍飞主编的《中国税务百科全书》（1991）解释为：税收是国家为了满足社会公务的需要，依据其社会职能，按法律规定，参与国民收入中剩余产品分配的一种规范形式；金鑫主编的《新税务大辞海》（1995）解释为：税收是国家为实现其职能，制定并依据法律规定的标准，强制地、无偿地取得财政收入的一种手段。

目前我国学术界对税收的解释尚未统一认识，大体上有分配关系说、实物货币说、财政收入说和工具手段说等观点，且每种观点对税收的表述不尽相同。这些观点是站在不同的角度来认识和解释税收的，都有一定的根据或道理。我们赞同财政收入说的看法，下面做进一步的说明和分析。

（三）本书对税收的认识

从表面、直观上来看，税收似乎可解释为：税收是企业或个人依据税法规定向国家缴纳的货币或实物。这种解释虽然直观明了，但却未能反映出税收的实质，即征税是以国家意志为转移的。我们将税收界定为：税收是国家凭借其政治权力，强制和无偿地参与国民收入分配所取得财政收入的一种手段。其含义包括以下五个方面：

1. 税收主体

税收主体包括征税主体和纳税主体两个方面。征税主体即指国家。在我国，代表国家行使税收权力的是国家的立法机关、执法机关和司法机关，主要包括全国人民代表大会及其常务委员会、国务院、财政部、国家税务总局和海关总署，以及各级的财政机关、税务机关和海关，其中最主要的是税务机关。

纳税主体即指经济组织、单位和个人。经济组织是指组织社会生产、分配、交换和消费的各种专业机构，如企业、公司和银行等；单位是指机关、团体、部队和学校等非自然人的实体或其下属部门；个人一般指一个人或一个群体中的特定主体，纳税主体指自然人，包括个体业户和其他个人。

征税主体与纳税主体两者的关系是：征税主体凭借国家政治权力向纳税主体进行征税，前者始终处于主动地位，以依法行使国家征税权利为主，并监督后者依法纳税；后者始终处于被动地位，以依法履行国家纳税义务为主，并遵守前者依法规定。

2. 税收依据

国家取得任何一种财政收入，总是凭借国家的某种权力予以实施。例如，国家的土地收入、官产收入和国有企业利润收入，凭借的是国家对土地和其他生产资料的所有权；国家特权收入，凭借的是国家对山林、水流、矿藏等自然资源的所有权；国家向其统治的臣民或国家收取贡物，凭借的是统治者的权力等。

上述的国家权力，归结起来可概括为财产权力和政治权力。国家取得财政收入所凭借的也是这两种权力，但税收凭借的只是唯一的政治权力而不是财产权力，由此看国家政治权力是税收的依据。一般而言，政治权力是指政治主体对一定政治客体的制约能力，在税收上体现为国家税收制度的约束力。

3. 税收特征

税收特征是指税收区别于其他财政收入的基本标志。一般认为，税收特征包括强制性、无偿性和固定性。强制性指税收凭借国家政治权力，通过法律形式对国民收入进行的强制课征；无偿性指国家向纳税人进行无须偿还的征收，即国家征税以后，税款成为国家所有而不再归还给纳税人，也不需支付任何报酬；固定性指国家征税通过法律形式预先规定了征税范围、计税标准及征收比例或数额，按预定标准征收。

税收的三个特征是统一的整体，是各种社会制度下的税收共性。只有同时具备这三个特征才是税收，否则就不是税收。

4. 税收范畴

税收在社会再生产过程中属于分配环节或范畴。社会再生产中的分配环节是将社会产品或国民收入划分为不同的份额，并决定各份额归谁占有，而税收就是该环节的一种形式，体现国家、企业和个人利益的分配关系。

国家征税的过程就是把一部分国民收入从纳税单位或个人手中转移到国家手中的分配过程；同时由于税收分配凭借的是国家政治权力，因而税收分配所体现的分配关系则是一种特定的分配关系。

5. 税收形态

从历史演变来看，税收的形态有力役、实物和货币三种，其中力役是税收的特殊形态，实物和货币尤其是货币为税收的主要形态。

在奴隶社会和封建社会，税收以实物和力役形态为主；在封建社会末期尤其是资本主义社会，税收形态从实物过渡到以货币为主，甚至全部采用货币征收。目前我国税收均实现货币形式的征收。

二、税收职能与分类

(一)税收职能

税收职能是指税收在一定社会制度下所固有的功能和职责,是税收的一种长期固定的属性。一般认为,税收具有财政、经济和管理三种职能。

1. 税收的财政职能

税收的财政职能是指税收为国家组织财政收入的功能。税收是国家凭借其政治权力,依据法律规范将企业和个人的收入通过征税方式变为国家的财政收入,以满足国家财政支出的需要。古今中外各国税收在财政收入中所占比重很大,是国家财政的主体支柱,成为国家机器运转的经济基础。如果没有税收,国家职能就无法实现,国家也就无法存在。

税收的财政职能不仅在于税收取得财政收入的量上,而且在于取得财政收入的质的规定性。由于税收具有的三个特征,决定了税收取得财政收入具有广泛、可靠、及时、均衡及不需偿还的功能,能够满足国家实现其职能对财政收入的质的要求,而这些功能是其他财政收入形式所不具备或不完全具备的。

2. 税收的经济职能

税收的经济职能是指国家运用税收来调控经济运行的功能。国家向企业和个人进行征税而把一部分国民收入转为国家所有,必然要改变原有的分配关系,对生产结构、消费结构和生产关系结构等方面产生一定的影响。这种影响可能是积极的,也可能是消极的;可能促进经济发展,也可能导致经济停滞或倒退;可能是有意识的,也可能是无意识的。但无论如何,税收对经济的影响始终是客观存在的。

税收的经济职能与国家运用的其他经济调节手段相比,也具有自身的质的规定性。由于税收是国家法律形式规定征收的,这就决定了国家可自主地运用税收来贯彻其既定的经济政策,达到调节经济的预期目的,体现了税收调节经济的权威性;税收的征收不受所有制限制,可伸展到国民经济各个部门及行业和再生产的各个环节,体现了税收调节经济的广泛性;税收的调节对象和调节要求可在税收制度中规定,在实际执行中还可根据客观经济需要加以调整,体现了税收调节经济的灵活性。税收调节经济的权威性、广泛性和灵活性,构成了税收调节经济的特殊功效。

3. 税收的管理职能

税收的管理职能是指国家通过税收征管法律制度来约束纳税人社会经济行为的功能。税收是一种无偿性的分配,其结果是直接减少纳税人的既得利益,这就要求税收必须具有管理功能,以使税收分配得以顺利实现。政府通过征税将一部分国民收入征为国家所有,要做到应收尽收,就应开展税收的预测、调查、监督、检查和纠正等一系列工作,以反映有关的经济动态、实施经济活动的监督管理,为国家经济管理决策提供参考。

税收管理贯穿于税收活动的全过程,包括从税收法律制度的制定、税收征收到税款的入库。否则国家财政收入得不到保障,税收调节经济的目的也就难以实现。我国的税收管理涉及的范围十分广泛,就当前经济性质而言,涉及国有、集体、私营、个体、外资、合资、乡镇、街道、个人和各种经济联合体；就再生产过程而言，涉及生产、交换、分配和消费各环节；就企业运行而言，涉及生产、供销、成本和利润分配等生产经营活动。

（二）税收分类

税收分类是指按照一定的标准将性质、特点相同或相似的税收归类的方法。采用何种标准进行分类，主要取决于分类的目的和需要说明的问题。古今中外所提及的税收分类方法较多，其中应用较为广泛的分类主要有以下五种：

1. 以税收地位为标准的分类

税收以税收地位为标准，可分为主体税与辅助税。主体税是指在税制结构或税收收入中占有主导地位的税收，如美国、日本等国的所得税，丹麦、挪威等国的销售税，中国流转税和所得税并重的主体税结构。辅助税是相对主体税而言的，它是指在税制结构中起到补充、配合和协调主体税发挥作用的税收，故又有"补充税"之称，如美国、日本等国的销售税，丹麦、挪威等国的所得税，以及我国的财产税和行为目的税等。

作为主体税的所得税通常适用于经济高度发达、人均国民收入较高和管理水平较先进的国家，作为主体税的流转税适用于商品经济发展的初期阶段及管理水平较低的国家，所得税与流转税并重为主体税种适用于经济较为发达的国家，作为主体税的财产税则适用于经济极不发达时期的各国。作为辅助税种的各类税收，则相对于主体税种而适用。

2. 以计税单位为标准的分类

税收以计税单位为标准，可分为从量税与从价税。从量税是指以征税对象的数量、重量、容积、面积、吨位和件数等为标准计征的税收，如我国资源税是以"吨"或"立方米"为标准计算征收。从量税一般适用于以形态稳定、规格统一、计量单位明确的实物为征税对象的税种。

从价税是指以征税对象的价格或价值为标准计征的税收，如我国增值税等税即属于从价税。从价税一般适用于商品货币经济下对商品、非商品流转额的课税。

3. 以计税价格为标准的分类

税收以计税价格为标准，可分为价内税与价外税。价内税是指税款属于计税价格组成部分的税收，如各国实施的销售税、消费税和营业税等。价内税一般适用于稳定的、有标价的商品和财产的课税。

价外税是指税款属于计税价格以外附加的税收，如我国增值税等税即属此类。价外税一般适用于市场机制下商品价格波动较大的征税对象，或用于国家需要引导其符合政策发展方向的某些经济行为的征税。

4. 以收入归属为标准的分类

税收以收入归属为标准，可分为中央税、地方税与共享税。

中央税是指税收收入和管理权限归属于中央一级政府的税收。有些国家又称联邦税、国税等。我国的消费税和关税即属此类。中央税一般适用于收入较大、征收范围较广，在政策上、立法上和管理上需要全国统一的税种。

地方税是指税收收入和管理权限归属于地方政府的税收，如我国的房产税和车船税等税即属此类。地方税一般适用于税源比较零星分散，与地方政府联系密切，由地方政府自定征管办法的税种。

共享税是指税收收入归属于中央和地方政府共有的税收，如我国的增值税和资源税等税即属此类。共享税一般适用于那些税源较大，与中央、地方联系较为密切，既能调动中央与地方两个方面的积极性，又能兼顾各方面经济利益的税种。

5. 以征税对象为标准的分类

税收以征税对象为标准，可分为流转税、所得税、资源税、财产税与行为目的税五类。该种税收分类方法是世界各国重要的分类方法，也是我国最主要的税收分类方法。重视完善税制，一般可对该种分类的各种税收加以研究。对该种方法的相关内容，可参见本章第二节"税收制度理论"中的"税制比较分析"。

三、税收负担与转嫁

(一) 税收负担

1. 税收负担的含义

税收负担简称税负，是指国家通过法律规定要求纳税人承担的税收数额。它表明纳税人或征税对象对国家课税的承受状况，反映国家与纳税人之间在社会资源、收入分配和财产占有上的数量关系。从国家角度看，税负是一种法律制度的要求，体现在税收征收管理活动中；从纳税人角度看，税负则是一种经济付出，体现在履行纳税义务活动中。

税负的表示方法有绝对数和相对数两种：绝对数一般用"负担额"表示，如某一纳税人在一定时期内向国家缴纳了多少税款；相对数一般用"负担率"表示，如某一纳税人在一定时期内向国家缴纳的税款占其收入的百分比。用税收负担率来表示的税收负担，其最大的优点是有利于不同纳税人、不同时期、不同税种之间进行税负比较，因而该方法为实际工作所普遍采用。

2. 税负衡量指标

为科学确定国家整体税负，合理设计各税负担，公平规范各经济成分、部门和个人的税负，比较国际、国家间及不同历史时期的税负，有必要建立能够从不同角度反映税负的指标体系。主要有以下负税率指标。

(1) 国民生产总值负税率。国民生产总值负税率即 GNP 负税率，是指一定时期内国家课税总额占同期国民生产总值的比率。其计算公式为（T/GNP）

$$国民生产总值负税率 = \frac{一定时期内国家课税总额}{同期国民生产总值} \times 100\%$$

国民生产总值负税率表示国家所积累的资金在一定时期社会财富总值中所占比重。一般说来，这个比重越高，财政积累水平就越高，反之则越低。它的高低与一国经济实力和社会的税负承受能力成正比，来作为国与国之间的税负比较。

(2) 国内生产总值负税率。国内生产总值负税率即 DP 负税率，是指一定时期内国家课税总额占同期国内生产总值的比率。其计算公式为（T/DP）

$$国内生产总值负税率=\frac{一定时期内国家课税总额}{同期国内生产总值}\times100\%$$

国内生产总值负税率是衡量一个国家或地区税负总水平和国与国之间进行税负比较的重要宏观指标。在国际税负比较中，它比国民生产总值负税率运用得还要广泛。例如，我国2016年税收收入为130 360.73亿元，GDP为744 127.2亿元，国内生产总值负税率为17.52%。

（3）国民收入负税率。国民收入负税率即NI负税率，是指一定时期内国家课税总额占同期国民收入总额的比率。其计算公式为（T/NI）

$$国民收入负税率=\frac{一定时期内国家课税总额}{同期国民收入总额}\times100\%$$

由于国民收入等于国民生产总值扣除补偿价值之后的余额，对国民经济中的中间产品转移价值已剔除；同时对中间产品重复计税因素也较少。因此，这个指标在一定意义上更能如实地反映一个国家的积累水平、总体税负状况及该国的经济实力与税负承受能力。例如，我国2016年税收收入为130 360.73亿元，国民收入总额为741 140.4亿元，国民收入负税率为17.59%。

（4）销售收入负税率。销售收入负税率是指一定时期内税收总额占同期销售收入（或营业收入）的比率。其计算公式为

$$销售收入负税率=\frac{一定时期内税收总额}{同期销售收入（或营业收入）总额}\times100\%$$

销售收入负税率既可以体现全国的、部门的、行业的、产品的税负状况，又可以反映某一纳税人的税负状况。

（5）企业利润负税率。企业利润负税率是指企业实际缴纳的所得税税额占企业利润总额的比率。其计算公式为

$$企业利润负税率=\frac{企业实际缴纳的所得税税额}{企业利润总额}\times100\%$$

企业利润负税率是衡量企业税收负担状况、正确处理国家与企业分配关系的最为直接的重要指标。一般来说，在其他因素不变的情况下，企业利润负税率越低，企业税收负担就越轻；反之则越重。

（6）企业盈利综合负税率。企业盈利综合负税率是指企业实际缴纳的各税总额占企业盈利总额的比率。其计算公式为

$$企业盈利综合负税率=\frac{企业实缴各税总额}{企业盈利总额}\times100\%$$

企业盈利综合负税率既可全面反映国家以税收形式参与企业纯收入分配的总水平，也可用来比较不同类型企业之间的总体税负水平。

（二）税负转嫁

税负转嫁是指税法上规定的纳税人将其应当负担的税款全部或部分转嫁给他人负担的过程。税负转嫁分为完全转嫁和部分转嫁两种：前者是指纳税人将自己应负担税款的全部转嫁给他人负担；而后者则是纳税人将自己应负担税款的一部分转嫁给他人

负担，余下的部分则由自己负担。税负转嫁的形式主要有以下两类：

1. 税负转嫁的一般形式

（1）前转。前转是指纳税人将其应负担的税款，在经济交易时转嫁给买方负担。前转通常是通过卖方提高货物售价办法来实现的，卖方可能是制造商、批发商或零售商，买方可能是批发商、零售商或消费者。由于前转是顺着货物流转顺序，即从生产到零售、再到消费，因而也叫顺转。

（2）后转。后转又称"逆转"，是指纳税人将其应负担的税款，向后转嫁给货物的供应者负担。例如，生产者通过压低购进原材料价格将税负转嫁给材料供应者。纳税人在有些情况下尽管已实现了税负前转，但也仍会发生后转的现象。

（3）混转。混转又称"散转"，是指纳税人将其应负担税款的一部分向前转嫁给货物购买者，另一部分则向后转嫁给货物供应者负担。

（4）旁转。旁转是指纳税人将其应负担的税款，转嫁给货物购买者或供应者以外的其他人负担。例如，当某征税对象的税负难以实现前转或后转时，纳税人就用压低运输价格的办法将税负转嫁给运输者负担。

（5）消转。消转是指纳税人用降低课税品成本的办法，使税负在新增利润中求得抵补的转嫁方式。它既不是提高价格的前转，也不是压低价格的后转，而是通过改善经营管理、提高劳动生产率等措施降低成本而增加利润，使税负从中得到抵消，所以称为"消转"。但消转要具备一定的条件，如生产成本能递减、货物销量能扩大、生产技术与方法有发展和改善的余地、物价有上涨趋势以及税负不重等。

2. 税负转嫁的特殊形式

税收资本化是税负转嫁的一种特殊形式，又称"税收还原"，是指纳税人在购买资本品时，将资本品可预见的未来应缴税款从所购资本品的价格中做一次扣除，从而将资本品未来应缴税款全部或部分转嫁给资本品出卖者。

例如，某一工业资本家甲向另一资本家乙购买一幢房屋，该房屋价值50万元，使用期限预计为10年，根据国家税法规定每年应纳房产税1万元。甲在购买时将该房屋今后10年应纳的房产税10万元从房屋购价中做一次扣除，实际支付买价40万元。对甲来说，房屋价值50万元，而实际支付40万元，其中的10万元是甲购买乙的房屋从而"购买"了乙的纳税义务，由乙付给甲以后代乙缴纳的税款。实际上，甲在第一年只需代缴1万元的房产税，其余的9万元就成为甲的创业资本，这就是税收资本化。它一般表现为课税资本品价格的下降。

■ 第二节　税收制度理论

一、税收制度概念

（一）税收制度的含义

税收制度简称"税制"，是指国家各种税收法令和征税办法的总称。它是国家依法征税和纳税人依法纳税的准则，体现统治阶级的意志，为实现国家职能服务，反映了国家和纳税人之间的分配关系。从宏观上讲，税制规定了税收分配活动的方向及参与社会经济活动的广度和深度，影响和制约税收职能作用的发挥；从微观上讲，它是征纳双方必须遵守的基本行为准则，影响和制约征税工作及纳税活动的成果。

对税制的理解大体上有两类观点：一是税制指国家在不同历史时期，根据生产力发展水平、经济结构、发展目标和财政需要应采用的税收结构；二是本书所言的税制含义，或表述为：税制是国家以法律法规形式确定的各种征税办法的总和。税制的形式包括税收法律、条例、细则、规定、办法和通知等。税制的内容有广义与狭义之分：广义的税制包括与税收工作有关的一系列规章制度，如税收基本法规（如个人所得税法）、税收征收管理制度（如征管法）、税收管理体制、发票管理制度和税务行政复议与诉讼制度等。狭义的税制内容仅指税收基本法规。本书研究和阐述的税制，主要是围绕狭义税制进行的。

（二）税制与税收、税法的关系

1. 税制与税收、税法三者的含义

税收和税制的含义，以上已阐述，这里阐述税法的含义。所谓税法，就是指国家制定的用以调整国家与纳税人之间征纳活动的权利与义务关系的法律规范的总称。它属于上层建筑的范畴，由国家立法机关或授权的国家行政机关制定并付诸实施。其调整对象是国家与纳税人之间的税收分配关系，即参与税收征纳关系的主体之间所发生的经济关系、因税务管理所发生的行政关系和因税务监督所发生的社会关系。

2. 税制与税收、税法三者的联系

税收、税制与税法三者总体上是辩证统一、互为因果的关系，主要表现在：一是税收、税制与税法是以国家为前提，与财政收入密切相关；二是国家对税收的需要决定了税制与税法的存在，而税制与税法是税收内容的具体规范和权力保证（法律强制性征收）并决定税收的分配关系；三是税收是衡量税制与税法科学性、合理性的重要标准，反映税制与税法的执行结果；四是严格意义上的税法是税制的核心，而税制又是税法的必要解释和补充。

3. 税制与税收、税法三者的区别

税制与税收、税法三者也有较大的区别，主要表现在：一是在范畴上，税收属于经济基础，税制与税法则属于上层建筑；二是在立法上，税法的制定权必须归属于国家立法机关或其授权的国家行政机关，而税制的制定权除包括税法的制定部门外，还包括财政机关、税务机关和海关等；三是在效力上，税法具有法律强制的约束力，而税制具有行政约束力和一定的法律效力，且在实际执行过程中，当税制与税法有抵触时，应以税法规定为准。

二、税制构成要素

税制构成要素是指税收实体法或制度的组成要素。其要素主要包括总则、纳税人、征税对象、税率、纳税环节、纳税期限、税收优惠、征收方法、纳税地点、罚则和附则等，其中纳税人、征税对象和税率是基本要素。

（一）纳税人

1. 纳税人的含义

纳税人是"纳税义务人"的简称，在法学上又称为"纳税主体"，是指税法中直接规定的负有纳税义务的单位和个人，即由谁来纳税。从法律的角度上看，纳税人中的单位必须是法人，个人必须是自然人。

国家无论征收什么税，总要由一定的单位或个人来缴纳。因此，每种税都要规定各自的纳税人。例如，增值税的纳税人是在中国境内销售货物、进口货物、提供加工修理修配劳务和应税行为的单位与个人；房产税的纳税人是房产的所有者。

2. 与纳税人相关的概念

与纳税人相关的概念是扣缴人和负税人。扣缴人是"扣缴义务人"的简称，是指税法直接规定的负有代收代缴、代扣代缴义务的单位和个人。例如，个人所得税法规定，纳税人取得的各项应税所得有支付单位的，以支付单位为扣缴人。

负税人即税款的实际负担者。负税人虽不是税制构成要素，但与纳税人密切相关。负税人主要有两种情形：两者有时一致，如个人所得税的纳税人是有应税所得的个人，也是税款的实际承担者；两者有时不一致，如消费税的纳税人是应税消费品的生产者或销售者，而负税人则是消费品的购买者。

（二）征税对象

1. 征税对象的含义

征税对象又称"税基""课税对象"，在法学上称为"纳税客体"，是指税法中规定征税的标的物，即对什么东西征税。

征税对象是区分不同税种的主要标志，每一种税都要规定其各自的征税对象，如增值税的征税对象是增值额，所得税的征税对象是所得额等。

2. 与征税对象相关的概念

征税对象所涉及的内容十分广泛，主要包括货物、劳务、财产、收入、所得、土地和行为等。与征税对象相关的概念主要包括以下七个方面：

（1）税源。税源是指每种税的经济来源。税源与征税对象有的是一致的，如所得税的税源与征税对象都是纳税人的所得额；有的是不一致的，如房产税的征税对象是房产，但税源是房产带来的收益。

（2）税目。税目又称"征税品目"，是指税法规定的征税对象的具体项目。它是征税对象在应税内容上的具体化。如消费税的征税对象是企业和个人生产销售的应税消费品，税目规定为烟、酒等14种消费品。

（3）征税范围。征税范围是指税法规定的征税对象的具体区间。征税范围可按货物、品种、所得、地区等方面进行划分，如土地使用税的征税对象为土地，其征税范围为城市、县城、建制镇和工矿区的土地。

（4）计税价格。计税价格是指税法规定的计量征税对象时所使用的价格。计税价格包括含税价格和不含税价格两种：前者如消费税的计税价格，后者如增值税的计税价格。

（5）计税单位。计税单位是指税法规定的计量征税对象的具体单位。如我国资源税以"吨""立方米"为计税单位，车船税以"辆""整备质量每吨""净吨位"等为计税单位。

（6）计税标准。计税标准是指税法规定的计量征税对象的具体标准。如我国的车船税规定，乘用车等以"每辆"、货车以"整备质量每吨"、机动船舶以"净吨位"和游艇以"每米"等为计税标准。

（7）计税依据。计税依据又称"征税基础"，是指征税对象在数量上的具体化，是计算每种税应纳税额的根据。一般分从价计征、从量计征与复合计征三种，从价计征是按征税对象的价值计算应纳税额；从量计征是按征税对象的重量、面积、体积等自然计量单位计算应纳税额；复合计征是按从价计征与从量计征方法计算应纳税额。

（三）税率

税率是指应纳税额占征税对象量的份额，是征税对象（或计税依据）的征收比例或征收额度。它体现了征税的深度，是衡量税负轻重的主要标志。在理论和实践中，主要包括比例税率、累进税率、定额税率和特殊税率四类。

1. 比例税率

比例税率是对同一征税对象不论数额的大小，均按相同比例征税的税率。采用这种税率，税额会随征税对象数量的增加而等比增加，但征税比例始终不变。我国的增值税和企业所得税等采用的是比例税率。由于征税对象存在质的差异性，比例税率可随税目的多少而规定多个。在具体运用中，比例税率又分为以下三种：

（1）单一比例税率。单一比例税率又称统一比例税率，是指一个税种只规定一个征税比例的税率。如对我国企业所得税规定 25% 的税率。

（2）差别比例税率。差别比例税率是指按征税对象或纳税人的不同性质规定不同征税比例的税率。如根据不同产品、不同部门、不同行业、不同地区和不同纳税人，分别规定不同的税率，具体又分为产品、行业、地区、等级、分类、分档比例税率。

（3）幅度比例税率。幅度比例税率是指在税法统一规定幅度内，由各地区具体规定本地区征税比例的税率。如现行资源税，采取地区幅度比例税率。

比例税率的优点是：一是同一征税对象的不同纳税人的税收负担一致，有利于纳税人在同等税负下开展竞争，具有鼓励先进、鞭策落后的作用；二是计算较为简便，有利于纳税人自行计算税款和税务机关进行征收管理。但其缺点是：在调节纳税人的收入上有一定的局限性，不能充分体现量能课税的原则。

2. 累进税率

累进税率是将征税对象按照一定标准划分为若干等级，并规定逐级上升征税比例的税率。这里的"一定标准"指征税对象的金额、比率和倍数等，按此标准制定的累进税率分别称为全额累进税率（简称额累）、比率累进税率（简称率累）和倍数累进税率（简称倍累）。累进税率有全数累进和超数累进两种，具体分为全额和超额的累进税率、全率和超率的累进税率、全倍和超倍的累进税率三类。

（1）超额累进税率。超额累进税率是指对征税对象数额各按所属数额级次适用的征税比例计税的一种累进税率。即把征税对象按数额的大小分成若干等级，每一等级规定一个税率，税率依次提高，每一纳税人的征税对象则依所属等级同时适用几个税率分别计算税额，然后将其相加得出应纳税额。目前，我国有个人所得税即属此类。

全额累进税率与超额累进税率的区别为：前者是征税对象数额按累进税率所属级次适用税率直接一次性计算应纳税额；后者是征税对象数额按累进税率所属的各个级次适用税率分别计算税额，然后把计算的税额分别相加即为应纳税额。在实践中，各国一般不采用全额累进税率而使用超额累进税率，但按超额累进税率计算应纳税额又比较麻烦，故采用速算扣除数法计算。所谓速算扣除数是指按全额累进税率计算的应纳税额与按超额累进税率计算的应纳税额之间的差额。其计算公式为

本级速算扣除数＝本级征税对象起点数额×（本级税率－上一级税率）＋
上一级速算扣除数

（2）超率累进税率。超率累进税率是指对征税对象数额各按所属比率级次适用的征税比例计税的一种累进税率。即把征税对象数额的相对率（如销售利润率、增值额占扣除项目金额的比率等）划分若干级距，分别规定相应的税率，相对率每超过一个级距的，对超过的部分就按高一级的税率计算征税。目前，我国采用这种税率的是土地增值税。

3. 定额税率

定额税率是指对征税对象确定的计税单位直接规定一个固定征税数额的税率。它采用绝对数的形式，因单位征税对象税额是固定不变的，故又称为单位税额、固定税额，在实际运用中又分为地区差别税额、分类分级税额和幅度固定税额三种：

（1）地区差别税额。地区差别税额是指对不同地区规定高低不同的固定税额。如耕地占用税的税率规定等。

（2）分类分级税额。分类分级税额是指按征税对象的类别和等级，分别对单位征税对象规定不同的征收税额。如车船税船舶税率的规定等。

（3）幅度固定税额。幅度固定税额是指税法统一规定税额征收幅度，由各地在规定的幅度内具体确定本地区的执行税额。如土地使用税的税率规定等。

定额税率的优点是：税额计算方便，主要适用于从量计征的税种，税额不受征税对象价格升降的影响，有利于强化税收征收管理和稳定税收收入；若用于对货物和劳务的征税，则有利于提高产品和服务的质量。其缺点是：税额不反映征税对象质量上的差别，税收收入不能随国民收入的增长而同步增长。

4. 特殊税率

除了上述税率以外，还有一些特殊表现形式，如零税率、加成征收和加倍征收等，它们实际上是税率的收缩或延伸。

（1）零税率。零税率即"税率为零"，它是比例税率的特殊形式，表示为：既不是不征税，也不是免税，而是征税后负担的税额为零。如我国增值税对出口货物或应税服务规定了零税率等。

（2）名义税率和实际税率。名义税率是指税法中直接规定的税率；实际税率又称实际负担率，是指实际纳税额与实际收入额的比率。两者关系是：名义税率与实际税率在正常情形下是一致的；但有时是不一致的，如全额累进税率下的名义税率大于实际税率，而纳税人被处罚款时的实际税率则大于名义税率。

（3）平均税率和边际税率。平均税率是指纳税总额占计税依据的比率，它通过收入效应影响纳税人的行为；边际税率是指纳税总额增加值占计税依据增加值的比率，它

通过替代效应影响纳税人的行为。当平均税率和边际税率不等时，边际税率是影响纳税人行为的决定性因素。

（4）加成征收和加倍征收。加成征收是按应纳税额的一定成数加征税款。加征一成即为10%，加征十成即为100%，也即加倍征收。如我国个人所得税对劳务报酬征税加征五成或十成的税率规定。

（四）其他要素

1. 纳税环节

纳税环节是指税法规定的对不断运动的征税对象确定应当纳税的环节。征税对象在整个社会经济运行中是不断运转的，如货物有生产、销售、批发和零售的过程；所得有创造、支付和收受的过程；财产有买卖、租赁、使用、赠予或继承的过程；行为有发生、进行和结束的过程等。在这些过程中确定哪些环节纳税、哪些环节不纳税，税法中必须做出明确的规定。如流转税在生产和流通环节纳税、所得税在分配环节纳税、财产税在使用环节纳税等。

按纳税环节的多少，可将税收课征制度分为一次课征制、两次课征制和多次课征制三种：一次课征制是指同一种税在其征税对象运动过程中只在一个环节征税的制度，我国曾征收的货物税、商品流通税和现行的资源税采用了这种课征制；两次课征制是指同一种税在其征税对象运动过程中选择两个环节征税的制度，如我国1973年试行的工商税，对工业产品在生产销售环节征一次税，在商业零售环节再征一次税；多次课征制是指同一种税在其征税对象运动过程中选择两个以上环节征税的制度，中华人民共和国成立初期征收的营业税、印花税和现行的增值税，均采用这种征税制度。

2. 纳税期限

纳税期限是税法规定的纳税人发生纳税义务后缴纳税款的期限。它是税收强制性和固定性在时间上的体现。税法规定的纳税期限主要有按期纳税和按次纳税两种。

按期纳税是指以纳税人发生纳税义务的一定期间为一个纳税期限。如现行增值税的纳税期限，规定为1日、3日、5日、10日、15日、1个月或1季度。纳税人的具体纳税期限，由主管税务机关根据纳税人生产经营情况和应纳税额的大小分别核定。

按次纳税是指以纳税人从事生产经营活动或取得收入的次数为纳税期限。如我国对进口商品征收的关税，规定在发生纳税义务后按次纳税。

3. 税收优惠

税收优惠是税法规定的对某些纳税人或征税对象给予鼓励和照顾或减轻税负的特殊性规定。它是国家为实行某一政策、达到一定政治经济目的而采取的一种措施。其核心是减免税，减税是从应纳税额中减征部分税额，免税是免征其全部税额。税收优惠按其方式，可分为征税对象优惠、税率优惠和税额优惠。

征税对象优惠是指税法中规定征税对象的货物、财产、收入和所得等在征税时不全部作为计税依据，即征税对象的量减少一部分或减为零。在征税对象优惠中，主要是起征点和免征额。起征点又称"起税点"，是指征税对象达到征税数额开始计税的界限。如我国增值税规定销售货物为月销售额5 000～20 000元，即为起征点。免征额是指征税对象全部数额中规定免予计税的数额。如我国个人所得税法规定工资薪金所得每月扣除 3 500 元，即为免征额。两者区分：起征点是达到规定数额的就其全部数额征税，未达到规定数额的不征税；而免征额是达不到规定数额的不征税，达到或超过规定数额的均按扣除该数额后的余额计税。

税率优惠是指税法中规定的标准税率之外，另外规定减低税率或零税率等。例如，我国企业所得税法中规定，非居民企业来源于中国境内的所得适用 20%预提所得税率，目前减按 10%的税率计算征收企业所得税。

税额优惠是指对征税对象按规定的税率计算出应纳税额，然后从中减征一部分或全部税款。如我国现行的个人所得税法规定，对于稿酬所得按 20%的税率计算出应纳税额后，再减征 30%按 70%缴纳税款。

4. 征收方法

征收方法又称"征税方法"，是指税法规定的组织税款征收和解缴入库的具体办法。一般而言，征收方法的确定应以税法为准则，以纳税人的生产经营情况、税源的大小、税款的多少和财务管理水平的高低为依据，遵循有利于"组织收入、简化手续、方便纳税、便于管理"的原则，根据客观实际情况具体选定。

我国现行的征收方法主要有"三自"纳税、自报核缴、查账征收、查定征收、查验征收、定期定额、委托代征、代收代扣代缴及按期预征、年终汇算等。每一个纳税人采用何种方法，由主管税务机关根据税法和纳税人的具体情况决定。

5. 纳税地点

纳税地点是税法中规定的纳税人（包括代征人和扣缴人）具体缴纳税款的地点。它是根据各税种的征税对象和纳税环节，按有利于源泉控制税款的原则来确定。一般而言，规定纳税地点既要方便于税务机关和纳税人征收与缴纳税款，又要有利于各地区、各级征收机关的税收权益。

6. 总则、罚则和附则

总则是规定立法的目的、制定依据、适用原则、征收主体等内容。

罚则是对纳税人和扣缴义务人违反税法行为而采取的处罚措施。规定罚则可以更好地维护税法的尊严，保护合法经营，增强纳税意识和法制观念，保证国家税收收入。

附则一般规定与该法紧密相关的内容，主要包括该法的解释权、生效时间、适用范围和其他相关规定。

三、税制比较分析

按税收课税对象的性质，可将税制划分为流转税制、所得税制、资源税制、财产税制和行为目的税制五类。虽然各国税收制度的内容不同，但其特点、优缺点和适用范围却有着相同或相似之处。

（一）流转税制

1. 流转税的概念

流转税是以货物流转额和劳务（或服务）收入额为课征对象的税收。如产品税、消费税、增值税和关税等。流转税制为世界各国，尤为发展中国家所重视和运用。

我国流转税历史源远流长，早在公元前8世纪西周时期的"山泽之赋"和"关市之赋"就是对流转额的征税。中华人民共和国成立以后，建立了由货物税、交易税、工商业税和关税等税种构成的流转税制体系，以后虽几经变革，但流转税始终是我国主体税制之一。随着我国改革开放的深入和市场经济的建立与发展，我国对流转税制建设提出了新的要求。1994年税制改革将原产品税、增值税和营业税修改为增值税、消费税和营业税并立、双层次交叉调节的新税制，与原有的关税共同组成了一套基本适应社会主义市场经济要求的、规范化的、与国际税收惯例接轨的流转税制体系。2016年全面实行"营改增"，营业税逐步退出历史舞台，增值税成为最重要的流转税。

2. 流转税的征收方法

从流转税的计税依据看，其征收方法有流转额课税法和增值额课税法。流转额课税法是以生产经营单位的全部销售收入或营业收入为课税依据，按比例税率征收的一种方法。它是流转税较为普遍的一种征收方法。该方法可在生产或批发、零售阶段规定纳税环节，计税简便易行，但最大的问题就是重复课税。

增值额课税法是以生产经营单位的新增价值为课税依据，按比例税率征收的一种方法，即通常所说的增值税计税方法。由于对外购固定资产的税务处理办法不同，该方法又分为三种类型的增值税：一是生产型增值税，即增值额中不扣除外购固定资产的价值或已纳税额；二是收入型增值税，即增值额中只扣除外购固定资产本期的折旧价值或相应部分的已纳税额；三是消费型增值税，即增值额中一次全部扣除本期购进的固定资产的价值或已纳税额。因此，增值额课税法在货物流转全过程的各阶段按增值额进行课征，解决了流转额课税法的重复课税问题，但该方法计税较为复杂。

3. 流转税的优劣分析

流转税的优点是：税基较为广泛，课征普遍，征收额大；调节生产和消费简便有效，便于国家加强宏观控制和微观调节；税源旺盛，财政收入及时足额；税款含于价内征收，纳税人无痛苦感；收入具有"刚性"，不受成本费用影响，能保证国家财政收入；计税依据易查核，税务行政费用较低；征税方便易行，适用于相对较低收入和管理水平的国家。

流转税的缺点是：税收收入弹性小；实行比例税制具有累退性，不公平；贫富收入悬殊却承担着同等的税负，不合理；商品（或劳务）流转次数与纳税次数成正比，对发展商品生产和消费不利；按流转额全额课征造成重复征税，不利于专业化协作生产的发展；纳税隐蔽，公民无自动申报与纳税习惯；税负易转嫁等。

（二）所得税制

1. 所得税的概念

所得税是以纳税单位和个人获取的各种所得或利润额为课征对象的税收。如各国对所得课征的个人所得税、企业所得税和社会保障税。一般用于国民收入较高、个人收入差距较大、国家需要紧急支出及商品经济高度发展或文化管理水平较高时对所得课税。现代各国所得税收入，均在税收收入中占有相当大的比重。

所得税最早产生于18世纪末的英国。1793年英法战争时期，英国财政收入入不敷出，于1798年颁布了具有所得税性质（称战时利得税）的"三级税"法案。1799年正式开征所得税，以纳税人的综合所得为计税依据，税率为10%。1802年英国在英法战争又起时再次开征所得税，1816年该法再次废止，1842年英国乘平定"印度叛乱"之机再一次开征所得税，并一直延续至今。19世纪以后，各国相继仿行，所得税现已成为许多国家特别是发达国家的主体税种。

我国对所得征税起步较晚，清末对所得税有所研究，1936年国民党政府时期公布所得税法。中华人民共和国成立初期废除旧的所得税制，国家对所得征税成为工商业税的一个组成部分，并开征存款利息所得税（1950年12月改为利息所得税）和薪给报酬所得税；1958年实行工商统一税，所得税从原工商业税中独立为工商所得税；1980年和1981年相继开征中外合资企业所得税、个人所得税和外国企业所得税；1983年对国营企业开始征收所得税，第一次将国家与国营企业的分配关系用税收法律形式固定下来；1985～1988年分别开征集体企业所得税、城乡个体工商业户所得税、个人收入调节税和私营企业所得税；1991年和1994年分别设立了适应涉外企业征税需要的外商投资企业和外国企业所得税、适应内资企业征税需要的企业所得税；1993年在原三种个人所得课税制度的基础上，合并、修订为个人所得税；2008年为适应经济发展的新形势，将内资所得税和外资所得税统一为企业所得税。目前，我国现行所得税制包括企业所得税和个人所得税两个税种。

2. 所得税的类型

世界各国的经济发展水平不同，所采用的所得税类型也各不相同。以课征方式为标准，可分为以下四种类型：

（1）分类所得税制。分类所得税制是指对纳税人不同类型的所得规定不同税种的税收制度。其立法依据是，分类所得税制的纳税人在获得不同性质所得时所付出的劳动不同，因而在课税时应对不同性质所得确定不同税率，实行差别待遇政策。

（2）综合所得税制。综合所得税制是指对纳税人各种类型的所得按同一征收方式和同一税率征收的税收制度。其立法依据是课税应考虑纳税人的综合负担能力，故应税所得是纳税人的所得总额。其主要特点是不论纳税人收入来源于什么渠道，也不论收入采取何种形式，均按所得的合计额统一计算纳税。

（3）分类综合所得税制。分类综合所得税制又称混合制度，是指兼有综合和分类两类所得税制性质的税收制度。其主要特点是对纳税人的收入综合计税，坚持了量能负担的原则；区分不同性质的收入分别计税，体现了区别对待的原则。分类综合所得税制为当今各国普遍采用。

（4）地方所得税制。按税收管理体制和征收方式为标准，各国地方所得税制度大体分为两类：一是分权制下的地方税，主要是在联邦制的国家实施，地方税与联邦税征收范围相同或不同，各地方政府之间的税率也可有差异；二是集权制下的地方税，主要是在中央集权制的国家实施，地方政府一般无立法权，地方税用中央所得税附加的办法征收。

3. 所得税的优劣分析

所得税的优点是：累进税率随所得额的增加而增加，收入弹性较大；实行累进税制，税负与所得成正比，较为公平；规定起征点，多征富有者，照顾贫穷者，较为合理；对所得额进行课征，不影响生产与商品流通；纳税较直接，可培养居民主动申报与自觉纳税习惯；税负不易转嫁等。

所得税的缺点是：税基窄，征税范围难以普遍，特别在人均收入水平较低的国家更为突出；所得税率过高，对储蓄和投资有明显的抑制；所得收入不稳定的国家对税收收入影响较大；按所得直接征收，纳税人易感痛苦；所得受成本费用直接影响，若审核不严易减少税收收入；征收和查证手续烦琐复杂，易生偷逃税和舞弊等。

（三）资源税制

1. 资源税的概念

资源税是以纳税人利用各种资源所获得的收入为课征对象的税收。资源税分为一般资源税与级差资源税，前者是对使用某种自然资源的单位和个人征收的税收，如农业税等；后者是根据使用的自然资源丰瘠和收入多少，就其级差收入征收的税收，如我国现行的资源税等。资源税一般适用于对利用自然资源、技术、设备和人才资源等所获收益或级差收入的征税。

我国对资源征税有着悠久的历史，春秋时期的"官山海"就是以专卖之名、行征税之实。以后各代直到旧中国政府时期，都对矿冶资源、土地资源、山林资源、盐业资源进行课税，并作为主要的财政收入之一。中华人民共和国成立以后，在全国统一开征的14个税种中包括盐税；1973年税制改革时，盐税并入工商税中征收；1984年工商税制全面改革时盐税又成为独立的税种，并陆续对原油、天然气、煤炭、金属矿产品和非金属矿产品征税；1987～1988年开征耕地占用税和城镇土地使用税；1994年对矿产品和盐资源合并计征资源税，并开征了土地增值税。我国现行的资源税制包括资源税、土地增值税、城镇土地使用税和耕地占用税等。

2. 资源税的优劣分析

资源税的优点是：筹集财政资金稳定、可靠、及时；促进自然资源和技术设备等资源的合理使用与配置；调节级差收入，节制资源浪费；征税范围清晰，计税依据确实；征收简便易行，费用较低。

资源税的缺点是：一般只考虑级差收益多少，不考虑纳税人的负担能力；制定各类符合实际变动情况的税率较为困难，实行定额或比例税率难以与实际级差收益相适应；课征范围狭窄，不如流转税课征普遍。

（四）财产税制

1. 财产税的概念

财产税是以纳税人所拥有或支配的财产数量或价值为征税对象的税收。如房产税、车船税和遗产税等。各国在所得税未建立之前，一般是以财产税为主要税收收入，但因其征税范围所限难以成为主要税种。财产税多以重课官有财产者，以平均社会财富；重课财产闲置者，以促进合理使用为根本目的；有时财产税作为临时税，以满足国家资金的紧急需要。在各国税制结构中，财产税制通常处于辅助地位。

财产税历史悠久，是一个古老的税制。早在古罗马和古希腊时代，就有包括不动产在内的一般财产税。古罗马的财产税称为"贡金"，主要对农具、舟车、钱财、衣物和装饰品等征收；古希腊财产税主要对土地、房屋、奴隶、牲畜、家具和钱财等征收。12 世纪后欧洲一些国家分别将土地税和动产税合并设立一般财产税，个别财产税名目繁多，诸如土地税、房屋税和不动产税等。现代财产税始于 1892 年的荷兰；德国 1893 年开征普鲁士税（后改为财富税）；1904 年丹麦、1910 年瑞典和 1911 年挪威等国家，也陆续开征了财产税。

在我国，对房产和车船等财产征税更为久远，早在周朝的"廛布"和唐代的"间架税"就属于房产税的范畴。中华人民共和国成立后，全国统一征收的财产税包括遗产税、房产税、地产税和车船使用牌照税等，以后几经变革。我国现行的财产税制包括房产税、车船税和契税等。

2. 财产税的优劣分析

财产税的优点是：能防止财产过于集中；可节制利用财产投机取巧和财产闲置浪费的现象，促进其合理使用；重课不劳而获财产，比较公平合理；收入稳定，不受经济波动的影响；固定财产不易逃税，可弥补流转税、所得税等税调节不足的缺陷；税负不易转嫁。

财产税的缺点是：征税范围难以覆盖全部财产；征税对象多为不动产或动产，对价值高、体积小的容易隐瞒藏匿，故难以征收而有失公平；核实财产计税依据会因年代久远和缺少凭证或因财产性质、结构千差万别而评估困难，易生弊端；财产权利划分较为困难，征收管理较难；在经济落后的地区征收财产税，会阻碍积累的形成。

（五）行为目的税制

1. 行为目的税的概念

行为目的税是以某些特定行为及为实现国家特定的目标为征税对象的税收。如特种行为消费税、博彩税、印花税、筵席税和固定资产投资方向调节税等。行为目的税具有较大的灵活性，若运用得当，在有效调节社会经济生活、增加地方财政收入和弥补主体税种的不足等方面有着重要的积极作用。行为目的税一般适用于国家为实现某种经济政策、限制特定行为而开设。现代世界各国一般将行为目的税作为税制中的辅助性税种。

我国行为目的税历史久远，早在战国时的楚国等就有对牲畜交易行为的征税。此后在历代中均有对行为征税的税种。中华人民共和国成立后，在全国统一征收的 14 种税中就有印花税、特种消费行为税和屠宰税等行为目的税。随着经济发展的需要，我国适时开征了印花税（1988 年重新开征）和筵席税（1988 年）、固定资产投资方向调节税（1991 年）和车辆购置税（2001 年）等。目前我国行为目的税制包括固定资产投资方向调节税（暂停）、印花税、车辆购置税、环境保护税和城市维护建设税等。

2. 行为目的税的优劣分析

行为目的税的优点是：能有效配合国家贯彻特定的政治与社会经济政策，限制或引导某些特定行为达到预期目的；开征范围较为广泛，设置和废止较为灵活，具有因时因地制宜的特点；调节及时、直接，见效快，可弥补主体税之不足，并筹集一定的财政资金。

行为目的税的缺点是：税源易变动、不稳定，征管困难；对纳税的调节和引导难以掌握适度；节制特定行为过分严格，易致过滥、过乱和弊端。

四、税制优化理论

(一)税制优化的含义

税制优化又称"最优税制",是指税收制度符合福利经济学中的最优原则。最优原则的基本含义是私人部门(市场机制)对经济资源的有效配置。福利经济学认为,如果不存在任何市场失灵,市场机制就能使商品的供求达到均衡,消费者对最后一个单位产品所愿意支付的价格(边际价格)正好等于生产者生产该产品成本(边际成本)。在这种条件下运用价格调整供给和需求,使各生产要素与经济资源得到充分利用与有效配置,从而在生产、交换与市场上实现了均衡,这就是所谓的资源配置的"帕累托最优状态"。

一国税制如果使经济资源得到有效配置并可弥补市场缺陷,此时的税制为最优税制。我国的经济学家、学者从 20 世纪 20 年代开始不断探讨税制优化理论。税制优化理论初期只考虑效率问题并集中在商品税制和关税制度的研究方面,而当代税制优化的理论研究主要集中在所得税制方面。税制优化理论主要包括:一是所得税制与商品税制在税制体系中是所得税制为主,还是商品税制为主;二是对不同货物或所得征税的税率结构与税率形式,是对甲产品或所得征税多,还是对乙产品或所得征税多;三是税收征管制度是否具有效率等。

(二)西方税制优化理论

自 20 世纪 20 年代以来,西方国家对税制优化理论的研究先后形成了三大流派:

1. 拉姆齐等的税制优化理论

自 20 世纪 20 年代开始,拉姆齐、维克里、米尔利斯和阿特金森等人提出了关于最优税制理论的诸多观点。拉姆齐于 1927 年提出和建立了最优税制理论的一个简单框架,第一次用一般均衡的分析方法来研究最优税制问题;1945 年维克里认为,向高收入者征收高额累进税就是向人们的额外努力征收高边际税收,该举措削弱了人们努力工作的激励机制;米尔利斯在 1971 年发表的"最优所得税探讨"一文中,通过最优的所得税问题来阐述最优税制理论,即对有能力的人应多征税,但对最高能力的人的边际收入不应征税。

拉姆齐等的最优税制理论一般采用数学方法,以一系列假设为前提:一是完全竞争市场假设,即假设市场机制能够有效地配置资源;二是行政管理能力假设,即任何税收工具的使用都不受政府行政管理能力的限制;三是标准福利函数假设,即利用标准福利函数对各种可供选择的税收工具进行择优,并从中得到最优的税收工具。在上述假设前提下,政府不可能不付代价而取得收入,这种代价集中体现为税收干扰资源配置产生的经济效率损失,即税收的超额负担。因此,政府应致力于寻找一种最优的税收工具,并在征收到既定收入量的前提下,只产生最低限度的负担。

2. 供给学派的税制优化理论

供给学派认为,拓宽税基和降低税率是提高税收公平与效率的最好办法。高额累进税制将会导致政府财政收入来自那些可能用于投资的资金,造成经济萎缩,因此不应采用高边际税率,而应降低税率并永久性减税。其目的就是减少对工作、储蓄和投资的税收歧视，即增加对工作、储蓄和投资的报酬。

20世纪70年代，阿瑟·拉弗提出了一个被后人称为"拉弗曲线"的理论，以论证减税的理论根据（图7-1）。

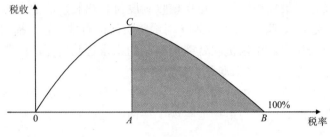

图7-1　"拉弗曲线"简图

在图7-1中，横轴代表税率，纵轴代表税收，该曲线表明税率、税收与经济有着直接的关系。一般而言，税率提高税收也会随之增长，但若超过曲线中的A点而继续提高税率，税收不但不会增长，反之会因纳税人负担过重而阻碍生产使税收下降；当税率提高到100%（曲线中的B点）时，因没有收益而无人愿意从事生产经营，税收就会降为零。因此，ABC围成的区域被称为"税率禁区"。当然A点并不意味着税率恰好等于50%，而是指税率的最佳点或最高点。

供给学派认为，20世纪70年代美国的累进所得税率和资本收益税率等已进入"税率禁区"，从而造成储蓄和投资减少、工作热情削弱和诸多服务的高成本等后果，加剧了广泛的地下经济活动。因此，美国政府采取了大幅度削减边际税率的措施来优化税制，从而促进经济的发展。实践证明，20世纪80年代以来，以美国为代表的世界性减税浪潮，对世界各国经济的发展起到了积极有效的作用。

3. 公共选择学派的税制优化理论

公共选择学派认为，税制优化是指实施税制所分摊给每个纳税人的税收份额及能提供的公共产品，能获得人们广泛的赞同。要确立一种能够获得广泛赞同优化税制的关键是解决好个人真实偏好强度的显示问题，就必须建立起一套适当的机制，以促使个人在公共场合能真实地显示其偏好。研究结果表明，某种特定的税制结构可产生这样的功能，即在特定的税制结构中，个人不论是有意夸张或隐瞒真实的偏好强度，结果都将对其不利，而这种特定的税制结构只能存在于优化税制中。

公共选择理论还认为，优化的税制不仅应促使个人真实地显示其对公共支出的偏好水平，还应将政府的实际公共支出水平限定在公众所意愿的水平上。公众应选择对政府的公共支出水平限定在公众所意愿的水平上的一种税制，可用公式表示公众对税制的选择：$G/T(t, y)=K$，式中的 G 为公共支出的最优水平；T 为既定税制所产生的最大税收收入，是税率 t 和税基 y 的函数；K 为所需公共支出占税收收入的比重，是一个外生变量。公式表示公众通过选择税率结构和税基两个基本要素构成的税制，使该税制所产生的最大收入量限定在公众意愿的水平。

（三）税制优化的选择

研究税制优化就是研究一国的税制要素按什么样的目的、目标和形式进行组合可使税制达到最优。一般而言，税种的多少、税率的高低、覆盖的范围、调控的力度及其合理性和可行性，可体现出一国税制的科学性及其优化程度，通常可表现为税种结构、税负结构和征管结构等方面的优化。

1. 税种结构优化

税种结构优化是指一国税制中的税种数量、关系及其要素而形成的税收广度（征税范围）、税网覆盖（纳税人）、税收深度（税率）的科学、合理性。主要包括：一是现行税制由多少税种构成，何税种为主体，是否符合本国征管水平；二是各税种构成要素的确定是否优化，即该税种调控的深度和广度是否适宜。

衡量一个国家税种结构的合理性、公平性和有效性，主要是看税种分布、调控力度的均衡性。分析税种结构的合理性时，主要是看构成税种的各要素，如课税对象确定、税率设置、纳税人选择和税收优惠等方面，从而保证税收调控力度的均衡性和结构的科学性。

2. 税负结构优化

研究税负结构优化主要是研究不同的税种及其总和的深度，即税负总水平的科学性和合理性。衡量税负水平，不能以一国税种多少和某税种税负水平来讨论该国税负的轻重，也不能以某类税负担轻重来代表税负总水平的高低。因为某类或某个税种的负担，只对分析税收调控力度的分配和均衡程度，即分析税收覆盖范围的公平性，因而只有总税负水平才能衡量一国税负的轻重和税收对经济调控作用的大小。

衡量一国总体税负的国际指标，通常为税收总额（T）占国内生产总值（GDP）的比重，即前述税收负担中所阐述的 GDP 负税率。由于政府收入的名称不一定是以税的名称体现，如收取规费和基金等收入占 GDP 的比重，也是宏观税负水平，且受社会发展、经济结构、人均收入、国际税负和政府取向等因素的影响。因此，在决定宏观税负水平时，必须对税负影响因素进行综合、充分的研究。

3. 征管结构优化

征管结构是指为有效组织与实施税收政策法令而必须具备的征管工作的法律依据、征管模式、征管机构和具有较高征管技术能力的税务队伍等。征管结构优化是税种结构和税负结构得以实际运行的保证，它在一定程度上制约着税种结构和税负结构的实现程度，制约着税种结构的方向选择和税收预期的实现。因此，优化的税收征管结构，对提升税收质量和税收收入增长具有重要的现实意义。

征管结构是否优化主要取决于三个因素：一是征管法制建设的状况，即征管法制的建立和完善对经济发展与法律建设水平、客观工作实践的适应程度；二是税务人员依法行政的"刚性"，征管水平的高低；三是纳税人纳税意识和法制观念的强弱，防范偷逃税等违法损失的程度。因此，研究优化的征管结构，就是要研究其上述的各种因素，并采取针对性的有效措施，不断提高税收征管工作的质量和水平。

由上述内容可知，凡是在税种结构、税负结构和征管结构方面满足最佳条件的就可以称为结构合理、优化的税制。反之，改变税种结构、税负结构和征管结构中任何一个条件的不足并使之趋向最优，且不会影响或扩大其他两个条件不足的，这种改变就是税制优化。

■第三节　税收制度体系

我国现行的税收制度体系，大体上经历了中华人民共和国税制的建立、税制建设中的简并、新时期的税制建设、适应市场经济的税制改革和21世纪以来的税制改革五个阶段，它是在税制的改革与完善中逐步形成的。

一、我国税制的发展历程

（一）中华人民共和国税制的建立

根据1949年《中国人民政治协调会议共同纲领》（以下简称《共同纲领》）第40条规定的"国家的税收政策，应以保障革命战争的供给、照顾生产的恢复和发展及国家建设的需要为原则，简化税制，实行合理负担"的政策精神，制定了《全国税政实施要则》（以下简称《要则》）和《全国各级税务机关暂行组织规程》，并于1950年1月由中央人民政府（政务院）颁布施行。

《要则》中明确规定，除农业税外，在全国统一征收14种税，即货物税、工商业税（包括营业税、所得税、摊贩营业牌照税和临时商业税）、盐税、关税、薪给报酬所得税、存款利息所得税、印花税、遗产税、交易税、屠宰税、房产税、地产税、特种消费行为税和车船使用牌照税，以后不久又开征了契税，创建了适应我国过渡时期经济建设与发展和财政需要的新税制。其基本特点是实行多税种、多次征的复税制；其结构是以流转税为主体，其他税种相配合的税制体系。

（二）税制建设中的简并

1. 1953年修正税制

1952年12月，政务院财经委员会发布了《商品流通税试行办法》（1953年1月起实施），其内容主要包括：一是试行商品流通税，将对烟、酒、原木和钢材等22种产品征收的货物税，原在生产和销售各环节缴纳的货物税、营业税及营业税附加和印花税等并入商品流通税；二是修订货物税，将应税货物工业和商业批发环节的营业税及其附加并入货物税，相应调整货物税税率；三是修订工商业税，将工商业应纳的营业税及其附加、印花税并入营业税，并调整营业税税率等。

经过1953年的税制修正，我国工商税收共有11种，企业缴纳的主要税种已被合并简化。总体上看，达到了适应经济发展变化和保证国家财政收入的预期目的。

2. 1958年改革工商税制

1957年9月，财政部提出了《关于改革工商税制的报告》，并经1958年9月全国人民代表大会常务委员会审议原则通过。其改革的原则是"基本保持原税负，合并税种，简化税制"，内容主要包括：一是将商品流通税、货物税、营业税和印花税合并为工商统一税，同时减少纳税环节，简化征税方法；二是在保持原税负的基础上，对一部分产品税率做了调整；三是规定了奖励协作生产的办法等。

1958年6月全国人民代表大会常务委员会第96次会议通过并由毛泽东主席公布了《中华人民共和国农业税条例》，从而结束了我国农业税制不统一的历史。新税制贯彻了"稳定负担和增产不增税"的政策精神，对促进农业生产的发展起到了积极作用。

经过这次税制改革，我国工商税制大为简化，由原来的11个税种简并为8个，使税制在结构上更突出了以流转税为主体的税制格局。

3. 1973年试行工商税

1964年我国开始研究税制的简并问题，并进行试点。财政部根据试点经验，拟定了《关于扩大改革工商税制试点的报告》《中华人民共和国工商税条例（草案）》，1972年3月经国务院批准后试行。其内容主要包括：一是将企业原来缴纳的工商统一税及其附加、城市房地产税、车船使用牌照税、盐税和屠宰税合并为工商税；二是简化税目税率，调整行业税率，简化征收办法。

通过这次税制简并，工商税制总体中只剩7个税种，在实践工作中形成了对国营企业只征收工商税，对集体企业只征工商税和工商所得税的税制格局。对于城市房地产税、车船使用牌照税、屠宰税、牲畜交易税和集市交易税等税种，虽然名义上仍旧存在，但只向非企业单位、个人和外侨征收，所征税款不到工商税收总额的1%。税制的过度简化，缩小了税收作用的范围和力度。

（三）新时期的税制建设

党的十一届三中全会以后，我国工作重心转移到以经济建设为中心的轨道，社会主义现代化建设进入一个新的发展时期。在总结我国税制建设的经验教训和纠正"左"的思想影响基础上，积极探索并大胆地进行了一系列的税制改革。

1. 1980～1981年建立涉外税制

本着维护国家利益、平等互利和促进对外经济技术交流与合作的原则，参照国际税收惯例，全国人民代表大会于1980年9月和1981年12月相继通过了《中华人民共和国中外合资企业所得税法》《中华人民共和国个人所得税法》《中华人民共和国外国企业所得税法》，财政部颁发了其相应的实施细则。

此外，明确对涉外企业及涉外个人征收的流转税制和财产税制。对涉外企业和个人的产品销售收入与经营业务收入，征收工商统一税；对其拥有的房地产和车船，征收城市房地产税和车船使用牌照税。

2. 1983～1984年国营企业利改税

利改税是对国营企业征收所得税代替利润上缴的办法，把国家与国营企业的利润分配关系用税收法律形式固定下来。利改税分两步进行。

（1）1983年第一步利改税。1983年财政部在总结各地试点经验的基础上，提出了《关于国营企业利改税试行办法（草案）》，经国务院批准，从1983年1月起在全国范围内对国营工业、商业和交通业实行利改税的第一步改革。其内容主要包括：凡有盈利的国营大中型企业，按利润55%的税率缴纳所得税；凡有盈利的国营小型企业，按利润和8级超额累进税率缴纳所得税；营业性的宾馆、饭店、招待所和饮食服务企业按15%的税率缴纳所得税。但对军工企业、邮电企业、粮食企业、外贸企业、农牧业和劳改企业，暂不实行利改税办法。

（2）1984年第二步利改税。1984年9月国务院批转了财政部《关于在国营企业推行利改税第二步改革的报告》《国营企业第二步利改税试行办法》。其内容主要包括：

改进第一步利改税设置的国营企业所得税和国营企业调节税，对企业当年利润比基期利润的增长部分给予减征 70%的优惠，增长利润的计算办法由环比改为定比，并一定 7年不变；国营小型企业按照新 8 级超额累进税率缴纳所得税后，不再征收调节税；营业性的宾馆、饭店、招待所和饮食服务企业，按新 8 级超额累进税率缴纳所得税。

3. 1984 年工商税制的全面改革

1984 年 9 月第六届全国人民代表大会常务委员会第 7 次会议决定："授权国务院在实施国营企业利改税和改革工商税制过程中，拟定有关税收条例，以草案形式公布试行，再根据试行的经验加以修订，提请全国人民代表大会常务委员会审议。"

国务院根据全国人民代表大会常务委员会的授权，发布了《中华人民共和国产品税条例（草案）》等 11 种税的条例。主要内容是：将工商税分为产品税、增值税、营业税和盐税 4 种税；开征国营企业所得税、国营企业调节税、资源税、城市维护建设税、房产税、土地使用税和车船使用税 7 种税，其中后 4 种暂缓征收。

1984 年第二步利改税和工商税制的全面改革是一次比较成功的改革，自此我国逐步建立起了适应经济发展新形势下的多税种、多环节、多层次调节的新税制，这既有利于为企业创造一个良好的外部环境，又保证了国家财政收入的稳定增长。

4. 1985～1993 年税制调整和改革

为进一步适应改革开放和经济发展的需要，1985~1993 年我国对税制做了进一步的修改、调整和补充。其内容主要包括以下三个方面：

(1)流转税制。主要内容包括：扩大增值税的征收范围，统一计税方法；1985 年重新发布了进出口关税条例及进出口税则，并于 1992 年做了进一步的修订；1989 年设置特别消费税，1992 年予以取消。

(2)所得税制。主要内容包括：1985～1988 年相继开征了集体企业所得税、个体工商业户所得税、个人收入调节税和私营企业所得税；1991 年 7 月合并两个涉外性质的所得税，即开征了外商投资企业和外国企业所得税。

(3)其他税种的调整和改革。主要包括：1985 年开征了国营企业奖金税、国营企业工资调节税、集体企业奖金税和行政事业单位奖金税；1985 年和 1986 年开征了城市维护建设税和教育费附加；1986 年修订和实施了房产税和车船使用税；1987 年开征了耕地占用税；1988 年恢复征收印花税；1988 年颁布土地使用税和筵席税暂行条例，前者于同年 11 月起实行，后者由省、自治区和直辖市决定开征时间；1989 年和 1991 年又分别开征了国家预算调节基金和固定资产投资方向调节税等。

截止到 1993 年 12 月底，我国税制体系中大体上有 5 大类 35 个税种，另有类似税收性质的国家能源交通重点建设基金、国家预算调节基金及教育费附加等。新时期的税制建设和改革，作为经济体制改革的重要组成部分取得了巨大的成绩，但也存在着一些问题或不足，需在深化改革的过程中逐步加以解决。

(四)1994 年以来的税制改革

1. 适应市场经济的税制改革

党的十四大明确地提出建立社会主义市场经济体制的要求，为适应其要求和分税制财政体制改革，解决原税制存在的弊端和问题，更好地服务于改革开放及与国际惯例接轨的需要，1993 年 12 月我国发布了一系列税收法律制度。其内容主要包括以下四个方面。

（1）流转税制的改革。总体上建立增值税、消费税和营业税三税并立、双层次调节的税制。对货物生产、交易和进口普遍征收增值税，并选择部分消费品交叉征收消费税；对不实行增值税的劳务交易和第三产业征收营业税。增值税、消费税和营业税统一适用于内资企业和外资企业，取消对涉外企业和涉外个人征收的工商统一税。

（2）所得税制的改革。改变所得税多税种并立、建立内外统一的所得税制，已是市场经济发展的客观要求。其基本步骤是：1994 年起先统一内资企业所得税，取消国营企业调节税，待时机成熟后再将企业所得税、外商投资企业和外国企业所得税合并为企业所得税；将个人所得税、个人收入调节税和城乡个体工商业户所得税合并统一为个人所得税。

（3）其他各税的改革。修订资源税，将盐税并入资源税；开征土地增值税，按照超率累进税率计征；拟修订房产税、土地使用税、车船使用税和城市维护建设税；拟开征遗产税、证券交易税和社会保险税；取消盐税（并入资源税）、特别消费税（并入消费税）、烧油特别税（并入消费税）、奖金税、国营企业工资调节税、集市交易税、牲畜交易税以及涉外单独适用的工商统一税、城市房地产税和车船使用牌照税；保留屠宰税和筵席税，其开征与停征权下放给省、市和自治区人民政府决定。

（4）税收征管制度的改革。普遍建立纳税申报制度；积极推行税务代理制度；建立严格的税务稽查制度；加速推进税收征管计算机化进程；确立适应社会主义市场经济需要的税收基本规范。

按上述改革及其设想，新税制体系共分 5 类 20 个税种，基本上符合社会主义市场经济发展的基本要求，是中国税制改革规模最大、内容最多、最科学、最成功的一次，是税制建设中的历史性突破。

2. 我国 21 世纪以来的税制改革

（1）流转税的调整与改革。其内容主要包括：2001 年起对烟、酒实行从量定额和从价定率复合计征办法；2004 年 7 月起对东北地区装备制造业等 8 个行业实行消费型增值税改革；2005 年调整增值税、营业税的起征点和娱乐业、金融业等营业税率；2006 年将高档手表、游艇、高尔夫球及球具、实木地板和木制一次性筷子等纳入消费税的征税范围；2009 年重新修订增值税、消费税和营业税暂行条例；2014 年起在全国范围内对交通运输业等实施营业税改征增值税试点；2015 年对电池和涂料征收消费税，取消酒精和汽车轮胎的征税；2016 年 5 月全面实施"营改增"而取消营业税。

（2）所得税的调整与改革。其内容主要包括：对下岗失业人员、中西部和东北地区等实施所得税减免优惠；2005 年、2008 年和 2011 年修订个人所得税法，如提高工资薪金和承包承租所得的月扣除标准；2008 年实施企业所得税法，同时取消 1994 年实施的《中华人民共和国企业所得税暂行条例》和 1991 年实施的《中华人民共和国外商投资企业和外国企业所得税法》等。

（3）其他税的调整与改革。其内容主要包括：实施农业税费改革，2006 年在全国范围内彻底取消农业税；2006 年实施烟叶税和修订车船税、土地使用税；2007 年修订耕地占用税，调增税率；2011 年修订资源税暂行条例，以及车船税法及其实施条例；2016 年颁布环境保护税法；2017 年颁布船舶吨税法，发布资源税法（征求意见稿），在北京等 9 个省份扩大水资源税改革试点等。

我国现行税制体系共五大类 19 个税种，主要包括一是流转税制类，包括增值税、消费税、关税、船舶吨税和烟叶税 5 个税种；二是所得税制类，包括企业所得税和个人所得税 2 个税种；三是资源税制类，包括资源税、土地增值税、土地使用税和耕地占用税 4 个税种；四是财产税制类，包括房产税、车船税和契税 3 个税种；五是行为目的税制类，包括固定资产投资方向调节税（暂停）、印花税、车辆购置税、环境保护税和城市维护建设税 5 个税种。

二、现行税制的主要税种

我国现行的 19 种税中，对企业和个人影响较大的，有 14 个税种及附加。各税及附加的主要内容阐述如下。

（一）增值税

增值税是对纳税人在生产经营过程中实现的增值额进行征收的一种税。所谓增值额是指从事生产经营过程中新创造的那部分价值，相当于商品价值（C＋V＋M）中的 "V＋M" 部分。增值税从创立以来已有 70 余年的历史，其推广速度之快、运用范围之广是其他任何税种都无法比拟的，目前已有 140 多个国家和地区实行了增值税。我国 1983 年开始在全国范围内试行增值税，1984 年全面推广与实施，经 1994 年、2008 年完善和 2016 年 5 月全面 "营改增" 的实施，增值税逐步走向了规范化、科学化和法制化。2016 年我国国内增值税收入 40 712.08 亿元，同比增长 4.82%，约占当年财政收入（159 604.97 亿元）的 25.51%。

1. 增值税的征收制度

（1）征税范围。增值税的征税范围是在中国境内销售货物、进口货物、提供加工修理修配劳务和应税行为。其中，货物是指除土地、房屋和其他建筑物等不动产之外的有形动产，包括电力、热力和气体在内；进口货物是指报关进口的有形动产；提供加工修理修配劳务是指有偿提供加工和修理修配劳务，其中加工是指受托加工货物，修理修配是指受托对损伤和丧失功能的货物进行修复并使其恢复原状与功能的业务。

应税行为包括销售服务、销售无形资产和销售不动产，其中销售服务是指有偿提供交通运输服务、邮政服务、电信服务、建筑服务、金融服务、现代服务和生活服务；销售无形资产是指有偿转让无形资产所有权或使用权的业务活动，包括技术、商标、著作权、商誉、自然资源使用权和其他权益性无形资产；销售不动产是指有偿转让不动产所有权的业务活动，包括建筑物和构筑物等。

（2）纳税人。增值税的纳税人是在中国境内销售货物、进口货物、提供加工修理修配劳务和应税行为的单位与个人，包括企业、行政单位、事业单位、军事单位、社会团体和其他单位，以及个体经营者和其他个人。企业租赁或承包给他人经营的，以承租人或承包人为纳税人。

增值税的纳税人可划分为一般纳税人和小规模纳税人，其一般纳税人的认定标准为：纳税人年应税销售额在 500 万元以上。达不到年应税销售额的小规模企业，以及年应税销售额超过小规模纳税人标准的个人、非企业性单位及不经常发生应税行为的企业，可认定为小规模纳税人。

（3）税率。现行增值税税率设计了基本税率、低税率、零税率和简易办法计税的征收率四类。其基本税率为 16%，适用于纳税人销售或进口货物（除另有规定者外）、提供应税的加工及修理修配劳务和有形动产租赁服务。

增值税的低税率分别规定为 10% 和 6%。其中，10% 的税率适用于纳税人销售或进口的如下货物：粮食等产品、食用植物油和食用盐，自来水、暖气、冷气、热水、煤气、石油液化气、天然气、二甲醚、沼气、居民用煤炭制品；图书、报纸、杂志、音像制品、电子出版物；饲料、化肥、农药、农机、农膜；交通运输服务、邮政服务、电信服务、建筑服务、不动产租赁服务、转让土地使用权、销售不动产；国务院规定的其他货物；6% 的税率适用于纳税人提供金融服务、现代服务（不动产租赁服务除外）、生活服务、销售无形资产（转让土地使用权除外）。

除另有规定外，零税率适用于纳税人出口货物和跨境应税行为；按简易办法计税（小规模纳税人等）的征收率一般为 3%，销售不动产等为 5%。

2. 增值税的税额计算

（1）一般纳税人的税额计算。增值税以纳税人的销售额为计税依据。所谓的销售额是指纳税人销售货物、提供加工修理修配劳务和应税行为向购买方收取的全部价款与价外费用，但不含增值税额。如果纳税人的销售额含有增值税额，应将其含税销售额换算成不含税销售额进行计税。其计算公式为

不含税销售额＝含税销售额÷（1＋适用税率）

应纳税额＝当期销项税额－当期进项税额

①销项税额。销项税额是纳税人销售货物、提供加工修理修配劳务和应税行为按应税销售额和规定税率计算并向买方收取的增值税额。其计算公式为

销项税额＝应税销售额×适用税率

或

＝组成计税价格×适用税率

②进项税额。进项税额是纳税人购进货物、接受加工修理修配劳务和应税行为所支付或负担的增值税税额。具体包括：一是从销售方取得增值税专用发票上注明的增值税额（含 2013 年 8 月后取得的运费专用发票和从小规模纳税人处取得的由税务机关代开的专用发票等）；二是从海关取得的完税凭证上注明的增值税额；三是购进免税农业产品准予抵扣的进项税额，按买价 10% 的扣除率计算等。

（2）小规模纳税人的税额计算。小规模纳税人销售货物和提供应税劳务与服务，可按销售额和规定的征收率计算应纳税额，不得抵扣进项税额。其计算公式为

应纳税额＝销售额×征收率

增值税小规模纳税人销售额是不包括增值税额在内的全部价款和价外费用。如果纳税人采用销售额和应纳税额合并定价方法的，则按下列公式计算销售额

销售额＝含税销售额÷（1＋征收率）

（二）消费税

消费税为世界各国所普遍征收，目前世界上有130多个国家征收消费税。我国消费税是对在中国境内从事生产、委托加工和进口应税消费品的单位与个人，就其销售额或销售数量征收的一种税。现行消费税是1994年税制改革中设置的新税种，2008年12月重新予以修订。我国消费税是对增值税有益的补充，即在增值税对货物征税的基础上有选择地对一部分货物（特殊消费品）征收消费税。2016年我国国内消费税收入10 217.23亿元，同比下降3.08%，占当年财政收入（159 604.97亿元）的6.40%。

1. 消费税的征收制度

（1）征税范围。消费税以生产、委托加工和进口的应税消费品为征税范围。主要包括：一是特殊消费品，如烟、酒和鞭炮等；二是非生活必需品，如高档化妆品、贵重首饰等；三是高能耗及高档消费品，如小汽车等；四是不可再生和替代的稀缺资源消费品，如汽油和柴油等。消费税的征税范围不是一成不变的，可根据国家的经济政策和经济发展状况及消费结构的变化进行适当的调整。

（2）纳税人。消费税的纳税人包括在中国境内生产、委托加工与进口应税消费品的单位和个人。与前述增值税的单位和个人相似，具体包括生产应税消费品、自产自用应税消费品、委托加工应税消费品、进口应税消费品的单位和个人。

（3）税目税率。消费税设置了烟、酒、高档化妆品、贵重首饰及珠宝玉石、鞭炮焰火、成品油、摩托车、小汽车、游艇、高档手表、高尔夫球及球具、木制一次性筷子、实木地板、电池和涂料14个税目。税率规定比例税率和定额税率两类，前者分为14档，即1%、3%、4%、5%、9%、10%、11%、12%、15%、20%、25%、30%、36%和56%；后者分为8档，最低为每征税单位0.003元，最高为每征税单位250元。

（4）纳税环节。一般确定在生产销售时纳税，其他特殊纳税环节的规定包括：一是纳税人自产自用的应税消费品，用于连续生产应税消费品不纳税，但对用于生产非应税消费品和在建工程，为管理部门、非生产机构提供劳务，以及用于馈赠、赞助、集资、广告、样品、职工福利和奖励等应税消费品，于移送使用时纳税；二是委托加工的应税消费品由受托方在向委托方交货时代收代缴税款，纳税人委托个体经营者加工应税消费品一律于委托方收回后在委托方所在地缴纳消费税；三是对金银首饰（含镶嵌首饰）由生产环节改为零售环节征税，其范围仅限于金银和金基、银基合金首饰，以及金银和金基、银基合金的镶嵌首饰；四是进口的应税消费品，于报关进口时纳税。

2. 消费税的税额计算

消费税采取从价定率法、从量定额法和从量从价复合计税法三种方法计算应纳税额。其计算公式为

应纳税额＝计税依据金额或数量×适用税率

（1）实行从价定率法应纳税额的计算。实行从价定率的计税依据是纳税人生产销售应税消费品的销售额，即纳税人销售应税消费品向购买方收取的全部价款和价外费用，与增值税相同，是以含消费税不含增值税的价格为计税价格。其计算公式为

应纳税额＝应税消费品的计税销售额×消费税税率

此外，还包括以下两种特殊情况：自产自用的应税消费品，应按其生产的同类消费品的售价计税；没有同类消费品售价的，按组成计税价格计税。其计算公式为

$$组成计税价格 = \frac{成本 + 利润}{1 - 消费税税率}$$

委托加工的应税消费品，按照受托方的同类消费品的售价计税；没有同类消费品售价的，按照组成计税价格计税。其计算公式为

$$组成计税价格 = \frac{材料成本 + 加工费}{1 - 消费税税率}$$

（2）实行从量定额法应纳税额的计算。对黄酒、啤酒和成品油实行从量定额法计算缴纳消费税，其计税依据一般为应税消费品的数量，即销售应税消费品为其销售数量，自产自用应税消费品为其移送使用数量，委托加工应税消费品为其收回数量。其计算公式为

应纳税额 = 应税消费品数量 × 定额税率

（3）实行复合计税法应纳税额的计算。对卷烟实行从量定额与从价定率相结合的复合计税法征税，即先对烟酒从量定额计征，然后再从价计征。其计算公式为

应纳税额 = 销售数量 × 定额税率 + 计税金额 × 比例税率

（4）进口应税消费品应纳税额的计算。进口应税消费品的计税依据是进口应税消费品的组成计税价格或进口应税消费品数量，分别实行从价定率法、从量定额法、复合计税法计算进口应税消费品的应纳税额。其计算公式为

$$组成计税价格 = \frac{到岸价格 + 关税}{1 - 消费税税率}$$

应纳税额 = 组成计税价格 × 适用税率

或

应纳税额 = 进口应税消费品的数量 × 定额税率

或

应纳税额 = 销售数量 × 定额税率 + 计税金额 × 比例税率

（三）企业所得税

企业所得税是指对企业和企业性单位取得的生产经营所得与其他所得征收的一种税。为公平内资企业与外资企业的所得税负担，解决内资企业"假外资"避税和外资企业"假亏损"逃税等问题，我国从2008年起统一实施新的企业所得税法。2016年我国企业所得税收入28 851.36亿元，同比增长6.33%，约占当年财政收入（159 604.97亿元）的18.08%。

1. 企业所得税的征收制度

（1）纳税人。企业所得税的纳税人是在中国境内的企业和其他取得收入的组织（以下统称企业），具体包括企业、事业单位、社会团体和其他取得收入的组织，但不包括个人独资和合伙企业。纳税人划分为居民企业与非居民企业：前者是指依法在中国境内成立或依照外国(地区)法律成立但实际管理机构在中国境内的企业和其他经济组织；后者是指依照外国（地区）法律成立且实际管理机构不在中国境内，但在中国境内

设立机构、场所的，或未设立机构、场所但有来源于中国境内所得的企业。

（2）征税范围。根据税收管辖权原则，我国实行居民税收管辖权和收入来源地税收管辖权。居民企业负有无限纳税义务，应就其来源于中国境内、境外的全部所得缴纳企业所得税；非居民企业应就其来源于中国境内的所得缴纳企业所得税。

（3）税率。企业所得税法定税率为25%。对符合条件的小型微利企业（不包括非居民企业），按20%征收企业所得税。小型微利企业是指从事国家非限制和禁止行业，并符合下列条件的企业：工业企业为年度应纳税所得额不超过50万元，从业人数不超过100人，资产总额不超过3 000万元；其他企业为年度应纳税所得额不超过50万元，从业人数不超过80人，资产总额不超过1 000万元。

非居民企业来源于中国境内的所得，适用20%的预提所得税率。目前，减按10%的税率征收。

2. 企业所得税的税额计算

企业所得税的计税依据是应纳税所得额，即指企业每一纳税年度的收入总额，减除不征税收入、免税收入、各项扣除以及允许弥补的以前年度亏损后的余额。其应纳税所得额和应纳所得税额的计算公式为

应纳税所得额＝收入总额－不征税收入－免税收入－各项扣除
－允许弥补的以前年度亏损

应纳所得税额＝应纳税所得额×适用税率－减免税额－抵免税额

式中，收入总额为企业以货币形式和非货币形式从各种来源取得的收入；不征税收入包括财政拨款、行政事业性收费、政府性基金和其他不征税收入；免税收入包括国债利息收入、权益性投资收益和符合条件的非营利组织的收入；各项扣除为企业实际发生的与取得收入有关的、合理的支出，包括成本、费用、税金、损失和其他支出；亏损是企业依照企业所得税规定将每一纳税年度的收入总额减除不征税收入、免税收入和各项扣除后小于零的数额。

企业分月或分季预缴企业所得税时，应按照月度或季度的实际利润额预缴；按照月度或季度的实际利润额预缴有困难的，可以按照上一纳税年度应纳税所得额的月度或季度平均额预缴，或按照经税务机关认可的其他方法预缴。预缴方法一经确定，该纳税年度内不得随意变更。年终汇算时，纳税人应按全年应纳税所得额计算实际应纳税额，与预缴所得税额相比较，差额多退少补。其计算公式为

多退少补所得税额＝全年应纳所得税额－预缴所得税额

全年应纳所得税额＝境内所得应纳税额＋境外所得应纳税额
－境外所得税额扣除额

（四）个人所得税

个人所得税是对个人的应税所得征收的一种税。它是国家参与个人收入分配的重要手段，是各国普遍实施的一个主要税种。2016年我国个人所得税收入10 088.98亿元，同比增长17.08%，占当年财政收入（159 604.97亿元）的6.32%。

1. 个人所得税的征收制度

（1）纳税人。个人所得税以取得应税所得的个人为纳税人，包括中国公民、个体工

商户和在中国境内取得所得的外籍人员、港澳台同胞等。按照住所和居住时间两个标准，个人所得税的纳税人分为居民纳税人和非居民纳税人两类。我国的住所标准通常是指永久性或习惯性住所，是公民户籍所在地的居住地；时间标准规定为在中国境内一个纳税年度内居住满 365 日，即满 1 年。

（2）征税范围。个人所得税的征税范围包括工资薪金所得、个体工商户的生产经营所得、企事业单位的承包承租经营所得、劳务报酬所得、稿酬所得、特许权使用费所得、财产租赁所得、财产转让所得、利息股息红利所得、偶然所得和其他所得。

（3）税率。按照应税所得项目的不同，个人所得税采用比例税率和超额累进税率两种形式。其中，工资薪金所得适用 7 级超额累进税率，最低为 3%、最高为 45%；个体工商户的生产经营所得和企事业单位的承包承租经营所得适用 5 级超额累进税率，最低为 5%、最高为 35%。

劳务报酬所得适用 20%的比例税率。纳税人一次取得的劳务报酬收入畸高的，实行加成征收，即应纳税所得额超过 2 万～5 万元的部分加征五成（50%），超过 5 万元的部分加征十成（100%）。

稿酬所得适用 20%的比例税率，并按其应纳税额减征 30%，即按 14%的实际税率计征所得税。

特许权使用费所得，利息、股息、红利所得，财产租赁所得，财产转让所得，以及偶然所得和其他所得，适用 20%的比例税率。

2. 个人所得税的税额计算

个人所得税以纳税人的应纳税所得额为计税依据。其内容主要包括以下七个方面：

（1）工资薪金所得的计税依据。工资薪金所得以每月收入额减除费用 3 500 元后的余额为应纳税所得额。对在中国境内无住所而在境内取得工资薪金所得的纳税人，以及在中国境内有住所而在境外取得工资薪金所得的纳税人，可另附加扣除 1 300 元，即合计扣除 4 800 元。

（2）个体工商户的生产经营所得的计税依据。个体工商户的生产经营所得以每一纳税年度的收入总额减除成本、费用和损失后的余额为应纳税所得额。

（3）承包承租所得的计税依据。纳税人取得企事业单位承包承租经营所得，以纳税年度的收入总额减除必要费用（按月减除 3500 元）后的余额为应纳税所得额。

（4）劳务报酬等所得的计税依据。劳务报酬、稿酬和特许权使用费所得，以纳税人每次取得的收入减去费用扣除额后的余额为应纳税所得额。其费用扣除为每次收入不超过 4 000 元的，定额扣除 800 元；每次收入超过 4 000 元的，定率扣除 20%。

（5）财产租赁所得的计税依据。财产租赁所得以纳税人每次取得收入减除费用扣除后的余额为应纳税所得额。费用扣除包括额度扣除和必要扣除：额度扣除与劳务报酬所得的费用扣除相同；必要扣除包括纳税人在出租财产过程中缴纳的税金和教育费附加，以及由其负担的实际修缮费用，但每次以 2 000 元为限，一次扣除不完的准予下次继续扣除，直到扣完为止。

（6）财产转让所得的计税依据。财产转让所得以纳税人每次转让财产取得的收入额减除财产原值和合理费用后的余额为应纳税所得额。其计算公式为：应纳税所得额＝

每次收入额－财产原值－合理费用，其中合理费用是指卖出财产时按照规定支付的有关费用。

（7）利息等所得的计税依据。利息、股息、红利所得、偶然所得和其他所得以纳税人每次取得的收入额为应纳税所得额，不得扣除任何费用。

个人所得税按照规定的应纳税所得额和适用税率计算应纳税额。其适用税率包括超额累进税率和比例税率两种，应纳税额的计算公式为

应纳税额＝应纳税所得额×适用税率－速算扣除数

应纳税额＝应纳税所得额×适用比例税率

（五）资源税

资源税是对开发和利用自然资源的单位与个人进行征收的一种税。我国 1994 年起对矿产品和盐资源计征资源税。2016 年我国资源税收入 950.83 亿元，同比下降 8.13%，约占当年财政收入（159 604.97 亿元）的 0.60%。

1. 资源税的征收制度

（1）征税范围。从理论上讲，资源税征税范围是一切可开发和利用的国有资源，但我国税法中只将矿产品和盐列入其征税范围，其中矿产品是指原矿和选矿产品。征收范围具体包括能源矿产、金属矿产、非金属矿产和盐四大类。

（2）纳税人。资源税是以在中国领域和管辖的其他海域开采矿产品或生产盐的单位与个人为纳税人，包括国有企业、集体企业、私营企业、股份制企业、外商投资企业、外国企业和行政单位、事业单位、军事单位、社会团体及其他单位，以及个体经营者和其他个人。

（3）税率。按照应税资源的地理位置、开采条件和资源优劣等，规定为从价比例税率和从量定额税率。如原油、天然气适用 6%的比例税率；煤适用 2%～10%的幅度比例税率；天然卤水适用3%～15%的幅度比例税率或1～10 元/吨的幅度定额税率。对税法未列举名称的纳税人适用的税率，由省、市、自治区人民政府按照纳税人资源状况，在规定的税率幅度内核定具体税率。

2. 资源税的税额计算

资源税的应纳税额按照从价定率或从量定额的方法，分别以应税产品的销售额乘以适用的比例税率或以应税产品的销售数量乘以适用的定额税率进行计算。其计算公式为

从价定率应纳税额＝销售额×比例税率

从量定额应纳税额＝销售数量×定额税率

式中的销售额是指纳税人销售应税产品向购买方收取的全部价款和价外费用，但不包括收取的增值税销项税额。

计征资源税的销售数量是指纳税人开采或生产应税产品的实际销售数量和视同销售的自用数量。纳税人不能准确提供应税产品销售数量的，以应税产品的产量或主管税务机关确定的折算比换算成的数量，为计征资源税的销售数量。

（六）城镇土地使用税

城镇土地使用税简称土地使用税，是以城镇土地为征税对象，对拥有土地使用权

的单位和个人征收的一种税。我国 1984 年第二步利改税时决定单独开征，1988 年 9 月正式发布《中华人民共和国城镇土地使用税暂行条例》，2006 年 12 月修订。2016 年我国土地使用税收入 2 255.74 亿元，同比增长 5.31%，占当年财政收入（159 604.97 亿元）的 1.41%。

1. 土地使用税的征收制度

（1）征税范围。土地使用税的征税范围为城市、县城、建制镇和工矿区，与房产税征税范围相同。对城市、县城、建制镇和工矿区的具体征税范围，由各省、直辖市和自治区人民政府划定。

（2）纳税人。土地使用税以在征税范围内拥有土地的单位和个人为纳税人，单位包括企业、事业单位、社会团体、国家机关、军队和其他单位；个人为个体工商户和其他个人。

（3）税率。土地使用税采用分类幅度固定税额，大城市为 1.5～30 元／平方米，中等城市为 1.2～24 元／平方米，小城市为 0.9～18 元／平方米，县城、建制镇和工矿区为 0.6～12 元／平方米。省、直辖市、自治区政府在上述法定定额税率的幅度内，确定所辖地区税额适用幅度。

2. 土地使用税的税额计算

土地使用税以纳税人实际占用的土地面积（平方米）为计税依据。实际占用的土地面积指省、直辖市、自治区政府确定的测量工作单位所测定的土地面积。按纳税人实际占用的土地面积，采用从量定额法计算土地使用税的应纳税额。其计算公式为

应纳税额＝实际占用土地面积×单位税额

（七）土地增值税

土地增值税是对转让国有土地使用权、地上建筑物及其附着物并取得收入的单位和个人就其转让房地产所取得的增值额征收的一种税。国务院于 1993 年 12 月发布《中华人民共和国土地增值税暂行条例》。2016 年我国土地增值税收入 4 212.19 亿元，同比增长 9.92%，约占当年财政收入（159 604.97 亿元）的 2.64%。

1. 土地增值税的征收制度

（1）征税范围。土地增值税以有偿转让的国有土地使用权、地上建筑物及其附着物为征税范围。地上建筑物及其附着物是指建于土地上的一切建筑物、地上地下的各种附属设施，以及附着于该土地上的不能移动、一经移动即遭损坏的物品。

（2）纳税人。土地增值税以有偿转让国有土地使用权、地上建筑物及其附着物并取得收入的单位和个人为纳税人。单位包括各类企事业单位、国家机关和社会团体及其组织；个人为个体工商户和其他个人。

（3）税率。土地增值税实行 4 级超率累进税率，即 30%、40%、50% 和 60%，其中土地增值额占扣除项目金额的比例未超过 50%（含）的部分，税率为 30%；土地增值额占扣除项目金额的比例超过 200% 以上的部分，税率为 60%。

2. 土地增值税的税额计算

土地增值税应纳税额的计算公式为

应纳土地增值税＝土地增值额×适用税率－扣除项目金额×速算扣除率

土地增值额＝应税收入－扣除项目金额

（1）确定应税收入。按照税法规定，纳税人转让房地产取得的应税收入应包括转让房地产的全部价款及有关的经济收入，包括货币收入、实物收入和其他（无形资产收入或具有财产价值的权利）收入。

（2）扣除项目金额。包括转让新开发房地产和转让旧房地产的扣除项目金额。

第一，转让新开发房地产的扣除项目金额。其扣除项目金额包括取得土地使用权所支付的金额、房地产开发成本、房地产开发费用、与转让房地产有关的税金，以及从事房地产开发纳税人的加计扣除。房地产开发费用是指取得土地使用权所支付的金额、房地产开发成本之和 5%以内的部分及合法的利息支出（不高于金融机构贷款的利息）；税金是指转让房地产时应缴纳的城市维护建设税、教育费附加和印花税；加计扣除是指取得土地使用权所支付的金额和房地产开发成本之和 20%以内的部分。其扣除项目金额的计算可简化为

非房地产开发纳税人的扣除项目金额＝取得土地使用权所支付的金额×105%＋房地产开发成本×105%＋合法的利息支出＋与转让房地产有关的税金

从事房地产开发纳税人的扣除项目金额＝取得土地使用权所支付的金额×125%＋房地产开发成本×125%＋合法的利息支出＋与转让房地产有关的税金

第二，转让旧房地产的扣除项目金额。其扣除项目金额包括房屋及建筑物的评估价格、取得土地使用权所支付的地价款和按规定缴纳的有关费用，以及在其转让环节应缴纳的城市维护建设税、教育费附加和印花税。

（3）确定土地增值额。土地增值额为纳税人应纳税收入与扣除项目金额的差额。其计算公式为

土地增值额＝应纳税收入－扣除项目金额

（4）土地增值额占扣除项目金额的比率。其计算公式为

土地增值额占扣除项目金额的比率＝土地增值额/扣除项目金额×100%

纳税人应依据上述比例确定税率和速算扣除率，按公式计算应纳的土地增值税。

（八）房产税

房产税是以房产为征税对象，依据房产折余价值或租金收入向房产所有人征收的一种税。1986 年 10 月起单独开征房产税。2016 年我国房产税收入 2 220.91 亿元，同比增长 8.29%，占当年财政收入（159 604.97 亿元）的 1.39%。

1. 房产税的征收制度

（1）征税范围。房产税以房产为征税对象，其征税范围包括城市、县城、建制镇和工矿区。其中，城市指国务院批准设立的市；县城指县人民政府所在地的地区；建制镇指经省、市、自治区人民政府批准设立的建制镇；工矿区指工商业较发达、人口较集中、符合国务院规定的建制镇标准而尚未设立建制镇的大中型工矿企业所在地，但对工矿区的开征须经省、市、自治区人民政府批准。

（2）纳税人。房产税以房屋的产权所有人为纳税人，包括产权所有人、经营管理人、承典人、代管人或使用人。产权属于国家所有的，由经营管理单位缴纳；产权属于集体和个人所有的，由集体单位和个人缴纳；产权出典的，由承典人缴纳；产权的

所有人和承典人不在房产所在地的或产权未确定及租典纠纷未解决的，由房产代管人或使用人缴纳。

（3）适用税率。现行房产税采用比例税率，从价计征的，适用税率为1.2%；从租计征的，适用税率为12%。

2. **房产税的税额计算**

房产税以房产余值或房产租金收入为计税依据。按房产余值征税称从价计征，房产余值即指按房产原值一次减除10%～30%后的余值计算缴纳；按房产租金收入征税称为从租计征，租金收入即指房屋产权所有人出租房产使用权所得的报酬，包括货币收入和实物收入。

房产税从价计征的，按房产的原值减除一定比例后的余值计算纳税；从租计征的，按房产的租金收入计算纳税。其计算公式为

应纳税额＝计税依据金额×适用税率

（九）车船税

车船税是对行驶于境内公共道路的车辆和航行于境内河流、湖泊或领海的船舶征收的一种税。由原车船使用税演变而来，2007年1月起征收。2016年我国车船税收入682.68亿元，同比增长11.31%，约占当年财政收入（159 604.97亿元）的0.43%。

1. **车船税的征收制度**

（1）征税对象。车船税征税对象是依法应在公安、交通、农业等车船管理部门登记的车船，分为车辆和船舶两大类：车辆是指机动车，包括载客汽车、载货汽车、三轮汽车、低速货车、摩托车、专项作业车和轮式专用机械车；船舶包括机动船和非机动驳船，机动船指依靠燃料等能源作为动力运行的船舶，如客船和货船等。

（2）纳税人。车船税的纳税人是车辆、船舶的所有人或管理人，即在我国境内拥有车船的单位和个人。单位指企业、行政机关、事业单位和社会团体；个人指我国境内的居民和外籍个人。应税车船的所有人或管理人未缴纳车船税的，由使用人代缴车船税。

（3）税率。实行幅度定额税率，如乘用车的年税额为每辆60～5 400元；船舶按净吨位每吨规定为3元、4元、5元、6元不等。车船的具体适用税额由省、直辖市、自治区人民政府在规定的子税目税额幅度内确定。

2. **车船税的税额计算**

车船税以应税车船的计量标准为计税标准，即乘用车、客车和摩托车以"每辆"，货车和其他车辆以"每吨"，机动船舶以"净吨位"，游艇以"每米"为计税标准，其中净吨位是指额定（或称预定）装运货物的船舱（或车厢）所占用的空间容积。车船税是按征税对象数量和计税标准的乘积从量定额计算，按年缴纳应纳税额。其基本计算公式为

年应纳税额＝计税数量×计税标准×适用税率

根据上述的基本计算公式和计税标准，其车船税各类应纳税额计算公式为

乘用车、客车和摩托车应纳税额＝车辆数量×适用单位税额

货车和其他车辆应纳税额＝车辆数量×吨数×适用单位税额

机动船舶应纳税额＝船舶数量×吨数×适用单位税额

游艇应纳税额＝游艇数量×艇身长度（米）×适用单位税额

（十）契税

契税是对在中国境内出让、转让、买卖、赠予、交换发生权属转移的土地、房屋征收的一种税。中华人民共和国成立后，废止旧中国的契税，1950 年开始征收至今。2016 年我国契税收入 4 300 亿元，同比增长 10.3%，占当年财政收入（159 604.97 亿元）的 2.69%。

1. 契税的征收制度

（1）征收范围。以在中国境内转移土地、房屋权属为契税的征税对象。征税范围包括国有土地使用权出让、土地使用权转让、房屋买卖、房屋赠予、房屋交换。

（2）纳税人。以在中国境内转移土地、房屋权属承受的单位和个人为纳税人。所谓土地、房屋权属是土地使用权和房屋所有权；单位是指企业单位、事业单位、国家机关、军事单位、社会团体和其他组织；个人是个体经营者和其他个人，包括中国公民和外籍人员。

（3）税率。契税实行 3%～5% 的幅度税率。各省、直辖市、自治区政府可在规定的幅度税率范围内，按照本地区的实际情况决定具体适用的税率。例如，黑龙江省规定的契税税率为 3%。

2. 契税的税额计算

契税采用从价定率征收，按其计税依据和税率计算应纳税额。其计算公式为

应纳税额＝计税依据×适用税率

上述的计税依据为不动产的价格，具体包括：国有土地使用权出让、土地使用权出售和房屋买卖为成交价格；土地使用权赠予、房屋赠予，由征收机关参照其市场价格核定；土地使用权交换、房屋交换，为其所交换的价格差额；以划拨方式取得的土地使用权，为其出让的费用或土地收益。

（十一）车辆购置税

车辆购置税是对在中国境内购买应税车辆的单位和个人征收的一种税。前身是1985 年经国务院批准征收的专项用于国家公路建设的政府性基金——车辆购置附加费，2000 年 10 月正式以税收形式征收。2016 年我国车辆购置税收入 2 674.16 亿元，同比下降 4.24%，约占当年财政收入（159 604.97 亿元）的 1.68%。

1. 车辆购置税的征收制度

（1）征收范围。车辆购置税的征收范围，主要包括汽车、摩托车、电车、挂车和农用运输车。车辆购置税征收范围的调整由国务院决定，其他任何部门、单位和个人无权擅自扩大或缩小其征收范围。

（2）纳税人。车辆购置税是以在中国境内购买应税车辆的单位和个人为纳税人，其中单位包括国有企业、集体企业、私营企业、股份制企业、外商投资企业、外国企业、其他企业、事业单位、社会团体、国家机关、部队和其他单位，个人包括个体工商户和其他个人。

（3）税率。现行车辆购置税实行单一比例税率，即 10%。

2. 车辆购置税的税额计算

车辆购置税实行从价定率法按其计税价格和税率计算应纳税额。其计算公式为

应纳税额＝应税车辆计税价格×税率

上述应税车辆的计税价格为纳税人购买应税车辆而支付给销售者的全部价款和价外费用，但不包括增值税税款。纳税人进口自用的应税车辆，以组成计税价格为计税依据。其计算公式为

计税价格＝关税完税价格＋关税＋消费税

　　　　＝[关税完税价格×（1＋关税税率）]÷（1－消费税税率）

纳税人办理纳税申报时，应提供车主身份、车辆价格和合格证明。

（十二）印花税

印花税是对经济与经济交往中书立、使用、领受具有法律效力的凭证的单位和个人征收的一种税。我国印花税于1988年10月起施行，具有税源广泛、征收面广、税率低、税负轻、自行完税和征收简便的特点。2016年我国印花税收入2 209.37亿元，同比下降35.8%，占当年财政收入（159 604.97亿元）的1.38%。

1. 印花税的征收制度

（1）征税范围。印花税对税法规定列举的凭证征收，没有列举的不征收。具体征收范围包括经济合同、产权转移书据、营业账簿、权利与许可证照和财政部确定征收的其他凭证。其中，经济合同包括购销、加工承揽、建设工程承包、财产租赁、货物运输、仓储保管、借款、财产保险、技术等合同或具有合同性质的凭证；产权转移书据包括财产所有权、版权、商标专用权、专利权、专有技术使用权等转移书据；营业账簿包括单位和个人从事生产经营所设立的各种账册，即记载资金的账簿和其他账簿；权利、许可证照包括房屋产权证、工商营业执照、商标注册证、专利证和土地使用证等。

（2）纳税人。印花税是以在中国境内书立、使用、领受应税凭证的单位和个人为纳税人，包括各类企业、事业单位、机关、团体、部队，以及外商投资企业、外国企业及其他经济组织单位和个人。上述单位和个人，按书立、使用、领受应税凭证的不同，可分别确定为立合同人、立据人、立账簿人、领受人和使用人。应税凭证由两方或两方以上当事人共同书立的，其当事人各方都是印花税的纳税人，应就其所持凭证的计税金额各自履行纳税义务。

（3）税率。印花税有13个税目，税率设计遵循"税负从轻、共同负担"原则，设有比例税率和定额税率两种：各类合同和具有合同性质的凭证、产权转移书据、营业账簿中记载资金的账簿，规定0.5‱、3‱、5‱、1‰和3‰的比例税率；权利、许可证照和营业账簿税目中的其他账簿，按件贴花5元。

2. 印花税的税额计算

印花税采用从价计征和从量计征，从价计征计税依据规定为：购销合同为购销金额；加工承揽合同为加工或承揽收入；建设工程勘察设计合同为收取的费用；建筑安装工程承包合同为承包金额；财产租赁合同为租赁金额；货物运输合同为运输费用（不包括装卸费用）；仓储保管合同为仓储保管费用；借款合同为借款金额；财产保险合同

为保险费收入；技术合同为合同所载金额；产权转移书据为所载金额；营业账簿税目中记载资金的账簿为实收资本与资本公积两项的合计金额。其他账簿、权利与许可证照的应税凭证件数采用从量计征的计税依据。

印花税的应纳税额根据应纳税凭证的性质，分别按比例税率或定额税率计算。其计算公式为

应纳税额＝应税凭证计税金额（或应税凭证件数）×适用税率（或单位税额）

印花税票是印花税纳税人缴纳税款的完税凭证，是一种有价证券。纳税人可根据税额的大小、贴花次数及税收征管需要，分别采用自行贴花、汇贴或汇缴和委托代征办法缴纳印花税。

（十三）环境保护税

环境保护税是对在中国领域和管辖的其他海域直接向环境排放应税污染物的企业事业单位与其他生产经营者征收的一种税。我国环境保护税自 2018 年 1 月起施行，这对保护和改善环境、减少污染物排放、推进生态文明建设具有重要意义。

1. 环境保护税的征收制度

（1）征税范围。环境保护税以在中国领域和管辖的其他海域直接向环境排放应税污染物为征税对象，其征税范围包括大气污染物、水污染物、固体废物和噪声，但不包括向依法设立的污水集中处理、生活垃圾集中处理场所排放应税污染物的，在符合国家和地方环境保护标准的设施、场所储存或处置固体废物的。

（2）纳税人。环境保护税以在中国领域和管辖的其他海域直接向环境排放应税污染物的单位为纳税人。单位是指企业单位、事业单位和其他生产经营者。

（3）税率。环境保护税实行幅度定额税率，如大气污染物的税率为每污染当量1.2～12元；水污染物的税率为每污染当量1.4～14元；固体废物的税率为每吨5～1 000元；噪声的税率为超标分贝每月 350～11 200 元。应税大气污染物和水污染物的具体适用税额，由省、直辖市、自治区人民政府在规定的幅度内确定。

2. 环境保护税的税额计算

环境保护税以应税污染物的计量标准为计税标准，即大气污染物和水污染以"每污染当量"，固体废物以"每吨"、噪声以"分贝"为计税标准，其中污染当量是指根据污染物或污染排放活动对环境的有害程度以及处理的技术经济性，衡量不同污染物对环境污染的综合性指标或计量单位。同一介质相同污染当量的不同污染物，其污染程度基本相当。应税大气污染物、水污染物的污染当量数，以该污染物的排放量除以该污染物的污染当量值计算，其当量值依照《应税污染物和当量值表》执行。

环境保护税是按征税对象数量和计税标准的乘积从量定额计算，按月计算，按季申报缴纳。其计算公式为

大气污染物应纳税额＝污染当量数×适用单位税额

水污染物应纳税额＝污染当量数×适用单位税额

固体废物应纳税额＝排放量×适用单位税额

噪声应纳税额＝超标准分贝数×适用单位税额

（十四）城建税和教育费附加

城建税是"城市维护建设税"的简称，是指对缴纳增值税和消费税（以下简称"两税"）的单位与个人，按其增值税和消费税实缴税额为计税依据而征收的一种税；教育费附加是指对缴纳增值税和消费税的单位与个人，按"两税"税额附加进行征收的一种专项基金。两者分别于 1985 年 1 月和 1986 年 7 月起开征。2016 年我国城建税收入4 033.6 亿元，同比增长 3.79%，约占当年财政收入（159 604.97 亿元）的 2.53%。

1. 城建税和教育费附加的征收制度

（1）纳税人或缴纳人。城建税的纳税人和教育费附加的缴纳人都是负有缴纳增值税和消费税义务的单位与个人。但不包括外商投资企业、外国企业和涉外人员。

（2）征税或征收范围。城建税和教育费附加的征收范围包括城市、县城、镇及其以外的所有地区。即缴纳"两税"纳税人的所在地，通常是其征收范围。

（3）税率或征收率。城建税按纳税人所在地的不同设置 3 档差别比例税率，即纳税人所在地为市区的，税率为 7%；所在地为县城、镇的，税率为 5%；所在地不在市区、县城或镇的，税率为 1%。教育费附加的征收率为 3%。

（4）计税或计征依据。城建税和教育费附加的计征依据是纳税人实际缴纳的"两税"税额，不包括纳税人违反"两税"有关税法而加收的滞纳金和罚款。但纳税人在被查补"两税"和被处罚款时，应对其偷逃的城建税和教育费附加进行补税与罚款。

2. 城建税和教育费附加的税额计算

纳税人应纳的城建税和教育费附加，按纳税人实际缴纳的"两税"税额和税率或征收率进行计算征收。其计算公式为

应纳税额＝纳税人实缴的"两税"税额×适用税率（或征收率）

本 章 小 结

• 税收是一个古老的历史范畴，是现代世界各国财政收入的主要来源。税收是国家凭借其政治权力，强制和无偿地参与国民收入分配所取得财政收入的一种手段。税收具有强制性、无偿性和固定性特征，体现以国家为主体的特定分配关系。

• 税收职能是指税收分配在一定社会制度下所固有的功能和职责，是税收的一种长期固定的属性，税收具有财政、经济和管理职能。税收的财政职能是税收为国家组织财政收入的功能；税收的经济职能是国家运用税收来调控经济运行的功能；税收的管理职能是国家通过税收征管法律制度来约束纳税人社会经济行为的功能。

• 税收分类是指按照一定的标准将性质、特点相同或相似的税种归为一类的方法。古今中外所提及的税收分类方法众多。其中最常用方法包括主体税与辅助税；从量税与从价税；价内税与价外税；中央税、地方税与共享税；流转税、所得税、资源税、财产税和行为目的税。其中最后一种分类是我国最主要的税收分类方法。

• 税收负担简称税负，是指国家通过法律规定要求纳税人承担的税收数额。其表示方法有绝对数和相对数两种。税负衡量指标主要包括国民生产总值负税率、国内生产总值负税率、国民收入负税率、销售收入负税率、企业利润负税率和企业盈利综合

负税率。

• 税负转嫁是指税法上规定的纳税人将其应当负担的税款全部或部分转嫁给他人负担的过程。税负转嫁分为完全转嫁和部分转嫁。其一般形式主要包括前转、后转、混转、旁转和消转等，特殊形式是税收资本化。

• 税收制度简称税制，是指国家各种税收法令和征税办法的总称。其形式包括税收法律、条例、细则、规定、办法和通知等。有广义与狭义之分，广义的税制内容包括与税收工作有关的一系列规章制度，如税收基本法规（如个人所得税法）、税收征收管理制度（如征管法）等。狭义的税制内容仅指税收基本法规。

• 税制构成要素是指税收实体法或制度的组成要素。主要包括总则、纳税人、征税对象、税率、纳税环节、纳税期限、税收优惠、征收方法、纳税地点、罚则和附则等要素，其中纳税人、征税对象和税率是基本要素。

• 纳税人是"纳税义务人"的简称，是指税法中直接规定的负有纳税义务的单位和个人，即由谁来纳税。从法律上看，纳税人中的单位必须是法人，个人必须是自然人。与纳税人相关的概念是扣缴人和负税人。

• 征税对象又称"税基""课税对象"，是指税法中规定的征税的标的物，即对什么东西征税。它是区分不同税种的主要标志。与征税对象相关的概念包括税源、税目、征税范围、计税价格、计税单位、计税标准和计税依据。

• 税率是指应纳税额占征税对象量的份额，是征税对象（或计税依据）的征收比例或征收额度。它体现了征税的深度，是衡量税负轻重的主要标志。在理论和实践中主要包括比例税率、累进税率、定额税率和特殊税率。

• 比例税率是对同一征税对象不论数额的大小，均按相同比例征税的税率；累进税率是将征税对象按照一定标准划分为若干个等级，并规定逐级上升征税比例的税率，包括超额累进税率和超率累进税率等；定额税率是指对征税对象确定的计税单位直接规定一个固定征税数额的税率；特殊税率包括零税率、名义税率和实际税率、平均税率和边际税率、加成征收和加倍征收。

• 按照课税对象的性质，可以将税制划分为流转税制、所得税制、资源税制、财产税制和行为目的税制五类。其中流转税是以货物流转额和劳务（或服务）收入额为课征对象的税收；所得税是以纳税单位和个人获取的各种所得或利润额为课征对象的税收；资源税是以纳税人利用各种资源所获得的收入为课征对象的税收；财产税是以纳税人拥有或支配的财产数量或价值为征税对象的税收；行为目的税是以某些特定行为及为实现国家特定的目标为征税对象的税收。

• 税制优化是指税收制度符合福利经济学中的最优原则。最优原则的基本含义是指私人部门（市场机制）对经济资源的有效配置。西方国家以拉姆齐等、供给学派和公共选择学派的税制优化理论为代表性流派，通常可表现为税种结构、税负结构和征管构成等方面的优化。

• 我国现行的税制体系共有 5 类 19 个税种，大体上经历了中华人民共和国税制的建立、税制建设中的简并、新时期的税制建设、适应市场经济的税制改革和 21 世纪以来的税制改革五个阶段，是在税制的改革与完善中逐步形成的。对企业和个人影响较大的税种及附加主要包括增值税、消费税、企业所得税、个人所得税、资源税、城镇土地使用税、土地增值税、房产税、车船税、契税、车辆购置税、印花税、环境保护税、城市维护建设税和教育费附加等 14 种。

复习思考

一、概念题

税收　税法　税收特征　税收职能　税收分类　税收负担　税负转嫁　税收制度
纳税人　征税对象　征税范围　计税价格　计税单位　计税依据　比例税率
累进税率　定额税率　纳税环节　纳税期限　税收优惠　征收方法　纳税地点
税制优化　增值税　消费税　企业所得税　个人所得税　土地使用税
土地增值税　资源税　印花税　房产税　车船税　环境保护税

二、思考题

1. 怎样掌握税收的概念、职能与分类？
2. 如何理解税制与税收、税法的关系？
3. 试比较分析税制构成要素的重要性。
4. 我国税制是如何建立与发展起来的？
5. 怎样理解各税的计税原理和计算方法？

三、分析题

建立"功能齐全"的税制体系——任重道远

要建立一个集收入与调节功能于一身的"功能齐全"的税制体系，我们还有不少的事情要做，可谓"任重道远"。例如，就整个税制体系的布局而言，现行税制的格局是以间接税为主体的。流转税收入占全部税收收入的70%左右，这对有效地取得财政收入有着重要的保障作用，但对调节贫富差距效应较为弱化。

这是因为：由诸个税种所构成的税制体系就像是一支交响乐队，每种税的共同任务虽都为取得财政收入，但也都有其特殊的角色定位——担负着不同的任务。相对而言，直接税较之间接税具有更大的调节作用，间接税较之直接税则具有更大的收入作用。所以，逐步增加直接税并相应减少间接税在整个税收收入中的比重，从而逐步提升中国税收调节贫富差距的功能并使其与取得收入的功能兼容，应当成为我国税制完善与改革的方向。

就具体税种的制度设计来说，现行的个人所得税实行的是分类所得税制，表面上是一个税种，但实际上是 11 个类别的个人所得征税，显然不适宜调节收入分配差距的需要，故此调节功能色彩单薄。因为人与人收入之间的差距，是在汇总所有来源、所有项目收入的基础上的综合收入差距。将个人所得划分为若干类别、分别就不同类别征税，固然也能起到一些调节作用，但毕竟不全面，甚至可能挂一漏万。

要求：请根据上述资料，分析我国现行税制体系中流转税和所得税的优缺点，以及税制改革的艰巨性。

第八章

非税收入制度

非税收入制度是国家和地方政府制定筹集特定用途的财政性资金的法律法规与办法的总称。虽然非税收入占财政收入比重不高，但它是财政收入不可或缺的组成部分，在有些地方政府已是财政收入的主要支柱。本章阐述和分析非税收入理论、非税收入形式与非税收入管理，其内容主要包括非税收入的概念、特征、类型和依据，行政事业性收费收入、政府性基金收入、国有资产资源收入、罚没收入和彩票公益金收入，以及非税收入的效应分析与监督管理。其重点是非税收入的理论与形式，难点是非税收入的形式与管理。

■ 第一节　非税收入理论

一、非税收入的基本概念

（一）非税收入的基本含义

非税收入是指除税收以外，由各级政府、机关、事业单位、社会团体和其他组织依法利用政府权力、政府信誉、国家资源、国有资产或提供特定服务而取得的财政性资金。相对而言，它是除税收、公债收入以外的财政收入。非税收入有广义与狭义之分，广义的非税收入包括行政事业性收费收入、政府性基金收入、国有资产资源收入、公债收入、罚没收入和彩票公益金等其他收入；狭义的非税收入是政府为公共利益而征收的所有非强制性、需偿还的经常性收入，但不包括公债收入。本书所指的是广义非税收入。

从上述非税收入含义可以看出：非税收入征收主体是各级政府财政部门及其委托征收的部门和单位；征收目的是为实现公共利益，资金使用一般具有特定用途；征收依据是国家行使的权力，包括社会行政管理权和资产所有权；征收范围一般限定在按受益确定特定消费者的公共产品或劳务，它只能在市场与政府两者之间的规制领域内发挥分配和调节作用；征收标准通常低于政府提供该种产品或劳务的平均成本，平均成本与收费间的差额（实际上是对使用者的补贴）主要依靠税收弥补；依法管理非税收入，其项目与标准要依法确定、调整和变更。

近年来，我国不断加强非税收入的监督管理，非税收入已成为财政收入的重要组成部分，且非税收入有不断上升的趋势。2015年我国非税收入27 347.03亿元，2016年我国非税收入29 244.24亿元，同比增长6.94%，占当年财政收入（159 604.97亿元）的18.32%，其中中央非税收入6 696.58亿元，同比下降4.43%，主要是部分企业一次性上缴利润减少；地方非税收入22 547.66亿元，同比增长11.05%。

（二）与税收收入的关系

1. 非税收入和税收收入的共性

非税收入和税收收入，在征收主体、征收目的、征收标准、收入性质和预算管理等方面有着诸多的共同之处。

（1）征收主体。两者征收主体都只能是政府或其授权的单位。除此之外，任何经济单位、社会团体和个人都无权征收。

（2）征收目的。两者征收目的都是满足社会公共需要，实现国家利益，而不是为了满足私人需要及私人利益服务。

（3）征收标准。两者征收标准都是依法或依规的，即税收收入依照税收法律制度标准征收；非税收入的政府性基金、规费、使用费及罚没等应符合政府制定的标准。

（4）收入性质。两者征收范畴是一致的，都是政府参与或影响国民收入的分配，其收入性质在本质上都属于国家的财政性资金。

（5）预算管理。从严格意义上讲，无论是税收收入还是非税收入，都必须纳入预算或资金管理的范围，一般不允许存在制度外收入，这是财政资金完整性要求的体现。

2. 非税收入和税收收入的差异

非税收入和税收收入除具有共性外，在立法层次等方面也有着较大的差异，主要包括以下几个方面。

（1）立法层次。我国税收立法权属于中央专有，必须经全国人民代表大会及其常务委员会制定或由其授权国务院制定，各级政府及财税等部门具体贯彻执行。而非税收入的立法层次相对较低，除中央权力外，地方政府也具有一定的立法及其管理权限。

（2）征收原则。非税收入征收原则是受益程度，即根据缴纳人从政府公共服务中得到利益的大小来确定收入的多少。而税收征收原则是支付能力，即纳税人纳税的多少与其支付能力的大小直接相关，与从政府公共服务中得到利益的大小并无必然联系。

（3）执行主体。税收收入的执行主体是税务机关、财政机关和海关，具有集中化和专业化的特点。而非税收入的执行主体是政府行政、司法机关，以及某些被授予行政管理职权的企事业单位，具有分散化和附属化特点。

（4）征收范围。税收与非税收入的征收范围都具有广泛性。但非税收入的征收范围具有更强的选择性，特别是政府规费和使用费的收取，一般限定在按照受益程度确定特定消费者的项目内，而税收筹资则适用于不能确定特定消费者的项目。

（5）征收强度。税收收入具有显著的强制性，只要经济主体发生了应税行为和收入就必须依法缴纳税款。而非税收入除罚没、社会保障基金收入等具有强制性外，其他收入的强制性并不突出，如政府不能为收费而强迫消费者接受其产品或服务。

（6）无偿性质。非税收入中除罚没收入具有无偿性外，其他收入形式一般具有有偿的性质，体现政府和收入缴纳者之间一定的交换关系。而税收的征收则是无偿的，具有"取之于民，用之于民"的性质。

（7）收入地位。国家财政收入的主体是税收，税收收入主要是提供公共产品。非税收入的种类与形式虽较多，但却不是主体，而是财政收入体系的重要补充，其比重约占财政收入的15%，因为它提供的产品或服务是为满足特定群体的需要。

（三）非税收入的基本特征

由非税收入的含义可归纳出非税收入独有的特征。相对于税收、公债而言，非税收入具有以下四个特征：

1. 非税收入的灵活性与时效性

非税收入既可以按照受益程度原则采用收费形式收取，又可以为特定项目筹集资金而采取各种基金形式收取，还可以为校正外部效应而采取罚款形式收取等，体现了征收形式的灵活性。有的非税收入是为政府某一特定活动的需要而在特殊条件下出现的过渡性措施，体现了征收时间的灵活性。另外，各级地方政府及其有关部门、单位可根据不同时期本地的实际情况制定不同的征收标准，体现了征收标准的灵活性。

因此，非税收入在形式、时间和标准等方面，都比税收要灵活得多。税收的固定性表明税制不可能经常变更，税收政策也不可能随时进行调整。但客观情况却是复杂多样、不断变化的，非税收入在立项、收费标准制定上的灵活性，决定了它的时效性。也正因为非税收入在设计和调整等方面比税收更为灵活，所以在体现国家宏观调控意图时，非税收入具有税收所无法替代的特殊调控作用。

2. 非税收入的强制性与自愿性

一部分非税收入是国家政府部门或政府授权的机构依据法律法规在行使社会管理职能时收取的费用，在执行上带有一定的强制性质，缴费单位和个人必须按照国家有关规定及时缴纳，否则就要受到法律法规的制裁。其非税收入主要是政府性基金和罚没收入等。

另一部分非税收入，则是国家事业单位在提供服务时收取的费用，按照"谁受益、谁付费"原则，属于自愿选择的收费项目。其非税收入主要是行政事业性收费和其他预算外资金等。

3. 非税收入的有偿性与无偿性

非税收入的很多项目是有偿的，谁付费谁就得到相应的管理服务和社会服务，如证照收费和检验收费等。事业单位提供社会服务必须具备一定的场所、设备、人员和技术条件，需要消耗材料，这些消耗虽具有社会福利性和公益性，但也不应由国家统包而应实行享受者适当补偿的方式。

另外一些非税收入项目，如政府性基金、罚没收入、以政府名义接受的捐赠收入等，具有典型的无偿性特征。

4. 非税收入的专项性与多样性

由于非税收入的征收政策就是为满足社会公共管理的某项资金需求或管理服务行为的补偿而设立的，因此非税收入有特定的管理和收取对象。未发生受管制行为的单位和个人排除在这一管理与征收范围之外。非税收入资金使用上普遍具有其专项用途，不能用于政策规定之外的其他范围，这也是非税收入最明显的特征。

非税收入的专项性也决定了非税收入具有不稳定性，由于政府非税收入有特定的管理和收取对象，一旦该行为或该对象消失或剧减，某项非税收入也会随之消失或剧减。此外，非税收入还有多样性的特征，即政府非税收入项目多种多样，且每年会有些调整等。

二、非税收入类型与依据

（一）非税收入类型的划分

按照不同的标准，可将非税收入划分为不同的类型。按预算管理办法，可分为预算内非税收入、预算外非税收入和制度外非税收入，这是非税收入的基本类型；按收入来源和构成情况，可分为行政事业性收费、政府性基金、罚没收入、国有资源有偿使用收入、国有资产有偿使用收入、国有资本经营收益、彩票公益金、以政府名义接受的捐赠收入、主管部门集中收入及政府财政资金利息收入等；按收入性质，可分为强制性非税收入和产权性非税收入；按收入依据，可分为规费收入、使用费收入、校正性收入和国有资产收入等。

（二）非税收入获取的依据

非税收入是在政府提供公共产品和干预经济中进行的，与政府提供公共产品的性质、特征与方式等因素密切相关，也与政府对经济过程的干预紧密相连。有的非税收入属于成本补偿性的，如各种行政事业性收费收入；有的非税收入属于政府履行其职能的手段，如罚没收入；有的非税收入属于所有权收益，如国有资产资源收入等。

1. 公共产品与非税收入获取的依据

非税收入中的大部分收入是属于成本补偿性质的使用费，即政府是公共产品的提供者，而使用者应向其提供者缴纳一定费用。公共产品是通过税收或收费方式补偿成本，这取决于公共产品的性质和特征。从纯公共产品成本补偿上分析，纯公共产品消费的非竞争性，意味着其边际成本为零，而根据边际成本定价原则，政府向社会提供纯公共产品时不能向使用者直接收费；纯公共产品消费的非排他性特征，也意味着很难通过非税方式向公共产品筹资，如城市道路的路灯就无法向行人收取使用费，因此只能通过强制征税方式弥补其供给成本。

从准公共产品成本补偿上分析，政府提供准公共产品所发生的费用，不能全部用税收来补偿。这是因为准公共产品的效用可以分割，且消费者对其消费在范围和程度上也存在着差异。若用税收方式补偿准公共产品的生产费用，实际上是其生产费用由所有的社会成员共同负担。但政府提供准公共产品所发生的费用也不能完全用收费来补偿，只用收费也不符合公平和效率的要求。采用收费方式对准公共产品进行成本补偿，若运用得当，可起到改善公共资源的使用效率、降低经济制度的扭曲程度、改进公共资源的配置效率和提高公共服务质量等积极作用。

2. 外部经济与非税收入获取的依据

非税收入中的校正性收入，主要是罚没收入。与行政手段和法律手段相似，罚没行为属于政府行使其职权的经济手段，其目的是为制止或禁止人们做一些政府并不期望发生的事宜或行为，因为这类事宜或行为往往产生负的外部经济，而合理的罚没行为有利于调节和规范各经济利益主体的行为。正外部经济所产生的收益具有典型的非排他性，与公共产品相同无法定价，或者说是处于价格体系之外。

私人部门往往不愿意在有正外部性的领域投资，从而促使政府通过投资行为给予补贴，使投资者所获收益与政府补贴之和，与其投资所产生的收益大体相等，私人部门才会投资。正外部经济及由此产生的政府干预是否会产生非税收入，取决于政府干预的方式。若政府采取直接投资，即兴办国有实体则会产生非税收入，如公立学校的收费等；反之，若政府采取向私人部门提供补助，一般不会产生非税收入。

3. 国有产权与非税收入获取的依据

产权是指财产所有权及其有关的财产权，实际上是财产的所有权、占有权、使用权、收益权和处置权的统一。一般而言，产权包括权能和利益，权能是产权主体对财产的权利或职能的掌握与行使；利益是产权带给产权主体的效用或好处，表现为经济上的某种利得。两者是相互依存的，即权能的行使是获得利益的必要条件和手段；而利益是权能的目的，即产权主体的行为动机所在。

产权具有排他性，对特定财产的特定权利只能属于一个主体，实质上是产权主体对特定权利的垄断性。产权具有收入分配功能，是收入分配的基本依据。国有资产的产权主体是国家，它的界定和明晰有助于财政收入分配的规范化。而国有资产收入就是国家凭借其拥有的国有资产产权，从国有资产使用者手中取得的，其产权管理的目的或目标是保障国有资产收益或说保值和增值。

第二节　非税收入形式

非税收入作为一种财政收入形式，中华人民共和国成立初期就已经存在，且大都采用预算外进行管理。根据我国《2017年政府收支分类科目》，非税收入包括专项收入、行政事业性收费收入、罚没收入、国有资本经营收入、国有资源（资产）有偿使用收入、捐赠收入、政府住房基金收入和其他收入（彩票公益金等）八类。这里主要阐述行政事业性收费、政府性基金收入、国有资产资源收入、罚没收入和彩票公益金收入。

一、行政事业性收费收入

（一）行政事业性收费的概念

1. 行政事业性收费的含义

行政事业性收费是指国家机关、事业单位、代行政府职能的社会团体及其他组织根据法律等有关规定，按照成本补偿和非营利原则向特定服务的公民、法人和其他组织收取的费用。2016年我国行政事业性收费收入4 896.01亿元，同比增加0.47%，占当年财政收入（159 604.97亿元）的3.07%、非税收入（29 244.24亿元）的16.74%。

行政事业性收费最早由1982年辽宁省物价局为概括当时各行政和事业单位弥补财政拨款不足的创收情况，以区别于商品价格而提出的概念；1987年制定的《中华人民共和国价格管理条例》正式使用。其内涵主要包括以下四个方面：

（1）收费主体。行政事业性收费一般是代表政府来活动的，收费主体必须是国家行政事业单位或国家法律法规授权单位。

（2）收费对象。行政事业性收费的收费对象是被管理的或接受政府提供服务的单位和公民。

（3）收费依据。行政事业性收费的收费行为必须依法设定，收费的依据是国家法律法规规定的项目和标准。在我国，收费目前一般是由行政法规的规定予以设立。

（4）收费资金。行政事业性收费资金是国家财政性资金，表现为所有权属国家、分配权归政府、管理权在财政。

2．与经营性收费的区别

行政事业性收费的实质是按市场交易原则采取的一种准市场行为，总体上看它不具备强制性，而是基于社会成员的自主自愿原则，采取"谁使用、谁付费"或"谁受益、谁付费"的办法来征收。行政事业性收费与经营性收费的区别主要表现在以下三个方面：

（1）收费属性。行政事业性收费属于财政分配问题，体现国家与企事业单位及个人之间的分配关系，是政府行为，有一定的强制性。而经营性收费属于价格范畴，体现商品或劳务买卖双方之间的交换关系，是企业行为，具有自愿性和竞争性。

（2）收费目的。行政事业性收费体现受益补偿，在受益对象接受特定产品或服务时承担一部分费用，用于补偿或部分补偿提供管理或服务的成本，不以盈利为目的。而经营性收费是一种商品价格补偿，以盈利为目的，既要收回成本，又要赚取利润。

（3）收费主体。行政事业性收费的征收主体主要是政府机关或事业单位，其收费所形成的收入属于政府财政收入。而经营性收费的征收主体是从事经营活动的企业性单位，其收费所形成的收入属于经济实体或个人的收入。

3．行政事业性收费的相关问题

（1）行政事业性收费与执收主体的关系。从行政事业性收费的执收主体法理上看，行政性收费应由国家行政司法机关来执收，事业性收费应由国家事业单位来执收。但从实际工作上看，有的行政机关单位有事业性收费，有的事业单位也有行政性收费，有些履行行政管理职能的"公司""社团"也有行政性收费和事业性收费。

（2）行政事业性收费与国家税收的关系。在行政事业性收费中，有些收费的确与税收的某个特征相同或所有特征相似，税费在实践上的区别有时并非十分明确。有时政府为特定需要也会采取"以税代费"或"以费代税"的做法，前者如燃油税、社会保障税，后者如社会保险费及基金性收费，但这并不意味着其收费具有税收性质，也不能完全取代。

（3）行政事业性收费与规费、使用费的关系。我国在20世纪80年代之前，其收费主要是工商登记、结婚登记和驾驶证等收费，收费项目很少、数额较小，通常将这些收费称为规费。但随着地方政府自主权的不断扩大，其收费项目越来越多、规模也越来越大，因而可将行政性收费视为规费、事业性收费视为使用费。

（二）行政事业性收费的分类

1. 以资金性质为标准的分类

以资金性质为标准，行政事业性收费可分为行政性收费与事业性收费。行政性收费是国家行政机关和其他单位在依法行使行政管理职权时按照规定收取的费用，主要包括资源性收费（如水资源使用费等）、管理性收费（如诉讼费等）、证照性收费（如对许可证、执照和证本收费等）和检验检疫收费（如国境卫生检疫费等）。事业性收费是国家机关、事业单位向公民、法人和其他组织提供服务时按照规定收取的费用，如高等教育学费等。

行政性收费与事业性收费的不同之处有：一是行政性收费的收费主体主要是国家机关，事业性收费的收费主体一般主要是事业单位；二是行政性收费是执收主体在行政管理活动中进行的收费，有一定的强制性和管理性，而事业性收费是执收主体在服务过程中进行的收费，带有自愿、补偿和服务的性质；三是在现行管理体制下，行政性收费收入按国家规定上缴财政并纳入财政预算管理，而事业性收费收入按国家有关规定实行财政专户管理。

2. 以收费类别为标准的分类

以收费类别为标准，行政事业性收费可分为行政管理类收费、证照类收费、资源补偿类收费、鉴定类收费、考试类收费、培训类收费和其他类收费。行政管理类收费是指国家行政机关依据有关法律法规规定，在行使国家管理职能时向被管理对象收取的费用；证照类收费是指国家行政机关根据社会、经济、技术、资源管理需要，依据法律法规和省以上人民政府的规定制发各种证件、牌照、簿卡而收取的工本费，主要包括注册费、登记费、手续费、审验费、审查费、签证费及各种证照收费；资源补偿类收费是指开采、利用自然和社会公共资源按照法律法规规定缴纳的费用，主要包括无线电频率占用费、水资源费等资源类收费和特许权等无形资产使用费，排污费、水土流失防治费、林地补偿费、社会抚养费等补偿和治理类收费；鉴定类收费是指按照法律法规规定从事检验、检测、鉴定、检定、认证、检疫等活动而收取的费用，主要包括检验费、检测费、鉴定费、检定费、认证费和检疫费等；考试类收费是指国家行政机关、事业单位、社会团体按照法律法规和国务院或省级政府文件规定组织的考试，或实施经人事部批准的专业技术资格和执业资格考试，以及经劳动和社会保障部批准的职业资格考试而收取的费用；培训类收费是指根据法律法规规定开展强制性培训活动而收取的费用；其他类收费是指上述五类收费以外的其他行政事业性收费。

3. 以审批权限等为标准的分类

以审批权限为标准，行政事业性收费可分为国家收费项目和省级收费项目。根据财政部公布的行政事业性收费目录，国家收费项目包括：一是国家法律规定的收费项目，如《中华人民共和国公路法》规定，符合国务院交通主管部门规定的技术等级和规模的公路可收取通行费等；二是国务院有关法规规定设立的收费项目，如国务院发布的《仲裁委员会仲裁收费办法》；三是财政部与国家发展和改革委员会（以下简称"发改委"）联合下达的收费项目，这类收费较多。省、直辖市、自治区批准的收费项目包括省级人民代表大会、省级人民政府和省级财政部门与物价部门批准的收费项目。

以管理权限为标准，行政事业性收费可分为中项中标收费、中项省标收费、省项省标收费和其他收费。中项中标收费指中央审批项目、中央制定标准的行政事业性收费；中项省标收费指中央审批项目、省（区、市）制定标准的行政事业性收费；省项省标收费指省（区、市）审批项目并制定标准的行政事业性收费；其他收费指省（区、市）审批项目、省（区、市）委托下级价格主管部门制定标准的行政事业性收费。

以收入归属为标准，行政事业性收费可分为中央收费项目、地方收费项目、中央与地方共享收费项目。中央收费项目主要有商检部门的检疫收费、海关部门的收费和铁路系统的收费等；地方收费项目主要有土地闲置费和车辆通行费等；中央与地方共享的收费项目，主要有考试收费和全国性证照收费等。

此外，以收费对象为标准，行政事业性收费可分为涉企收费、涉农收费和其他收费；以执收部门为标准，行政事业性收费可分为工业部门收费、农业部门收费、国土资源部门收费、工商管理部门收费、教育部门收费和政法部门收费等。

（三）行政事业性收费的管理

1. 行政事业性收费的范围

为使行政事业性收费发挥良好的正面作用，抑制其负面影响，必须对行政事业性收费的项目及范围进行选择与规范。政府行政管理机构的管理性服务基本上是不能收费的，可选择的收费项目主要包括两种：一是在提供部分行政管理服务中发生的与服务对象直接相关的可计量费用，如工本费等；二是对特许权的收费，即为获得政府某些特别许可的权力所支付的价格，如建筑许可、烟草专卖许可和资源开发许可等。

行政事业性收费与事业服务收费、专项收费项目的范围有着较大的不同。由于政府在市场经济条件下提供事业服务的原因，主要是由于市场对某些领域的不供应或供应不充分（有效率损失），因此事业服务收费的范围主要集中在基础设施、教育、卫生、文化、科研、邮政电信、供电供水和公共交通等领域。采用专项收费的目的主要是在一些特定的支出项目上更好地体现财政收入分担的受益原则，因此，只有那些基本上能准确测定特殊受益者和受益程度的项目，才能采用专项收费的方式。

2. 行政事业性收费的定价

行政事业性收费是一种非市场行为，其价格通常是由供应方单方面确定，这就要求对行政事业性收费的定价进行有效的约束，针对不同的收费内容规范定价准则。

（1）工本费（规费）的定价。工本费（规费）的定价是一个比较简单的问题，根据其性质只能以实际耗费作为收费标准。但收费单位必须从消费者的立场出发，本着节约的原则来考虑工本的耗费。

（2）特许权收费的定价。不适合充分竞争的行业，如金融业、娱乐业、赌博业、出租车行业和特殊资源行业等，应是政府管理的特许行业；需要经过特殊能力资格审查的是政府管理的特许行为，如驾驶、行医、诉讼代理等。对特许行业的收费，应以进入特许行业的经营者将获得的超额收益作为收费的依据；对特许行为的收费，应以资格审查过程中直接发生的服务成本为定价标准。

（四）行政事业性收费的改革

1. 行政事业性收费的系列改革

近年来，我国进行了一系列行政事业性收费的改革。主要包括：2008年9月起停征集贸市场和个体工商户管理费，约为170亿元；2009年1月起在全国统一取消和停止征收城市房屋拆迁管理费、暂住证(卡)工本费等100项（其中取消92项、停征8项）

行政事业性收费，直接减轻企业和社会负担约为360亿元，同时各地方政府及其财政部门全面清理本地区的行政事业性收费；2012年12月起取消和免征30项（分别为15项）全国行政事业性收费项目；2013年8月起取消和免征33项中央级行政事业性收费，同年11月起取消314项省级行政事业性收费，初步测算为社会减负50亿元。

2015年以来，国家及其有关部门加大行政事业性收费管理的力度，进一步规范"收费目录清单"。如2015年1月起取消或暂停征收12项中央级行政事业性收费，对小微企业（含个体工商户）免征42项中央级行政事业性收费，同年11月起取消和暂停征收37项行政事业性收费；2016年1月起取消人力资源和社会保障等部门所属公共就业和人才服务机构收取的人才集体户口管理服务费（包括经营服务性质的收费），同年5月起免征18项行政事业性收费；2017年4月起取消或停征41项中央设立的行政事业性收费，将商标注册收费标准降低50%；2017年6月财政部网站公布了全国行政事业性收费目录清单"一张网"，同年7月国务院常务会议上明确要求"要接受社会监督，做到清单之外一律不得收费"。

2. 行政事业性收费的改革目标

按照健全社会主义市场经济体制和完善公共财政体制的要求，行政事业性收费应通过"深化改革、完善制度、健全机制，进一步规范行政事业性收费管理的要求"进行改革。其基本思路是：按照"正税清费"的原则，继续对现有收费进行清理、整合和规范，推进税费制度改革，优化财政收入结构，逐步建立以税收为主、收费为辅的政府收入分配体系。其收费制度改革的基本构想主要包括以下四个方面：

（1）对收费项目实行分类改革。根据行政事业性收费理论和规范政府分配秩序的要求，进一步清理现有收费项目，并采取相应措施加以规范：一是合理规范必需的收费，如对证照工本费、注册费、公共资源使用费和各种事业性收费等予以保留；二是积极推行费改税，对一些收入数额较大、征收关系比较稳定、具有税收性质又不宜取消的收费实施费改税；三是坚决取消不合理收费，以减轻企业与社会的负担。

（2）扩大财政预算管理的范围。将原属于预算外、制度外的政府财政性资金纳入预算内管理，提高政府收支的透明度和规范性。针对部分收费专项性强的情况，可在预算安排中将其收支对应起来，一般可通过编制专项基金进行预算管理。对因某些特殊原因暂未纳入预算管理的收费项目，应加强计划控制和收支两条线管理，并将其纳入预算统筹安排。

（3）加强收费管理的法制建设。收费秩序混乱的重要原因之一，是收费管理法制不健全，缺乏对收费行为的制约措施和违规的处罚规定。通过收费管理的立法，明确规定收费的设立依据、审批机关、审批权限、收费标准的确定原则与方法、违规处罚措施与处罚执行机关等，以此约束和规范各级政府的收费行为。

（4）积极推进政府机构的改革。改革收费制度，规范收费秩序，减轻企业和社会负担，必须与政府机构改革相结合。如果政府机构臃肿、经费负担沉重，难免巧立名目，多方收费，在此种情况下进行收费制度改革必定障碍重重，即使勉强推行也难以持久。因此，政府机构改革尤其是地方政府机构改革的推进，是我国收费制度改革取得成功的重要条件之一。

二、 政府性基金收入

（一）政府性基金的概念

1. 政府性基金的含义

政府性基金是指为支持某项事业发展，依照法律法规及规定程序批准，由各级政府或所属部门向单位和个人征收的具有专项用途的财政资金。其主要包括各种基金、资金、附加和专项收费。设立政府性基金的目的，主要是支持某项特定产业和事业发展，其主要形式包括各种基金、资金、附加和专项收费等。

政府性基金是独立于财政收入之外具有财政性质的资金，它与财政收入、国有资本经营收入和社保基金共同构成政府收入。2016 年我国政府性基金收入 46 618.62 亿元，同比增长 11.90%，占当年财政收入（159 604.97 亿元）的 29.21%。

2. 与行政事业性收费的关系

政府性基金与行政事业性收费都是政府为提供特定社会公共产品或服务，参与国民收入分配和再分配的一种形式，是政府筹集资金的一种手段。两者的主要区别为：

（1）资金来源。政府性基金的资金来源途径较多，可按税收、价格征收，也可按销售收入、营业收入和固定资产原值等的一定比例收取。而行政事业性收费的资金来源一般来自被管理或服务对象的资金或收入。

（2）征收特性。政府性基金一般具有强制性和无偿性，也称准税收。而行政事业性收费除了专项收费以外，一般具有补偿性。

（3）服务方式。政府性基金与被征收主体一般不直接发生管理或服务关系。而行政事业性收费与具体服务的提供或管理职责的行使直接相联系。

（4）收入规模。政府性基金征收数额较大，且严格实行专款专用，是具有专门用途的资金。而行政事业性收费的数额较小，主要是用于管理或服务的开支。

3. 政府性基金的特征

政府性基金与一般预算收支项目相比，具有以下四个特征：

（1）对应性。政府性基金在收支上具有明确的对应关系，基金收入必须用于规定的支出项目，且以相应的基金为保证。对维持性基金而言，这种对应性有助于支出项目成本的合理补偿；对发展性基金而言，则有助于保障支出目标的如期实现。

（2）专项性。一般而言，政府性基金是按具体项目或特定目的设立，无论是预算拨款形成的基金，还是由专项收入形成的资金，都必须保证专款专用、严禁挪用的行为。政府性基金的这种专项性，是财政部门从严控管的重要依据。

（3）灵活性。对政府性基金项目的设立及其规模的控制，可根据不同时期政府的情况及需要做较为灵活的安排，既可增设一些基金或扩大原有基金规模，也可反向操作，这种灵活性为政府调节社会经济活动提供了较大的空间。

（4）分散性。由于政府性基金项目众多，且大多数作为预算外资金，由各地方、部门和单位掌握与支配，其分散性是十分明显的。这也对基金的监督管理提高了难度，这就要求必须有健全的法律规制、较高的管理水平和监控能力。

4. 政府性基金的分类

（1）以管理主体为标准的分类。政府性基金按管理主体标准，可分为中央政府性基金和地方政府性基金。中央政府性基金是由中央政府管理和支配的基金；地方政府性基金是由地方政府管理和支配的基金。

（2）以基金用途为标准的分类。政府性基金按基金用途标准，可分为维持性基金和发展性基金。维持性基金是为保证原有公共项目运转需要而建立的专项基金，如公路养路基金和城市维护建设基金等；发展性基金是为加强特定公共项目建设或发展特定事业的需要而建立的专项基金，如公路建设基金、水利建设基金和教育发展基金等。

（3）以形成来源为标准的分类。政府性基金按形成来源标准，可分为一般预算基金和专项收入基金。一般预算基金主要来源于税收，如预算内安排的基建投资等。专项收入基金是由专项税收和非税收入组合而成的基金，前者如由征收社会保险税（费）而建立的社会保险基金等；后者主要由对使用者收费形成，或在政府征税或收费时征收附加形成，如由征收教育费附加而建立的教育发展基金等。

（4）以筹集方式为标准的分类。政府性基金按筹集方式标准可分为三种：一是附加在税收上征收的基金，如地方教育附加和地方教育基金等；二是附加在价格上征收的基金，如能源建设基金、三峡工程建设基金、燃油附加等；三是以销售（营业）收入为对象征收的基金，如文化事业建设费、公路客货运附加费等。

（5）以项目名称为标准的分类。政府性基金按项目名称标准，分为基金、资金、附加和专项收费。根据 2017 年《全国政府性基金目录清单》，属于基金的主要有铁路建设基金、民航发展基金和国家重大水利工程建设基金等；属于资金的主要有农网还贷资金和国家电影事业发展专项资金等；属于附加的有城市公用事业附加、教育费附加和地方教育附加等；属于专项收费的有港口建设费和文化事业建设费等。

（二）政府性基金的范围

我国的政府性基金和基金性财力项目多、分布广、数额大，基本上是由各种非税性收入形成。从涉及领域看，包括工业、交通、商业、农业、林业、水利、文化、卫生和教育等几乎所有部门；从管理主体看，既有中央性基金，也有地方性基金（占绝大多数）；从基金的名目看，大的有国家重大水利工程建设基金、民航发展基金和铁路建设基金等，小的包括数以千计的由各种行政事业性收费形成的基金性财力。

根据 2017 年 4 月财政部公布的《全国政府性基金目录清单》规定，2017 年全国政府性基金有 21 项，包括铁路建设基金、港口建设费、民航发展基金、高等级公路车辆通行附加费（海南）、国家重大水利工程建设基金、水利建设基金、城市基础设施配套费、农网还贷资金、教育费附加、地方教育附加、文化事业建设费、国家电影事业发展专项资金、旅游发展基金、中央水库移民扶持基金、地方水库移民扶持基金、残疾人就业保障金、森林植被恢复费、可再生能源发展基金、船舶油污损害赔偿基金、核电站乏燃料处理处置基金和废弃电器电子产品处理基金。

（三）政府性基金的管理

加强政府性基金管理是加强财政管理的重要内容，也是规范政府社会经济行为的有效手段。一般来说，加强政府性基金管理主要包括以下三个方面：

（1）对政府性基金实行预算管理。其管理措施主要包括：对纳入公共预算体系内的政府性基金，应根据预算管理原则和程序全面反映其收支情况；对数额较小的政府性基金可在预算中做专项收支处理，对数额较大的政府性基金应编制基金预算进行专项预算管理；对作为预算外资金的政府性基金及基金性财力，一般可通过掌握和支配这些基金的部门或单位的预算加以反映与管理。

（2）对政府性基金实行专项管理。专项管理主要适用于属于预算外资金的政府性基金的管理，包括专户储存和收支两条线。专户储存是公共部门或单位将收取的款项按当地财政部门的要求存入指定的银行专户，由财政部门监督使用；收支两条线是将收入与支出渠道分开，收入进入专户，支出从专户中拨付。该管理方式有助于政府及财政部门集中管理和控制，防止因管理分散而出现挪用、流失等违法违纪问题。

（3）对政府性基金实行审计管理。强化审计监督管理是保障政府性基金管理政策法令得以有效贯彻的重要措施。通过审计监督管理工作，可以了解有关部门和单位的财务收支情况，及时发现和解决其在基金征收、管理和使用中存在的问题。其审计方式既可结合财政日常业务管理工作进行，也可安排专项或全面的审计；既可由政府财政和审计部门直接开展，也可委托社会中介机构实施。

（四）政府性基金的调整与规范

我国政府性基金除农（牧）业税附加（1958 年）、城镇公用事业附加（1964 年）和育林基金（1972 年）以外，其余是 20 世纪 80 年代以后设立，但 90 年代后出现了违规设立基金、专项资金挪作他用等问题，为此中共中央、国务院于 1990 年和 1996 年明确与重申设立政府性基金的审批权限，同时将养路费等 13 项数额较大的政府性基金（收费）纳入预算管理；2000 年 3 月和 2009 年 10 月财政部进一步规范了政府性基金管理及地方政府性基金预算管理；2012 年全国各种政府性基金有近 500 项，除 30 多项是经国务院或财政部批准设立的，其余基金项目均为各地区、各部门设立。

近年来，我国进行了一系列政府性基金改革。例如，2015 年 2 月财政部颁布《关于进一步加强行政事业性收费和政府性基金管理的通知》；2016 年 2 月起将新菜地开发建设基金和育林基金征收标准降为零，停征价格调节基金，将免征教育费附加、地方教育附加和水利建设基金的标准由月销售额不超过 3 万元扩大到 10 万元；2017 年 4 月起取消新菜地开发建设基金、育林基金、新型墙体材料专项基金和散装水泥专项资金 4 项基金，调整残疾人就业保障基金征收政策，各省级政府结合当地经济发展水平等因素自主决定免征、停征或减征地方水利建设基金、地方水库移民扶持基金等。

三、　国有资产资源收入

（一）国有资产的基本范畴

1. 国有资产的含义

国有资产有狭义与广义之分，前者是法律上确定为国家所有并能为国家提供经济和社会效益的各种经济资源的总和，以营利为目，实质是国家作为投资者在企业中依法拥有的各种所有者权益；后者是国家所有的一切财产和财产权利的总称，包括国家以各种形式进行的投资及其收益、拨款、接受馈赠、凭借国家权力取得或依法认定的各种类型的财产和财产权利。本书所言的国有资产是指广义上的国有资产。

一般认为，国有资产的范围十分广泛。根据我国宪法和有关法律的规定，国有资产的范围主要包括：国家机关及其所属事业单位的财产；军队财产，如军事设施等；全民所有制企业；国家所有的公共设施、文物古迹、风景游览区和自然保护区等；国家所有的版权、商标权、专利权等无形资产；国家在国外的财产；国家对非国有单位的投资以及债权等其他财产权；不能证实属于集体或个人所有的财产等。

2. 国有资产的种类

（1）经营性国有资产。经营性国有资产是指从事产品生产经营等服务活动，以营利为目的，依法经营和使用的产权属于国家所有的一切财产。其经营方式主要包括独立经营、委托经营、承包经营、租赁经营、股份经营和联合经营等，具有效益性、流动性和多样性的特征。

经营性国有资产按照不同标准有不同的分类：如按资产存在形态，可分为流动资产、固定资产、材料及低值易耗品、长期投资、无形资产和其他资产；按行政管理层次，可分为中央政府管理的经营性资产和地方政府管理的经营性资产；按国家资本比例，可分为国有独资企业资产、国家控股企业资产和国家参股企业资产；按所处产业部门，可分为产业经营性资产和其他经营性国有资产等。

（2）非经营性国有资产。非经营性国有资产是指由行政事业单位占有使用，在法律上为国家所有，能以货币计量的各种经济性资源的总和。其来源主要包括国家拨给行政事业单位的资产、行政单位按规定使用国有资产形成的资产，以及接收捐赠和其他经法律确认为国家所有的资产，具有配置的非生产性、占有的无偿性、使用的非营利性、形成的无偿性和经营的流转性的特征。

非经营性国有资产按行政管理层次，可分为中央行政事业性国有资产和地方行政事业性国有资产。非经营性国有资产如果转入经营后，其管理原则与方式要相应做出调整，即将其纳入经营性国有资产的管理范围，如行政事业单位用国家财政拨款兴建的楼堂馆所等即此类。

（二）国有资源的基本范畴

1. 国有资源的含义

资源是指一国或一定地区内拥有的物力、财力、人力等物质要素的总称。一般可分为自然资源和社会资源两大类，前者如阳光、空气、水、生物、海洋、土地、森林、草原和矿藏等；后者包括人力资源、信息资源及经过劳动创造的各种物质财富。

一般认为，国有资源是国家所有的水、油气、矿产和生物等资源，是指根据国家法律法规规定，其所有权归国家所有的各种自然资源。国有资源在实物形态上具有稀缺性、有限性、复杂性和失衡性等特点，在价值形态上具有垄断性、相对性、资产性和有价性的特点。

2. 国有资源的分类

（1）以资源性质为标准的分类。国有资源按资源性质可分为自然资源、社会经济资源和技术资源，通常被称为人类社会的三大类资源。自然资源一般是指一切物质资源和自然产生的资源，即在一定技术经济环境条件下对人类有益的资源；社会经济资源是指直接或间接对生产发生作用的社会经济因素，其中人口、劳动力是社会经济发展的主要条件；技术资源是指在社会经济发展中发挥作用的科学技术，是发展生产力或改进生产工具的方法与手段。

（2）以资源优势为标准的分类。国有资源按资源优势可分为现实资源、潜在资源和废物资源。现实资源是指已经被认识和开发的资源；潜在资源是指尚未被认识，或虽已认识却因技术等条件不具备还不能被开发利用的资源；废物资源是指传统被认为是废物，而因科学技术的使用，又使其转化为可被开发利用的资源。

（3）以资源状况为标准的分类。国有资源按资源状况可分为国土、矿产、森林、草原、水利和海洋等资源。国土资源是一个国家及其居民赖以生存的物质基础，即自然资源、人口资源和社会经济资源；矿产资源是由地质作用形成，具有利用价值且呈固态、液态、气态的自然资源；森林资源是林地及其所生长的森林有机体的总称，以林木资源为主；草原资源是草原、草山和其他一切草类（野生和人工种植的草类）资源的总称；水利资源是可供开发利用的天然水源，包括江、河、湖、海中的水流及地下潜流、沿海港湾和潮汐等；海洋资源是与海水水体及海底、海面本身有着直接关系的物质和能量。

（4）以其他状况为标准的分类。如按资源条件及生物圈圈层，可分为地下资源、地表资源和气候资源或太空资源（由光、热、风、器、雨等构成）；按资源是否具有生命，可分为生物资源和非生物资源；按资源淘汰再生性质，可分为可再生资源、不可再生资源和可永续利用的资源；按资源经济用途，可分为形成生活资料的资源和形成生产资料的资源等。

3. 国有资源的范围

我国宪法规定：矿藏、水流、森林、山林、草原、荒山、滩涂等自然资源，属国家所有即全民所有，但法律规定属于集体所有的森林、山林、草原、荒地、滩涂除外；城市土地属于国家所有；农村和城市郊区土地，除法律规定属于国家所有外，属于集体所有；宅基地和自留地、荒山，也属集体所有。

根据国家有关法律法规及山东省、湖南省制定的《国有资产资源有偿使用收入管理办法》等规定，国有资源主要包括三类：一是国有自然资源，主包括国有土地、矿产资源、旅游景点、场地、海域、内河湖泊、地表水、地下水和地热使用权，河道采砂权，场地、矿区使用权和探采权等；二是城市公共资源，主要包括世界自然文化遗产、重点文物及政府投资建设的风景名胜区等，出租汽车、公共交通线路的经营权和公共空间使用权等，政府投资建设的道路、公共场地设置停车泊位等；三是其他国有资源，如政府信誉和政府拥有的信息、技术等其他国有资源。

（三）国有资产资源收入的概念

国有资产资源收入是指政府以产权所有者的身份，向国有资产资源的使用者或经营者所收取的一种产权性收入。其主要包括三类：一是国有资产有偿使用收入，是指行政事业单位和党政团体使用或处置国有资产时取得的收入；二是国有资源有偿使用收入，是指国家依法凭借对资源性国有资产所有权，以占用费和使用费等形式向取得国有资源使用权的单位或个人通过招标、拍卖取得的收入；三是国有资本经营收入，是指国家或其授权的国有资产经营机构凭借其对国有资产的所有权或出资所有权，从国有资产经营收入中取得的收益。

中华人民共和国成立以来，特别是在体制转型过程中，国有企业资产收益管理制度先后经历了统收统支、企业奖励基金、利润留成、企业基金、承包、利改税、利税分流和现代企业制度等阶段的不同内容。改革开放以后，我国经济得到快速发展，国有资产数量和质量均有较大程度的提高。2016 年我国国有资源（资产）有偿使用收入6 926.7 亿元，同比增长 26.77%，约占当年财政收入（159 604.97 亿元）的 4.34%；国有资本经营收入 2 608.95 亿元，增长 2.27%，占当年财政收入的 1.63%。

（四）国有资产资源收入的管理

上述各类形式的国有资产资源收入是按其广义列出的，其中只有一部分的国有资产资源收入纳入财政预算管理的范围，如国有企业上缴国家的利润、绝大部分的国有资本经营收入等。因此，将国有资产资源收入全部纳入财政预算，加强规范管理就显得格外重要。一般而言，加强国有资产资源收入监督管理的措施主要包括：严格执行国家法律法规及财政部门有关规定，其收入应及时足额上缴国库；进一步完善国有资本经营收益征收管理方式，防止国有资本经营收益流失；逐步建立国有资本经营预算体系，确保收入安全和有效使用，促进国有经济的结构调整及其健康发展。

随着改革开放和国有企业以股份制改造为核心的现代企业制度的建立，以及为建立适应社会主义市场经济的税制体系，1994 年重新规范国有企业所得税制；2007 年党的十七大报告明确提出要加快建设国有资本经营预算制度，完善各类国有资产管理体制和制度；2012 年党的十八大又提出了"完善各类国有资产管理体制"的改革目标；2017年党的十九大进一步明确提出了"要完善各类国有资产管理体制，改革国有资本授权经营体制，加快国有经济布局优化、结构调整、战略性重组，促进国有资产保值增值，推动国有资本做强做优做大，有效防止国有资产流失"的政策改革要求。

四、罚没收入

（一）罚没收入的概念

1. 罚没收入的含义

罚没收入是罚款收入与没收收入的统称，一般是指除违反税法规定罚没之外的罚款及没收所得或工具、赃款和赃物变价的收入。它是对违法者的经济处罚，不同于乡规民约罚款，后者是对违反道德等的处罚，如城市文明公约中的"随地吐痰，罚款五元"和商场"偷一罚十"等，这类罚款不列入政府罚没收入的范围；它也不同于滞纳金，如违反收费和税收规定而收取一定数量的滞纳金，主要是弥补延期缴款所造成的损失，具有补偿性质。

罚没收入属于国家或政府所有，是财政收入的来源，任何单位与个人不得将其据为己有。罚没收入包括国家行政机关、司法机关和法律法规授权的机构，依据法律法规对公民、法人和其他组织实施处罚所取得的罚没款及没收赃物的折价收入。2016 年我国罚没收入 1 918.34 亿元，同比增长 2.21%，占当年财政收入（159 604.97 亿元）的 1.2%和非税收入（29 244.24 亿元）的约 6.56%。罚没收入在国家财政收入所占比重较小，但它对规范市场主体生产经营行为、维护国家与公共利益和完善市场经济机制等都有着重要的积极意义。

2. 罚没收入的特征

罚没收入与行政事业性收费、政府性基金等有着本质的区别，其特征主要表现在以下三个方面：

（1）强制性。罚没收入中的行政处罚决定具有法律效力，当事人应在处罚期限内无条件地履行。除法律另有规定外，当事人对行政处罚不服时可申请行政复议或提请诉讼，但行政处罚不停止执行。

（2）无偿性。收取罚没款是执法机关对违法者的一种经济惩处，具有惩处的性质，收取的罚没收入是无偿的，不是执法者与违法者之间的"等价交换"。而非税收入中行政事业性收费的收取，则具有管理或服务的性质。

（3）变化性。罚没收入是不稳定的，时有时无、时多时少，或者说此有彼无、此多彼少。因为违法事件多少事先难以预料，只有违规行为发生了才有现实性；违法者的经济状况、公众法治意识和执法单位管理水平对罚没收入都有较大的影响。

3. 罚没收入的分类

（1）以构成项目为标准的分类。罚没收入以构成项目为标准，分为罚款、罚金、没收财产、没收赃款赃物和追回赃款赃物变价收入等。罚款是行政机关依法对违法者强制征收的一定数量货币的行政处罚；罚金是法院判处违法者限期向国家缴纳的一定数量货币的一种附加刑，也可独立使用；没收财产是将犯罪分子个人财产的一部分或全部收归国有的刑罚；没收赃款赃物是行政机关依法将违法者的财产物品收归公有的行政处罚，包括没收违法用具及非法经营物品、所得和违禁品等；追回赃款赃物变价收入是在机关团体和国有企事业单位内部发生贪污盗窃、行贿受贿等依法追回应上缴国家的赃款、赃物变价款收入。

（2）以存在形态为标准的分类。罚没收入以存在形态为标准，可分为货币、证券和实物等。货币包括执法人员执罚时收取的人民币、外汇和变价出售物资的现金；证券包括有价证券和无价证券，如国库券和重点建设债券等；实物是指执法机关直接没收违法者的财产、物品、追回违法者盗骗他人的赃物和收取罚款时违法者无现金支付能力而抵付罚款的物品。实物存在的形态更是多种多样，既有高档商品，也有低档商品；既有可变卖的各种新旧物品，也有必须销毁的伪劣淫毒等物品。

（3）以执法部门为标准的分类。罚没收入以执法部门为标准，可分为政法机关罚没收入、行政执法机关罚没收入和其他经济管理部门罚没收入。政法机关罚没收入是公安、检察和审判机关的罚没收入；行政执法机关罚没收入是履行国家监督管理职能的行政机关收取的罚没收入，主要有工商、物价、审计、监察、国土资源、标准计量和劳动安全等部门的罚没收入；其他经济管理部门罚没收入较多，主要有农牧植检、动检和种子管理罚款，农林水等管理部门罚款，城市规划、环保管理罚款，电力、邮电和盐业管理罚款，药检和卫生防疫罚款，港务监督、公路管理和养路费征收站等交通管理罚款，人民银行及各类专业银行和保险公司罚款，烟草专卖管理罚款等。

（4）以管理级次为标准的分类。罚没收入以管理级次为标准，可分为中央罚没收入和地方罚没收入两类。中央罚没收入指由执法部门（如海关、外汇、铁道）在系统内逐级汇总集中到中央级执法机关后直接上解中央财政的罚没收入；地方罚没收入指中央级罚没收入之外的罚没收入，可分为省级、市级、县级和乡镇罚没收入。

（二）罚没收入的管理

1. 罚没收入的范围

（1）生产领域。行政管理机关依据生产经营的有关法规，对违反有关产权制度、经营制度和劳动保障制度的生产经营者予以经济处分，如超标排污的企业将被处以罚款，以解决市场机制中的"外部不经济"问题。

（2）流通领域。政府行政机关和经济管理机关依照有关市场法律法规，对市场交易对象、价格形成过程、市场竞争关系予以监督，对违法者处以罚款，其最终目的在于规范市场行为，创造公平竞争的环境。

（3）财经领域。对违反国家财经制度和财经纪律的单位和个人予以经济处分，以整顿和维护中央与地方的财政制度及国际、国内的货币制度。

2. 罚没收入的定价

罚没收入必须以国家法律法规为准绳，即必须有判定某种行为违法违规的法律依据；罚款的标准必须同违法违规行为所造成的社会危害相联系，由法律确定；与个别案例相联系的罚款，要通过专门的程序来确定；经常发生的违规罚款标准，应包括在相关的法律法规和管理制度当中，使之成为收取罚款的定价依据。

3. 罚没收入的预算管理

按照现行有关法律制度的要求，各级政府和财政部门要对本级各部门、各单位的罚没情况加强管理，罚没收入必须全部上缴财政，绝不允许将罚没收入与本部门的经费划拨和职工的奖金、福利挂钩，严禁搞任何形式的提留、分成和收支挂钩。各级财政部门和主管部门不得给执罚单位和个人下达罚没收入指标。

各级执罚部门和单位所取得的罚没收入，应在3日内上缴国库。对零星收入，账面余额不足1 000元的，经本级财政部门同意可15日上缴一次；达到1 000元以上的，应及时上缴国库。各级财政部门应加强对行政性收费收入罚没收入的监督和检查，对拖欠、截留、坐支、挪用、私分罚没收入，实行提留、分成和收支挂钩办法或下达罚没收入指标的，按违反财经纪律论处，情节严重的，要追究有关领导人的法律责任。

五、彩票公益金收入

（一）彩票公益金的概念

1. 彩票公益金的含义

彩票是指国家为支持社会公益事业发展而特许专门机构垄断发行，供人们自愿选择和购买，并按照事前公布的规则取得中奖权利的有价凭证。没有政府特许批准，任何部门和单位都不得发行彩票。中华人民共和国成立后，曾一度禁止发行彩票。但随着改革开放的深入和市场经济的发展，人们收入水平的提高和收入差距的扩大，社会公益事业发展滞后及政府财政的压力，彩票作为社会公益事业发展筹集资金的重要工具越来越受到政府的重视与运用。

彩票公益金是政府为支持社会公益事业发展，从彩票销售额中按规定比例提取专项用于社会福利、体育等社会公益事业的资金。彩票公益金的性质和特点是：公益事业发展的补充资金、专项资金、引导资金和社会成员的救助资金、社会投资的吸纳资金。彩票公益金必须纳入财政管理，专款专用，结余结转下年继续使用。

2. 彩票公益金的种类

目前我国彩票按用途可分为体育彩票和福利彩票；按销售方式可分大奖组即开型

彩票和传统型电脑彩票。彩票公益金按用途不同，可分为体育彩票公益金和福利彩票公益金；前者是经国务院批准，从体育彩票销售额中按规定比例提取的专项用于发展体育事业的资金；后者是根据国家有关规定发行中国福利彩票筹集的专项用于发展社会福利事业的资金。

彩票公益金按层级不同，可分为中央彩票公益金和地方彩票公益金。我国从 2005 年起彩票公益金的分配调整为：中央与地方之间按 50∶50 的比例分配；中央集中的彩票公益金基数以内的，在社会保障基金、专项公益金、民政部和国家体育总局之间按 60%、30%、5% 和 5% 的比例分配，超过基数的公益金，20% 由民政部门分配，80% 纳入全国社会保障基金；地方留成的彩票公益金，由省级财政部门与民政、体育部门研究确定分配。

3. 彩票公益金的收入

彩票公益金的来源主要包括：按规定比例从彩票销售收入中提取的公益金；公益金财政专户利息收入；上级财政拨入的公益金；按规定应纳入公益金管理的其他资金。其收入分为福利彩票公益金收入和体育彩票公益金收入。

（1）福利彩票公益金收入。福利彩票公益金收入主要包括：销售中国福利彩票总额扣除兑奖和管理费用后的净收入；彩票销售中不设奖池的弃奖收入；社会福利基金的银行存款利息。社会福利基金按彩票销售总额的比例分级留成，其留成比例原则：中央为 5%，省地两级不超过 5%，县级不低于 20%。民政部门年初应按规定编制社会福利基金收支计划，报送同级财政部门；年终编制社会福利基金收支决算，并报同级财政部门审批。

（2）体育彩票公益金收入。体育彩票公益金的来源及构成是：从事体育彩票销售总额中按不低于 30% 的比例提取的资金；下级按规定比例上缴的公益金；体育彩票公益金利息收入；即开型彩票的弃奖收入。

2016 年我国彩票销售额为 3 946.41 亿元，从机构看：福利彩票机构和体育彩票机构发行销售彩票分别为 2 064.92 亿元和 1 881.49 亿元；从类型看：发行销售乐透数字型彩票 2 448.64 亿元、竞猜型彩票 764.9 亿元、视频型彩票 445.44 亿元、即开型彩票 284.77 亿元和基诺型彩票 2.66 亿元，占彩票销售总量的 62.05%、19.38%、11.29%、7.22% 和 0.06%。2016 年我国筹集彩票公益金收入 1 085.51 亿元，占当年财政收入（159 604.97 亿元）的 0.68%。

（二）彩票公益金的管理

为规范和加强彩票公益金筹集、分配和使用管理，健全彩票公益金监督机制，提高资金使用效益，2012 年 3 月财政部制定了《彩票公益金管理办法》。

1. 彩票公益金的收缴管理

彩票公益金由各省、自治区、直辖市彩票销售机构（以下简称"彩票销售机构"）根据国务院批准的彩票公益金分配政策和财政部批准的提取比例，按照每月彩票销售额实结算后分别上缴中央财政和省级财政。逾期未兑奖的奖金由彩票销售机构上缴省级财政，全部留归地方使用。

上缴中央财政的彩票公益金，由财政部驻各省、自治区、直辖市财政监察专员办事处负责执收；上缴省级财政的彩票公益金，由各省、自治区、直辖市人民政府财政部门负责执收，具体收缴程序按照省级财政部门的有关规定执行。

2. 彩票公益金的分配使用

上缴中央财政的彩票公益金，用于社会福利、体育、补充全国社会保障基金和国务院批准的其他专项公益事业。中央财政安排用于补充全国社会保障基金的彩票公益金，由财政部每年根据国务院批准的彩票公益金分配政策核定预算支出指标，并按照规定拨付全国社会保障基金理事会。上缴省级财政的彩票公益金，按照彩票公益金分配政策，由省级财政部门商民政、体育行政等部门研究分配原则。

彩票公益金项目资金使用计划和预算批准后，应当严格执行，不得擅自调整。因特殊原因形成的项目结余资金，经财政部门批准后可结转下年度继续使用。省级以上民政、体育行政等彩票公益金使用部门、单位，应建立彩票公益金支出绩效评价制度，将绩效评价结果作为安排彩票公益金预算的依据。

3. 彩票公益金的宣传公告

彩票公益金资助的基本建设设施、设备或者社会公益活动等，应以显著方式标明"彩票公益金资助—中国福利彩票和中国体育彩票"标识。财政部应于每年6月底前，向国务院提交上年度全国彩票公益金的筹集、分配和使用情况报告；每年8月底前，向社会公告上一年度全国彩票公益金的筹集、分配和使用情况。

省级财政部门在每年4月底前，向省级政府和财政部提交上年彩票公益金筹集、分配和使用情况报告；6月底前向社会公告上年彩票公益金的筹集、分配和使用情况。省级以上民政、体育行政等彩票公益金使用部门、单位，应于每年6月底前向社会公告上年度彩票公益金的使用规模、资助项目、执行情况和实际效果等。

4. 彩票公益金的监督检查

彩票销售机构应严格按规定缴纳彩票公益金，不得拒缴、拖欠、截留、挤占、挪用彩票公益金；彩票公益金的使用部门、单位应按财政部门批准的项目资金使用计划和预算执行，不得改变彩票公益金使用范围；省级以上财政部门应加强对彩票公益金的监督检查，保证彩票公益金及时、足额上缴财政和专款专用。

对违反规定拒缴、拖欠、截留、挤占、挪用彩票公益金，改变彩票公益金使用范围的，依照《财政违法行为处罚处分条例》《彩票管理条例实施细则》等规定处理。

■第三节　非税收入管理

一、非税收入的效应分析

（一）非税收入的积极效应

规模适度、结构合理、管理规范的非税收入对促进一国经济发展和社会进步具有积极作用，主要表现在以下三个方面：

（1）增加财政收入效应。现代世界各国的税收已成为财政收入的主要来源，增加税收收入取决于两种方式，即在税率不变的情况下扩大税基，在税基不变的情况下提高税率。但因政治、经济和社会因素，这两种方式是无法实现税收增长的，如增税受到选民的抵制和生产者的攻击，经济不景气致使税基萎缩，而财政支出又无法抑制的情况下，必然会出现财政赤字。因此，非税收入作为税收之外的一种经常收入，能在一定程度上弥补财政拮据、促进财政收入的增长、维持国家机构的正常运行和公共产品的正常供给。

（2）补充税收调节效应。与税收征收的普遍性、强制性、固定性和无偿性相比，非税收入具有特殊性、自愿性、灵活性和有偿性，在税收无法发挥作用的领域，非税收入具有广泛的适应性。税收的特征决定了税收只能以税法的形式、以国家强制力为后盾，对纳税对象实行普遍、强制、无偿征收。由于社会经济生活的丰富性和复杂性，在某些领域税收不能或不能较好地发挥作用，如果对这些领域不收取费用又违背公平原则，也会导致财政收入的不足，因而在这些领域国家要以非税收入的方式收取合理的费用或获取一定的收益。

（3）弥补资金缺口效应。20 世纪 80 年代后，我国全面启动经济体制改革和现代化建设时面临巨大的资金需求，且经过"文化大革命"，基础设施十分落后、国民经济严重失调、商品供给严重不足，急需政府筹措大量资金来促进经济发展和社会进步，但仅靠税收根本无法满足财政支出的需要。我国的能源、交通和通信等基础产业能在短期内优先发展，与能源、交通重点建设基金和电话初装费等非税收入是分不开的。可见，非税收入可在一定程度上弥补建设资金缺口，促进"瓶颈"产业发展，在短期内可使国民经济上一个新台阶。

（二）非税收入的问题分析

非税收入如果规模失控、结构失衡、管理混乱，对社会经济危害极大。我国目前非税收入问题较多，有的还很严重，在一定程度上影响了经济的正常发展。

（1）非税收入规模失控，企业和个人不堪重负。我国制度外收入在较长时期内无法律法规约束，有的地区、部门在经济利益的驱使下，巧立名目、提高标准，有的地方收费项目达 1 000 余项，导致非税收入持续快速膨胀、规模失控，加重了企业和个人负担，严重影响经济增长和人民生活水平，必须采取有效措施加以控制、达到预期效果。如 1978 年非税收入规模巨大，分别是税收、财政收入的 1.85 倍和 0.65 倍，占 GDP 的 26.34%，2016 年降为 0.22 倍、0.18 倍和比重的 3.93%。

（2）财政收入结构失衡，降低了财力使用效率。非税收入规模膨胀可能导致财政收入横向和纵向结构的严重失衡。仅从财政收入横向结构看，造成税与非税的结构严重失衡，非税侵蚀税基，税与非税之比在有的地方已达 1：1.2，甚至更高，这在当今世界是极为罕见的；造成预算结构严重失衡，破坏了预算的统一性、完整性、公开性和法制性，巨额预算外资金长期分散于各地区和各部门，游离于预算和政府的监管之外，分散了国家财力；造成地区间、部门间公共财力的分布严重失衡。

（3）分配秩序混乱，滋长诸多不正之风和腐败。非税收入主体混乱，从中央到地方，从行政、司法机关到事业单位，直至村镇、街道、居委会等；非税分配形式混乱，以行政事业性收费为例，其收费早已突破了规费或使用费的外延，由单一收费演化为收费、集资、捐资、借款（只借不还）、抵押金（只押不退）和基金等并存的征集体系；非税分配管理混乱，如管理体制不顺、越权审批查禁不严；非税分配利益归属不当，收费的所有权属于国家、使用权属于政府、管理权属于财政。

二、非税收入的监督管理

（一）探索非税收入的管理模式

为加强非税收入管理，中央和地方对其管理模式进行了多种有益的探索，主要包括三种：一是统管代收模式，其特点是银行开票、银行代收、财政主管；二是职能分工模式，基本操作程序是财政、执收单位和代收银行各自分工，按"收支两条线"管理要求实行单位开票、银行代收、财政统管；三是分散征收模式，其特点是多渠道、多方式组织征收，资金不经征收单位过渡账户直达地方金库和财政专户，一般性收费由单位开票、银行代收，进入行政服务中心的收费项目由征收点代收等。

我国现行非税收入的管理模式对理顺财政职能、强化政府调控能力、增加征收管理透明度、实现非税收入收与支的分离、加强非税收入管理等起到了积极的作用。但由于人们对非税收入认识的局限性，以及非税收入自身的特点和方式，目前非税收入管理模式的多样化，缺乏统一的全国模式和全国统一性法规，没有彻底解决好激励与约束问题，对非税收入的使用范围、标准和资金拨付问题也还没有形成规范的办法，非税收入使用单位的资金使用监督管理不规范。

（二）加强非税收入管理的思路

1. 调整和完善分级财政管理体制

我国政府间财政关系和财政体制未能完全理顺，是导致非税收入膨胀的一个根本原因。非税收入管理改革和规范，应与财政体制改革的深化及管理的规范化同步进行。完善分税制财政管理体制应建立合理的中央和地方的税收与非税体系，调整税费结构特别是地方财政中的非税收入结构，以壮大中央和地方的财力。

建立统一、规范的财政体系，将一切履行政府职能收支全部纳入体系中。政府履行职能支出必须采用财政预算方式，经过法律或行政程序审批；取消预算外范畴及其管理办法，建立财政多种预算方式和管理办法的新体系。切断各个政府职能部门的行政、执法与收费供给之间的直接联系，将收费的使用权与所有权相分离。

非税收入分成比例，应按照中央与地方所有权、事权和相应的管理成本等因素确定，涉及中央与地方分成的非税收入比例由国家规定；未经依法批准，各部门和单位不得擅自对非税收入实行分成，也不得集中下级部门和单位的非税收入。

2. 建立规范的非税收入征管体系

在建立和完善非税收入体系的基础上，划清税收收入与非税收入的界限，建立以税收收入为主、非税收入为辅的分配格局，明确各自规模、比例和作用，将那些合理继存和具有发展前景的非税收入纳入预算管理，保障实现收入收缴的规范化和"收支两条线"的管理方式。

（1）完善政府预算管理体系。统一政府预算管理体系，要求政府预算必须包括全部财政收支，全面完整反映政府活动。在收入管理方面，将各部门及单位非税收入全部缴入财政专户纳入预算管理；在支出管理方面，通过部门预算全面反映部门及其所属单位所有资金的支出情况，由财政部门根据其职能和业务工作的需要统筹安排，按规定的标准供给经费。

（2）继续深化"收支两条线"改革。将部门预算外收入全部纳入财政专户管理，有条件的纳入预算管理，任何部门和单位不得坐支、截留和挪用；部门预算要综合反映部门及所属单位预算内、预算外资金收支状况，提高预算支出的透明度；财政部门要科学合理地核定分类、分档支出标准，按标准足额提供经费；完善账户管理，保障各项预算外资金及时足额上缴财政，严防"小金库"和"账外账"等问题的发生。

（3）完善非税收入银行代收办法。非税收入银行代收是贯彻实施"收支两条线"的重要形式和手段。非税收入实行银行代收管理办法的核心是执收单位在向缴款人收费时，与现金实行彻底分离。具体操作办法是：取消执收单位的收入过渡账户，执收单位只能向缴款人开票，由缴费人持票到财政指定的银行代收网点缴费，资金通过银行代收网点直接缴入同级财政非税收入归集专户。

（4）严格加强非税收入票据管理。票据管理是非税收入征收管理的源头，也是监督执收单位是否认真执行"收支两条线"规定的关键环节。加强票据管理总的原则是做到统一领发、使用、保管、核销和监督，力求票据与项目相结合、票据与收入相结合、票据与稽核相结合。各级财政部门严格非税收入票据管理，充分发挥票据的源头控管作用，改变财政票据种类繁多、混乱和管理不统一的状况。

（5）完善非税收入征缴管理信息系统。通过非税收入银行代收和相关应用软件的不断完善，实现非税收入管理信息化、科学化、智能化、网络化的管理目标，控制执收单位的收入项目、收取标准、账户设置和票据使用等活动，规范执收行为，有效防止乱收费等问题的发生。通过征缴管理信息系统对非税收入的来源、结构、规模等动态变化情况进行监管和分析，以切实提高监管能力。

（6）健全非税收入监督检查机制。为确保非税收入制度规定的贯彻落实，进一步健全非税收入监督检查机制；各级财政部门应在强化非税收入日常管理的基础上，积极开展年度稽查工作；积极配合审计部门依法对非税收入审计；各级财政部门应编制行政事业性收费和政府性基金项目目录，并向社会公布、接受社会监督；对非税收入监督检查中发现的问题除依法处罚外，还应依法追究有关责任人员的刑事责任。

本 章 小 结

• 非税收入是由各级政府、机关、事业单位、社会团体和其他组织依法利用国家权力、国家信誉、国家资源、国有资产或提供特定服务而取得的财政性资金。它是除税收、公债收入以外的财政收入。其征收主体是各级政府财政部门及其委托征收的部门和单位，征收依据是国家行使的权力，征收范围一般限定在能按受益确定特定消费者的公共产品或劳务，征收标准通常低于政府提供该种产品或劳务的平均成本。

• 非税收入与税收收入在征收主体、征收目的、征收标准、收入性质和预算管理等方面有着诸多的共同之处，又在立法层次、征收原则、执行主体、征收范围、征收强度、无偿性质和收入地位等方面有着较大的差异。其基本特征包括灵活性与时效性、强制性与自愿性、有偿性与无偿性、专项性与多样性。

• 非税收入按照不同的标准，可分为不同的类型，其中按预算管理办法划分为预算内非税收入、预算外非税收入和制度外非税收入。有的非税收入属于成本补偿性的，如行政事业性收费收入；有的非税收入属于政府履行其职能的手段，如罚没收入等；有的非税收入属于所有权收益，如国有资产资源收入等。

• 行政事业性收费是指国家机关、事业单位、代行政府职能的社会团体及其他组织根据法律法规等有关规定，按照成本补偿和非营利原则向特定服务的公民、法人和其他组织收取的费用。它与经营性收费主要表现在收费属性、收费目的和收费主体的不同，与执收主体、国家税收、规费、使用费有一定的联系与区别。其基本特征是收费主体的分散性、收费依据的有偿性、收费定价的垄断性。

• 行政事业性收费按资金性质、审批权限、管理权限、收入归属、收费对象和执收部门等标准进行分类。对我国现行收费制度的改革，主要包括对收费项目实行分类改革（包括合理规范必需的收费、积极推行费改税和坚决取消不合理收费）、扩大财政预算管理的范围、加强收费管理的法制建设和积极推进政府机构改革。

• 政府性基金是指为支持某项事业发展，依照法律法规及规定程序批准，由各级政府或所属部门向单位和个人征收的具有专项用途的财政资金。它与行政事业性收费在资金来源、征收特性、服务方式、收入规模方面有着较大的区别，具有对应性、专项性、灵活性和分散性的特征。可按管理主体、基金用途、形成来源、筹集方式和项目名称进行分类。加强政府性基金管理包括实行基金计划管理、专户储存和收支两条线、财务审计和价格监督等。

• 国有资产有狭义与广义之分，前者是法律上确定为国家所有并能为国家提供经济和社会效益的各种经济资源的总和，后者是国家所有的一切财产和财产权利的总称。国有资源是国家所有的水、油气、矿产和生物等资源，是指根据国家法律法规规定，其所有权归国家所有的各种自然资源。国有资产资源收入可划分为国有资产有偿使用收入、国有资源有偿使用收入和国有资本经营收入三类。

• 罚没收入是罚款收入与没收收入的统称，一般是指除违反税法规定罚没之外的罚款及没收所得或工具、赃款和赃物变价的收入。罚没收入属于国家所有，是财政收入的来源，任何单位与个人不得将其据为己有。它具有强制性、无偿性和变化性的特征，可按构成项目、存在形态、执法部门和管理级次进行分类。

• 彩票公益金是政府为支持社会公益事业发展，从彩票销售额中按规定比例提取专项用于社会福利、体育等社会公益事业的资金。彩票公益金按用途分为体育彩票公益金和福利彩票公益金，按层级分为中央彩票公益金和地方彩票公益金。彩票公益金管理办法主要包括收缴管理、分配使用、宣传公告和监督检查等内容。

• 非税收入具有增加财政收入、补充税收调节和弥补资金缺口等效应。它主要有统管代收、职能分工和分散征收三种管理模式。但目前存在非税收入规模失控、收入结构失衡和分配秩序混乱等问题，加强非税收入管理可探索非税收入的管理模式、调整和完善分级财政管理体制与建立规范的非税收入征管体系。

复 习 思 考

一、概念题

非税收入　行政事业性收费　政府性基金　彩票公益金　罚没收入
经营性国有资产　国有资产资源收入　国有资源

二、思考题

1. 非税收入特征和形式有哪些？
2. 我国收费制度如何进行改革？
3. 行政事业性收费与其他财政收入有何区别？
4. 政府性基金类型有哪些？如何加强管理？
5. 如何加强非税收入管理？

三、分析题

2017 年国务院决定取消或停征 41 项收费

继 2016 年 5 月 1 日起免征 18 项行政事业性收费后，为落实国务院推进政府职能转变的要求，财政部和国家发改委日前再次发文，决定自 2017 年 4 月 1 日起再取消或停征 41 项中央设立的行政事业性收费，将商标注册收费标准降低 50%。财政部网站上公布的 41 项取消或停征行政事业性收费项目清单涉企行政事业性收费 35 项、涉及个人等事项的行政事业性收费 6 项，这些项目绝大多数与百姓生活密切相关。

财政部综合司收费基金处有关负责人介绍，近年来行政事业性收费总体呈减少趋势。我国行政事业性收费分为中央和省级两级审批，2008 年以来从中央到各省每年都会清理行政事业性乱收费。目前中央级设立的收费项目均具有法律法规依据或按规定程序批准，且体现了受益者负担的原则。此次清理后，大部分省份收费项目剩下 10 余项，有的可能更少。

市场主体是社会财富的创造者，是经济发展内生动力的源泉。只有充分协调市场经济体制"看不见的手"和政府宏观调控"看得见的手"，才能放开对市场主体的"束缚"。李克强总理指出，要激发市场主体创造活力，增强经济发展内生动力，把政府工作重点转到创造良好发展环境、提供优质公共服务、维护社会公平正义上来。由此可见，经济发展的内生动力在于依靠市场配置资源，法治、宏观管理，取消或停征 41 项中央设立的行政事业性收费等项目进一步发挥市场配置资源的基础性作用，激发市场主体发展活力和创造力。将有力推动"市场化"改革进程，促进"依法行政"。

要求：根据上述资料，分析规范行政事业性收费的现实意义及其行政事业性收费管理改革的取向。

公债收入制度

公债收入制度是国家制定的有关公债收入及其活动的法律法规与办法的总称。公债是政府凭借其信用筹集财政收入的一种特定手段，主要因财政收不抵支、为弥补赤字而产生，现代公债已成为国家调控宏观经济、衔接货币与财政政策的重要工具。本章阐述和分析公债基础理论、公债制度内容和公债市场管理，其内容主要包括公债的含义与特征、分类与功能、政策与效应、负担与规模，公债制度的发展历程、主要内容与简要分析，以及公债市场的概念、公债的发行市场与流通市场。其重点是公债的特征、分类、规模和制度，难点是公债的效应和市场管理。

■ 第一节　公债基础理论

一、公债的含义与特征

（一）公债的含义

1. 国内外学界对公债的界定

公债意指公共债务，英文为"public debt"，这是英国的习惯用法，而美国则习惯称为 government debt（政府债务）。国外专家学者依据其对公债含义的理解和各国政权级次区分为各级政府公债，即将中央政府债务称"国债"，将地方政府的债务称"地方债"，而政府对外欠债称"外债"，把政府对内欠债称"内债"。现代各国法律一般规定：当政府在确有必要时，政府有权以债务人的身份向个人、企业、社会团体和金融机构借款。

我国专家学者对公债也有不同的理解，代表性的观点包括：杨志勇、张馨教授认为，公债是国家或政府以其信用为基础，在向国内外筹集资金的过程中所形成的债权债务关系；高培勇教授认为，公债是政府举借的债，是政府为履行其职能的需要，依据信用原则，有偿、灵活地取得公共收入的一种形式；陈共教授认为，政府举借的债务称为国债或公债，通常中央债称为国债，地方债称为公债；寇铁军教授认为，国债是国家公债的简称，是一国中央政府为了筹集财政资金而举借的债。

2. 本书对公债的界定

本书从公共财政视角将公债的含义界定为：公债即公共债务，是指各级政府的债务或负债。它是政府向本国的居民、企业或他国政府或居民所借的债务，即公众（包括国内和国外）手中持有的政府债券的总货币价值。其内涵包括：一是公债仅限于各级政府的债务，非政府债务不属于公债；二是从发行主体看，公债包括中央政府的债务和地方政府的债务；三是从发行地域来看，公债包括国内公债和国外公债。

公债收入是国家举借公债而取得的财政收入，政府必须按借款时的约定方式向债权人支付利息和偿还本金。因此，在整个公债活动中形成政府与公债拥有者之间稳定的债权债务关系，这种关系一般是双方自愿的交易关系，完全不同于税收所反映的政府向纳税人单方面进行强制性与无偿性征收所形成的征纳关系。

3. 公债与国债的关系

从严格意义上讲，公债和国债是不同的，它们是两个既相互联系又相互区别的概念。其联系为，两者都是政府的债务；区别主要表现在两者的范围不同：国债即国家债务，是专指中央政府的债务，不包括各级地方政府和政府所属机构的债务；而公债则包括各级政府债务和政府所属行政机构或独立机构的债务。

我国理论界在过去相当长的时期内对公债和国债是不区分的，如1987年《社会主义财政学》认为，"国家以债务人身份向国内和国外筹借的借款，称为公债，或称国债"；1990年出版的权威性的《财经大词典》，明确将公债解释为国家公债，亦简称国债。自20世纪90年代中期以后，随着市场经济的发展和财政体制改革的深入，一些学术论文和出版的相关著述对公债与国债进行了区分。

（二）公债的演进

1. 公债的产生

公债的产生是以财政支出的需要和借贷资本的存在两个条件为前提的，它是随国家的发展而出现的一个古老的分配范畴。随着国家的职能不断扩大和物质财富需要的增多，仅依靠税收已不能满足财政支出日益增长的需求，因而逐渐产生了公债。但仅仅因为财政支出的需要并不一定会出现公债这种形式，如果没有比较充裕的社会闲置货币资本，那么国家想借债也是不可能的。

根据有关文献记载，早在公元前4世纪，奴隶制时代的古希腊和古罗马就出现了国家向商人、高利贷者和寺院借债的情况，但债务的发生只是少量的。在封建社会，公债得到进一步发展，由于战争等政治和自然原因造成的政府收支不平衡较严重，与古代社会相比，举债相对频繁，但规模仍然比较小。

2. 公债的发展

到了资本主义时代，公债得到了真正的发展。马克思曾在《资本论》中指出："公共信用制度即公债制度，在中世纪的热那亚和威尼斯就已产生，到工场手工业时期流行于整个欧洲。殖民制度以及它的海外贸易和商业战争是公共信用制度的温室。"

12世纪末期，时为经济最发达的意大利佛罗伦萨，政府向金融业者募集公债，以后热那亚和威尼斯等城市相继效仿，14～15世纪意大利各大城市几乎都发行公债；15世纪末至16世纪初，荷兰迅速发展成为当时的资本主义强国，17世纪末荷兰资本充斥，诸多的资本家向本国政府和国外贷放债务，其他国家也相继在荷兰募集公债；18世纪末英国掀起产业革命高潮，其后逐步波及欧洲各国，使公债得以快速发展。

19 世纪末 20 世纪初，资本主义从自由竞争发展到垄断时代，各国在两次世界大战期间军费支出有了惊人的增长。1901 年资本主义国家的国债总额仅有 310 亿美元，但到第一次世界大战开始的 1914 年就升至 3 130 亿美元，约有 80%的军费来自公债收入；第二次世界大战期间国债总额急剧提高，1940～1945 年国债总额为 8 000 亿～9 000 亿美元。可见，战争是推动公债急剧膨胀的重要因素。

20 世纪 30 年代以来，凯恩斯主义主张运用财政政策等手段来"熨平"资本主义经济周期的波动，其财政政策之一是实行赤字预算，且发行公债可弥补财政赤字。但公共选择学派的领袖人物布坎南认为，第二次世界大战后许多国家赤字持续增长和国债负担率不断提高的罪魁祸首就是凯恩斯主义经济学。20 世纪 80 年代以来，各国财政赤字激增，国债负担率居高不下，对国债和赤字的研究再一次成为宏观经济政策的中心问题。

现代公债已成为西方国家经济的重要组成部分，其公债发行更是快速上升。例如，美国公共债务 2009 年初为 10.6 万亿美元，2011 年美国公债达到法定上线 14.3 万亿美元，2016 年底增长至 19.7 万亿美元，2009～2016 年 8 年激增 9 万亿美元。日本国会2015 年 4 月通过了政府提出的 2015 年度 96.3 万亿日元的财政预算，其中近四成将依赖政府债务，至 2015 年底包括国债、借款和政府短期证券在内的国家债务余额达 1 044万亿日元（约合人民币 59.69 万亿元），其中国债 902.2 万亿日元。

（三）公债的特征

1. 公债的基本特征

公债作为债券体系中的重要品种，与其他债券相比具有以下三个基本特征：

（1）自愿性。公债的自愿性即指举债主体在举债筹资时，举债对象借或不借、借多或少等都是在自愿原则上的自主选择。这与税收等其他财政收入形式有着明显的区别。该特征与税收的强制性相反，因为税收是国家依其政治权力强制征收，任何居民和企业都必须依法纳税，否则就要受到法律制裁；行政事业性收费等狭义的非税收入，是自愿性与强制性的结合，即"半强制的"。而公债是以国家信用为依托，以借贷双方自愿互利为基础，政府不能也不应该强制其认购公债，因而公债的形式特征之一就是自愿性。

（2）有偿性。公债的有偿性即指举债主体在公债到期时具有还本且应付息的责任与义务。相比税收取得财政收入，国家既不需要偿还，也不需要对纳税人付出任何代价；狭义的非税收入的特征是自愿性与强制性的结合，即一部分非税收入（行政事业性收费等）具有有偿性，而另一部分非税收入（如罚没收入）具有无偿性，可概括为"半偿还性"。而公债的发行是政府作为债务人以偿还和付息为条件，向公债认购者借取资金的暂时使用权，因而政府与认购者之间必然具有直接的返还关系。

（3）灵活性。公债的灵活性即指借债主体在何时借债、借多少、付息多少等债务要素是不确定性的或经常变化的。税收是按照国家法律规定的标准征收，且相对稳定不变；行政事业性收费等狭义的非税收入具有灵活性特征，但某些非税收入（如国有企业上缴国有资产收益）是依据一个大体稳定的比例，且在一定时期内也是较稳定的。而公债的发行则完全不同，没有相对固定的法律规定，一般是根据财政收支的余缺状况灵活加以确定，它不具有发行时间上的连续性和发行数额上的固定性，而是何时需要何时发行，需要多少发行多少。

2. 公债特征的关系

公债的上述三个特征是密切联系的。公债的自愿性决定了公债的有偿性，因为如果是无偿的话，就谈不到自愿认购，人们没有购买公债的吸引力。

公债的自愿性和有偿性又决定了发行上的灵活性，否则如果按固定数额连年持续发行公债而不管经济条件及财政收支状况，那么其结果或是一部分公债推销不掉而须派购，或是其资金处于闲置状态不能发挥应有的效益，政府也可能因此无力偿付本息。

因此，公债的自愿性、有偿性和灵活性是统一的，缺一不可。自愿性是前提，有偿性是核心，灵活性是补充，也只有同时具备这三个特征才是真正意义上的公债。

二、公债的分类与功能

（一）公债的分类

1. 按债务主体的公债分类

公债按债务主体标准，可分为中央政府（联邦）公债和地方政府公债。中央政府公债是指由中央（联邦）政府发行并负责清偿，其收入用于中央政府支出的公债。中央政府公债因其规模大、范围广，对货币和利率等宏观经济因素具有重要的影响。

地方政府公债是指由地方政府发行公债用于地方政府的特定方面，并由地方政府负责清偿或由中央政府担保的公债。2014 年《预算法》修订后，我国允许省级地方政府发行公债，但需要国务院审批。

2. 按发行方式的公债分类

公债按发行方式标准，可分为国家借款和发行债券。国家借款是指国家以非债券形式举借的债务。国家借款是最早出现的举债形式，其特点在于国家并非发行一定面值的债券，而是以收款凭证或其他记账方式来确立债权债务关系。

发行债券是指政府以发行一定面值的国债券供债权人认购的方式举借的债务。在这种方式下债券成为债权债务关系确立的凭证。一般而言，发行债券需要具备较为完善的金融市场和证券市场。

3. 按利率确定的公债分类

公债按利率确定标准，可分为固定利率公债和浮动利率公债。固定利率债券是指在发行时规定利率在偿还期内不变的债券。因其筹资成本和投资收益可事先预计，故不确定性较小，但债券发行人和投资者应承担市场利率波动的风险。

浮动利率债券是指票面利率随某一市场利率变动而变动的债券。其利率包括基本利差和浮动利差，且票面利率会随市场利率水平的提高（下降）而提高（下降）。

4. 按利息偿付的公债分类

公债按利息偿付标准，可分为剪息公债（附息公债）和贴现公债（折扣公债）。剪息公债是指票面上附有息票的债券，或是按照债券票面载明的利率及方式支付利息的债券。通常在偿还期内按期（如半年或 1 年）付息一次。

贴现公债是指在票面上不规定利率，按折扣率以低于票面金额的价格发行，到期时仍按面额偿还本金的债券。发行价与票面金额之差额相当于预先支付的利息。

5. 按债务本位的公债分类

公债按债务本位标准，可分为货币公债和实物公债。货币公债是指以货币为债务本位发行的公债。政府借的是货币，还的也是货币，债权债权关系是以货币计值来表示的。货币公债又可进一步分为本币公债和外币公债。

实物公债是货币公债的对称概念，是指以实物作为债务本位发行的公债。政府如果直接借实物还实物的公债称为实物本位公债，以一定的实物购买量作为依据进行货币折算的公债称为折实公债。

6. 按偿还期限的公债分类

公债按偿还期限标准，可分为短期公债、中期公债和长期公债。一般认为，短期公债是指偿还期限在 1 年之内的公债。它具有风险低、流动性高、期限短的特点，主要是弥补短期内财政收支的不平衡。

长期公债是指偿还期限在 10 年或 10 年以上的公债。它主要用于基本建设投资，对国家比较有利，但推销困难较大，因而所占比重偏小。

中期公债是介于长期公债与短期公债之间的公债。它用于弥补整个预算年度的财政赤字，发行目的与公债的基本功能相一致，在各国政府公债中占有重要的地位。

7. 按发行特点的公债分类

公债按发行特点标准，可分为强制公债、准强制公债和自由公债。强制公债是指政府利用政治权力强行发行的公债。凡是符合应募条件的团体和个人，无论主观愿望和经济状况如何都须购买。

准强制公债也称爱国公债，是政府利用认购者的爱国热情和政治觉悟所发行的公债。它通常多在战争或其他财政发生特殊困难的条件下发行。

自由公债又称任意公债，是政府在发行时不附带任何应募条件，而由企业或居民自由购买的公债。它是公债的普遍形式，是真正意义上的公债。

8. 按流通程度的公债分类

公债按流通程度标准，可分为可转让公债和不可转让公债。可转让公债是指在金融市场上可以自由流通买卖的公债。公债的认购者不一定是债券的唯一或最终的持有者，对购买者来说，在需要现金时可将公债出售。

不可转让公债是指不能在金融市场上自由买卖，而只能由政府对购买者到期还本付息的公债。公债的认购者就是债券的唯一或最终的持有者，一般采取记名的方式发行，旨在限制公债买卖活动。

9. 按发行地域的公债分类

公债按发行地域标准，可分为国内公债和国外公债。我国学者一般认为，在国内发行的公债称国内公债，在国外发行的公债称国外公债。

西方财政学者则认为，可将外债定义为政府欠外国居民和政府的债务，将内债定义为欠本国居民的债务。在自由流通债券的前提下，国内外公债可相互转化。

10. 按其他方式的公债分类

公债除以上分类外，还可按其他标准分类。如公债按发行凭证标准，可分为凭证式公债和记账式公债；公债按有无担保标准，可分为有担保公债和无担保公债；公债按债务用途标准，可分为赤字公债、建设公债和特种公债；公债按交款方式标准，可分为长期付款公债和一次性付款公债等；公债按风险管理标准，可分为直接债务和或有公债。此外，世界上还有彩票公债和有奖公债等。

实践中，应科学合理地设计公债的种类结构，做到公债种类设计的多样化、适应经济发展需要种类的结构化和公债种类债息成本的最小化。

（二）公债的功能

公债产生的直接原因是财政赤字，但随着社会经济发展和财政支出增长，公债不仅是弥补财政赤字的主要手段，还是政府干预经济的重要工具。其功能主要表现在以下三方面：

1. 弥补财政赤字

从实践上看，公债作为一种财政收入形式的出现，虽在时间上要晚于税收，但由于政府职权的日益扩大，国家财政收支所占国民经济的比重越来越大，仅靠税收已不能满足财政支出增长的需要，因而公债就为弥补财政收支差额而产生。当今世界各国不发行公债的国家基本上是不存在的。与弥补财政赤字的增加税收、向中央银行透支或发行货币等方式相比，公债在弥补财政赤字上具有自身的优势。

（1）公债与增加税收的比较优势。增加税收在客观上受经济发展的制约，如果强行提高税率实现税收过快增长，就会影响经济发展，导致财源枯竭，且改变税制又要受立法程序制约，也不易为纳税人所接受。而人们购买债券只是对资产的一种自愿选择，只会改变资产构成而不会减少总资产，但增加税收则会减少其资产总量。

（2）公债与发行货币的比较优势。发行货币是政府印制、发行更多的钞票或在银行有超额准备金的情况下向银行出售债券（债务货币化），导致货币供给增加。而在债务融资情况下，如果政府不是向银行而是向个人、企业等借债，货币供给不会增加。可见，发行货币容易产生通货膨胀压力，而债务融资一般不会产生这种压力。

2. 筹集建设资金

发行公债作为弥补财政赤字的手段是公债最基本的功能，但举债扩大建设规模才是发行公债的主要目的。一方面，大多数发展中国家建设资金相对不足，成为制约其经济发展的突出问题，在税收数量有限且主要用于满足政府经常性支出的情况下，多数国家把发行公债作为一种长期、稳定的资金来源；另一方面，政府提供公共产品和加强基础设施建设，这些项目一般是费用发生在前而投资收益在后。用举借公债来筹集资金，在还本付息时用税收或新债来偿还，就是将建设费用由现在转移到未来，较为公平、合理。

目前，我国政府的建设性支出很大一部分是靠公债收入支撑的。我国自1987年开始发行重点建设债券和重点企业建设债券（其中包括电力债券、钢铁债券、石油化工债券和有色金属债券），其公债资金用于经济建设，1998年实施积极财政政策以来更为明显。1998～2003年发行长期建设公债8 000亿元用于基础设施等支出，2004～2005年发行 1 900 亿元长期建设公债用于公共服务和协调区域发展等方面；2010 年当年国债发行额 1.78 万亿元、公债余额 6.75 万亿元，2016 年当年国债发行额高达 3.05 万亿元、公债余额 12.01 万亿元。

3. 调节经济运行

如果经济长期在充分就业和无通货膨胀的条件下运行，那么政府借债的唯一理由就是为公共投资融资。各国长期推行赤字财政政策的主要目的是扩大政府支出、增加社会有效需求和避免生产过剩的经济危机。显然公债是国家调控经济的工具，主要表现在以下三个方面：

（1）发行公债可用于基础设施建设。如果企业资本在没有更合适的投资对象而相对过剩时，国家可通过发行公债把企业资本和社会闲置资金等集中起来，用于扩大社会再生产的基础设施建设，改善企业和私人的投资环境。

（2）运用公债改变积累与消费比例。公债所筹集资金如果来源于企业和个人的投资资金，用于非生产性支出就会使积累比例缩小、消费比例增大；如果来源于企业的消费基金和个人生活费用，用于国家投资会使积累比例增大、消费比例缩小。

（3）通过公债方式调节货币供应量。当出现通货膨胀时，国家可在公开市场上抛售公债、回笼货币，减少流通中的货币量。当通货紧缩时，政府可购买公债、增加货币流通，在一定程度上缓和危机的破坏程度。

（三）公债的有害论与无害论

公债作为财政收入的特殊形式，对经济发展是有利或无利，在理论上有较大的分歧。西方国家有关公债的争论，大体上可分为公债有害论与公债无害论两类。

1. 公债有害论

公债有害论认为，公债有害于社会经济发展而反对发行公债，为古典经济学家多数人所主张。自由资本主义时期为减少对资本的侵蚀，"廉价政府""守夜人"的政府观念深入人心。许多经济学家反对政府举债，斯密的观点较有代表性，李嘉图、萨伊和穆勒等都是公债有害论的代表人物。

斯密认为，公债具有非生产性，当国家费用由举债来支付时，就是把一部分用以维持生产性劳动资本转用于非生产性支出，这势必对经济发展造成不利的影响；公债产生的根源是政府或君主的非节俭性、奢侈浪费和战争存在；举债是预借赋税，会增加将来的财政困难，加重后代负担；公债会导致通货膨胀及国家破产的危险。

李嘉图论证了税收与公债在经济影响方面具有相同效应的思想观点，被布坎南等经济学家称为李嘉图等价定理。李嘉图认为税收与公债具有相同的经济效应，并不等于主张公债的发行。他与斯密一样，把公债看作国民资本被浪费的因素，认为政府发行公债相当于抽走生产性资本，会妨碍工商业发展，因而坚决反对公债发行。

萨伊进一步发展了斯密的公债思想，他认为公债会使国家一部分民间资本从生产性投资转向非生产性消费，导致通货膨胀，也意味着加重后代负担，公债付息还会造成国家负担。穆勒认为通过公债使资本转化为非生产性支出会削弱现有资本力量，因此应限制公债发行，同时他也对斯密等的公债理论进行了修改和发展。

2. 公债无害论

19世纪末20世纪初，西方国家的公债无害论开始流行。国内公债只是"左手欠右手"的债务，公债并不减少国内资源总量；当期看来数额巨大的公债，未来相对数量不足为道。特别是凯恩斯主义兴起之后，公债无害论更是深入人心，西方诸多的经济学家也将公债、赤字和补偿性财政政策联系在一起，对公债大加赞扬。

迪策尔提出了国家经费具有生产性的理论。其主要观点：一是应从公债与整个国民经济的关系来考察公债的经济效应，而不应像古典经济学家那样将公债与经济割裂开来；二是公债具有生产性，能够促进国民经济的发展；三是公债有利于信用经济的发展，而信用经济的发展会提高储蓄转化为投资的效率，从而推动国民经济发展。

凯恩斯更是把公债看成国家干预和控制社会经济、稳定社会秩序的手段，他认为市场经济发生经济衰退和严重失业的原因在于有效需求不足，必须由政府通过有补充作用的财政活动扩大有效需求，实行赤字财政而导致大量增发公债。通过发行公债筹集资金可增加财政支出、扩大有效需求、促进社会就业。

汉森发展了凯恩斯的公债理论，提出了补偿性财政政策，同时认为公债是一种社会利益，是增加国民收入和保证充分就业的因素。萨缪尔森不仅继承了凯恩斯主义的公债观点，还主张大力发行公债。凯恩斯主义在20世纪50~60年代，促进了西方国家的经济繁荣，公债无害论成为公债理论的主流。

三、公债的政策与效应

（一）公债的政策

公债政策是指政府财政部门在公债总额增减、公债结构的变动和利率的升降等方面所制定的方针、目标及措施。公债是财政政策和货币政策之间的桥梁。

1. 公债政策的目标

公债政策目标包括直接目标和最终目标两类：公债政策的直接目标是公债政策自身来说所要达到的目的。主要包括：弥补财政赤字；降低公债的利息成本，调节金融市场，减少债券价格的波动；满足不同投资者的需求，保证公债顺利发行。

公债政策的最终目标是公债管理者在一个较长时间内通过公债数量、结构、运用与偿付对经济产生影响的目标。其实质是宏观经济政策在公债政策上的具体表现，主要包括促进经济稳定发展，调节经济结构，促进金融物价的基本稳定。

2. 公债政策的内容

公债政策的内容包括公债发行、公债流通、公债使用、公债偿还、公债总量、公债结构和公债平衡。具体包括：公债发行的方式、对象、价格和利率的选择；公债发行的种类和期限应多样化，以活跃流通市场；公债收入的使用方向和结构的决策；选择适当的公债本息偿还方式和时间；根据财政经济实力及公债管理水平发行公债，保证公债的适度规模和公债结构的合理化；公债的规模控制在与国力相当的规模，协调和平衡公债的期限、使用等结构。

3. 公债政策的传导

公债政策传导是指公债政策从开始实施，到最终产生调节效果，其间需要一系列的连锁反应和时间间隔。具体来看，公债政策是通过调节公债的发行期限、应债来源、发行利率和针对性的公债买卖等政策工具，影响金融市场的流动性或利息率水平，从而最终实现四大宏观经济目标。

公债政策传导过程包括流动性效应和利息率效应，其中前者是在公债管理上通过调整公债的流动性程度来影响整个社会的流动性状况，从而对经济施加扩张性或紧缩性影响，其传导作用力过程包括公债流动性程度、社会流动性状况和经济活动水平的变动过程，可采取旨在变动公债期限构成的策略或调整公债应债来源的策略；而后者是通过调整公债发行利率或实际利率水平影响金融市场利率升降，从而对经济施加扩张性或紧缩性影响，其传导作用力过程包括公债利息率水平、金融市场利率和经济活动水平的变动过程，可采取调整公债发行利率或调整公债实际利率等策略。

（二）公债的效应

1. 公债的资产效应

公债的资产效应是公债持有者因所持公债资产，倾向于增加消费支出的经济效应。该效应由著名经济学家勒纳最早提出，即勒纳在20世纪40年代提出了功能财政或称职能财政的理论，并以此作为理论依据强调公债的资产效应作用，故称"勒纳效应"。从资产效应的含义看出，公债资产效应是公债与税收等价定理的对立面。如果我们承认公债与税收等价定理成立，那么公债的资产效应就不存在。

如果公债具有资产效应，那么公债也具有经济的扩张作用。自凯恩斯以来，宏观经济学界的注意力很大程度上集中在公债资产效应方面。在凯恩斯理论框架下，对付经济萧条的政策之一是发行政府公债，同时增加公债能增加居民的金融资产。在经济萧条时期发行公债具有扩大消费的功能，在经济旺盛时具有抑制消费的功能，而且人们持有资产是为了预防萧条，所以经济萧条时效应更大、经济繁荣时效应相对较小。

2. 公债的货币效应

公债的货币效应是指发行公债对社会上货币供应量产生的中性或扩张性影响的效应。具体包括公债认购、流通和偿还等货币效应。

（1）公债认购的货币效应。该效应分为社会公众、商业银行和中央银行认购三种情形的货币效应：当社会公众认购公债时，表现为货币供给总量收缩，当财政部门将发行公债所得收入用于支出时表现为货币供给总量扩张，两者的变动规模相等，但方向相反，其结果不会增加或减少经济中的货币供给量。

商业银行认购公债的资金如果是超额准备金，则认购公债不会带来货币供给量收缩，而财政部门将发行公债所得收入用于支出过程表现为货币供给总量扩张，结果货币供给量以相当于认购公债额一倍的规模增加；如果认购公债的资金来源是收回贷款，其对货币供给的影响与社会公众认购公债相同。

中央银行从财政部门认购公债时，是以在财政金库存款账户上加记一笔相应数额货币进行，意味着相应数额的基础货币被"创造"出来，政府将发行公债所得用于支出后流入商业银行账户，结果带来货币供给量倍数扩张。

（2）公债流通的货币效应。在一个发育较为成熟的公债交易市场中，公债的自由买卖不仅能融通资金，且会产生较强的货币效应。其效应主要表现在：一是公债扮演"准货币"的角色，充当流通手段和支付手段，从而增加了流通中的货币量；二是公债交易对流通中货币的吸纳，等于减少相应的货币供给量，这时公债交易所能吸纳的货币量是由公债的成交量与成交次数两个因素共同决定的。

理论上，在公债流通过程中，中央银行与商业银行之间和中央银行与公众之间的公债交易所引致的货币效应，尽管在程序和机理上基本相同，但前者的货币效应强度（对货币供给量的增加）更大，后者的货币效应强度相对较弱。

（3）公债偿还的货币效应。该效应包括以税偿债和借新债还旧债两个方面。政府如果征税，社会上的货币数量减少，有一种收缩效应。政府征税后向三类公债持有者偿付：一是偿还非银行部门持有的公债，社会存款的扩张过程与上述收缩过程相反，总体上这种偿债不会影响货币供给量；二是偿还商业银行持有的公债，商业银行准备金的增加可随时用来扩大货币供给量资金，一旦使用将会抵消征税的收缩效应；三是偿还中央银行持有的公债，总体来说是减少了货币供给量。

如果政府举借新债和偿还旧债对象一致，相当于经济主体手中公债的调换，或旧债券期限延长，所以不影响社会货币供给量。如果举借新债和偿还旧债对象不一致时包括新债的发行对象是非银行部门，偿还商业银行或中央银行持有的旧债；新债的发行对象是商业银行，偿还非银行部门或中央银行持有的旧债；新债的发行对象是中央银行，偿还非银行部门或商业银行持有的旧债，会带来不影响货币供给量、货币供给量减少或扩大等效应。其原理与上述以税偿债的货币效应分析过程类似。

3．公债的增长效应

公债的经济增长效应是国债制度与政策从刺激需求或从增加有效供给方面推动一国国民产出（GDP）增长的效应。一般而言，公债的适度增加总是随财政政策的突出运用而作用于经济增长的。甚至一国净债务的多少，也能表明该国经济情况的兴衰。众所周知的20世纪30年代的罗斯福新政，也主要是依靠公债融资支撑财政政策来推动经济增长的。

20世纪70年代滞胀时期，美国联邦财政赤字与公债的减少，并未带来失业率与通胀率的下降。1980年里根总统执政后，实施了以公债融资支撑的减税政策，公债余额占GDP比重由1982年的35.7%上升到1992年的69.2%，而美国经济从1983年起转入增长。但过度的赤字与公债也会引起经济的恶化，为此克林顿1992年执政后，一直奉行压缩财政赤字的政策，并实现了连续数年的联邦财政盈余及经济的持续增长。这些表明，不能对公债和赤字的作用一概而论，而应结合具体经济背景进行分析。

我国在借鉴西方公债经验的基础上，从1998年开始连续6年实行以发行公债为主的积极财政政策，如1998～2003年累计安排的8 000亿元长期建设公债，平均每年拉动经济增长1.5%～2%；为应对国际金融危机，2008年中国又推出了4万亿（2008～2010年）经济刺激计划，发行国债8 615亿元，2010年GDP增长高达10.3%。长期公债的发行最直接、明显的贡献是有效增加国内需求，保证经济持续稳定的增长。因此，在经济周期性波动的市场经济条件下，公债的经济增长效应不容忽视。

4. 公债的挤出效应

公债发行使得政府支出增加、财政扩张到整个经济的产出和利率的上升，但产出的增加一部分被利率的上升所抵消，其产出被抵消的过程称为公债的挤出效应。

（1）挤出效应的理论分析。在货币供给不变的情况下，运用 IS-LM 模型分析挤出效应的过程如图 9-1 所示。

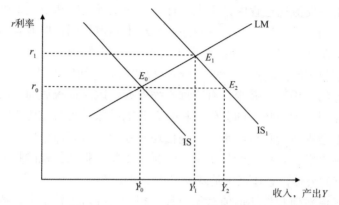

图 9-1 货币供给不变下的公债挤出效应

假定利率不变，公债增加，政府支出水平提高，会引起 IS 曲线发生移动，从 IS 向右移动到 IS_1，均衡点从 E_0 移动到 E_2，产出为 Y_2。但此时货币市场不再均衡，收入增加引起货币需求量提高，在货币供给不变的前提下，利率因而提高，投资支出下降，总需求与产出下降。因而 E_1 点是宏观经济的新均衡点，此时产出为 Y_1。即增加公债提高了收入，也提高了利率，收入不是增加到 Y_2，而是只增加到 Y_1，Y_1Y_2 表示挤出效应。

从挤出效应与利率的关系分析，其挤出效应包括：一是公债发行，政府支出增加，使整个经济产出增加，而公债发行会抬高金融市场的利率水平，从而导致投资规模缩减，总需求下降，最终产出的增加部分被利率的上升抵消；二是政府通过大规模发行公债向社会借款，导致政府在资金需求上与民间竞争；三是公债在投资领域，挤出私人投资的效应。

（2）我国公债的挤出效应。对我国是否存在公债的挤出效应有两种相反的观点。多数人认为我国公债发行并未产生挤出效应，因为利率与公债发行之间并不存在直接的关联、增发公债也没有与民间竞争有限的资金、财政购买支出与居民消费总体上是互补关系等。少数人认为在融资资金有限的情况下，商业银行和证券市场势必压缩企业或个人的投资需求。将对民间投资的歧视和限制也看成另一种"挤出效应"。

总体来看，我国公债投资往往是私人部门不愿或无力介入的领域。因此，公债挤出效应可能会发生，但对公债投资领域的限定有利于提高效率。当某些公共产品供给存在"瓶颈"制约，政府对该部门投资增加是必需的，即不仅不会替代私人投资，还可以通过改善投资环境、增强投资者信心、刺激和带动私人投资，为国民经济的发展创造良好条件。

四、公债的负担与规模

(一) 公债的负担

1. 公债负担的含义

公债负担是指公债的发行及其偿还给各经济主体（包括政府、企业以及居民等）引致的利益损失，以及对国民经济运行所造成的负面影响。发行公债既影响社会需求结构，进而影响资源配置和经济发展，也影响国民收入在政府、债权人、纳税人之间收入再分配的比例。

2. 公债负担的种类

公债负担既包括国民经济的整体负担，也包括不同利益主体（政府、认购者、纳税人和后代人）的负担。

(1) 经济的公债负担。经济的公债负担是指政府负债给经济发展带来的损失。即因公债引发通货膨胀、损害经济增长及影响收入分配等原因而产生的负担。因此，公债的使用方向和效益极为重要。

(2) 政府的公债负担。政府的公债负担是指政府作为债务人因负债承而承受的经济压力。即政府对公债还本付息的压力。如果公债推动了经济增长，且形成足够的偿还能力或具备借新债还旧债的经济条件，那么公债并不会形成政府的还债压力。

(3) 认购者的公债负担。认购者的公债负担是指认购者作为债权人因认购公债所承担的利益损失。公债具有风险低、收益高等特点，一般不构成认购者的负担，但在公债强制发行、调换、利率较低或负利率等情况下会给认购者带来压力或损失。

(4) 纳税人的公债负担。纳税人的公债负担是指因偿还公债而增加税负给纳税人造成的利益损失。国家还债资金的重要来源是税收，而税收是纳税人履行纳税义务的结果，从而给纳税的企业和个人带来负担。

(5) 后代人的公债负担。后代人的公债负担是指国家发行的公债由后代人偿还而形成的利益损失。长期公债和持续的借新债还旧债方式，以及用于消费和挤占私人投资的公债，其负担将拖延至后代人，若用于社会投资则不形成后代人的负担。

(二) 公债的规模

1. 公债规模的制约因素

当代各国都把发行公债筹集资金，看成解决政府支出不足的重要手段。但公债发行过度将会引起债务危机。影响公债发行规模的因素主要包括以下四个方面：

(1) 经济发展水平。经济发展水平较低时，社会所创造的物质财富较少，政府不可能从社会举借大量债务。随着经济的快速发展，社会创造的物质财富不断增加，为公债发行奠定了物质基础，政府举借债务的规模也会随之增大。

(2) 财政政策选择。如果一国在一定时期实行紧缩性的财政政策，财政无赤字或赤字缺口较小，国债规模也会相应减小。但如果实行扩张性的财政政策，扩大内需、拉动总需求必然要以较大规模的国债发行为代价。

(3) 公债管理水平。公债使用的方向、结构、效率与效益之间的关系处理，以及公债资金的监管质效，决定了能否形成有物质保证的偿还能力。合理的国债使用及其产生的良好效益，是国家对公债规模偿债能力的支撑。

（4）社会应债能力。社会应债能力即指社会居民个人和各个经济实体对公债的认购能力。它受个人收入状况、企业盈利能力和社会平均消费水平等制约。社会应债能力是公债发行的前提，应债能力不足，公债就没有推销市场。

2. 衡量公债规模的指标

衡量公债规模的指标可分为经济应债能力指标和财政应债能力指标两类，前者包括公债负担率和公债借债率，后者包括公债依存度和公债偿债率。

（1）公债负担率。公债负担率是指到计算期为止国家历年发行尚未偿还的公债累计余额占当年 GDP 的比例。它反映了国家累积债务的总规模和经济总量对未偿债务的负担能力。目前多数国家将 60% 的公债负担率作为控制债务规模的目标。其计算公式为

公债负担率＝（公债累积余额／当年 GDP）×100%

（2）公债借债率。公债借债率是指政府当年的债务发行规模占当年 GDP 的比例。它反映了当年生产的 GDP 中有多少被政府以公债的形式征用和经济总量对公债新增的承担能力。目前西方各国的国家公债借债率大多稳定在 5%～10%。其计算公式为

公债借债率＝（当年公债发行额／当年 GDP）×100%

（3）公债依存度。公债依存度是指政府当年的公债发行额占当年财政支出的比重。它反映当年财政支出中公债的份额。公债依存度有两种统计口径，分别反映全国和中央财政支出中的公债状况。该指标的国际公认警戒线为：国家财政公债依存度为 15%～20%，中央财政公债依存度为 25%～30%。其计算公式为

国家财政公债依存度＝当年国家公债发行额÷国家财政支出额×100%

中央财政公债依存度＝当年国家公债发行额÷中央财政支出额×100%

（4）公债偿债率。公债偿债率是指当年到期还本付息的公债总额占当年财政收入的比例。它反映当年财政收入中有多大比重被用于公债的还本付息。公债偿债率也有两种统计口径，分别反映全国财政和中央财政的债务清偿能力。通常认为全国财政和中央财政公债偿债率分别在 8%～10% 和 7%～15% 范围内是安全的。其计算公式为

国家财政公债偿债率＝当年还本付息额÷当年国家财政收入额×100%

中央财政公债偿债率＝当年还本付息额÷当年中央财政收入额×100%

除上述四个指标外，还有一些其他的参考指标。如公债余额占当年财政支出的比重，当年公债发行额占当年国民收入的比重，公债费用占当年财政支出的比重等。

■ 第二节　公债制度内容

一、公债制度发展历程

我国公债制度是与经济发展、经济制度相适应的，大体上可分为两个时期、七个阶段。

（一）我国改革开放前的公债

从中华人民共和国成立后到改革开放前，我国实行计划经济体制，坚持财政收支平衡、不搞赤字预算，发行公债较少、规模也很小。主要分为两个阶段：

第一阶段，20 世纪 50 年代的公债——国家信用体系的搭建。1950 年我国政府为保证解放战争的胜利和国民经济的恢复，发行了总价值约 3.02 亿元的"人民胜利折实公债"；为支持 "一五"时期的大规模经济建设，1954～1958 年连续 5 年发行总额达 35.48 亿元的"国家经济建设公债"；为更好地开展社会主义建设，举借内债的同时积极利用外资，50 年代通过向国外借款获得总额为 51.62 亿元人民币的债务收入，国外公债总额高于国内公债总额的 34.18%，在中华人民共和国成立初期的经济建设中，相比国内公债发挥了更大的积极作用。

第二阶段，20 世纪 50 年代末到 70 年代末——国家公债的空白期。从 1959 年起我国停止举借国内与国外公债的活动，致此进入长达 20 年的"既无内债，也无外债"的公债空白时期。其主要原因是：一是社会主义改造已经完成，经济上采取了比较集中的经济管理模式，国营企业上缴的利润和税收是国家的主要收入，社会闲散资金有限；二是人们意识形态有些偏见认识，即公债带有不劳而获和剥削的性质，国家举债有损于社会主义国家的声誉和形象，把"既无内债，也无外债"作为社会主义制度优越性的重要体现。

（二）我国改革开放后的公债

1981 年，国务院做出了一个意义重大、影响深远的决定，即公开发行公债弥补财政赤字，当年发行国库券 48.7 亿元，这标志着中国"既无内债，也无外债"的结束。从此，公债成为我国经济生活中的一个重要因素，且发挥着越来越重要的作用。我国公债自恢复发行至今，在发行次数、种类、数量等方面与改革开放前的公债相比发生了较大的变化。其主要分为以下五个阶段：

第一阶段，1981～1993 年的公债——公债筹集建设资金功能的确立。从 20 世纪 80 年代初开始，我国开始了以减税为核心的经济体制改革。为解决社会经济发展的资金缺口，除向银行透支外，其余部分主要靠发行公债弥补。因向银行透支过多会加剧通货膨胀，加之 1986 年以前的公债开始到期，需要以新债还旧债，故该时期公债发行额不断增加。1986 年以前国内公债年发行量一般在 40 亿～60 亿元，1990 年增至 93.46 亿元，1991 年首次突破 100 亿元达到 199.30 亿元，1993 年增加到 314.78 亿元。

第二阶段，1994～1997 年的公债——公债规模迅速膨胀。1994 年我国决定禁止财政向银行透支，财政赤字须以发行公债方式弥补，因而公债发行额大幅度增长：1994 年国内公债发行 1 028.57 亿元，1995 年突破 1 500 亿元，1996 年达到 1 848 亿元。该时期公债的增速远高于同期财政收入和 GDP 的增速，其主要原因是：一是财政赤字增加和经济建设的需要；二是以前年度发行的公债进入还本付息的高峰期，以及通货膨胀时期发行的公债保值贴补条件，使该时期的公债还本付息支出大幅度增长。

第三阶段，1998～2004 年的公债——积极的财政政策下扩大公债规模。面对 1998 年亚洲金融危机，我国 1998 年实施了积极的财政政策，发行 2 700 亿元特别公债和增发 1 000 亿元 10 年期公债。1998～2004 年国内公债发行额分别为 3 229 亿元、3702 亿元、4 154 亿元、4 484 亿元、5 660 亿元、6 029 亿元和 6 726 亿元。我国这一时期是主动增发公债用于基础设施建设、环境和生态保护、科技发展和技术升级等方面，与以前政府被动发行公债、弥补财政赤字和支付到期公债本息相比有本质的区别。

第四阶段，2005～2007 年的公债——稳健的财政政策下控制公债规模。从 2005 年开始，我国的财政政策由"积极"转向"稳健"，其标志是减少赤字和长期建设公债。2005～2007 年公债发行额分别为 6 923 亿元、8 883 亿元和 8 126 亿元。发行长期建设公债从 2003 年的 1 400 亿元，减少至 2008 年的 300 亿元。建设公债收入的投向由过去主要用于重点建设项目，扩展至在建重点工程项目的后续投入、公共项目的欠账填补和支持启动拟议进行或亟待进行的重大改革举措等。

第五阶段，2008 年至今的公债——新一轮积极财政政策下扩大公债规模。面对 2007 年国际金融危机，我国 2008 年再次实施了积极的财政政策，并提出了"扩大内需，促进经济增长"的十大措施，到 2010 年底投资 4 万亿元。因此，以结构性减税和扩大政府支出的积极财政政策必然需要增发公债弥补财政资金不足。2009 年财政部发行 16 418 亿元的国债，同比增加了 90.58%；2010 年继续保持高位发行 17 778 亿元，同比增加了 8.28%；2016 年公债发行额达到了 30 545.41 亿元，同比增加了 45.54%。

二、公债制度主要内容

（一）公债的种类

改革开放以来，我国共发行了 14 个券种的公债。1995 年财政部对公债的品种进行整理将其名称统一确定为以下六种公债：

1. 记账式公债

记账式公债又称无纸化公债，是指将投资者持有的公债登记于证券账户中，投资者仅取得收据或对账单以证实其所有权的一种公债。我国从 1994 年开始推出，面向社会公开发行（1998 年除外）。投资者在发行期内认购不收取手续费。

我国 2009 年记账式公债在实行分类管理时，又分为记账式贴现公债和记账式付息公债两大类。一般情况下，记账式公债可以到证券公司和试点商业银行（如中国工商银行等）柜台进行买卖。

2. 凭证式公债

凭证式公债是指国家采取不印刷实物券，而用填制国库券收款凭证方式发行的国债。凭证式公债主要面向个人投资者发行，以国债收款凭单作为债权证明，不可上市流通转让，从购买之日起计息。

在持有期内持券人如需要提取现金，可到购买网点提前兑取。提前兑取时除偿还本金外，利息按实际持有天数及相应的利率档次计算。其发售和兑付是通过各大银行的储蓄网点与邮政储蓄部门的网点，以及财政部门的国债服务部办理。

3. 电子式公债

电子式公债又称储蓄公债，是指政府面向个人投资者发行，以吸收个人储蓄资金为目的，满足长期储蓄性投资需求的不可流通、记名的公债。它与传统储蓄公债相比，其品种更丰富、购买更便捷、利率也更灵活。

2006 年 7 月的上半月和 11 月的下半月，我国财政部发行了两期储蓄公债，合计发行金额为 400 亿元，成为个人投资者继凭证式公债后的一个重要投资品种，代表了未来以吸收个人储蓄资金为主的公债品种的新趋势。

4. 特种定向公债

特种定向公债是指由国家向经济条件好的单位及对全民企业职工退休养老基金和待业保险基金管理机构定向发行的一种公债。它是不可上市公债,以特种定向债券收款凭证记录债权,不能提前兑取,到期后一次还本付息。

1994～1999年财政部共发行6期社会保险基金特种定向公债169亿元,其期限均为5年。从2000年开始因基本养老保险基金中的个人账户已出现"空账",财政部暂停发行此种债券。

5. 专项公债

专项公债是指国家为筹集特定项目或工程建设资金而发行的公债。1998年经国务院批准,由财政部向除国有独资商业银行以外的其他商业银行和城市合作银行发行了专项公债,数额为450亿元,期限为20年。

上述金融机构用其因调低存款准备金率后一次性增加的可用资金来认购专项公债。将商业银行增加的可用资金通过购买专项公债的形式回笼,既有效控制了货币量的投放,又解决了财政资金的不足,同时优化了商业银行的资产结构。

6. 特别公债

特别公债是指国家专门为解决重大金融问题而发行的公债。我国为应对亚洲金融危机,1998年8月财政部向四大国有独资商业银行发行2 700亿元长期特别公债(利率7.2%,期限30年),所筹全部资金用于补充国有独资商业银行资本金。

2007年6月全国人民代表大会常务委员会批准发行15 500亿元特别国债,分8次在银行间证券市场招标发行,10年期,利率4.3%。特别国债主要用于购买约2 000亿美元外汇,作为成立国家外汇投资公司的资本金。

(二)公债的发行

公债发行是公债售出或被认购的过程。它是整个公债运行过程的重要环节。

1. 公债发行的条件

公债发行的条件是政府对发行公债内容限定的因素,包括年度发行额度、发行对象、票面额、偿还期限、票面利率、发行价格、发行日期和手续费等,其中公债发行的期限、价格和利率是公债发行的基本条件。

(1)公债发行的期限。公债期限的确立实际上在债务发行中是最主要的,它不仅影响到公债发行的对象、范围、方式及流通与否等具体问题的选择,同时也直接关系到最终的筹资效果。确定公债期限时一般应考虑以下因素:

第一,公债资金的用途。如果公债资金主要用于调剂财政收支的季节性余缺或周期较短的建设项目投资,则可多发短期公债,反之应多发行中长期债券。

第二,对市场利率的预期。当市场利率处于波峰时,政府应销售短期债券,待市场利率下降时,债券利率可随市场利率下降而下降;反之应发行长期债券。

第三,社会资金供给结构。社会资金因不同的所有者会有不同的闲置期限,公债期限结构应与社会资金的供给结构基本吻合,才能保障债券的顺利发行。

第四,还本付息集中程度。公债期限设计决定了政府未来债务偿还规模的时间分布，因此应合理安排债券期限，避免还本付息过于集中。

（2）公债发行的价格。公债发行价格不一定就是票面值，它可低于票面值发行，少数情况下也可高于票面值，这是一个行市的问题。按照公债发行价格与其票面值的关系，公债债券分为平价发行、折价发行和溢价发行三种：

第一，平价发行。平价发行指政府债券按票面值出售。认购者按票面值支付购金，政府按票面值取得收入，到期亦按票面值还本。

第二，折价发行。折价发行指政府债券以低于票面值的价格出售。认购者按低于票面值的价格支付购金，政府按这一折价取得收入，到期仍按票面值还本。

第三，溢价发行。溢价发行指政府债券以超过票面值的价格出售。认购者按高于票面值的价格支付，政府按面值和溢价部分取得收入，到期则按票面价值还本。

（3）公债发行的利率。公债发行的利率简称公债利率，是指公债发行时所规定的利息占公债本金的比率，通常由举债者的政府来确定，也称法定利息率。政府在确定法定利息率时，一般应考虑以下四个因素：

第一，市场利率。通常可参照金融市场利率确定。金融市场利率高，公债利率须相应提高，反之利率可相应降低。否则可能导致公债找不到认购者。

第二，公债期限。一般而言，投资者购买长期债券承受的风险和获得的经济、社会效益均高于短期债券，所以长期公债的利率通常高于短期公债的利率。

第三，政府信用。政府信用很好时公债利率可相应较低，反之公债利率只能较高。否则不是加重政府的债息负担，就是阻滞政府公债的发行。

第四，社会资金供给量。社会资金供给量充裕，公债利率可相应下调，反之利率需要上调。否则可能导致政府公债利息增加或公债推销不畅。

2. 公债发行的方式

公债发行的方式是指公债发行主体代表国家或政府与广大投资者之间推销和购买公债的方式。选择恰当的推销方式是保证公债发行的重要环节，其方式包括固定收益出售、招标发行、连续经销、直接推销和有机组合等，且各有其特点。

（1）固定收益出售。固定收益出售是指在金融市场上按预先确定的条件发行公债的方式。投资者在偿还期内的投资收益已被事先予以固定。其程序为：由政府和承销商确定承销合同，再由承销商向其他中介机构或投资者进行分销；发行期结束后未足额推销，剩余部分由承销商自己认购。该方式具有认购期限较短、发行条件固定、承销机构不限、适用于可转让的中长期债券的推销等特点。但该方式无法适用于金融市场行情剧烈变动的情况，因而往往要辅之以销售担保措施。

（2）招标发行。招标发行又称公募拍卖，是指在金融市场上通过公开招标发行公债的方式。其程序为：由招标人（政府或其委托的中央银行）公开宣布公债的发行招标条件（通常为发行价格和票面利率）；投标人进行投标；政府将投标人出标的价格或利率按序排列选定中标人，并与之签订买卖合同及交割。该方式具有发行费用低、通过市场竞价确定、适用于中短期政府债券发行等特点。但在发行上可能与市场行情脱钩，以及出现投标利率过高或投标价格过低的问题，因此采用该方法往往附加限制条件。

（3）连续经销。连续经销又称"出卖发行法"，是指发行机构（包括经纪人）受托在金融市场上设专门柜台，并根据市场行情变化随时调整公债发行经销债券条件的方式。其特点是债券经销期限不定、发行条件灵活，主要通过政府债券经纪人、金融机构、邮政储蓄机构或中央银行经销，适用于不可转让债券等。该方式可以灵活确定公债的发行条件及推销时间，从而确保公债推销任务的顺利完成。但如果政府债券规模过大，也会妨碍企业投资和经济的长期增长，因而该方法仅为少数国家采用。

（4）直接推销。直接推销又称承受发行法，是指由财政部门直接与认购者谈判出售公债的发行方式。该方式下推销机构只限定于政府部门，如财政部或其所属公债局（署、司）或政府委托的中央银行直接与认购者进行交易。认购者主要限于机构投资者，个人投资者不能以该方式认购公债。发行条件通过财政部和公债局与各个机构投资者直接谈判确定。故此，这种方式只能在有限范围内采用，适用于推销少数特定类型债券，否则会因推销任务繁重而增加发行成本，市场化程度相对较低。

（5）有机组合。有机组合是指综合上述的固定收益出售、公募拍卖、连续经销和直接推销方式的特点而有机结合使用的公债发行方式。在多数国家公债发行过程中，一般情况下是不单纯使用任何一种方式，而是将这些方式的其中一些特点综合起来，取其所长，结合运用。

改革开放以来，我国公债发行经历了单一式发行到多方式发行的发展与完善的过程。即从 20 世纪 80 年代的行政分配、90 年代初的承购包销到 1996 年公开招标方式被广泛采用，其变化趋势是不断发展为低成本、高效率的发行方式，逐步走向规范化与市场化。目前，我国记账式国债发行完全采用公开招标方式，凭证式国债发行完全采用承购包销方式。

3. 记账式国债的招标发行

为规范记账式国债发行管理，促进国债市场健康发展，2016 年 12 月财政部制定了《2017 年记账式国债招标发行规则》（以下简称《规则》），明确规定了记账式国债的内涵及发行方式等内容。其中，记账式国债是指财政部通过记账式国债经销商向社会各类投资者发行的电子方式记录债权的可流通的国债。

《规则》的内容主要包括：关键期限国债是指首次发行期限为 1、3、5、7、10 年期的记账式国债；记账式国债招标通过财政部政府债券系统进行，并采取竞争性招标方式，主要包括单一价格、单一价格和多重价格结合的混合式，招标标的为利率或价格；按照低利率或高价格优先的原则对有效投标逐笔募入，直到募满招标额或将全部有效标位募完为止等。

（三）公债的偿还

虽然公债的还本付息额在债券发行时就已固定下来，但是政府在偿付方式上却有很大的选择余地。公债的偿付方式具体可分为偿本方式和付息方式。

1. 公债的偿本方式

（1）分期偿还法。分期偿还法是指对一种债券规定几个还期，每期偿还一定比例的本金，直至债券到期时本金全部偿清。其优点是：可分散公债还本对国库的压力，避免集中偿还可能给政府财政带来的困难；缺点是：需频繁进行本金兑付，公债利率也往往区别规定（还本越迟利息率越高），从而加大了政府公债偿还的工作量和复杂程度。

（2）抽签偿还法。抽签偿还法是指在公债偿还期内通过定期按公债券号码抽签对号方式确定偿还部分的债券，直至偿还期结束并偿清为止。抽签包括一次性抽签和分次抽签：前者指在债券到期前一次将每期应偿债券的号码全部抽出；后者则是根据债券偿还的次数分批抽出每次应偿债券的号码。其优缺点与分期偿还法大体相同。

（3）一次偿还法。一次偿还法是指对发行的公债实行在债券到期日按票面额一次全部偿清。这是一种传统的偿还方式。其优点是：公债还本管理简单易行，也不必为公债还本而频繁筹措资金；缺点是：集中一次偿还公债本金有可能造成财政支出的急剧上升而给国库带来压力，可能会使经济体系资金量迅速膨胀，从而引起金融市场波动。

（4）买回债券法。买回债券法是指在债券期限内通过定期或不定期地从证券市场上买回一定比例债券且不再卖出。这种债券期满时已全部或绝大部分被政府所持有，因而债券的偿还实际上变成一个政府内部的账目处理问题。其优点是对投资者中途兑现本金，有助于增强投资者对公债的信任，政府可达到调节社会资金运动的目的。

（5）以新替旧法。以新替旧法是指政府通过发行新债券来兑换到期的旧债券，以达到偿还到期公债的目的。其优点是：增加筹措还债的灵活性，在新债券需求量较大的情况下对原旧债券的持有者有利；缺点是：如果新债券需求量较小或其不受欢迎，或经常使用这种偿还方式，实际上等于无限期推迟偿还，终究会损坏政府信誉。

（6）提前偿还法。提前偿还法是指当政府发行的公债尚未到期，但积累的资金已充分满足所需资金时，即可由政府提前偿还债务的一种方式。但有时非属上述情况，而是政府为解决某些特殊问题，或因整体债券持有者发生不可抗力原因导致生活极度困难的情况，也会发生债务的提前偿还。该方法的优缺点与一次偿还法相似。

在上述公债本金偿还中，我国采用过抽签偿还法、提前偿还法和一次偿还法，并以后者为主。如我国 1981～1984 年发行的 4 期国库券采用一次抽签法；1954～1958 年发行的国家经济建设国债采用分次抽签法；1985 年以后向个人发行的国库券及政府的其他债券（如国家重点建设债券、保值国债等）采用一次偿还法偿还本息。

2. 公债的付息方式

公债发行后，除短期债券（已通过折价发行预扣利息）外，公债在发行时已经规定了利息率，每年应付利息是固定的，政府公债付息的主要任务是确定付息方式，包括对付息次数、时间和方法等做出相应的安排。公债付息方式大体可分为两种：

（1）按期分次支付法。按期分次支付法是指将公债债券应付利息在债券的期限内分作几次（如每一年或半年）支付的方法。一般附有息票，债券持有者可按期剪下息票而兑付息款。该方法适用于期限较长或在持有期限内不准兑现的债券。

（2）到期一次支付法。到期一次支付法是指将公债债券应付利息在债券的期限内一次性偿还的方法。一般情况下，利息支付在债券到期时与支付债券本金的同时一并支付。该方法适用于期限较短或超过一定期限后随时可以兑现的债券。

3. 公债偿还的资金来源

（1）通过预算列支。将每年的公债偿还数额作为财政支出的“债务还本”项目而列入当年支出预算，由正常财政收入（主要指税收）保证公债的偿还。由于税收不能随意增减及预算支出项目的“刚性”，因此一般仅将部分债务偿付资金列入经常性预算。

（2）依赖财政盈余。政府在预算年度结束时，以当年财政收支的结余作为偿还公债的资金。盈余多则偿债数额亦多，如无盈余则无款可用于偿债。故其并不能作为公债偿付主要的资金来源，只能在财政充裕情况下作为配套手段采用。

（3）举借新债资金。政府通过发行新债券为到期债务筹措偿还资金，即以借新债的收入作为还旧债的资金来源。这种方法能够推迟政府实际偿还的时间，延缓偿债负担。这是大多数国家偿还公债的主要资金来源，但需要政府具有良好的信用。

（4）设立偿债基金。政府预算设置专项基金用以偿还公债，即每年从财政收入中拨交一笔专款设立基金，由特定机关管理，专款专用。在公债未还清之前，每年的预算拨款不能减少，以期逐年减少债务，故又称作"减债基金"。

从我国情况看，目前主要通过举借新债来偿还旧债，但资金来源过于单一导致国债规模过快膨胀。其改革的方向是：以借新债还旧债为主，以其他偿债资金来源为辅。其他偿债资金来源主要包括：一是将公债利息列入财政的经常性预算，但应加大公债利息支出占经常性预算的比重；二是建立和规范偿债基金，并不断扩大偿债基金规模；三是增加国有资产资源转让收入，这种公债资金来源更具现实意义。

三、公债发行简要分析

（一）国家公债发行的基本分析

1. 公债发行的绝对规模分析

我国在20世纪50年代曾发过公债，以后约20年陷于停滞。1981年，中央政府恢复了在国内举借债务。总体上看，我国恢复发行公债以来，公债规模呈迅速膨胀的态势。如中央财政公债发行规模从1981年的48.66亿元增加到2016年的30 545.41亿元，35年增加了626.73倍。1998～2016年我国中央财政公债发行额及未偿公债余额如表9-1所示。

表9-1　1998～2016年我国中央财政公债发行额及未偿公债余额　　单位：亿元

年份	发行额	余额	年份	发行额	还本额	余额
1998	3 228.77	7 765.70	2008	8 615.00	—	53 271.54
1999	3 702.13	10 542.00	2009	16 209.02	9 323.92	60 237.68
2000	4 153.59	13 020.00	2010	17 751.59	10 517.72	67 548.11
2001	4 483.53	15 618.00	2011	15 386.81	11 076.19	72 044.51
2002	5 660.00	19 336.10	2012	14 264.67	9 008.71	77 565.70
2003	6 029.24	22 603.60	2013	16 709.33	7 761.38	86 746.91
2004	6 726.28	25 777.60	2014	17 588.99	8 957.65	95 655.45
2005	6 922.87	32 614.21	2015	20 987.47	10 347.58	106 599.59
2006	8 883.30	35 105.28	2016	30 545.41	17 415.62	120 066.75
2007	8 125.60	52 074.65	—	—	—	—

注：表中1998～2010年数据来源于"张海星. 公共债务. 东北财经大学出版社，2011"；2011～2016年还本额等数据来源于《中国统计年鉴》和财政部网站，其中发行额为内债发行额，还本额包括内债还本额和外债还本额

2. 公债发行的相对规模分析

随着公债规模的扩大，我国中央财政公债依存度自1995年以来一直在60%以上高位运行，引起了理论界和政府决策部门的广泛关注。1998～2016年我国公债规模相关指标如表9-2所示。

表 9-2　1998～2016 年我国公债规模相关指标

年份	GDP	公债负担率		公债借债率		公债依存度			国家财政收入/亿元	公债偿债率	
		公债余额/亿元	比率/%	当年公债发行/亿元	比率/%	国家财政支出/亿元	国家比重/%	中央比重/%		国家比重/%	中央比重/%
1998	85 195.5	7 765.70	9.12	3 228.77	3.79	10 798.18	29.90	103.30	9 875.95	16.41	25.81
1999	90 564.4	10 542.00	11.64	3 702.13	4.09	13 187.67	28.07	89.16	11 444.08	11.59	18.17
2000	100 280.1	13 020.00	12.98	4 153.59	4.14	15 886.50	26.15	75.25	13 395.23	8.60	13.33
2001	110 863.1	15 618.00	14.09	4 483.53	4.04	18 902.58	23.72	77.73	16 386.04	9.04	14.28
2002	121 717.4	19 336.10	15.89	5 660.00	4.65	22 053.15	25.67	83.58	18 903.64	9.93	15.12
2003	137 422.0	22 603.60	16.45	6 029.24	4.39	24 649.95	24.46	81.26	21 715.25	13.25	24.24
2004	161 840.2	25 777.60	15.93	6 726.28	4.16	28 486.89	23.61	85.21	26 396.47	13.42	24.43
2005	187 318.9	32 614.21	17.41	6 922.87	3.70	33 930.28	20.40	78.88	31 649.29	12.40	23.71
2006	219 438.5	35 105.28	16.00	8 883.30	4.05	40 422.73	21.98	88.91	38 760.20	14.24	26.98
2007	270 232.3	52 074.65	19.27	8 125.60	3.01	49 781.35	16.32	71.02	51 321.78	2.41	9.76
2008	319 515.5	53 271.54	16.67	8 615.00	2.70	62 592.66	13.76	64.56	61 330.35	2.12	9.20
2009	349 081.4	60 237.68	17.26	16 209.02	4.64	76 299.93	21.24	106.25	68 518.30	2.09	9.78
2010	413 030.3	67 548.11	16.35	17 751.59	4.30	89 874.16	19.75	111.02	83 101.51	1.95	9.78
2011	489 300.6	72 044.51	14.72	15 386.81	3.14	109 247.79	14.08	93.17	103 874.43	10.66	21.58
2012	540 367.4	77 565.70	14.35	14 264.67	2.64	125 952.97	11.33	76.02	117 253.52	7.68	16.04
2013	595 244.4	86 746.91	14.57	16 709.33	2.81	140 212.10	11.92	81.62	129 209.64	6.00	12.89
2014	643 974.0	95 655.45	14.85	17 588.99	2.73	151 785.56	11.59	77.93	140 370.03	6.38	13.89
2015	689 052.1	106 599.59	15.47	20 987.47	3.05	175 877.77	11.93	82.17	152 269.23	6.80	14.94
2016	741 140.4	120 066.75	16.14	30 545.41	4.10	187 755.21	16.27	111.46	159 604.97	10.91	24.07

注：表中有关 GDP、财政收入、财政支出等数据来源于《中国统计年鉴》，公债余额、还本额和公债发行额等数据来源于财政部财政网站，公债依存度、公债借债率、公债偿债率、公债负担率数据经过计算而得。1998～2010 年公债偿债率指标来源于"张海星. 公共债务. 东北财经大学出版社. 2011"。2015～2016 年公债发行额、还本付息额等数据指中央财政公债发行额、还本付息额，其中发行额为内债发行额和外债发行额，还本额包括内债还本额和外债还本额，债务余额包括内债余额和外债余额。

从经济应债能力指标看，我国 1998～2016 年公债负担率和公债借债率（以下简称"两率"）较低，其中前者最高值为 19.27%（远低于警戒线 60%），而后者最高值不超 5%（低于警戒线 10%）。我国的"两率"不仅低于发达国家 60% 和 9% 的平均水平，而且也低于发展中国家 40% 和 8% 的平均水平。但应当注意，我国"两率"增长速度较快，如公债负担率在 20 世纪 80 年代低于 5%，而"十一五""十二五"时期公债负担率的算术平均数分别增至 17.11% 和 14.79%，2016 年公债负债率达到 16.14%。

从财政应债能力指标看，就财政公债依存度而言，我国 1998 年以来少数年份达到或超过 20% 的警戒线水平，中央财政除 2008 年外均超过 70%，2009 年和 2010 年超 100%，而 2016 年更是高达 111.46%，说明中央财政公债依存度上升趋势较快，公债风险较大；就公债偿债率而言，中央财政公债偿债率也令人担忧，即由 2000 年的 13.33% 上升到 2006 年的 26.98%，2007～2010 年不足 10%，2011 年以来升至 10% 以上，2016 年达到 24.07%。

因此，从我国公债规模的风险指标来看，会得出一个看似相互矛盾的结论：从公债偿债率和债务依存度两个财政应债能力指标来看，中国的债务压力是相当大的，为防止中央财政债务依存度过高，应警惕公债规模的进一步扩大。但从公债负担率及其借债率两个经济应债能力指标来看，远远低于世界各国的平均水平，因而我国国民经济的应债能力还比较宽松。这种看似矛盾的现象，反映出中国经济体制转型时期国民收入分配格局的扭曲，即国民收入分配过分向个人倾斜，财政集中的国民收入份额较少。我国国家财政收入占 GDP 的比重及中央财政收入占 GDP 的比重（双比重），远低于发达国家甚至发展中国家的平均水平，反映了财政体制的脆弱状态。

（二）地方公债发行状况的分析

允许地方政府发行公债是实行分税分级财政体制国家的通例。无论是财政集权程度较高的单一制国家（如法国、英国和日本等），还是实行财政分权的联邦制国家（如美国和德国等），地方公债均在其财政收入和公债体系中占有重要地位。

1. 2008 年以前地方公债的发行状况

中华人民共和国成立后，20 世纪 50 年代末和 60 年代初我国发行了地方公债。1950 年以前，东北人民政府为筹措生产建设资金，发行了东北生产建设折实公债；1958 年 4 月，中共中央决定从 1959 年起停止发行国家经济建设公债，但允许各省、自治区和直辖市在确有必要时发行地方经济建设公债。

改革开放后，1981 年中央政府收回了地方政府发行债券的权力，自此我国的地方政府债券发行在实践层面进入一段较长的空白期。1995 年开始实施的《预算法》明确禁止地方政府发债债券，从而也导致了地方政府在普遍存在财政困难的情况下，通过地方融资平台发行了大量的"准地方政府债券"。

2. 2009～2014 年地方公债的发行状况

在 2008 年金融危机及积极财政政策的背景下，为配合国务院确定的总额 4 万亿元的经济"刺激投资计划"，各地政府纷纷跟进，但其财政收支矛盾加剧，地方发行公债在技术和机制上尚不成熟，因而仍就实施地方债券中央代发和地方自发、自发自还试点等发行方式。

（1）中央代行地方发债。经国务院批准同意，以省级和计划单列市政府作为发行与偿还主体，由财政部代理发行并代办还本付息和支付发行费的可流通记账式债券。其主要做法是：地方债由财政部代理发行，支付发行费也由财政部代办；地方政府承担还本付息责任，按期缴送至财政部专户，由财政部代为归还。

2009 年中国首次以中央代发的形式发行了 2 000 亿元 3 年期地方政府债券，用于地方政府保障民生投入和一些公益性项目的建设。2010 年发行规模仍为 2 000 亿元，债券期限在 3 年期的基础上增加了 5 年期债券。

（2）地方政府自行发债。试点省（市）政府在国务院批准的发债规模限额内，自行组织发行本省（市）政府债券的发债。其试点省市政府对地方债券发行的方式、招标及定价具有一定的决定权和自主权，但偿还本息仍由财政部代办。地方政府自行发债模式实施后，"中央代发"模式并没有废止，试点地区之外的省（市）地方政府债券发行工作仍由中央代为办理。

经国务院批准，2011 年上海、浙江、广东、深圳（以下简称"两省两市"）开展地方政府自行发债试点，发行地方政府债券 2 000 亿元，其中财政部代理发行 1 771 亿元，"两省两市"自行发债 229 亿元，债券期限分为 3 年和 5 年两种；2012 年地方政府发债提至 2 500 亿元，其中自行发债 289 亿元，债券期限为 3 年、5 年和 7 年三种；2013 年自行发债试点扩至江苏省和山东省，试点省（市）最多可发行三种期限债券；发债规模增至 3 500 亿元，其中自行发债 700 亿元。

（3）地方债券自发自还。试点地区在国务院批准的发债规模限额内，自行组织本地区政府债券发行、支付利息和偿还本金。地方政府债券自发自还的实施，标志着中国地方政府从以往主要靠平台融资向以政府债券为主体的市场化举债融资机制的转变，有利于控制和化解地方债务风险，探索建立地方债券市场并推动健康发展。

经国务院批准，2014 年上海、浙江、广东、深圳、江苏、山东、北京、江西、宁夏和青岛 10 个地区试点地方政府债券自发自还。当年地方政府债券发行 4 000 亿元，其中试点地区自发自还规模 1092 亿元，政府债券期限为 5 年、7 年和 10 年。

3．2015 年至今地方公债的发行状况

2014 年新《预算法》规定："经国务院批准的省、自治区、直辖市的预算中必需的建设投资的部分资金，可以在国务院确定的限额内，通过发行地方政府债券举借债务的方式筹措"，从法律层面确立了地方政府直接发行债券的权利。

（1）2015 年地方债发行状况。从发行规模看，地方债发行 38 351 亿元，其中全国人民代表大会审核新增地方债务 6 000 亿元，置换债 32 351 亿元；从发行方式看，公开发行和定向发行分别为 30 793 亿元和 7557 亿元；从资金用途看，一般债券和专项债券为 28 691 亿元和 9658.5 亿元，专项债占比 25%；从债券期限看，期限在 1 年、3 年、5 年、7 年和 10 年期占比为 0.03%、17.0%、31.5%、27.5% 和 24.0%，平均年限 6.4 年；从发行地区看，部分省市如江苏、贵州、浙江等 8 省区地方债发行规模较大，发行量超过 1 500 亿元；从持有结构看，地方政府债主要集中于银行。

（2）2016 年地方债发行状况。2016 年地方新增债券规模为 1.18 万亿元，置换债限额约为 5 万亿元。地方债已超金融债，成为仅次于同业存单的第二大债券品种。当年地方政府债券共发行 1159 期、同比增长 87.24%，发行规模 60 458 亿元、同比增长 98.69%，其中新增地方债和置换债券为 11 698 亿元和 48 760 亿元。从债券类型看，地方债发行一般债券 35 260 亿元、专项债券 25 198 亿元；从发行方式看，地方债发行仍以公募方式为主，公募方式和定向发行分别为 44 675 亿元和 15 784 亿元；从期限结构看，地方债期限有 3 年、5 年、7 年和 10 年，以 5 年期为主；从发行地区看，地方债发行地域主要集中于江苏、山东和浙江等东部沿海地区。

第三节　公债市场管理

一、公债市场的概念

（一）公债市场的含义

公债市场是指公债进行交易的场所。政府公债通过市场发行和偿还公债，就意味着公债进入交易过程，而公债在市场中进行交易的场所即为公债市场。

公债是一种财政收入，其债券是一种有价证券。毫无疑问，公债市场是证券市场的重要组成部分，同时对证券市场具有一定的制约作用。

（二）公债市场的类型

公债市场按照公债交易的层次或阶段不同，可分为公债发行市场和公债流通市场。公债发行市场指公债发行场所，又称公债一级市场或初级市场，是公债交易的初始环节，一般发生在政府与证券承销机构，如银行、金融机构和证券经纪人之间的交易，通常由证券承销机构一次全部买下发行的公债。

公债流通市场又称公债二级市场，是公债交易的第二阶段。一般是公债承销机构与认购者之间的交易，也包括公债持有者与政府或公债认购者之间的交易。公债流通市场具体又分为证券交易所交易和场外交易两类，前者指在指定的交易所营业厅从事的交易；反之，不在交易所营业厅从事的交易即为场外交易。

（三）公债市场的功能

近年来，随着公债规模的扩大和调节社会资金运行能力的增强，各国都十分重视公债市场的功能，并逐步建立了适应本国国情的特别公债市场。

（1）实现公债发行和偿还。如前所述，国家可以采取固定收益出售方式和公募拍卖方式在公债市场的交易中完成发行与偿还公债的任务。在现代社会，主要发达国家的公债大都是通过公债市场发行的，并有相当部分是通过公债市场偿还的。同时，公债市场可进一步引导资金流向，实现资源要素的优化配置；政府债券风险较小、投资收益回报稳定，公债市场可为社会闲置资金提供良好的投资场所。

（2）调节社会资金的运行。在公债市场中，公债承销机构、公债认购者、公债持有者与证券经纪人从事的直接交易，公债持有者和公债认购者从事的间接交易，都是社会资金的再分配过程，最终使资金与公债的需要者得到相互满足，使社会资金的配置趋向合理。若政府直接参与公债交易活动，以一定的价格售出或收回公债，就可发挥引导资金流向和活跃证券交易市场的作用。

二、 公债发行市场

公债发行市场又称公债一级市场，从狭义上看，它是指公债发行者将新的公债销售给投资者的场所；从广义上看，它已经不是单纯地指出售公债的场所，而是泛指实现公债销售的完整过程。

（一）公债发行市场的构成要素

公债发行市场由参与者、市场工具和组织形式三个基本要素构成。

1. 公债发行的参与者

公债发行的参与者是公债发行市场的主体。从职能上划分，包括发行者、投资者、中介机构和管理者四类。

（1）公债发行的发行者。发行者即指公债的供给者，也是资金的需求者。作为发行主体可以是中央政府，也可以是省级地方政府，还可以是省级政府的其他机构。政府在公债发行市场上是以债务人的身份出现的。政府发行公债必须依据一定的法律程序，按照预定的发行条件和要求进行。

（2）公债发行的投资者。投资者即指政府所需资金的供给者，是用货币购买政府公债并承担一定风险的法人和自然人。具体包括商业银行、工商企业、机构投资者和个人投资者，在债权债务关系中处于债权人的地位。投资者投资于公债通常要考虑偿还期限的长短、流动性大小、安全性和投资收益率等因素。

（3）公债发行的中介机构。中介机构即指为实现公债从发行者手中转移到投资者手中而依法或依规承担有关公债发行的事务性工作的机构。根据机构不同职能可分为代理者、承销商和受托人，其中，代理者一般是中央银行；承销商是按公债发行者的要求办理公债承销和分销业务的机构，一般由商业银行、投资银行、证券公司、邮政系统、信托公司和其他允许经营证券业务的金融机构组成；受托人泛指接受公债发行者委托参与经办有关募集公债事务性工作的机构，如印制公债券、提供发行合同的法律咨询等机构。

（4）公债发行的管理者。管理者是公债市场不可缺少的组成部分，是指对公债发行市场进行监督管理，以促进公债发行正常运转的机构。公债市场管理机构主要包括财政部、中央银行、证券监督管理委员会和行业自律机构等。各国一般实施政府监管和自律相结合的公债市场管理模式，如美国是政府监管机构、行业协调组织和交易所自我监管相结合，德国是联邦证券监督办公室和交易所相结合，新加坡是金融管理局和交易所相结合。

2. 公债发行的市场工具

公债发行的市场工具既是公债发行市场的客体，也是公债市场上交易的对象和工具，即指不同品种的公债，包括短期公债、中期公债和长期公债。公债作为一种交易工具，具有流动性强、信誉度高和收益稳定的特点。

随着金融创新的深化，公债市场上也衍生出一些新的金融交易工具。例如，国债期货合约、国债期权合约、国债回购协议、国债投资基金和国债本息拆离等，这些公债衍生品也成为公债市场的客体。

3. 公债发行的组织形式

公债发行的组织形式是指公债发行者采用一定的发行方式，将公债券销售给投资者的运作过程。可通过公债发行程序体现，包括对公债的定价、种类、数量、交易过程的组织与监管，以及法律法规及交易规则、高科技监管系统、道德自律和社会舆论等。

公债发行就是将政府债券销售出去，从而把市场参与者联系起来。分为有形市场方式和无形市场方式：前者是指通过债券交易所的有形市场的交易系统发行债券；后者是指通过债券经营机构柜台这类非特定场所发行债券。

（二）公债发行市场的发展历程

我国 1981 年恢复发行公债之初主要采取行政摊派方式，由财政部门直接向认购人（主要是企业和居民个人）出售公债。真正意义上的公债发行市场始于 1991 年 4 月，财政部第一次组织公债承销团，有 70 多家公债中介机构参加了公债承销。

我国 1993 年建立了一级自营商制度，有 19 家金融机构参加了 1993 年第三期记账式公债的承销；1996 年开始采取招标发行方式，通过竞价确定公债价格，市场化程度大为提高，如对贴现公债采取价格招标，对附息公债采取收益率招标，对已确定利率和发行条件的无记名公债采取划款期招标等。

（三）公债发行市场结构及特点

我国公债发行市场经过 20 多年的发展已基本形成。其基本结构是：以差额招标方式向公债一级承销商出售可上市公债；以承销方式向承销商，如商业银行和财政部门所属公债经营机构，销售不上市的储蓄公债（凭证式公债）；以定向私募方式向社会保障机构和保险公司出售定向公债。这些发行方式的搭配使用，适应了我国当前发行市场结构的实际要求。

根据我国公债发行市场建设与发展状况，公债发行的基本特点可概括为：一是公债利率高于其他债券；二是发行期较长，一般在半年以上；三是按票面发行，到期后一次还本付息；四是个人投资人主要在柜台交易，机构投资人和中介机构主要在交易所交易；五是我国自发行公债以来主要采用不记名债券；六是以承购包销和柜台销售为主要方式。

（四）国债一级自营商制度

国债一级自营商是指具备一定资格，可以直接向国债发行部门承销和投标债券的交易商团体。一般包括商业银行、证券公司和其他非金融机构。国债一级自营商制度为许多国家广泛采用，成为重要的市场中介。美国的一级自营商制度历史悠久，其一级自营商由美联储指定，目前约有 40 家；法国采用"国库券专家"的一级自营商制度；英国实行"金边市场做市者"的一级自营商制度。

我国 1990 年和 1992 年试行国债承购包销，1993 年 12 月财政部、中国人民银行和中国证券监督管理委员会制定了《中华人民共和国国债一级自营商管理办法》《国债一级自营商资格审查与确认实施办法》，当年共有 19 家银行和证券经营机构被批准为一级自营商。这些自营商可以直接向财政部承销和投标国债，通过其分销与零售将国债推销给投资者，协助政府完成国债发行计划，维护国债市场顺畅运转。

三、公债流通市场

公债流通市场有广义与狭义之分，广义的公债流通市场是指公债在发行结束后就可以进入证券市场上市交易、提前兑付、可以转让的场所；狭义的公债流通市场即指公债上市交易市场。

（一）公债流通市场的发展进程

1. 公债场内交易市场的发展进程

我国自 1981 年恢复发行公债到 1988 年的 7 年间没有公债二级市场，使国库券持券人的兑现极为不便。为解决居民手中债券的变现问题，1988 年国务院先后批准 7 个城市和 54 个大中城市进行国库券流通转让试点工作，允许 1985 年和 1986 年发行的国库券进行柜台交易，但存在监管不到位和交易市场秩序混乱等问题。

1990 年，上海证券交易所和深圳证券交易所先后成立，并推动了国库券地区间交易的发展。与场外市场相比，交易所的管理制度较为规范和健全，因而此后的大部分国债就自然地转到上海和深圳两个证券交易所、武汉公债交易中心、全国证券交易自动报价中心等场所交易，以致交易所的国债交易量很快占到全国国债交易量的 90% 以上。

1993 年起在国债发行中试行国债一级自营商制度，一级自营商的主要功能是在国债市场中促进"批发—零售"一体化，即在流通市场中发挥做市商的作用，有利于缩短国债发行时间、降低发行费用、提高发行效率。

1997 年，为防止银行信贷资金流入股市和保证银行资产安全性，商业银行全部退出上海和深圳证券交易所市场，其国债全部转到中央结算司，通过全国银行间同业拆借中心提供的交易系统进行回购和现券交易，这标志着机构投资者国债交易场外市场——银行间国债市场创立。

从 2000 年开始，中国国债交易市场就有证券交易所市场和银行间国债市场，两个市场的投资者主体有很大差异且处于分割状态。为拓展国债交易渠道，2002 年中、农、工、建四大银行设立商业银行柜台记账式国债交易系统。国债柜台交易市场的重新建立，增加了政府筹资渠道，个人投资国债更加便捷。

2. 公债回购及期货市场的发展进程

公债回购是指公债持有人在卖出一笔公债的同时与买方签订协议，承诺在约定期限后按约定价格购回同笔公债的交易活动，反之称公债逆回购。公债回购为公债持有者、投资者提供融资，是投资者获得短期资金的主要渠道，也为公开市场操作提供工具，因而公债回购业务对公债市场的发展具有重要的推动作用。我国于 1991 年起兴起公债回购市场，但其不规范产生了一定的副作用，如买空卖空现象严重，回购业务无实际债券做保证，回购资金来源混乱和资金使用不当等影响了金融秩序的稳定。1995 年我国对公债回购市场进行整顿，使公债回购市场逐步走向正轨。

公债期货是公债现货市场发展到一定阶段的产物，具有公债行市、套期保值和投机获利的功能。我国于 1992 年 10 月推出公债期货交易市场，但推出公债期货后投资者反应冷淡。随着证券市场发展及人们金融意识增强，上海证券交易所于 1993 年 10 月正式推出规范式的公债期货合同。从此公债期货日益为广大投资者认同，从日成交量不到亿元发展到日成交量超千亿元。但我国发展公债期货市场的条件还不够成熟、法规建设滞后，在采取提高保证金比率、实行涨停板制度、规定最高持仓量等措施后仍难以走上正轨，1995 年 5 月国务院宣告公债期货的试点暂停。

（二）公债流通市场的组成类型

公债流通市场通常由承销商与公债投资人构成，政府有时也参与其中。一般分为场内交易市场与场外交易市场：前者是指证券交易所内的交易，是公债流通市场的中心及其最基本、最规范的形式。其特点是：一是有集中固定的交易场所和交易时间；二是交易所有特定的交易制度和规则；三是交易实行竞价制；四是交易只能委托具有证券交易所会员资格的经纪商进行；五是有完善的交易设施和较高的操作效率。

场外交易市场又称"店头"市场或柜台交易市场，是指证券经纪商和自营商不通过证券交易所，而是在证券商之间或证券商与客户之间直接进行的证券分散买卖市场。场外交易市场是一个无形的市场，通常采用协商议价方式进行交易。

（三）公债流通市场的交易程序

1. 场内交易的程序

由于公债场内交易制度比较完善，相应地其交易程序也较为复杂。总的来看，公债交易可分为开户、委托、成交、清算和交割五个环节。

（1）开户。投资者在交易所买卖公债前，须选择一家经纪商并开立账户。现金账户和保证金账户最为常见，前者是投资者利用现金买卖债券所开立的账户；后者是指投资者采用信用交易方式所使用的账户，适用于债券的买空和卖空等各种信用交易。

（2）委托。投资者在委托关系中将债券买卖的信息以指令的形式发送给开设账户的经纪商，由其根据收到的指令代理交易。委托方式可分为买进委托和卖出委托、整数委托和零数委托、当日委托和多日委托、市价委托和限价委托。

（3）成交。债券成交遵循价格优先、时间优先和委托优先的原则。由于交易所中存在大量的买方和卖方，因而买方和卖方之间都通过竞争的方式来确定交易价格，这就是"双边拍卖方式"，具体有口头报价、牌板报价和电脑报价三种方式。

（4）清算。清算通常以一个交易日作为清算周期。在每个交易日结束后，清算机构首先要核对各经纪商买入和卖出的债券种类与数量，经核对无误后计算出各经纪商应收应付的价款和债券净额，然后据此编制"清算交割表"。

（5）交割。交割即是根据清算的结果进行债券的收付程序。就其程序来说，首先要进行场内经纪商之间的交割，然后是经纪商与投资者之间的交割。根据交割日期的不同，场内交易有当日交割、例行交割、选择交割和远期交割四种。

2. 公债场外交易的程序

与公债场内交易相比，场外交易既没有固定的交易地点或时间，也没有统一的交易秩序和交易章程，而是通过电话、电报、网络或柜台等方式随时进行交易，交易价格也由双方协商确定。公债场外交易可分为自营交易和代理交易。

公债自营交易是指券商自己作为交易商，即债券的买卖一方所进行的交易。其程序为：先由债券自营商根据市场行情变化不断地挂牌公布债券的买卖价格，投资者或其他券商如果接受牌价买卖债券，挂牌券商不得拒绝；如果不能接受牌价，买卖双方还可讨价还价。双向报价中的买价和卖价之间存在一定的价差，它构成了自营商的利润来源。

场外市场的代理交易是指券商根据客户委托代为买卖债券以赚取佣金的交易。场外的代理交易与场内的委托交易相似，但没有后者那样严格。券商接受代理后，即向债券市场询价，然后尽可能以对客户有利的价格成交。

本 章 小 结

* 公债即为公共债务，是指各级政府的债务或负债。公债具有自愿性、有偿性和灵活性的特点。公债与国债既有联系，又有区别。公债收入是国家举借公债而取得的财政收入，政府必须按借款时的约定方式向债权人支付利息和偿还本金。

* 公债可按其债务主体、发行方式、利率确定、利息偿付、债务本位、偿还期限、发行特点、流通程度、发行地域和其他方式等多种标准进行分类。如公债按债务主体标准分为中央政府（联邦）公债和地方政府公债，按发行方式标准分为国家借款和发行债券，按利率确定标准分为固定利率公债和浮动利率公债，按利息偿付标准分为剪息公债和贴现公债，按债务本位标准分为货币公债和实物公债，按偿还期限标准分为短期公债、中期公债和长期公债，按发行特点标准分为强制公债、准强制公债和自由公债，按流通程度标准分为可转让公债和不可转让公债，按发行地域标准分为国内公债和国外公债等。

* 公债具有弥补财政赤字、筹集建设资金和调节经济运行的功能。公债作为财政收入的特殊形式，对经济发展是有利或无利，在理论上有较大的分歧，西方国家有关公债的争论大体上可分为公债有害论与公债无害论两类。

* 公债政策是指政府财政部门在公债总额增减、公债结构的变动和利率的升降等方面所制定的方针、目标及措施。注意公债的流动性效应和利息率效应，前者是在公债管理上通过调整公债的流动性程度来影响整个社会的流动性状况，从而对经济施加扩张性或紧缩性影响；后者是通过调整公债发行利率或实际利率水平影响金融市场利率升降，从而对经济施加扩张性或紧缩性影响。

* 公债的效应包括公债的资产效应、货币效应、增长效应和挤出效应。公债资产效应是公债持有者因所持公债资产，倾向于增加消费支出的经济效应；公债货币效应是发行公债对社会上货币供应量产生中性或扩张性影响的效应；公债经济增长效应是公债制度与政策从刺激需求或从增加有效供给方面推动一国国民产出（GDP）增长的效应；公债的挤出效应是公债发行、政府支出增加、财政扩张到整个经济的产出和利率的上升，但产出的增加一部分被利率的上升所抵消的效应。

* 公债负担是指公债的发行及其偿还给各经济主体（政府、企业及居民等）引致的利益损失，以及对国民经济运行所造成的负面影响。包括国民经济的整体负担和不同利益主体（经济、政府、认购者、纳税人和后代人）的负担。公债发行规模受经济发展水平、财政政策选择、公债管理水平和社会应债能力等因素制约。

* 衡量公债规模的指标分为经济应债能力指标和财政应债能力指标；前者包括公债

负担率和公债借债率；后者包括公债依存度和公债偿债率。公债负担率是指到计算期为止国家历年发行尚未偿还的公债累计余额占当年 GDP 的比例；公债借债率是指政府当年的债务发行规模占当年 GDP 的比例；公债依存度是指政府当年公债发行额占当年财政支出的比重；公债偿债率是指当年到期还本付息的公债总额占当年财政收入的比例。

• 我国公债制度是与经济发展、经济制度相适应的，分为两个时期七个阶段。改革开放前公债发行较少，规模也很小；改革开放后，公债在发行次数、种类、数量等方面发生了较大的变化，其中 1981～1997 年的公债是为弥补财政赤字和支付到期公债本息，而 1998 年以来发行的公债是主动通过增发公债来增加投资性支出等。

• 我国公债确定为记账式公债、凭证式公债、电子式公债（储蓄公债）、特种定向公债、专项公债和特别公债六种。

• 公债发行是公债售出或被认购者认购的过程。公债发行期限一般应考虑公债资金用途、对市场利率的预期、社会资金供给结构和还本付息集中程度四个因素；发行公债价格包括平价发行、折价发行和溢价发行；在确定发行公债利率时，主要考虑市场利率、公债期限、政府信用和社会资金供给量等因素；发行方式主要有固定收益出售、招标发行、连续经销、直接推销和有机组合等。目前，我国记账式国债发行完全采用公开招标方式，凭证式国债发行完全采用承购包销方式。

• 公债的偿还方式主要包括分期偿还法、抽签偿还法、一次偿还法、买回债券法、以新替旧法和提前偿还法；公债的付息方式包括按期分次支付法和到期一次支付法；资金来源包括通过预算列支、依赖财政盈余、举借新债资金和设立偿债基金等。

• 公债市场是指公债进行交易的场所，具有实现公债发行和偿还、调节社会资金运行的功能。公债市场按照公债交易的层次或阶段不同，可分为公债发行市场和公债流通市场。

• 公债发行市场又称公债一级市场，从狭义上看是指公债发行者将新的公债销售给投资者的场所；从广义上看泛指实现公债销售的完整过程。广义的公债流通市场是指公债在发行结束后就可以进入证券市场上市交易、提前兑付、可以转让的场所；狭义的公债流通市场即指公债上市交易市场。

复 习 思 考

一、概念题
公债　自由公债　贴现公债　公债负担　记账式公债　公债依存度　公债负担率
公债偿债率　公债借债率　公债市场　公债回购　公债期货

二、思考题
1. 如何理解公债的基本含义？
2. 公债如何分类？有何意义？
3. 如何确定公债的负担与规模？
4. 公债发行与偿还有哪些方式？
5. 如何加强我国公债市场管理？

三、分析题

购买国债成为"安全避风港"

2016 年 3 月至 11 月的每月 10 日,我国都有国债发行,全年共发行了 9 期,每一期发行后都受到热捧。有些银行网点的国债配额几乎半小时就被抢购一空,甚至还出现过凌晨排队也买不到的现象。有关数据显示,2016 年 3 月发行的首期凭证式国债的票面年利率分别较 2015 年下降了 0.92% 和 0.9%,其中 3 年期票面年利率为 4%、5 年期票面年利率为 4.42%。11 月 10 日最后一期储蓄国债发行利率锁定在了 3 年期 3.8%、5 年期 4.17%,较 2015 年同期相比分别下降了 0.45% 和 0.5%,但这似乎没有影响到投资者的购买热情。

2017 年 2 月,财政部公布了本年度国债、关键期限及超长期国债,以及第一季度国债发行计划,年内首只国债于 3 月 10 日发行(表 9-3)。在银行存款利率和理财产品收益率走低,股票持续低迷等问题不断出现的情况下,2017 年国债购买仍被不少投资者看成"安全避风港"。

表 9-3 中国 2017 年储蓄国债发行计划

品种	期限	发行时间	付息方式
凭证式	3	3 月 10 日	到期一次还本付息
	5		
电子式	3	4 月 10 日	每年付息一次
	5		
凭证式	3	5 月 10 日	到期一次还本付息
	5		
电子式	3	6 月 10 日	每年付息一次
	5		
凭证式	3	7 月 10 日	每年付息一次
	5		
电子式	3	8 月 10 日	每年付息一次
	5		
凭证式	3	9 月 10 日	到期一次还本付息
	5		
电子式	3	10 月 10 日	每年付息一次
	5		
凭证式	3	11 月 10 日	到期一次还本付息
	5		

要求:请根据上述资料,分析国债利率一再下调却仍被频频抢购的原因,投资者该如何购买国债才能达到收益最大化?

第四篇 财政管理

　　财政管理是国家对公共财政分配活动进行约束、监督和检查的活动，以反映有关的经济动态、实施经济活动的有效监督，为国家经济管理决策提供参考。财政管理篇主要研究和阐述财政管理的基本理论及其内容，分四章阐述财政政策体制、财政预算管理、财政监督管理和外国财政管理，主要包括财政政策机制、财政管理体制和财政转移支付，财政预算理论、流程和财政平衡管理，财政监督的理论、制度和财政风险管理，以及财政管理理论、财政收支管理和财政管理比较。

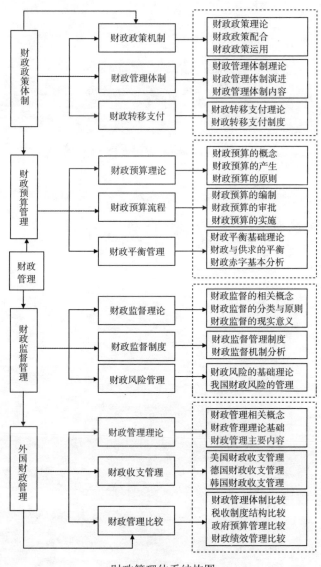

财政管理体系结构图

第十章

财政政策体制

财政政策体制是财政政策和财政体制的统称，财政政策主要是确定财政收支的策略与规则，它是国家经济政策的重要组成部分；财政体制主要是确定财政收支的范围和权力，它是各级政府、国家与企事业单位间财力合理分配的保证。本章阐述和分析财政政策机制、财政管理体制和财政转移支付，其内容主要包括财政政策理论、配合和运用，财政管理体制理论、演变和内容，以及财政转移支付理论和制度。其重点是财政政策及财政体制的类型和内容，难点是财政政策配合和运用、分税制财政体制和财政转移支付。

■第一节 财政政策机制

财政政策机制是财政政策在制定与实施过程中，与其各经济主体及有关要素之间的相互制约和配合关系。财政政策是一国政府宏观经济政策体系的核心内容，它与货币政策被称为政府的"左右手"，其重要性可见一斑。

一、财政政策理论

（一）财政政策的概念

政策是国家为实现其经济调控目标而制定的方针、策略和措施等各种手段的总称。但对何为财政政策，不同国家、不同时期、不同学者有着不同的认识和释义。

1. 西方学界对财政政策的认识

早在重商主义时期已开始出现财政政策思想的萌芽，法国、德国和英国早期的国家干预主义都尝试通过财政手段来干预经济，但多是针对特定经济现象而采用的具有实用性的财政手段，很少涉及经济活动的较深层次。因此，政府经济干预表现为一种被动的、零散的行为，还不能称为真正意义上的财政政策。

在自由竞争的资本主义时代，以斯密为代表推崇"自由放任"思想的古典学派反对政府干预，其财政政策思想的核心是坚持年度平衡预算。占统治地位的经济自由主义及其经济政策，因忽视市场失灵、轻视国家干预，酿成 1929～1933 年的世界经济危机。面对这场空前危机带来的经济大萧条和最严重的失业，古典经济理论显得束手无策，而凯恩斯的政府全面干预为核心的财政政策理论应运而生。

1936 年凯恩斯的不朽名著《就业、利息和货币通论》出版后，现代意义的财政政策理论才日趋成熟起来。较为典型的定义是：财政政策是通过政府课税及支出的行为，以影响社会的有效需求，促进就业水平的提高，并避免通货膨胀或通货紧缩的发生，而实现经济稳定的目的的政策。该种解释主要是强调财政政策稳定经济的作用，体现了凯恩斯学派的财政理论观点和政策主张。

从政策手段界定财政政策的学者，如 V. 阿盖迪认为，财政政策可认为是税制、公共支出、举债等措施的整体，通过这些手段，作为整个国家支出组成部分的公共消费与投资在总量和配置上得以确定下来，且私人投资的总量和配置受到直接或间接的影响；经济学家希克斯夫人认为，财政政策是公共财政的所有不同要素在依然把履行其职责放在首位的同时，共同适应各项经济政策目标的方式与方法。

西方学者还有从政策目标角度来解释财政政策的，如 J. F. 都教授认为，所谓财政政策意指政府收支的调整，以达到经济更加稳定，实现预期经济增长率；凯塞教授认为，财政政策就是政府的税收、支出以及债务政策对生产、就业、收入以及价格等水平的影响；埃克斯坦教授认为，政府为了实现充分就业和稳定物价水平这些短期目标而实行的各种税收与财政支出的变化，通常叫作财政政策。

2. 我国学界对财政政策的认识

我国著名财政学家陈共教授认为："财政政策是指一国政府为实现一定的宏观经济目标而调整财政收支规模和收支平衡的指导原则及其相应的措施。"郭庆旺教授认为："财政政策就是通过税收和公共支出等手段，达到发展、稳定、实现公平与效率，抑制通货膨胀等目标的长期财政战略和短期财政策略"。这是国内关于财政政策的两种比较有代表性的阐述，尽管有一定的差异，但核心内容是一致的。

我们认为，财政政策是国家经济政策的重要组成部分，是指国家为实现一定的经济社会目标而调整财政收支和调控经济良性运行所采取的策略及其措施。在财政实践中，财政政策贯穿于财政工作的全过程，体现在财政收支、预算平衡和国家债务等各个方面，由预算政策、税收政策、收费政策和国债政策等构成一个完整的财政政策体系。财政政策运用得当，就可以保持经济的持续、稳定和健康发展；反之，会引起经济的波动和失衡。

（二）财政政策的目标

财政政策的目标是指国家财政政策所要实现的期望值，即国家运用财政政策工具所要达到的调控和管理目的。确定财政政策目标，一般受国家政治、社会、经济、文化等条件的影响和制约。从目前各国财政政策目标体系看，主要包括经济稳定目标（物价稳定、充分就业和国际收支平衡等）、经济发展目标（经济增长、资源合理配置和反周期波动等）、收入分配目标和国家预算基本收支平衡四类目标。根据社会经济发展的需要和财政运行的基本特点，我国财政政策目标可概括为以下七个方面：

1. 收入公平分配

收入公平分配是指社会成员的收入分配达到公正、合理，即收入分配的差距较小。它是在一定社会正义规范下的有差距、有均衡和有协调的分配，而不是收入的平均分配。党的十八大报告提出了"千方百计增加居民收入""加快健全以税收、社会保障、转移支付为主要手段的再分配调节机制"的目标要求；党的十九大报告又明确提出了"坚持按劳分配原则，完善按要素分配的体制机制，促进收入分配更合理、更有序""履行好政府再分配调节职能，加快推进基本公共服务均等化，缩小收入分配差距"等政策要求。从理想的目标看，收入公平分配应达到最优状态，但实现最优分配却存在技术上和价值判断上的诸多困难。造成收入分配不公的因素很多，如接受教育机会、财产多少、种族及性别歧视，以及地理和职业上的流动性等，都能影响个人获得收入的能力，从而带来收入的差距。

党的十九大报告提出"决胜全面建成小康社会""人民生活更为宽裕，中等收入群体比例明显提高，城乡区域发展差距和居民生活水平差距显著缩小"的要求。公平收入分配既要反对平均主义，允许和鼓励一部分人先富起来，又要通过税收等手段对高收入进行调节，以缩小贫富差距和防止两极分化。确定财政政策公平分配的要求主要包括：一是合理、适度地确定纳税人的税收负担，既要考虑财政支出的需要，又要考虑纳税人的负担能力和自我发展的需要；二是为纳税人创造一个良好的、公平竞争的税收环境，不能因为国别和所有制等差异而实施不同的税收政策；三是通过对高收入者实行累进税率的个人所得税、财产税和遗产税等，对低收入者实行最低生活保障、社会保障与救济等财政转移支付，防止和纠正收入水平的过分悬殊，逐步实现共同富裕的目标。

2. 经济适度增长

经济增长通常是指一个国家或一个地区在一定期间内（通常为1年）的经济发展速度和水平。其内容主要包括：一是经济增长指经济总量增长，而不是某单个指标；二是经济增长指扣除物价因素的实际增长，尤其是在物价大幅度上涨时更要扣除物价因素导致的"虚增"部分；三是经济增长应考虑人口增长，只有在人口增长低于经济总量增长时才能说经济有了真正、可靠的增长。正如党的十八大报告所指出：以经济建设为中心是兴国之要，只有推动经济持续健康发展，才能筑牢国家繁荣富强、人民幸福安康、社会和谐稳定的物质基础。2014年国家提出了"经济新常态"的发展思路，即在经济结构对称态基础上的经济可持续发展，强调"调结构、稳增长"经济而非总量经济，用增长促发展、用发展促增长，包括经济可持续稳增长。

我国作为发展中国家，追求经济增长是十分必要的。但经济增长率并非越高越好，如果造成环境污染加重、牺牲人们生活质量，那么这种增长就是不合理、不公平的。因此可以说，经济增长中的"适度"就是增长适当、量力而行，要视财力（储蓄水平）和物力的可能。我国近年来保持了良好的经济发展水平，GDP 增长较为适度，如2013～2016 年我国 GDP 年均增长率为 7.2%（高于同期世界 2.6% 和发展中经济体 4.0%的平均增长）。为此党的十九大报告明确提出了"我国经济已由高速增长阶段转向高质量发展阶段，正处在转变发展方式、优化经济结构、转换增长动力的攻关期"的战略发展目标。所以，财政政策在推动经济增长中要处理好储蓄与消费的关系，发挥对经济结构调整的重要作用，避免经济发展的短线因素和"瓶颈"制约，以保证经济增长的有效性和稳定性。

3. 资源合理配置

资源合理配置是对现有的人力、物力、财力等社会资源进行合理分配，发挥其最佳效用，以获取最大的经济效益和社会效益。党的十八大和十九大报告明确提出了"加快完善社会主义市场经济体制和加快转变经济发展方式""贯彻新发展理念，建设现代化经济体系"的政策要求，包括深化供给侧结构性改革、加快建设创新型国家、实施乡村振兴战略、实施区域协调发展战略、加快完善社会主义市场经济体制和推动形成全面开放新格局，这对合理配置资源具有确切的实践意义。一般而言，资源配置主要是通过市场机制进行，同时通过价值规律、供求关系和竞争机制的作用，把有限的资源配置到能提供最高回报的地方。但市场机制又不是万能的，存在着市场失灵，因此政府有必要从全社会的整体利益出发，在市场自发作用的基础上对社会资源进行合理的调节与配置。

党的十九大报告明确提出了"实施区域协调发展战略"，要加大力度支持革命老区、民族地区、边疆地区、贫困地区加快发展，建立更加有效的区域协调发展新机制；"深化供给侧结构性改革"，坚持"去产能、去库存、去杠杆、降成本、补短板"，优化存量资源配置，扩大优质增量供给，实现供需动态平衡；"加快建立现代财政制度"，全面实施绩效管理，健全地方税体系等要求。财政政策作为政府配置资源的重要工具，其措施主要表现在：一是通过财政收入和支出的分配数量与方向，直接影响着各产业的发展；二是通过制定合理的财税政策，引导资源在地区、行业之间的合理流动。应当说明的是：财政政策调节资源的合理配置是为了弥补存在的市场失灵问题，它不能代替市场机制在资源配置方面的基础作用，更不能干扰正常的市场规则和市场运行，以免对市场经济效率造成损害。

4. 保持物价稳定

保持物价稳定是指价格总水平的稳定，即把价格总水平的波动约束在经济稳定发展所允许的范围内。它是世界各国努力追求的目标，一般用价格指数来衡量。所谓价格指数是用来反映两个不同时期商品价格的动态指标。其计算公式为

$$p = \frac{\sum p_1 q}{\sum p_0 q}$$

式中，p 为价格指数、p_1 为报告期价格、p_0 为基期价格、q 为报告期各种商品的数量，物价指数分为消费物价指数、批发物价指数和国民生产总值平减指数。一般认为，价格总水平（物价指数）波动幅度的正常范围在 5% 以内。如果出现价格总水平持续不断上升的现象即为通货膨胀，表示货币价值或实际购买力的降低；反之，表示货币价值或实际购买力的增加。

通货膨胀与通货紧缩都说明价格不稳定，不利于经济社会稳定发展。严重的通货膨胀会引起社会收入和财富的再分配，使工薪阶层和债权人深受其害，造成整个分配秩序和经济秩序的混乱。同理，严重的通货紧缩也会使资源无法得到充分、有效的利用，造成生产能力和资源的大量闲置、浪费，失业人数增加，人民生活水平下降。因此，各国的财政政策都将防范或抑制通货膨胀、通货紧缩作为重要的追求目标，如价格财政补贴等。

5. 实现充分就业

充分就业是指那些适龄且有劳动能力的人，能按照市场的一般工资率水平而受到雇用或得到工作。实现充分就业并不意味着没有失业，而是指把失业率限定在一定的范围之内。失业问题历来是经济学家和政府关注的焦点，它会带来一系列的不良后果或损失，如失业者生活艰难和自尊心丧失，高失业时会伴随高犯罪率、高离婚率、高死亡率和其他各种社会混乱等，因而控制失业率是财政政策的目标之一。但因价值观念和认识的不同，在失业率指标的认定上也有所不同，一般认为 4%以下的失业率即是实现充分就业。由此，当实际失业率超出 4%的标准时，政府就应采取财政等政策进行有效调节，增加就业机会，以保持社会经济处于稳定发展状态。

党的十八大及十八届三中全会提出了"推动实现更高质量的就业""健全促进就业创业体制机制"的政策要求。就业是民生之本，要贯彻劳动者自主就业、市场调节就业、政府促进就业和鼓励创业，实施就业优先战略和更加积极的就业政策；健全人力资源市场，完善就业服务体系，增强失业保险对促进就业的作用等。党的十九大报告又提出了"提高就业质量和人民收入水平"政策的新要求，主要包括：就业是最大的民生；要坚持就业优先战略和积极就业政策，实现更高质量和更充分就业；大规模开展职业技能培训，注重解决结构性就业矛盾，鼓励创业带动就业；提供全方位公共就业服务，促进高校毕业生等青年群体、农民工多渠道就业创业。因此，积极推动就业特别是下岗工人再就业、高校毕业生和退役军人就业，应实施财政扶持和税收优惠等财税政策。

6. 公平社会保障

社会保障是保障人民生活、调节社会分配的一项基本制度。党的十八大报告提出"逐步建立以权利公平、机会公平、规则公平为主要内容的社会公平保障体系"，以及"统筹推进城乡社会保障体系建设"的政策目标；党的十八届三中全会提出了"建立更加公平可持续的社会保障制度"的目标要求，制定实施免税、延期征税等优惠政策；党的十九大报告又提出了"坚持在发展中保障和改善民生"的要求，即在发展中补齐民生短板、促进社会公平正义，在幼有所育、学有所教、劳有所得、病有所医、老有所养、住有所居、弱有所扶上不断取得新进展，深入开展脱贫攻坚，保证全体人民在共建共享发展中有更多获得感，不断促进人的全面发展、全体人民共同富裕等。

党的十九大报告进一步提出了"加强社会保障体系建设"的要求。主要包括：按照兜底线、织密网、建机制的要求，全面建成覆盖全民、城乡统筹、权责清晰、保障适度、可持续的多层次社会保障体系；完善城镇职工和城乡居民的基本养老保险制度，尽快实现养老保险全国统筹；完善统一的城乡居民基本医疗保险制度和大病医疗保险制度，以及失业、工伤保险制度；建立全国统一的社会保险公共服务平台；统筹城乡社会救助体系，完善最低生活保障制度；坚持男女平等基本国策，保障妇女儿童合法权益；进一步完善社会救助、社会福利、慈善事业和优抚安置等制度，健全农村留守儿童和妇女、老年人关爱服务体系；发展残疾人事业，加强残疾康复服务；坚持房子是用来住的、不是用来炒的定位，加快建立多主体供给、多渠道保障、租购并举的住房制度，让全体人民住有所居。

7. 国际收支平衡

国际收支是指一个国家与世界其他各国之间在一定时期（通常是 1 年）内全部经济往来的系统记录。各国主要经济交易活动包括货物进出口、政府在国外购买和投资，以及政府持有的黄金与外汇的变动等。国际收支情况可由国际收支平衡表来体现，在平衡表中，"借方"表示外国对本国货币或外汇持有额的索取权增加；"贷方"表示本国对外国的本国货币或其他货币持有额的索取权增加。如果贷方大于借方，其差额称为"顺差"，表明加强了本国的储备地位；如果借方大于贷方，其差额称为"逆差"，表明加重了对本国黄金储备的压力。国际收支平衡就是指在国际经济交易往来中，贷方和借方相一致的情形。

如果国际收支出现赤字，本国货币的国际竞争力就会削弱，也就意味着一国必须减少国际货币的储备或增加新的短期借款，以维持进口水平和对外投资水平；如果长期存在赤字，有可能耗尽外汇储备并大规模举债，由此进一步增加国际收支赤字。其解决办法之一就是采取降低货物进口措施来防止赤字的增长，但降低进口规模对一国经济的发展是不利的。上述影响严重地制约了一国的经济稳定增长、物价水平和就业水平，所以国际收支平衡自然成为财政政策的主要目标之一。从实践上看，财政政策可有力地影响国际收支状况，如财政政策促进了经济的稳定增长就会促进货物出口规模的扩大，提高货物出口税率就可起到鼓励企业出口货物的积极性等。

（三）财政政策的类型

1. 按调节经济周期作用分类的财政政策

按财政政策调节经济周期作用的标准划分，财政政策可分为自动稳定的财政政策和相机抉择的财政政策。

（1）自动稳定的财政政策。自动稳定的财政政策是某些能根据经济波动情况自动发生稳定作用而无须借助外力就能直接产生控制效果的财政政策。在某些情况下，财政政策仅需要收支制度的内在机制就会对经济波动自动产生调节作用，达到稳定经济的效果，而无须政府采取任何经济干预行为。

自动稳定的财政政策工具主要包括三个方面：一是税收方式，税收特别是所得税是最重要的自动稳定器，因为在税率一定的前提下，税收随经济周期自动同向发生变化；二是转移支付，当经济处于衰退或萧条阶段失业增加，领取失业救济金的人数就会增加，从而抑制了人们可支配收入的下降，反之则抑制了可支配收入及消费需求的增长；三是价格管制，当经济繁荣时产品价格上升，政府抛售库存产品防止价格超过上限，反之防止价格低于下限。

（2）相机抉择的财政政策。相机抉择的财政政策本身没有自动稳定的作用，需要借助外力才能对经济产生调节作用的财政政策，主要包括汲水政策和补偿政策。

汲水从字面看，就好比水泵里缺水不能吸进地下水，而需要注入少量引水来恢复水泵抽吸地下水的能力。从财政上说，财政汲水政策是指政府投入一定财政资金并引导社会投资方向，使经济恢复其活力的政策。20 世纪 30 年代的世界经济危机，美国 1929~1933 年实施的"罗斯福—霍普金斯计划"政策等，是财政汲水政策在实践中的具体运用。

财政补偿政策是指政府有意识地根据经济状态进行反方向调节经济变动幅度，以达到稳定经济目的的政策。在经济繁荣时期为减少通货膨胀因素，政府通过增收减支等手段以抑制和减少民间的过剩需求；而在经济萧条时期为减少通货紧缩的因素，政府又通过增支减收等手段来增加民间的消费和投资需求，从而扩大整个社会的有效需求。

上述可见，财政的汲水政策和补偿政策都是政府有意识干预经济运行的政策。但两者也有区别，主要表现在：一是汲水政策是借助公共投资引导弥补民间投资，是治理经济萧条的一个"处方"，而补偿政策是一种全面的干预，可用于对经济萧条走向繁荣和控制经济过度繁荣；二是汲水政策的运用是短期的，手段只有公共投资，而补偿政策可以是长期的，其载体还包括财政补贴、转移支付、所得税和消费税等；三是汲水政策的公共投资规模有限，一般不能超额支出，而补偿政策的财政支出灵活性较大，可以超额增长；四是汲水政策的调节对象是民间投资，而补偿政策的调节对象是社会有效需求。

2. 按调节经济总量功能分类的财政政策

按财政政策调节经济总量功能的标准，财政政策可分为积极财政政策、紧缩财政政策和稳健财政政策。

（1）积极财政政策。积极财政政策即扩张性财政政策，是指通过财政分配活动来增加和刺激社会经济总需求的政策。当社会经济总需求不足时，可通过积极财政政策促使社会经济总需求与总供给的差额缩小乃至平衡。但如果社会经济总需求与总供给原来就是平衡的，运用该财政政策就会使总需求超过总供给。

积极财政政策的主要内容是减税和增加财政支出。一般说来，减税会增加民间可支配的收入，在财政支出规模不变的情况下也会扩大社会总需求。财政支出是社会总需求的直接构成因素，其规模扩大会直接增加总需求。在减税与增加财政支出并举的情况下，积极财政政策一般会导致财政赤字，因而积极财政政策又等同于赤字财政政策。

（2）紧缩财政政策。与积极财政政策相对应，紧缩财政政策是指通过财政分配活动来减少和抑制社会经济总需求的政策。在社会总需求过旺的情况下，通过紧缩财政政策来消除通货膨胀缺口，以达到社会经济的供求平衡。但如果社会经济总需求与总供给原来就是平衡的，该财政政策就会导致社会总需求不足。

紧缩财政政策的主要内容是增税和减少财政支出。一般认为，增税会减少民间可支配的收入，降低人们的消费和投资需求；而减少财政支出会降低政府的消费和投资需求，从而直接减少社会总需求。因此，增税和减少财政支出都具有减少与抑制总需求的效应，两者同时并举，财政盈余就有可能出现，因而紧缩财政政策又可等同于盈余财政政策。

（3）稳健财政政策。稳健财政政策即中性财政政策或平衡财政政策，它是一种介于积极财政政策和紧缩财政政策之间的政策，是指财政分配活动对社会总需求的影响保持中性的政策。财政收支活动既不会产生积极效应，也不会产生消极效应，它一般要求财政收支基本保持平衡，但使预算收支平衡的政策并不等于中性财政政策。

在西方财政理论中，一般将以财政收支均衡形式表现出来的政策称均衡财政政策，而将通过增加或减少盈余、增加或减少赤字形式表现出来的政策称非均衡财政政策。均衡财政政策的主要目的在于力求避免预算盈余或赤字可能带来的消极后果，政府支出可按其规模的大小产生使税收收入上升的效果，所以均衡财政政策不是稳健财政政策，而是略带积极效应的财政政策。

二、财政政策配合

在现代宏观经济调控中，财政政策与货币政策被称为政府的左右手，因而财政政策与货币政策的协调配合就显得格外重要。

（一）货币政策的基本理论

1. 货币政策的类型

货币政策是指国家为实现特定的宏观经济目标而制定的货币供应和货币流通组织管理的基本准则。它是由信贷政策、利率政策和汇率政策等政策构成的有机整体的政策体系。一般从总量调节出发，同财政政策的分类相似，货币政策的基本类型包括扩张性货币政策、紧缩性货币政策和中性货币政策三种。

（1）扩张性货币政策。扩张性货币政策也称膨胀性货币政策，是指货币供应量超过经济运行过程对货币的实际需要量，对总需求增长有刺激性作用的货币政策。

（2）紧缩性货币政策。紧缩性货币政策是指货币供应量小于货币的实际需要量，对总需求增长有抑制作用的货币政策。

（3）中性货币政策。中性货币政策是指货币供应量大体等于货币需要量，对社会总需求与总供给的对比状况基本不产生影响的货币政策。

2. 货币政策的目标

货币政策目标是指中央银行制定和实施某项货币政策所要达到的特定的经济目标，也是货币政策所要达到的最终目标。主要包括终极目标和中间目标。

终极目标是指中央银行实行一定货币政策在未来时期要达到的最终目的。货币政策的实质是正确处理经济发展与稳定货币的关系，各国央行货币政策的终极目标主要是稳定物价、促进经济增长、实现充分就业和国际收支平衡。货币政策在经济发展中要同时满足上述4项目标的要求，事实上是不可能的，所以各国都以其中一项作为主要目标。经济发展比较快速稳健的国家，都将稳定物价作为货币政策的首要目标或唯一目标。1990年新西兰率先提出，货币政策应以控制通货膨胀为唯一目标，其后有美国、英国、加拿大和澳大利亚等10多个国家接受了控制通货膨胀的货币政策。

中间目标是指中央银行为实现其货币政策的终极目标而设置的可供观测和调控指标的目标。主要有货币供给量和利率，在一定条件下，信贷量和汇率等也可充当中介指标。其货币供应量是中央银行重要的货币政策操作目标，它的变化也反映了中央银行货币政策的变化，对企业生产经营、金融市场，尤其是证券市场的运行和居民个人的投资行为有重大的影响。当货币供应不足时，市场商品价格下跌、生产减少、投资乏力、经济紧缩；当货币供应过量时，其结果刚好相反。当然，上述所言不足或过量都是有限度的，否则货币供应量极易成为通货紧缩或通货膨胀的源泉。

3. 货币政策的工具

西方国家一般将法定存款准备金率、再贴现比率和公开市场业务，作为国家控制货币供应量的货币政策工具，俗称货币政策的"三大法宝"。法定存款准备金率是指各金融机构要将吸收的存款缴存中央银行时依据的比率，中央银行通过调整存款准备金率来调整商业银行的贷款规模和派生存款规模；再贴现比率是指商业银行向中央银行办理再贴现时使用的比率，中央银行通过调整再贴现比率来调整商业银行的贷款规模；公开市场业务是指中央银行通过在金融市场上公开买卖有价证券控制货币供应量和利率的政策行为，是多数发达国家中央银行控制货币供给量的重要工具。

目前我国中央银行的货币政策工具主要包括：一是中央银行对商业银行（专业银行）的贷款；二是存款准备金制度，即专业银行将吸收的存款按一定的比例缴存中央银行；三是利率，即中央银行根据资金松紧情况确定调高或调低利率；四是公开市场业务，即中央银行通过买进或卖出有价证券，吞吐基础货币，调节货币供应量的活动。

（二）财政政策与货币政策的关系

党的十九大报告明确提出了"创新和完善宏观调控，发挥国家发展规划的战略导向作用，健全财政、货币、产业、区域等经济政策协调机制"的要求。在市场经济体制下，财政政策与货币政策是国家对国民经济进行宏观调控最主要的手段，其目标总体上是一致的，但也有明显的差异。这就决定了它们在宏观经济调控中必须注意协调配合，才能有效调控经济的良性运行和均衡发展。

1. 财政政策与货币政策的共性

财政政策与货币政策有着诸多的共同点，它们在目标、管理、环节和运行等方面存在着内在联系。

（1）目标的统一性。财政政策与货币政策都属于为实现宏观经济目标所采取的经济政策，它们的调控总体目标是统一的，即促进经济增长、保持物价稳定、实现充分就业和促进收支平衡。

（2）管理的影响性。财政政策直接影响着财政收入和财政支出，其结果是节余、赤字或基本平衡，对社会总需求具有重大的影响；货币政策直接影响着货币供应量和信贷投放量，是社会总需求的动态反映。

（3）环节的分配性。财政和货币都属于再生产过程中的分配环节，体现再分配的不同层次。在不兑现信用货币的情况下，会出现超越当年国民收入再分配的结果，从而导致货币超量发行，或是在社会总供给过剩或相对过剩时可能出现支出紧缩、银行惜贷、货币供给过少，以致出现社会总需求不足的现象。

（4）运行的联系性。在经济运行方面，社会资金、货币流通的统一性和货币资金各部门之间的相互流动性，使财政、信贷和货币发行具有不可分割的内在联系，如果任何一方发生变化都会引起其他方面的变化，最终引起社会总需求和总供给的变化。

2. 财政政策与货币政策的差异

财政政策与货币政策既有共同之处，又有一定的区别。其区别包括实施主体、作用机制、运用方式、调节重点、使用工具、调节范围和政策时滞等方面的差异。

（1）实施主体的差异。财政政策是由政府财政部门具体实施，而货币政策则由中央银行具体实施。尽管某些西方国家的中央银行在名义上归属财政部领导，但大多数在实施货币政策时是由中央银行独立操作的。

（2）作用机制的差异。财政政策更多地偏重于公平，其主要责任是直接参与国民收入的分配并将集中起来的国民收入在全社会范围内进行再分配，从收支上影响社会总需求的形成。而货币政策则更多地偏重于效率，其主要责任是通过信贷规模的伸缩来影响消费需求和投资需求，进而引导资源流向效益好的领域。

（3）运用方式的差异。财政政策可由政府通过直接控制和调节来实现，要控制总需求可通过提高税率、增加财政收入、压缩财政支出等方式实施。而货币政策是央行运用各种调节手段影响商行的行为，商行则相应调整对企业和居民的贷款规模，从而影响社会需求。因此，货币政策运用的间接性较强，财政政策运用的直接性较强。

（4）调节重点的差异。财政政策调节直接作用于社会经济结构，间接作用于供需总量平衡，主要通过扩大或缩小支出规模达到增加或抑制社会总需求的目的。而货币政策调节则直接作用于经济总量，间接作用于经济结构，主要通过货币投放和再贷款等措施控制基础货币量，实现对社会总需求的直接调节。

（5）使用工具的差异。财政政策与货币政策在调控经济运行的工具方面有着较大的不同，如财政政策工具主要包括财政体制、税收制度、收费政策、公共预算、政府公债、财政补贴和财政贴息等。而货币政策工具主要包括货币供应量、存款准备金、利率、再贴现率和公开市场操作等。

（6）调节范围的差异。财政政策的调节范围较为广泛，其调节范围包括经济领域和非经济领域。而货币政策的调节范围基本限于经济领域，其他领域则是次要的。如缩小收入分配差距方面，财政政策可利用累进税率和财政补贴等手段来发挥作用，货币政策则无能为力，甚至货币政策的利息机制还在一定程度上扩大这种差距。

（7）政策时滞的差异。财政政策从确定到实施的过程较为复杂，外部时滞较短，对经济所产生的作用较为直接，如调整税率时企业的收支状况就会立即发生变化。而货币政策运用较为方便，外部时滞较长对经济目标起间接调控作用。

（三）财政政策与货币政策的优劣

1. 财政政策与货币政策的优势

财政政策的优势相对于货币政策而言，主要表现在：在调节公平分配、结构调整、经济增长、资源配置和充分就业等方面，作用更显突出；在弥补市场缺陷上，对私人不愿投资（如各类公益事业）和不适合投资（如自然垄断行业）的领域，能更有效地发挥优化资源配置的功能；通过税收优惠、转移支付等能更有效地调整和优化经济结构，促进区域经济协调发展；通过财政收支的变化直接影响社会总需求，运用财政补贴等手段可实现政府的特殊调控；财政支出可直接刺激消费和投资，且具有手段多、力度大和见效快等优点。

货币政策的优势相对于财政政策而言，主要表现在：货币政策有利于稳定物价和平衡国际收支，尤其在经济体制转轨时期更显突出；通过货币供求总量的调整，能够保持社会经济总供给与总需求的基本平衡；通过整存贷款基准利率、法定存款准备金率和再贴现率三率，对调节物价总水平的作用突出；通过利率调整可调节国民的消费与储蓄，如通过高利率鼓励储蓄、低利率刺激消费和投资的需求；货币政策的操作是一种经济行为，对经济的调节作用比较平缓，有利于市场机制发挥作用，且具有灵活性等优点。

综上所述，从宏观调控的财政政策与货币政策两个主要手段来看，财政政策在公平分配、结构调整、经济增长、资源配置和充分就业等方面较货币政策更有优势，而货币政策的优势在于稳定物价和平衡国际收支。

2. 财政政策与货币政策的缺陷

财政政策的缺陷相对于货币政策而言，主要表现在：财政政策对社会总需求的调节不如货币政策直接，前者一般只是改变总量中的比例和分布，后者则直接作用于总量；对经济的调节作用容易对市场机制形成冲击、震动较大，不易形成"微调"的效果；财政政策的作用过程主要是经济干预，不是靠经济行为主体的竞争、市场供求关系和市场机制，因而对提高资金的使用效率缺少刺激力；财政政策的制定是经济决策和政策决策的过程，需要经过一定的法定程序，实行起来灵活性较小。

货币政策的缺陷相对于财政政策而言，主要表现在：货币政策难以解决国民收入分配不公的问题；在弥补市场机制的缺陷和推动各部门经济的协调发展等方面，不如财政政策直接和有效，如货币政策对推动那些私人不愿投资和不适合投资的事业发展的作用不如财政政策明显或直接；由于货币政策存在传导环节多、时间长，易受各种因素的干扰等情况，货币政策在调整经济结构和促进区域经济协调发展方面难以直接、有效地发挥作用，特别是在国民经济结构严重失衡的情况下，单靠货币政策难以有效地解决问题。

（四）财政政策与货币政策的配合

1. 财政政策与货币政策配合的基本方式

财政政策与货币政策各自具有的优势和缺陷，以及存在的共性和差异，决定了两大宏观经济政策在制定和实施中的互补性。两大政策目标如果不能协调配合，必然会造成政策效果的相悖，导致宏观经济运行失控。总体上说，两者协调配合的模式有多种，从实践上可概括为以下六种方式：

（1）"双积极"结合的政策。"双积极"结合的政策即指积极财政政策与积极货币政策的有机结合。积极财政政策主要通过减税和扩大财政支出规模来增加社会总需求，积极货币政策主要通过降低法定存款准备金率、利率等工具来扩大信用规模和增加货币供应量。在社会总需求严重不足、生产能力难以保障和生产资源大量闲置的情况下，宜选择该种政策组合方式，从而刺激需求、增加投资、扩大就业。但应注意其调控的力度，如果过大或过猛可能会带来严重的通货膨胀。我国1998年和2008年采取了该政策方式。

（2）"双紧缩"结合的政策。"双紧缩"结合政策即指紧缩财政政策与紧缩货币政策的有机结合。紧缩财政政策主要通过增加税收、削减财政支出减少消费和投资，抑制社会总需求；紧缩货币政策主要通过提高法定存款准备金率等来增加储蓄，以减少货币的供应量，抑制社会投资和消费需求。财政政策与货币政策"双紧缩"结合的政策方式可用来治理需求膨胀与通货膨胀，但如果调控力度过大或过猛，也可能造成通货紧缩、经济停滞甚至滑坡等问题。我国1985年采取了该政策方式。

（3）"双稳健"结合的政策。"双稳健"结合的政策即指中性财政政策与中性货币政策的有机结合。该方式强调两大政策工具的稳健取向，财政政策主要保持财政收支的基本平衡或增量平衡，货币政策则力图保证货币供应量或利率的稳定。这种"双稳健"政策的重点在于掌握财政政策与货币政策调控的力度，该紧则紧，该松则松，手段灵活搭配，有机组合。主要适用于社会总供求基本均衡、经济运行比较平稳而经济结构调整成为主要任务的情况。但由于经济波动是市场经济发展的客观规律，所以一旦经济运行发生变化就应对"双稳健"结合的政策方式及时做出调整。我国在连续实施7年"双积极"结合的政策后于2004年采取了该政策方式。

（4）"松与紧"结合的政策。"松与紧"结合的政策即指在财政政策与货币政策运用上采取一松一紧或一紧一松的有机结合。其政策内容主要包括：一是积极财政政策和紧缩货币政策，前者可刺激需求、有效克服经济萧条的问题，后者可避免过高的通货膨胀，但长期运用该政策组合会累积大量的财政赤字；二是紧缩财政政策和积极货币政策，前者可抑制社会总需求、防止经济过热、控制通货膨胀，后者可保持经济的适度增长。财政政策与货币政策"松与紧"结合的政策方式，适用于在控制通货膨胀的同时保持适度经济增长的情况。我国1979年采取了该政策方式。

（5）"适当积极"的政策。"适当积极"的政策即指积极财政政策与稳健货币政策的有机结合。我国针对东南亚金融危机的冲击和国内发生严重的自然灾害，以及国民经济运行中呈现出投资需求、消费需求和出口需求不足的情况下，1998年实施了该政策方式。从实施的效果上看，基本上实现了扩大内需、拉动经济增长等预期目标。

（6）"适度从紧"的政策。"适度从紧"的政策即指紧缩货币政策与稳健财政政策的有机结合。重点是把握财政政策与货币政策的调控力度，该紧则紧、该松则松，将其政策工具灵活搭配、有机组合。"适度从紧"的政策方式宜于在总需求过旺、经济结构不合理、财政赤字过大和通胀居高不下的情况下采用。我国1996年及"九五""十一五"时期采取了该政策方式，旨在抑制通货膨胀。

2. 财政政策与货币政策配合的简要分析

从上述几种政策组合可以看出，所谓的"松"或"紧"实际上是指财政政策与货币政策在资金供应上的"松"或"紧"。即凡是使社会资金供应增加的措施，如减税、增加财政支出、降低法定存款准备金率与利率、扩大信贷支出等，都属于积极政策措施；反之，都属于紧缩政策措施。

具体采取何种政策组合，则取决于国家宏观经济运行状况及政府所要达到的政策目标。一般而言，如果社会总需求明显小于总供给，就应采取积极政策措施，以扩大社会总需求；反之则采取紧缩政策措施，以抑制社会总需求的增长。

此外还应看到，财政政策与货币政策对总供给也有着积极的调节作用，在社会总需求大于总供给的情况下，既可用紧缩政策来抑制总需求，也可通过积极政策来促进总供给的增长。因此，财政政策与货币政策在实际运用中应根据经济状况适时进行协调和调整，这样才能达到有效调控国民经济运行的目的。

三、财政政策运用

我国古代的理财家，较早地提出了"量入为出""轻税薄敛""藏富于民"等朴素的财政思想。但这种思想是在自然经济条件下形成的，目标单一、手段简单，对经济发展影响较小。中华人民共和国成立以来运用的财政政策可分为四个时期，即 1997 年以前实施的财政政策、1998 年实施的积极财政政策、2005 年实施的稳健财政政策和 2008 年以来实施的积极财政政策，主要围绕其经济背景、主要内容、实施效果进行阐述与分析。

（一）1997 年以前实施的财政政策

1997 年以前的财政政策，主要包括改革开放前的 1949 年、1953 年和改革开放后的 1978 年、1985 年、1994 年实施的财政政策两个阶段、五个时期。

1. 1977 年改革开放前实施的财政政策

我国 1977 年以前实施的财政政策，大体上分为国民经济恢复时期和传统计划经济时期两个时期的财政政策。

（1）国民经济恢复时期（1949～1952 年）的财政政策。中华人民共和国成立后，如何尽快恢复和重建经济，支持建立新的社会经济制度是国家财政面临的艰巨任务。其财政政策的内容主要包括：在财政缺口巨大和社会应债能力不高的情况下，采取增加税收和增发钞票等办法筹集财政资金；通过减少税种、减并税目、降低税负等办法进行税制调整；通过税收放款政策给私人工商业支持，对国营和集体经济实施税收优惠；大力裁减国家机构经费，不断提高国营经济特别是国营工业财政支出比重；对农业和渔业通过发放基金合作贷款予以扶持，银行成为财政的"出纳"。从总体上看，国民经济恢复时期出台了真正意义上的偏紧财政政策，扭转了当时的困难局面，财政政策的运用基本上是较为成功的。

（2）传统计划经济时期（1953～1977 年）的财政政策。我国 1953 年开始实施"一五"计划，1956 年基本完成社会主义改造，受"文化大革命"及苏联"非税论"等影响，过度强调税制简化。其财政政策的内容主要包括：1953 年实行集中统一与分级管理相结合、侧重集中的财政体制，修正税制而试行商品流通税；1958 年调整财政体制为"以收定支、五年不变"的办法，合并税种实行工商统一税，简化征税办法和奖励协作生产，统一农业税制等；1961 年开始转向较为集中的财政体制，提出了增加收入、确保平衡、合理负担、促进经济发展的财政政策；"文化大革命"时期财政体制频繁变动，实行简化税制（1973 年税改时"五税"合为工商税）和保证收入的政策等。总体上看，财政政策基本做到了适应经济发展变化或政治需要和保证财政收入的目的。

2. 1978 年改革开放后实施的财政政策

我国 1978 年改革开放后（1978～1997 年）实施的财政政策，大体上可分为国民经济调整时期、计划商品经济时期和建立社会主义市场经济初期的财政政策。

（1）国民经济调整时期（1978～1984 年）的财政政策。1976 年粉碎"四人帮"和"文化大革命"结束，1978 年党的十一届三中全会后进入"对内搞活、对外开放"发展时期。其财政政策的内容主要包括：1979 年实施紧缩财政与适度积极货币相配合的政策方式，即压缩基建规模，防止通货膨胀，调整国民经济中严重失调的比例关系（如农轻重比例关系、积累与消费的比例关系等）；改进与完善财政体制，如在不同时期、不同地区试行不同的财政包干（如分级和固定比例包干）和分成（超收、增收分成）等；实行公平税负、调节利润、吸引外资、控制盲目建设的税收政策，建立涉外税制、实行国营企业利改税和工商税制改革等。总体上看，财政政策适应了经济发展的新要求，逐步建立了适应经济改革新形势下的多税种、多环节、多层次调节的税制体系。

（2）计划商品经济时期（1985～1993 年）的财政政策。1984 年制定了《关于经济体制改革的决定》，经济却出现了严重过热的情况，财政支出和信贷双膨胀。其财政政策的内容主要包括：1985 年采取"双紧缩"的财政与货币政策，压缩财政支出；动用外汇储备和扩大国债规模，弥补财政赤字，减少社会消费基金；调整中央与地方、国家与企业的分配关系，如实行"划分税种、核定收支、分级包干"体制，清理"小金库"和加强预算外资金管理等；调整与完善税制，实行以流转税和所得税为主体、其他税种配合的复合税制体系；通过开征"两金"和耕地占用税，支持农业和瓶颈产业发展等。总体上看，财政政策控制了经济增长速度，税制的不断完善与改革，增强了财政政策的调控作用，保证了财政收入的稳定增长。

（3）建立社会主义市场经济时期（1994～1997 年）的财政政策。1991 年我国实施"调整、治理和整顿"方针后经济恢复增长，1992 年党的十四大将经济增长率由 6%提至 8%～9%，1994 年建立了市场经济体制。其财政政策的内容主要包括：运用"适度从紧"的财政与货币政策，控制固定资产投资规模，通过提高"两个比重"和发行国债等方式增加财政收入；调节工资性收入过快增长，减少价格和国有企业亏损等补贴；公平税负、促进平等竞争，建立符合社会主义市场经济要求的税制体系；实行分税制财政管理体制改革，明确划分中央税、地方税和共享税的范围；推行"税利分流，税后还贷，税后承包"的政策办法；深化企业财务和会计制度改革，建立预算约束机制，加大税收执法力度等。总体上看，财政政策的实施促进了社会主义市场经济的健康发展，财政收入稳步增长，综合国力和财政实力增强。

（二）1998 年实施的积极财政政策

根据国内外经济形势与发展的要求，我国 1998～2004 年实施积极的财政政策，并取得了良好的经济效果和财政状况的根本性好转。

1. 积极财政政策的经济背景

从国内看，针对经济发展过热、通胀率居高不下的情况，1993 年我国实施了"适度从紧"的财政政策与货币政策，成功地实现了经济的"软着陆"。但也出现了诸如财政收入占 GDP 比重、出口贸易及外商投资等逐年下降，以及消费需求增长乏力等问题。加之 1998 年百年不遇的洪水，以及国有企业战略改组带来的下岗分流人员和失业的压力，我国经济形势面临着前所未有的严峻局面。

从国际看，1997 年 7 月亚洲金融危机在泰国爆发后，迅速席卷马来西亚、新加坡和印度尼西亚等国，股市暴跌，汇率下降，经济出现负增长。受亚洲金融风暴影响和上述多重因素的作用，我国经济增长速度持续走低。例如，GDP 增长按当年价格计算，从1994 年36.4%的高峰降到1996 年的17.1%，1997 年跌至11.0%；如按可比价格计算，

1998 年上半年 GDP 增长率仅为 7%，与全年 8% 的增长目标有一定差距。

对如何应对国内外复杂的经济形势，面对前所未有的"通货紧缩、市场趋冷"的信号，我国审时度势，果断地进行了由"适度从紧"的财政政策与货币政策向积极的财政政策转变的调整，1998 年 3～8 月积极的财政政策启动实施。

2. 积极财政政策的主要内容

我国积极财政政策的主要目标是摆脱通货紧缩的阴影，实现企业脱困、拉动需求、增加投资、刺激消费、扩大出口，促进国民经济快速、稳定、协调发展。

（1）扩大国债规模，加强基础设施建设。1998～2000 年累计发行建设国债 5 100 亿元用于基础设施投资，主要包括用于农林水利、铁路公路交通、邮电通信、城市基础设施、城乡电网建设与改造及长江、黄河中上游水土保持等 8 600 多个项目，投资额约 26 000 亿元。2001 年发行 1 000 亿元基础设施建设国债和 500 亿元特种国债；2002 年新增 1500 亿元长期建设国债投资，主要用于本年度建成的项目和西部地区的项目。

（2）制定财政政策，鼓励社会投资。实行税费改革、减轻负担政策，如 1998 年和 1999 年取消了 727 项、388 项府性收费与基金，减轻负担约 550 亿元；制定鼓励投资与消费政策，如 1999 年 7 月起减半征收投资方向调节税（2000 年暂停）；2001 年起分 3 年对金融与保险企业营业税率由 8% 降为 5%；2004 年 7 月起对东北地区装备制造业等 8 个行业实行消费型增值税，以增强企业技术改造和自我发展能力。

（3）调整税收政策，扩大出口贸易。1998 年国家先后提高了煤炭、钢材、水泥、纺织、机械等产品的出口退税率，对纳税信誉较好的企业简化退税的审批手续，加大出口退税的力度；1999 年进一步提高机械设备、电器及电子产品、运输工具、仪器仪表等 20 类产品的出口退税率，将出口商品的综合退税率提高到 15% 左右。此外，自 1998 年以来对进口设备给予税收优惠政策，适当扩大进口、以进带出。

（4）调整分配政策，拉动居民消费。1998 年增加国有企业下岗职工基本生活费和离退休人员养老金等支出，1999 年对下岗职工基本生活费、失业保险和城镇居民最低生活保障提高 30%，提高机关人员基本工资和离退休人员离退休金；1999 年 11 月起对储蓄存款利息征收 20% 的个人所得税，鼓励个人投资和消费；征收社会保障费，保障各级财政社会保障支出；加大对中西部和东北老工业基地的财政转移支付力度等。

3. 积极财政政策的实施效果

我国 1998 年开始实施的积极财政政策是在市场经济条件下反周期调节的一次成功尝试，具有里程碑的意义。主要表现在以下四个方面：

（1）拉动了国民经济增长。1998 年我国 GDP 增长 7.8%，减缓了亚洲金融危机带来的经济下滑的趋势，2000 年又实现了 GDP 8% 的较高增长。由于连续 5 年来实施积极财政政策，2003 年我国经济全线回暖，经济发展出现了重大转机，社会需求全面回升，经济结构进一步改善，经济增长质量和效益明显提高。

（2）启动了"三大需求"。扩大投资需求，如 2000 年固定资产投资增长率扭转下滑趋势（同比增长 9.6%）；拉动消费需求，如 2000 年起居民消费回升，消费增长率为 9.7%，对当年经济增长的贡献度高达 57%；提升对外贸易出口需求，如 1998～2000 年出口增长速度分别为 0.5%、6.1% 和 27.8%。

（3）促进了经济结构调整。基础设施得到加强，区域生产力布局得到调整，推动了产业升级和经济模式的转变等。如积极财政政策着眼于加强基础设施建设，通过国债资金直接投入和税收政策调节等措施发展高新技术产业，改造传统产业，支持重点行业与企业技术改造，推动经济结构的调整和产业结构的优化。

（4）化解了财政金融风险。财政直接补充资本金和对过高的储蓄沉淀进行吸纳，将信贷资金转换为财政投融资资金；加大投资力度，保持经济的适度增长，通过改善整体经济状况化解金融风险，如地方财政采取措施解决农村基金的清算；通过财政拨款启动和支持"债转股"，剥离国有企业在国有银行的不良资产，化解银行风险等。

（三）2005 年实施的稳健财政政策

我国 1998 年以来实施的积极财政政策基本实现了预期的目标，成效较为显著，但也引发了一定程度的通货膨胀和债务风险，以及高赤字和财政风险突显等问题，因而自 2005 年起我国年实施稳健的财政政策。

1. 稳健财政政策的经济背景

从经济增长上看，2003 年和 2004 年我国 GDP 增长速度为 10% 和 10.1%；从物价水平上看，2003 年开始由负增长变成正增长，经济增长进入新一轮周期性上升阶段，呈现出加速发展态势。但同时又存在经济结构不合理、经济增长方式粗放等问题，诸如钢铁、房地产和建材等行业发展过快，出现局部过热的现象，相反能源、交通、农业、教育、公共卫生和社会保障等薄弱环节亟待加强。

自 2003 年起，我国及时采取了一系列宏观调控政策，初步消除了经济发展中的不稳定、不健康因素。但一些深层次问题还没有完全或有效解决，如粮食增产和农民增收的机制尚不完善，固定资产投资反弹压力大，能源和运输瓶颈依然突出等。2004 年 12 月中央经济工作会议，提出了 2005 年实施稳健财政政策的要求；2005 年《政府工作报告》明确：2005 年要坚持加强和改善宏观调控，实施稳健的财政政策。

2. 稳健财政政策的主要内容

我国 2005 年实施的稳健财政政策目标是加快公共财政体系建设，促进经济社会全面、协调发展。可概括为"四句话、十六个字"，即控制赤字、推进改革、调整结构、增收节支。

（1）控制赤字。适当减少财政赤字，但又不明显缩小，松紧适度，重在传递调控导向信号，防止通货膨胀的继续扩大和通货紧缩的重新出现。随着 GDP 的不断增长，逐步降低财政赤字占 GDP 的比重，以便于保持一定的财政赤字规模和调控力度，促进经济又快又好地发展，同时体现财政收支的增量平衡取向，以及按照财政可持续发展要求积极防范和化解财政及经济风险的取向。

（2）推进改革。转变主要依靠国债项目资金拉动经济增长方式的观念，按照"既立足当前，又着眼长远"的原则，在继续安排部分国债项目投资，整合预算内基本建设投资和保证一定中央政府投资规模的基础上，适当调减国债项目资金规模，腾出更多财力用于支持经济体制改革和经济制度创新方面，体现调整经济结构与转变经济增长方式的要求，为市场经济发展创造一个良好、公平和相对宽松的财政政策环境。

（3）调整结构。进一步按照科学发展观和公共财政的要求，调整财政支出和国债项目资金投向结构，即"区别对待、有保有压、有促有控"，对与经济过热有关的、直接用于一般竞争性领域等"越位"投入应压下来、退出来；对属于公共需要范畴、涉及财政"缺位或不到位"的，如农业、就业与社会保障、环境与生态建设、科教文卫等薄弱环节，要保证、要加大投入力度，落实"五个统筹"和调整经济结构的要求。

（4）增收节支。收入上，在总体不增或略减税负的基础上，通过严格依法征税，堵塞各种漏洞，确保财政收入的稳定增长；支出上，严格按预算控制支出特别是一般性支出的增长，切实提高财政资金使用效益；管理上，积极探索建立财政资金绩效评价制度，通过提高财政资金的使用效益来替代一定财政资金的增量需求，体现壮大财政实力、控制财政支出、提高资金使用效益和转变经济增长方式的要求。

3. 稳健财政政策的实施效果

我国 1998 年以来实施的稳健财政政策取得了积极、良好的效果，主要表现在：农业生产稳定增长，农民收入继续增加；工业生产增长较快，能力明显增强，但煤电油等约束了经济增长；投资消费趋于协调，结构有所优化；外贸出口快速增长，抑制高耗能产品出口初见成效；物价水平渐趋平稳，上下游产品差价缩小；房地产市场调控效应初步显现，房产价格有所下降或增长趋缓；增加社会就业，社会事业全面发展。

（四）2008 年以来实施的积极财政政策

2007 年中央经济工作会议明确提出 2008 年实施稳健的财政政策和从紧的货币政策。但 2008 年下半年爆发了世界性金融危机，我国宏观调控政策再次改弦易辙，2008 年至今实施了积极的财政政策和适度宽松或适度从紧的货币政策。

1. 积极财政政策的经济背景

2008 年初由美国次贷危机引发的全球性金融危机愈演愈烈，并已开始对全球实体经济造成严重影响。我国虽然受到的直接冲击相对较小，但对经济增长带来的负面影响也已经显现，经济增速连续 5 个季度减缓，2008 年 GDP 增速从一季度的 10.6% 下滑到三季度的 9%。受金融危机及全球经济减缓的影响，我国 2008 年前 3 个季度出口增速回落 4.8 个百分点，净出口对经济增长的拉动同比减少 1.2 个百分点。

我国把保持经济平稳较快发展、控制物价过快上涨作为 2008 年下半年宏观调控的首要任务，CPI（consumer price index，居民消费价格指数）已连续 5 个月回落。在国内出现有效需求不足、通货紧缩趋势明显和经济增长乏力的关键时刻，国务院做出重大决定，即实行积极的财政政策。这是继 1998 年我国为应对亚洲金融危机实施积极的财政政策之后，为应对世界性金融危机、防范经济危机再次转向实施的积极财政政策。

2. 积极财政政策的主要内容

（1）加大投资力度，优化投资结构。其内容主要包括：中央政府投资主要用于保障性安居工程，农业、教育、医疗卫生和生态环境等基础设施建设；加大对保障性安居工程、廉租住房建设支持力度，加快棚户区改造，实施游牧民安居工程，扩大农村危房改造试点；加快农村民生工程和农村基础设施建设，加大农村沼气、饮水安全工程和农村公路建设力度；加快铁路、公路和机场等重大基础设施建设，增强经济发展后劲；加快灾后恢复重建各项工作，支持地震灾区尽快恢复重建城乡居民住房；加快电力交通通信等基础设施、学校医院等公共服务设施建设等。

（2）推进税制改革，实行减税政策。其内容主要包括：全面实施增值税转型，对增值税一般纳税人允许新购进机器设备所含增值税税金予以抵扣，相应调整小规模纳税人标准及其征收率；继续提高个人所得税工资薪金所得减除标准、暂免征收储蓄存款利息所得税，单边征收、降低证券交易印花税税率，降低住房交易税费等；研究取消和停征部分行政事业性收费；完善出口退税率调整政策，提高部分劳动密集型产品、机电产品等出口退税率，取消部分钢材、化工品和粮食的出口关税，降低部分化肥出口关税并调整征税方式，对个别产品开征或提高出口关税等。

（3）调整分配格局，提高居民收入。其内容主要包括：增加农民农资综合直补、良种补贴和农机具购置补贴等补贴标准，提高粮食最低收购价，增加农民收入；提高城乡低保补助水平，增加企业退休人员基本养老金；提高优抚对象等人员抚恤和生活补助标准；实施促进就业的财税政策；支持逐步提高并落实企业最低工资标准，建立正常增长和支付保障机制；促进企业全面落实职工基本医疗保险、基本养老保险、失业保险和工伤保险等制度；加强对国有企业特别是垄断行业收入的监管；加大中西部地区转移支付力度，缩小地区间收入差距等。

（4）支持科技创新，优化经济结构。其内容主要包括：加大财政科技的投入特别是基础性和公益性科研的支持力度，保障重大科技专项实施；实施促进企业自主创新的财税优惠政策，加快高新技术产业和装备制造业发展，鼓励企业增加科研投入；增加节能减排投入力度，支持重点节能减排工程建设；推进燃油收费制度改革，完善资源税制度；建立健全煤炭等矿产资源有偿使用制度和生态环境补偿机制，发展可再生能源；落实完善退耕还林政策；健全中央财政森林生态效益补偿基金制度；落实支持中小企业发展的税收优惠政策；支持完善担保体系建设，帮助中小企业融资等。

（5）优化支出结构，加快事业发展。其内容主要包括：继续加大对"三农"投入的力度，实施促进现代农业发展的财税政策；保障教育优先发展，深入实施农村义务教育经费保障机制改革等；全面实施新型农村合作医疗，加大城乡医疗救助支持力度等；支持完善社会保障制度，推进和规范农村养老保险试点，进一步完善失业保险制度等；加快保障性安居工程建设，加大城乡棚户区、沉陷区、危房、廉租房等建设改造力度；支持加大产品质量和食品安全监管力度，切实提高食品药品质量安全；加强其他有关建设与管理，从严控制一般性支出等。

3. 积极财政政策的实施效果

（1）经济增长的拉动作用逐渐显现。受金融危机影响导致的经济增长率放缓势头于2009年初达到了顶点，谷底时的真实GDP增长率仅为6.1%。但因实施了以提高政府投资力度和结构性减税等为主要内容的积极财政政策，对经济增长的拉动作用于2009年第二季度开始显现，并连续实现了4个季度的上升。2010年GDP增长10.3%，高出2009年1.6个百分点，2014～2016年GDP增长分别为7.4%、6.9%和6.7%。

（2）全社会固定资产投资快速增长。我国政府2008年开始实施4万亿元的经济刺激投资计划，使全社会固定资产投资的增长速度明显加快。当年实现了25%，2009年达到30.1%，为1993年以来的最高水平。2010年和2011年全社会固定资产投资增速回落为24%左右，但仍属于较高水平。此外，2010年以来民间投资增长迅速，2016年占比达到了 61.2%，这时也说明了积极财政政策的导向作用。

（3）居民消费需求呈逐渐扩张态势。2008 年以来实施的积极财政政策更加着力于提高城乡居民收入水平，我国居民消费需求在一度受到经济危机严重影响的情况下，仍基本保持作为经济增长第一引擎的地位。从社会消费品零售总额指标的情况看，2009年以来社会消费品零售总额均保持了 14% 以上的增长速度，特别是 2010 年增速达到了23.3%，2014～2016 年分别回落为 12.0%、10.7% 和 10.4%。

（4）外贸出口与利用外资逐步增长。2008 年我国进出口贸易总额仍维持了较高的增长趋势，虽然 2009 年进出口贸易总额出现负增长，但经过两年多积极财政政策的调整，同时也伴随世界经济的缓慢复苏，2010 年对外贸易逐步恢复到危机前的水平，出口总额同比增长 31.3%。在利用外商直接投资方面，2010 年实现复苏，外商直接投资同比增长 17.5%；2016 年实际使用外资 814.2 亿元，同比增长 5.7%。

（五）1998 年与 2008 年的积极财政政策比较

1. 相似的经济背景与实施内容

（1）遭受金融危机的冲击。1997 年 7 月以泰国宣布泰铢与美元脱钩为标志，亚洲金融危机爆发，我国 1998 年上半年出口增速逐月放慢，上半年出口增长 7.6%，与 1997 年同期相比增幅回落 18.6 个百分点；2008 年美国次贷危机引发的国际金融危机迅速蔓延，从 2008 年 10 月起国际金融危机冲击我国进出口市场，伴随外需急剧减少和经济增速趋缓，扩大内需、拉动经济走出下滑泥沼的要求日益迫切。

（2）满足扩大内需的要求。在同样面临外需减少的情况下，扩大内需成为两次积极财政政策实施的共同着力点。1998 年开始每年发行 1 000 亿元的长期建设国债，主要用于加快铁路、公路、电信和环保等建设，扩大经济适用住宅规模等。2009 年中央政府公共投资安排与 1998 年相似，如铁路等重大基础设施建设和城市电网改造投资2 100 亿元，廉租房等保障性住房投资 4 000 亿元等，力求扩大内需拉动经济增长。

（3）实施救灾支出的需要。两次实施积极财政政策之前的年份，我国都遭受了重大的自然灾害，这就需要进行财政投入。我国 1998 年的洪涝灾害，中央财政拨付救灾支出达到 130 亿元；2008 年南方冰冻灾害和"5·12"汶川大地震，使国民经济遭受重大损失，人员出现重大伤亡，灾后重建的预算安排达到 10 000 亿元。

（4）发行国债为主要手段。1998～2004 年我国累计发行国债 9 100 亿元，1998 年国家财政债务依存度已达 29.9%，中央财政债务依存度高达 70.91%；2009 年安排中央财政赤字 7 500 亿元，加上代地方发行的 2 000 亿元债券，全国财政赤字达到 9 500 亿元，赤字率接近 3%，国债负担率接近 12%。2016 年安排 3% 的财政赤字率。

2. 不同的经济实力与财政工具

（1）经济环境有别。1998 年之前经济增速放缓呈现"慢刹车"的特征：1996 年我国经济软着陆，经济增速连年下降；通货紧缩迹象明显，1996 年 5 月到 1998 年央行先后 7 次降低存贷款利率；国有企业出现了大量下岗分流人员，失业压力增大等。2008 年国企改革取得重大成效，金融部门更加稳健；2004～2007 年经济增速都在 10% 以上，2008 年经济增速放缓、下半年呈现"急刹车"的特征。

（2）发展水平不同。1998 年我国 GDP 为 84 402 亿元，人均 GDP 821 美元，2001

年跃上 1 000 美元台阶，2006 年达到 2 000 美元。而 2008 年 GDP 达到 314 045 亿元（增长 2.72 倍），人均 GDP 3 315 美元，2016 年人均 GDP 8 866 美元，经济发展进入新的阶段。1998 年财政政策的目标是促进国民经济快速、稳定、健康发展，而 2008 年科学发展、均衡发展观念已深入人心，转变经济发展方式成为财政政策取向。

（3）政府财力悬殊。1998 年国家财政压力巨大，全国财政收入 9876 亿元，仅占当年 GDP 的 11.70%，且 1996 年和 1977 年刚刚跨过 7 000 亿元和 8 000 亿元的门槛。但连续 10 年税收超常规增长，2008 年财政收入高达 61 330 亿元（是 1998 年的 6.21 倍，占当年 GDP 的 19.53%），2016 年财政收入更是高达 159 605 亿元（是 1998 年的 16.16 倍，占当年 GDP 的 21.44%），这为我国积极财政政策的实施拥有了充足的"弹药"。

（4）政策重心倾斜。1998 年积极财政政策的主要投向是基础设施建设，主要包括农林水利、铁路公路交通、重点机场建设、邮电通信、交通通信设施，以及城市环保和供水、供暖、供气、道路和绿化等，实施农村电网改造，扩大经济适用住宅建设规模等。而 2008 年开始实施的积极财政政策的投向除基础设施建设以外，更加突出了"三农"支出、民生支出、促进经济方式转变及区域经济发展支出等方面。

（5）政策工具差异。美国应对本次金融危机的经济刺激方案，其核心就是减税。我国 1998 年实施的积极财政政策，其政策工具主要是发行国债，形式较为单一。而 10 年后，我国财政政策工具更加丰富，主要是扩大公共投资和实行结构性减税，具体包括投资、减税、减费、国债、贴息、增支和转移支付等工具的组合。如 2009 年减税约 5 000 亿元，2016 年营改增减税 5 736 亿元。

（六）财政政策改革的总体要求

财政政策改革必须按照党的十八大及其三中全会，特别是党的十九大提出的"加快建立现代财政制度"的要求，即"加快建立现代财政制度，建立权责清晰、财力协调、区域均衡的中央和地方财政关系。建立全面规范透明、标准科学、约束有力的预算制度，全面实施绩效管理。深化税收制度改革，健全地方税体系"。2017 年 12 月，财政部肖捷部长明确提出了"加快建立现代财政制度"的现实意义和内容要求。

1. 建立现代财政制度的现实意义

党的十八大以来，我国现代财政制度建设取得了重要的阶段性成果。面对新时代与新要求，必须加快改革步伐，完善体制机制，更好地发挥财政在国家治理中的基础和重要支柱作用。

建立现代财政制度的现实意义主要表现在：一是加快建立现代财政制度是实现深化财税体制改革重大部署的必然要求；二是加快建立现代财政制度是完善和发展中国特色社会主义制度、推进国家治理体系和治理能力现代化的应有之义；三是加快建立现代财政制度是决胜全面建成小康社会、实现中国梦的重要保障。

2. 建立现代财政制度的内容要求

（1）确立中央和地方财政关系。即"建立权责清晰、财力协调、区域均衡的中央和地方财政关系"的要求。权责清晰是前提，财力协调是保障，区域均衡是方向。主要包括：一是权责清晰，形成中央领导、合理授权、依法规范、运转高效的财政事权和支出责任划分模式，合理化分省以下各级政府政事权和支出责任；二是财力协调，形成中央与地方合理的财力格局，为各级政府履行财政事权和支出责任提供有力保障，继续优化转移支付制度；三是区域均衡，着力增强财政困难地区兜底能力，稳步提升区域间基本公共服务均等化水平，增强省以下政府基本公共服务保障能力。

（2）以绩效管理为目标建立预算制度。即"建立全面规范透明、标准科学、约束有力的预算制度，全面实施绩效管理"要求。其内容主要包括：一是全面规范透明，推进全口径政府预算管理，全面反映政府收支总量、结构和管理活动；二是标准科学，遵循财政预算编制的基本规律，根据经济社会发展目标、国家宏观调控要求和行业发展需要明确重点支出预算安排的基本规范；三是约束有力，严格落实预算法，切实硬化预算约束；四是全面实施绩效管理，紧紧围绕提升财政资金使用效益，将绩效理念和方法深度融入预算编制、执行和监督的全过程，注重成本效益分析，关注支出结果和政策目标实现程度。

（3）深化税改为目标健全地方税体系。即"深化税收制度改革，健全地方税体系"要求。其内容主要包括：一是着力完善直接税体系，完善个人所得税制度、企业所得税制度和现代房地产税制度；二是健全间接税体系，深入推进现代增值税制度改革，研究调整部分消费税品目、征收环节和收入归属；三是积极稳妥推进健全地方税体系改革要求，完善地方税种，扩大地方税权，统筹推进政府非税收入改革；四是全面落实税收法定原则，力争在 2019 年完成全部税收立法程序，2020 年完成"落实税收法定原则"的改革任务。

■ 第二节　财政管理体制

财政管理体制是确定政府间财政分配关系的一项根本制度。它是国家经济管理体制的重要组成部分。为保证有限财力合理、有效地分配，必须明确各级政府之间、国家与企事业单位之间在整个财政分配活动中的地位和职责，并合理划分和科学规范其财政收支范围。

一、财政管理体制理论

（一）政府财政事权及其责任

2016 年 8 月，国务院制定了《关于推进中央与地方财政事权和支出责任划分改革的指导意见》（以下简称《意见》），明确了推进财政事权和支出责任划分改革的必要性、指导思想、总体要求、划分原则和改革的主要内容，以及保障和配套措施。

1. 财政事权与支出责任

财政事权是一级政府应承担的运用财政资金提供基本公共服务的任务和职责，支出责任是政府履行财政事权的支出义务和保障。但我国中央与地方财政事权和支出责任划分还不同程度存在不清晰、不合理、不规范等问题，这与建立健全现代财政制度、推动国家治理体系和治理能力现代化的要求不相适应，因此必须积极推进中央与地方财政事权和支出责任划分改革。

（1）财政事权的总体要求和划分原则。划分财政事权应坚持中国特色社会主义道路和党的领导，坚持有利于健全社会主义市场经济体制，坚持法治化规范化道路，坚持积极稳妥统筹推进，坚持财政事权由中央决定的总体要求。遵循以下五项基本原则：一是体现基本公共服务受益范围；二是兼顾政府职能和行政效率；三是实现权责利相统一；四是激励地方政府主动作为；五是做到支出责任与财政事权相适应，即按照"谁的财政事权谁承担支出责任"的原则，确定各级政府支出责任。

（2）适度加强中央的财政事权。加强中央在保障国家安全、维护全国统一市场、体现社会公平正义、推动区域协调发展等财政事权，逐步将国防、外交、国家安全、出入境管理、国防公路、国界河湖治理、全国性重大传染病防治、全国性大通道、全国性战略性自然资源使用和保护等基本公共服务确定或上划为中央的财政事权。

（3）保障地方履行财政事权。加强地方政府公共服务和社会管理等职责，赋予地方政府充分自主权，依法保障地方的财政事权履行，更好地满足地方基本公共服务需求，逐步将社会治安、市政交通、农村公路、城乡社区事务等受益范围地域性强、信息较为复杂且主要与当地居民密切相关的基本公共服务确定为地方的财政事权。

（4）减少并规范共同财政事权。逐步将义务教育、高等教育、科技研发、公共文化、基本养老保险、基本医疗及公共卫生、城乡居民基本医疗保险、就业、粮食安全、跨省域重大基础设施项目建设和环境保护与治理等体现中央战略意图、跨省域且具有地域管理信息优势的基本公共服务，确定为中央与地方共同财政事权，并明确各承担主体的职责。

（5）建立财政事权划分动态调整机制。条件成熟时，将全国范围内环境质量监测和对全国生态具有基础性、战略性作用的生态环境保护等基本公共服务，逐步上划为中央的财政事权；对新增及尚未明确划分的基本公共服务，要根据市场经济体制改革进展、经济社会发展需求及各级政府财力增长情况，将应由市场或社会承担的事务交由其承担，将应由政府提供的基本公共服务统筹研究划分为中央、地方或中央与地方共同财政事权。

（6）完善中央与地方事权和支出责任划分。这是国家治理体系的核心构成要素，也是理顺政府间财政关系的逻辑起点和前置条件。但我国目前其事权和支出责任划分不清晰、不合理、不规范，必须进一步深化改革。其措施主要包括：一是中央的财政事权由中央承担支出责任；二是地方的财政事权由地方承担支出责任；三是中央与地方共同财政事权区分情况划分支出责任。

（7）加快省以下财政事权和支出责任划分。省级政府应加强统筹、并参照中央做法，按照财政事权划分原则合理确定省以下政府间财政事权。将有关居民生活、社会治安、城乡建设、公共设施管理等适宜由基层政府发挥信息、管理优势的基本公共服务职能下移，强化基层政府贯彻执行国家政策和上级政府政策的责任，但避免将过多支出责任交给基层政府承担。

2. 财政职能的政府间分工

在多级政府体制下，各级政府事权的划分决定了财政职能的层次性，中央政府与地方政府在履行职能时应有所分工和归属，因而实现财政职能在各级政府间的合理分工已成为财政分权的核心问题。财政职能在政府之间划分的基本框架，如表10-1所示。

表 10-1　中央政府和地方政府财政职能划分的基本框架表

内容	责任归宿	理由
国防	中央	全国性公共产品或服务
外交	中央	全国性公共产品或服务
国际贸易	中央	全国性公共产品或服务
金融与货币政策	中央	全国性公共产品或服务
管制地区间贸易	中央	全国性公共产品或服务
对个人的福利补贴	中央、地方	收入再分配、地区性服务
失业保险	中央、地方	收入再分配、地区性服务
全国性交通	中央、地方	全国性服务、外部效应
地区性交通	地方	地区性服务
环境保护	地方、中央	地区性服务、外部效应
对工业、农业、科研的支持	地方、中央	地区性服务、外部效应
教育	地方、中央	地区性服务、外部效应
卫生	地方	地区性服务
公共住宅	地方	地区性服务
供水、下水道、垃圾	地方	地区性服务
警察	地方	地区性服务
消防	地方	地区性服务
公园、娱乐设施	地方	地区性服务

资料来源：马骏. 论转移支付[M]. 北京：中国财政经济出版社，1998：138～139

（1）资源配置职能的分工。总体上看，财政资源配置职能是将社会总资源中的一部分用于生产无法由市场提供的公共产品，以及一些以营利为目的的企业、单位和个人不能或不愿提供的公共产品。因此，确立纵向的财政关系就是确定哪些公共产品该由中央政府来提供、哪些该由地方政府来提供，并使资源效用达到最大化。

因此，决定资源配置职能如何在中央与地方之间进行分工的原则在于是否有助于实现效率。而效率的实现有利于成本效益的权衡机制的形成，该机制能促使人们审慎地将成本与效益比较。根据上述政府间财政关系理论的分析，资源配置职能在中央与地方政府间的分工应以地方为主、中央为辅。

（2）收入分配职能的分工。市场根据企业和个人拥有的生产要素及其需求进行的收入分配，往往会产生较大的收入差距，这就需要政府通过再分配予以调节。从地区收入再分配看，各地之间的关系是独立和平等的，地区间财政关系只能建立在平等互利基础上，即贫困地区没有强迫富裕地区无偿转让部分收入的权力，而富裕地区也难以自觉地给予贫困地区单方面的补助。因此，协调地区之间收入分配的差距，就需要依靠中央政府强制力实施，同时强调中央为主、地方为辅。

从居民之间的收入再分配看，在各地区间产品、资金和人员等各个生产要素可自由流动的情况下，地区之间的收入再分配计划会引起居民的流动。如果某一地区加大收入再分配的力度，即对高收入者多征税、对低收入者发放更多补助，那么该地区的高收入者就会迁往其他地区，而低收入者就会迁入该地区，从而形成富人区和穷人区，以致不利于收入公平分配目标的实现。因此，这就需要由中央政府在全国范围内形成一个统一的、较低的收入再分配标准予以整体协调。

（3）经济稳定职能的分工。一般认为，地方政府难以担当稳定经济的重任，也不能单独控制地方辖区内的物价和就业等。其原因主要在于：地方政府缺乏可供操作的货币政策工具，如没有发行货币的权力，要实施独立的货币政策目标是不可能的。地区经济的开放性限制了财政政策的有效性，假如某地方政府单独实行降低地方税率和提供补助等财政政策，居民可能增加消费支出，但在地区间自由贸易往来的情况下，该地区的购买力可能被用于购买其他地区的产品，从而弱化了本地区的政策效应。

当然，地方政府在稳定经济方面的能力受到限制，并不意味着地方政府与稳定经济之间没有任何联系。事实上，地方政府的财政决策作为宏观经济政策的重要组成部分，对国民经济状况有着一定或重要的影响，因而宏观经济稳定需要甚至必须有地方政府的参与。在考察宏观经济政策时，不能只注意中央政府的经济行为。可见经济稳定增长职能的分工，应以中央为主、地方为辅。

3. 政府间的财政收入划分

中央以下各级地方政府的存在，有助于实现地方性公共产品的供给与居民愿意支付的税收水平相符合。那么，各个税种划归如何在不同级次政府间进行划分，不同的国家有不同的做法。有关国家税种在中央政府和地方政府之间的划分，如表10-2所示。

表10-2　若干国家中央与地方之间主要税种的划分表

税种	美国	加拿大	德国	日本
关税	联邦	联邦	联邦	中央
公司所得税	联邦、州	联邦、省	联邦、州	中央、地方
个人所得税	联邦、州、地方	联邦、省	各级	中央、地方
增值税	—	联邦	联邦、州	中央
销售税	州	省	—	中央、地方
财产税	地方	地方	州、地方	地方
对用户收费	各级	各级	地方	各级

资料来源：课题组编著. 美国财政制度[M]. 北京：中国财政经济出版社，1998：62

从表10-2可以看出，在实践中，关税一般作为联邦或中央的主要财政收入；增值税作为中央或共享收入；企业所得税和个人所得税多为共享收入；财产税的税基具有较低的流动性，因而成为地方政府收入的重要来源。

（二）财政管理体制的含义与类型

1. 财政管理体制的含义

财政管理体制简称财政体制，是指规定中央与地方之间、地方各级政府之间、国家与企事业单位之间财力管理权责和收支分配的一项基本制度。属上层建筑范畴。其实质是正确处理中央与地方、地方各级政府及国家与企事业单位之间财权财力方面的集权与分权关系。

财政体制有广义与狭义之分，广义的财政体制包括预算管理体制、税收管理体制、国有企业财务管理体制、行政事业单位财务管理体制、固定资产投资管理体制和预算外资金管理体制等；而狭义的财政体制仅指国家预算管理体制。本书所言的财政体制主要指狭义的财政体制。

2. 财政管理体制的类型

不同国家或同一国家的不同历史时期，财政体制都有一定的差异。根据财力的集中与分散、财政的集权与分权的不同，财政体制总体上可分为集权型与分权型两类四种，即统收统支体制、分级管理体制、分级包干体制和分级分税体制。

（1）统收统支体制。统收统支体制是高度集权的财政体制，即地方组织的主要收入统一上缴中央，地方支出统一由中央拨付的财政体制。其基本特征是：一是财政收支项目、标准和办法，由中央政府统一制定；二是财政收支纳入预算管理，权限集中在中央政府；三是留给地方一部分财力，用于解决文教卫、市政建设和其他临时性需要。这种高度集中的体制便于集中收入、控制支出，但只适用于财政困难的特殊历史时期。

（2）分级管理体制。分级管理体制是在中央政府统一政策、计划和制度下，按国家行政区域划分预算级次、分级次进行管理的财政体制。其基本特征：一是按中央与地方政府的职责确定各级预算支出的范围，地方预算的收支权和管理权相对较小；二是主要税种的立法权、税率调整权和减免税权等权限集中于中央；三是中央政府对地区间进行协调，其收大于支的收入上解，收小于支的部分由中央补助；四是地方预算多以支定收、结余可留用。

（3）分级包干体制。分级包干体制是在中央政府统一领导、明确中央与地方政府收支范围的前提下，实行地方自主收支、自求平衡、激励与制约相结合的财政体制。其基本特征是：一是在收入划分上实行分税制，按税种划分收入；二是责权利相结合，扩大地方政府收支范围，多收多支；三是延长体制有效期，由一年一变改为几年不变；四是扩大地方预算职能，除发挥组织收入职能外，还通过财力分配发挥经济调控职能，即优化资源配置、调整产业结构、公平收入分配、促进地区经济协调发展。

（4）分级分税体制。分级分税体制又称分级分税预算管理体制，是指在各级政府之间明确划分事权及支出范围的基础上，按照事权、财权相统一的原则，结合税种特性划分中央与地方政府的税收管理权限和税收收入，并辅之以补助的财政体制。分级分税是实行市场经济国家普遍采用的一种财政体制，其主要特征是规范化和法制化，地方预算构成名副其实的一级预算主体。具体内容将在下一个问题中重点论述。

（三）分税制财政体制的基本理论

1. 分税制财政体制的特征

从西方各国实践看，分税制财政体制的特征主要体现在以下三个方面：

（1）规范性。各级政府财政支出范围的划分，要严格按各自的事权范围为依据；财政收入范围的划分是在与事权相统一的基础上，主要以税种或税源分享的原则划分。各级政府各司其职、各负其责，收入分别征收、分别管理。

（2）层次性。在分税制预算管理体制下，各级政府自主地安排本级财政收支等活动，各级预算自求平衡。各级政府之间的事权和收支范围都予以明确界定，体现出明显的层次性。

（3）法制性。不同级次的政府之间的事权、财力和税权的划分及其相互关系都必须通过一定的法律制度形式加以规定，通过法制保证财政体制的稳定性，增强财政管理的透明度，以利于依法处理各级政府之间的财政分配关系。

2. 分税制财政体制的目标

建立分税制财政体制的目标，既要考虑市场经济发展的一般规律，又要兼顾国家的具体国情；既要考虑经济发展的长远目标，又要兼顾当前的客观实际；既要考虑中央的需要，又要兼顾地方的利益。

例如，我国建立分税制财政体制的总体目标是：适应社会主义市场经济发展的客观要求，按税种划分中央和地方收入范围，在科学确定地方财政收支基数的基础上，合理界定中央与地方政府间的财政分配关系，促进社会资源的优化配置和国民经济发展。

3. 分税制财政体制的要素

分税制财政体制是实行市场经济体制国家普遍推行的一种财政体制，尽管各国实施的内容存在一定的差异，但作为同种体制类型仍具有共同的要素。

（1）确立财政管理级次。分税制体制实行的是多级财政体制，其管理级次的划分与一国的政权和行政区划有密切的关系。一般来说，有一级政权就有一级财政和一级财政管理主体，各级财政相对独立，自求平衡。

（2）明确财政管理权限。财政管理权限主要包括财政政策和财政管理法律制度的制定权、解释权和修订权；税种开征与停征权，税目税率调整权；预决算编制和审批权，预算执行、调整和监督权等。

（3）划分财政支出范围。在明确市场经济条件下市场与政府作用界限的前提下，划分不同级次的政府之间各自的事权范围，根据事权范围确定政府之间的支出范围，并据此来安排各级财政支出。

（4）规范财政收入范围。按税种或税源分享原则来具体划分财政收入。有的国家按税种划分，各级政府有自身的主体税种；有的国家对同一税源按不同税率分别课征。在机构设置上，一般分设中央和地方两套税务机构，实行分税、分征和分管相结合。

（5）建立转移支付制度。划分财政收支范围不可能完全解决不同级次、同一级次的政府之间的财政收支均衡问题，必须辅之财力无偿转移，使之公平分配和有效使用，保证各级政府最基本的施政所需财力，以及不同地区能享受大致均等的公共服务。

（6）进行经常性的调整。各国的分级分税体制是在适应本国的政治经济制度和历史传统中逐渐形成的，就体制整体而言是相对稳定的，只是集权与分权关系及其相应的调节方法可以进行经常性的调整。

二、财政管理体制演进

（一）财政管理体制的发展历程

中华人民共和国成立以来，我国从传统的计划经济逐步转向市场经济，已经走过了60余年的历程。作为经济改革的"排头兵"，财政管理体制改革始终扮演着积极、重要的角色，为我国整个经济改革的稳步推进"铺路搭桥"。

　　我国的财政管理体制改革基本上是按照"让利→放权→分权→分税→非对称性分权→非均衡性让利"这样一个脉络而展开的，相应地在各个不同的历史时期历经多次变革，经历了"高度集中、统收统支——划分收支、分类分成——划分收支、总额分成——划分收支、分级包干——分税制（包括建立现代公共财政体制和理顺省以下财政管理体制）"的制度变迁过程。具体如表 10-3 所示。

表 10-3　中国财政管理体制演进的基本情况

类型	时间	基本内容
统收统支体制	1949～1952	高度集中，统收统支
	1953～1957	统一领导，划分收支，分级管理（分类分成、总额分成）
	1958～1959	下放管理权限，总额分成，一年一变
	1960～1970	适度集中，收支下放，计划包干，地区调剂
	1971～1973	定支定收，收支包干，保证上缴（差额补贴），结余留用，一年一定
	1974～1975	收入按固定比例留成，超收另定分成比例，支出按指标包干
	1976～1979	定收定支，收支挂钩，总额分成，一年一变。部分地区试行收支挂钩、增收分成
分灶吃饭体制	1980～1985	划分收支，分级包干
	1986～1988	划分税种、核定收支、分级包干
	1989～1993	财政包干
分税分管体制	1994～2002	建立分税制财政体制，逐步完善中央对地方财政转移支付制度
	2003～2004	理顺省以下财政体制，财政"省管县"和"乡财县管"改革试点
	2005 年以来	构建公共财政体制，推进基本公共服务均等化和主体功能区建设

（二）财政管理体制演进的评价

1. 国民经济恢复时期（1949～1952 年）财政体制的简要评价

　　总体而言，国民经济恢复时期财政体制是高度集中统一的，1951～1952 年虽开始实行初步的分级管理，但实质上仍是统收统支办法。该时期实行高度集中的统收统支体制，在短时间内改变了过去长期分散管理的局面，对平衡财政收支、稳定市场物价和保证经济发展，以及促进财政经济状况好转等方面都发挥了积极的重要作用。但随着政治经济形势的发展，这种高度集中的财政体制已不适应。

2. 我国"一五"时期（1953～1957 年）财政体制的简要评价

　　1953～1956 年实行分类分成到 1957 年实行总额控制办法，财政体制变化的总趋势为：逐步扩大地方财政的管理权限，健全"统一领导、分级管理"财政体制。我国"一五"时期比较集中的财政体制基本适应了当时国家有计划的、大规模经济建设的需要，集中财政资金建成了 156 项重大工程。但因缺乏经验，强调集中统一有余、注意因地制宜不足，这在一定程度上影响了地方的积极性。

3. "大跃进"时期（1958～1959 年）财政体制的简要评价

　　1958 年财政体制改革是探索适合中国国情的责、权、利相结合体制的尝试，其方向是正确的，调动了地方增收节支的积极性。但改革过多地下放中央管理的企业，过多地扩大地方和单位的财权，过分地分散国家财力，因而改革没有达到预期目的。从 1959 年起实行的"总额分成，一年一变"财政体制，试图改变财力分散和宏观失控问题，但受"左"倾思想泛滥影响，决策是失误的。

4. 经济调整时期（1960～1965 年）财政体制的简要评价

1961 年中央提出了"调整、巩固、充实、提高"的方针，在财政体制上开始转向较为集中的财政管理体制，与中华人民共和国成立初期和"一五"时期的集中财政体制有所不同，即集中当中有分散，集中合理，分散适度，该紧的紧，该松的松，因而该体制也收到了良好的成效，国民经济逐渐恢复了生机，如从 1962 年到 1965 年工农业总产值平均每年增长 15.7%，财政收入平均每年增长 15%。

5. "文化大革命"时期（1966～1976 年）财政体制的简要评价

"文化大革命"时期国民经济遭到严重破坏，经济处于极端不正常状态，财政体制频繁变动。例如，1968 年实行收支两条线，1971 年实行收支大包干（定收定支、收支包干、保证上缴、结余留用和一年一变），1973 年试行收入比例留成（收入按固定比例留成、超收部分另定分成比例、支出按指标包干），1976 年试行收支挂钩、总额分成等。其弊病很多，导致财政收入极不稳定，基本上是维持过日子。

6. 经济建设新时期（1977～1992 年）财政体制的简要评价

1978年党的十一届三中全会以来经济建设进入一个新的发展时期，财政体制做了四次比较大的调整，其共同特征是"包干"。从历史作用看，该财政体制调动了中央与地方各级政府理财的积极性，促进了财政收入快速增长，也为经济体制改革提供了强有力的财政支持。但其弊端也越来越明显，如体制形式不统一、不规范；目标不明确，调节效果不明显；中央政府的宏观调控功能弱化等。

7. 市场经济体制时期（1993 年以来）财政体制的简要评价

1994 年推行的分税制财政体制是我国政府间财政分配关系的重大变革，实践表明分税制财政体制的改革是成功的。如建立了财政收入稳定增长机制，调整了财政收入增量分配格局，促进了地方财源建设。但也存在一些缺陷，如某些事权划分和支出责任不明晰，收入划分地区间受益状况苦乐不均，政府间转移支付制度不规范，以及省以下分税制财政体制不完善等。另参见以下阐述和分析的"财政管理体制内容"。

三、财政管理体制内容

（一）我国现行财政管理体制

为进一步理顺我国中央政府与地方政府的财政分配关系，增强中央财力和宏观调控能力，促进社会主义市场经济的发展，针对"包干"财政体制存在的弊端，在借鉴西方国家分税制财政体制的基础上，我国从 1994 年 1 月起实行分税制财政体制。根据 1994年实行的分税制财政体制及其以后的调整情况，我国现行分税制财政体制的内容主要包括以下四个方面：

1. 中央与地方财政支出范围的划分

按照市场经济国家的通常做法，中央财政支出占全国比重一般在 40%左右。我国根据中央与地方事权划分，中央财政主要承担国家安全、外交和中央国家机关所需经费，调整国民经济结构、协调地区发展和实施宏观调控所必需的支出，以及由中央直接管理的事业发展支出。地方财政主要承担本地区政权机关运转所需支出，以及本地区经济、事业发展支出。中央与地方财政支出的具体划分如表 10-4 所示。

表10-4 中央与地方财政支出范围的划分

中央财政支出	国防费、武警经费、外交与援外支出、中央级行政管理费、中央统管的基本建设投资、中央直属企业技术改造和新产品试制费、地质勘探费、由中央本级负担的公检法支出，以及文化、教育、卫生、科学等各项事业费支出
地方财政支出	地方行政管理费、公检法支出、部分武警经费、民兵事业费、基本建设投资、地方企业技术改造和新产品试制费、支农支出、城市维护建设费、科教文卫事业费、价格补贴及其他支出等

2. 中央与地方财政收入范围的划分

从实行分税制国家的一般情况看，中央财政直接组织的收入占全国财政收入的比重保持在 60%左右较为适宜。根据这一量化指标，并考虑到各个税种的特殊情况，我国将维持国家经济权益、实施宏观调控所必需的税种划为中央税，将与经济发展直接相关的主要税种划为中央与地方共享税，将适合地方征管的税种划为地方税。具体划分如表 10-5 所示。

表10-5 中央与地方财政收入范围的划分

收入划分	具体范围
中央固定收入	关税、消费税、由海关代征的消费税和增值税；车辆购置税和船舶吨位税；中央企业所得税、地方银行和外资银行及银行金融企业所得税，以及各银行总行、各保险总公司等集中缴纳的收入（包括所得税、利润和城市维护建设税）和中央企业上缴的利润等；外贸企业除 1993 年地方已负担 20%的部分列入地方上缴中央基数外，以后发生的出口退税全部由中央财政负担；中央企业上缴的利润等
地方固定收入	地方企业所得税（不含银行总行、保险总公司、地方银行和外资银行及非银行金融企业所得税）、地方企业上缴利润、城镇土地使用税、固定资产投资方向调节税（停征）、城市维护建设税（不含铁路部门、银行总行、保险总公司集中缴纳的部分）、房产税、车船税、契税、印花税、耕地占用税、土地增值税，以及国有土地有偿使用收入（其中新批转为非农建设用地的部分收入上缴中央财政）等
中央与地方共享收入	增值税中央与地方按50%：50%分成；2005年各地出口退税超基数部分中央与地方负担比例为92.5%：7.5%；企业所得税（纳入共享范围）和个人所得税，中央与地方按60%：40%分成，中央财政增加的收入全部用于对地方（主要是中西部地区）的一般性转移支付；资源税除海洋石油资源税作为中央税外，其余大部分资源税作为地方税；证券交易税中央与地方按97%：3%分成等

按照上述中央与地方财政收入范围的划分办法，我国 2015～2016 年财政收支主要项目及比例情况如表 10-6 所示。

表10-6 我国 2015～2016 年财政收支主要项目及比例情况

年份 项目	2015					2016					中央占比增长/%
	国家/亿	增长/%	中央数值/亿元	地方数值/亿元	中央比例/%	国家/亿元	增长/%	中央数值/亿元	地方数值/亿元	中央比例/%	
财政收入	152 269	5.8	69 267	83 002	45.49	159 605	4.5	72 366	87 239	45.34	−0.15
税收收入	124 922	4.8	62 260	62 662	49.84	130 361	4.4	65 669	64 692	50.37	0.54
财政支出	175 878	13.2	25 542	150 336	14.52	187 755	6.3	27 404	160 351	14.60	0.07
一般公共服务	13 548	2.1	1 055	12 492	7.79	14 791	9.2	1 209	13 581	8.18	0.39

资料来源：《中国统计年鉴》（2017），有关数据经计算而得

3. 建立专职的税务组织

1994 年为使分税制财政体制与财政收入划分办法相配套，我国建立了中央和地方两套税务机构即国家税务局与地方税务局，并分别进行税收征收管理。其中，国家税务局和海关负责征收中央的固定收入和中央与地方共享收入，地方税务局负责征收地方的固定收入。

2018 年十九届三中全会决定改革国税地税征管体制，将省级及省级以下国税地税机构合并，承担所辖区域内各项税收和非税收入征管职责。国税地税合并后，实行以国家税务总局为主与省、自治区、直辖市人民政府双重领导管理体制。

另外，分税制财政体制的内容还包括中央财政对地方税收返还额的确定，以及原体制补助（或上解）的处理等转移支付的问题，参见本章第三节"财政转移支付"。

4. 建立分税制财政体制配套措施

财政是调节各层级、各行业、各部门分配关系的枢纽，财政体制的改革必然涉及国家预算制度、税收制度、企业初次分配和社会经济的各方面。为保证分税制财政体制的顺利实施，提高分税制的效果，与此同时采取了相关的配套措施。

（1）改革税制和税收管理体制。从 1994 年 1 月起，结合财政分税制改革，对税制也配套实施了建立以增值税为主体的流转税体系、统一企业所得税、简并个人所得税、调整改进其他各项税收制度的改革举措。

（2）改进预算编制办法，硬化预算约束。中央财政对地方财政的税收返还列中央预算支出，地方相应列收入；地方财政对中央的上解列地方预算支出，中央相应列收入。改变中央代编地方预算的做法，地方编制预算报财政部汇总成国家预算。

（3）建立国库体系和转移支付制度。根据分税制财政体制的要求，原则要求一级政府、一级财政、一级金库，中央金库与地方金库分别向中央财政和地方财政负责。建立中央财政对地方税收返还和转移支付制度，且逐步规范化。

（二）财政管理体制的改革取向

党的十八大和十九大分别提出了"加快改革财税体制，健全中央和地方财力与事权相匹配的体制""建立现代财政制度"的总体要求，因此必须深化财税改革，进一步完善分税制财政体制。

（1）科学处理政府与市场的关系。合理划分政府与市场界限、科学界定政府职能和缩小资金供给范围，这是完善我国分税制财政体制的基本前提。在市场经济条件下正确处理政府与市场的关系，必须坚持市场优先原则，即通过市场能够办到的事情应由市场加以解决；通过市场难以解决的，由市场与政府共同解决，但政府只是起补充作用；通过市场不能解决的问题，才由政府解决。我国目前还处于市场经济体制的过渡期，政府应立足于通过提供公共产品与服务来纠正市场失灵，以满足社会公共需要；应改变政府的"越位"问题，同时弥补"缺位"的领域。

（2）按政府事权界定支出的范围。科学划分中央政府与地方政府之间的事权范围，并据此确定各级财政支出范围尤为重要。政府间事权范围的划分，可按照市场基础、范围、效率、分级管理和法律规范等原则确定，中央政府事权和财政支出范围主要分为三类：一是体现国家整体利益的公共项目由中央政府直接负责的社会事务，经费由中央财政安排；二是中央和地方共同承担的社会事务，其经费由中央与地方共同承担；三是中央负有间接责任，但应通过地方政府具体负责实施的社会事务如基础教育和公共医疗等，中央政府通过对地方的一般性转移支付来补助。

（3）调整和规范政府间收入分配。从各国财政实践看，政府间收入划分的原则是按收入项目自身的调节功能强弱确定归属，按税基移动性和均衡性、征管效率、受益征收或费划分等原则确定，也可结合我国实际对分税制财政体制下政府间收入划分做适当调整。我国税制已进入新一轮的改革阶段，如实施新的企业所得税法和营业税改征增值税等改革，其相关税种的税基和税率都有所改变，财政收入划分必然随之调整。因此，加快税费改革步伐，合理划分财政收入，建立调动地方增加财政收入的激励机制，是进一步完善分税制财政体制的重要目标。

（4）完善省以下分税制财政体制。其内容主要包括：为保证分税制财政体制框架的完整性，各地应按中央对省级分税制模式落实到市、县级，有条件的省（直辖市和自治区）可落实到乡（镇）级；各地在执行分税制财政体制中应严格按体制执行，已确定划归中央的收入不得再将其列入地方收入；为保护各级财政培养财源和组织征收增值税与消费税的积极性，各省（直辖市、自治区）对增值税分享的部分和中央对地方返还收入的增量，应按中央对省级财政管理办法执行，在地方税分配上要按税种划分收入；省级财政承担调节辖区内地区间财力的差异等。

（5）加强财政支出绩效评价管理。党的十九大报告明确提出了"全面实施绩效管理"的总体要求，其绩效管理覆盖所有财政资金，体现权责对等，放权和问责相结合；强化绩效目标管理，建立预算安排与绩效目标、资金使用效果挂钩的激励和约束机制；推动绩效评价提质扩围，提升公共服务质量和人民满意度；注重财政支出的经济性、效率性和效益性，特别应注重有明显社会经济影响项目和服务对象满意程度的评价指标设计；项目选取范围更加广泛，指标体系设计更加科学，评价管理体系更加丰富，评价结果转化更加突出；规范程序内容，增强可操作性等。

第三节　财政转移支付

一、财政转移支付理论

（一）财政转移支付的概念

转移支付（transfer）是源自西方财政学的一个基本概念，原意指转移、转账。但作为财政学范畴的专有名词，其被赋予特定的含义。转移支付在促进区域经济的协调发展上能够转移和调节区域收入，从而直接调整区域间经济发展的不协调、不平衡状况。美国经济学家格林沃尔德将其定义为："政府或企业的一种不以取得商品或劳务补偿的支出。"本书阐述的转移支付仅限于政府间的财政转移支付。

财政转移支付是指政府间财力的无偿转移，一般是指上级政府（财政）对下级政府（财政）之间的无偿补助或拨款，以及同级政府（财政）之间的无偿援助。中央政府或上级政府对下级政府的补助，一般通过测算地方政府支出需要和收入能力来决定。政府间的转移支付可以解决因人口、地理和资源禀赋等因素所造成的地方之间财政能力的差异，以确保所有地区的公共服务能力实现均等化。

（二）财政转移支付的特征

世界各国和一国不同时期的财政转移支付有着不同的内容，但总体上作为规范的、行之有效的财政转移支付制度，通常具有以下六个基本特征：

（1）科学性。为提高财政转移支付的透明度和规范性，财政转移支付对财权与事权的界定和收支因素的考核，以及方式、方法、数量和规模的确定都有明确的规定。财政转移支付一般具有较为合理、周密的计算公式，各项考核因素所占比例和调整系数比重都可在规定中一目了然，各项具体数额都是经过科学论证得出的。

（2）法制性。为保证财政转移支付合理、有效地实施，各国的财政转移支付不仅需要一个法制化的外部运行环境，而且从主要内容到具体操作都要以法律形式进行规范，做到有法可依、有法必依，防止支付的随意性和不公正的问题；同时编制专门的预算、决算和中长期发展规划，成立专门的组织管理机构等。

（3）双向性。广义的财政转移支付既包括上级政府对下级政府的财政资金下划，也包括下级政府对上级政府的财政资金上解。财政资金上下间的双向流动，构成整体性财政转移支付体系。因此，普通意义的财政转移支付虽是特指财政资金由上而下的运动，但财政资金流动的双向性作为其资金运动所固有的特征仍应予以明确。

（4）公正性。财政转移支付具有政策的公正性和统一性，上级在对下级进行财政资金再分配时，应依据公开明确、公正统一的政策一视同仁，不得有人为的歧视或偏袒，即政策是相同的、适用是普遍的。除特殊情况外，应保证转移支付政策的统一性，即支付标准和系数等的一致性。

（5）灵活性。中央政府应根据统一的政策标准和各地的实际情况，调整不同地区的财政转移支付系数，以使各地财政转移支付具有一定程度的灵活性；同时中央政府对地方政府的财政补助，从额度到形式、数量、结构等应有一定的弹性，可随自然、社会、经济等诸多收支因素的变化而改变，其数量也应做相应的调整。

（6）对称性。上级政府转移给下级政府的财权，应以满足其本级事权职责和移交事权需求为标准，不宜过多或过少。支付过多既会影响上级本身支出能力，又不能体现财政分配的公正性；支付过少既难以保障下级支出能力的实现，又难以落实好上级宏观调控政策，因而财政转移支付所转移的财权与事权应是基本对称的。

（三）财政转移支付模式

确定中央政府对地方政府财政补助数额是财政转移支付制度的核心。世界多数国家按均等化的分配原则，运用一些客观的量化标准和计算公式，确定中央政府对各级地方政府的财政转移支付的数额。各国均等化目标和补助数额确定方法的不同，使财政转移支付制度的模式也有所不同，大体上可分为收支均衡模式和收入均衡模式两类。

1. 收支均衡模式

实行收支均衡转移支付模式的国家，确定一般性转移支付数额是以各地方政府的标准财政收入和标准财政支出的差额为依据。标准财政收入是在全国平均收入努力程度下，按各项地方税收所对应的经济项目估算出的收入能力；标准财政支出是在全国同等支出效率的前提下，地方政府达到均衡范围内公共支出项目均等化所需支出。在这种模式下，只有那些收不抵支、出现赤字的地方政府才能获得均衡拨款，且呈现正相关的变化。澳大利亚一般性财政补助分配方式被认为是收支均衡型转移支付制度比较完善的典范，日本地方交付税的分配也是这种模式的运用。其计算公式为

标准财政收入＝地方税基×标准税率

标准财政支出＝Σ各项公共服务标准财政支出

某项公共服务标准财政支出＝该项服务单位成本×调整系数×该项服务单位数量

上述公式中，调整系数是指对各地区因地理环境（精度、维度、海拔等）、人口因素（人口密度、人口增长率和人口增长率等）等因素造成的公共服务人均成本与其他成本的差异调整系数，旨在合理计算支出标准；单位数量是指某项公共服务中基本单位的个数，如义务教育中学生或教师的人数、公共医院的病床数和公路维修项目中的公路面积等。标准财政收入和标准财政支出计算出来之后，即可按以下公式计算均衡拨款额：

均衡拨款额＝标准财政支出额－标准财政收入额

2. 收入均衡模式

实行收入均衡转移支付模式的国家，确定一般性转移支付数额不需要考虑财政支出，而是只以财政收入方面的指标为依据。一般说来，加拿大的均等化拨款和德国的横向均衡机制，被视为收入均衡型转移支付制度比较完善的代表。

加拿大均等化拨款的基本内容为：一是均等化拨款是地方政府收入的重要内容，均等标准人均化；二是采用标准财政收入概念，建立代表性税收制度；三是选择若干有代表性省份的人均标准财政收入作为均等化基准；四是未达到基准的省份可享受均等化补助，补助额为该省人均收入、基准收入能力的缺口与该省人口数的乘积。

二、财政转移支付制度

财政转移支付制度是国家为了实现区域间各项社会经济事业的协调发展而采取的财政政策。它是最主要的区域补偿政策，也是世界缩小区域经济发展差距实践中最普遍使用的一种政策工具。1994 年我国实施分税制财政体制后，财政转移支付逐步形成了税收返还和转移支付两种管理办法。

（一）税收返还

为保证地方既得利益格局，逐步达到改革的目标，中央财政对地方财政按一定的基数和税收收入情况确定返还数额，即税收返还。

1. 增值税和消费税返还

1994 年我国税制改革中，以 1993 年为基期年，以地方净上划收入数额（消费税的100%加上增值税的 75%减去中央下划收入）作为中央对地方税收返还基数，以后逐年递增。其递增率按地方增值税和消费税收入平均增长率的 1∶0.3 系数确定返还，即"两税"增长 1%，中央给予地方税收返还增长 0.3%。地方政府税收返还比照中央对地方办理，其中省对各市返还系数 0.15，市对各县（区）返还系数 0.1。

税收返还的基本特点为：一是各省（直辖市、自治区）税收返还数额都有一定的增

长，所占份额较为稳定，也说明其"两税"都有了一定的增长，且增幅较为均衡；二是税收返还规模和经济发展水平存在正相关的关系，即经济较发达地区得到的税收返还规模较大，反之税收返还规模较小；三是"两税"规模与各地区经济结构有关，如云南省整体经济总量不高，但因是烟草大省，消费税数额大而获税收返还也大。

2. 其他情况的税收返还

（1）所得税基数返还。所得税基数返还是以 2001 年为基期，为保证地方的既得利益，对按改革方案确定的分享范围和比例计算出的地方分享的所得税收入，小于地方实际所得税收入的差额部分，由中央作为基数返还地方。

（2）成品油价格和税费改革税收返还。实施成品油价格和税费改革后，中央按地方原有的公路养路费等"六费"收入基数给予的返还。具体额度以 2007 年的"六费"收入为基础，考虑地方实际情况按一定的增长率确定。

（二）转移支付

1. 转移支付的总体要求

我国自 2009 年起，将中央对地方的转移支付简化为一般性转移支付和专项转移支付两类：前者能够发挥地方政府了解居民公共服务实际需求的优势，有利于地方因地制宜统筹安排财政支出和落实管理责任；后者能够更好地体现中央政府的意图，促进相关政策的落实，且便于监督检查。2016 年中央对地方转移支付规模 5.3 万亿元，其中一般性转移支付 3.2 万亿元，专项转移支付 2.1 万亿元，这对推进基本公共服务均等化、促进区域协调发展和保障顺利落实各项民生政策等起到了重要的积极作用。

2014 年 12 月，国务院印发《关于改革和完善中央对地方转移支付制度的意见》（以下简称《意见》），提出了改革和完善转移支付制度的具体措施。其总体要求为：按照党中央、国务院的决策部署和新预算法的规定，围绕建立现代财政制度，以推进地区间基本公共服务均等化为主要目标，以一般性转移支付为主体，完善一般性转移支付增长机制，清理、整合、规范专项转移支付，严肃财经纪律，加强转移支付管理，充分发挥中央和地方两个积极性，促进经济社会持续健康发展。

2. 一般性转移支付

（1）一般性转移支付的含义。一般性转移支付是指为弥补财政实力薄弱地区的财力缺口，均衡地区间财力差距，实现地区间基本公共服务能力的均等化，中央财政安排给地方财政的补助支出，由地方统筹安排。目前一般性转移支付包括均衡性转移支付和民族地区转移支付等。

一般性转移支付是实现地区间公共服务均等化最有效的手段。我国从 1995 年起中央对财力薄弱地区实施过渡期转移支付（2002 年改称为一般性转移支付），旨在缓解地方财政运行中的突出矛盾，解决老少边穷等地区的财政困难。其资金规模从 1995 年的 21 亿元增至 2006 年的 1 530 亿元，2016 年更是高达 3.2 万亿元（占全部转移支付的 60.5%），是 1995 年的 1 523.81 倍和 2006 年的 20.92 倍。

（2）一般性转移支付的内容。按照规范和公正的原则，根据客观因素计算确定各地区的标准财政收入和标准财政支出，以各地标准财政收支的差额作为分配依据。主要是按照公平、公正和适当照顾老少边穷地区的原则，参照标准财政收入与支出的差额

和可用于转移支付的资金数量等客观因素计算。其计算公式为

$$某地区一般性转移支付额＝（该地区标准财政支出－该地区标准财政收入）×$$
$$该地区的转移支付系数$$

（3）一般性转移支付的管理。按照《意见》的规定，一般性转移支付按照国务院规定的基本标准和计算方法编制；科学设置均衡性转移支付测算因素、权重，充分考虑老少边穷地区底子薄、发展慢的特殊情况，真实反映各地的支出成本差异，建立财政转移支付与农业转移人口市民化挂钩机制，促进地区间基本公共服务均等化；规范老少边穷地区转移支付分配，促进区域协调发展；建立激励约束机制，采取适当奖惩等方式，引导地方将一般性转移支付资金投入民生等中央确定的重点领域。

3. 专项转移支付

（1）专项转移支付的含义。专项转移支付是指中央政府为实现特定的经济和社会发展目标无偿给予地方政府，由接受的政府按照规定用途安排使用的预算资金。专项转移支付预算资金的来源包括一般公共预算、政府性基金预算和国有资本经营预算。专项转移支付重点用于教育、医疗卫生、社会保障和"三农"等公共服务领域。

专项转移支付是一种专项预算资金，不包括在地方财政体制规定的正常支出范围。在每年预算编制时列中央财政支出，预算执行中划转给地方，由地方按规定用途使用。专项转移支付规模从 1993 年的 361 亿元增至 2006 年的 4 412 亿元，2016 年更是高达 2.1 万亿元，是 1993 年的 58.71 倍和 2006 年的 4.76 倍。

（2）专项转移支付的制度规范。为强化和规范专项转移支付管理，我国制定了一系列有关专项转移支付的规章制度，涉及的范围包括农业、教育、地区、企业、建设项目、社会保障和行政管理等领域或项目。如 2007 年 6 月财政部和教育部制定的国家奖学金、国家助学金、国家励志奖学金、研究生国家奖学金四个管理暂行办法；2009 年 12 月财政部和农业部制定的《中央财政农作物良种补贴资金管理办法》；2011 年 4 月财政部等部门制定的《绿色能源示范县建设补助资金管理暂行办法》；2012 年 11 月财政部制定的《国有冶金矿山企业发展专项资金管理办法》；2013 年 1 月财政部制定的《中央财政现代农业生产发展资金管理办法》；财政部 2015 年 12 月修订的《中央对地方专项转移支付管理办法》等。

（3）专项转移支付的类型。按照事权和支出责任划分，专项转移支付分可为委托类、共担类、引导类、救济类和应急类五类。其中委托类专项是按照事权和支出责任划分属于中央事权，中央委托地方实施而设立；共担类专项是按照事权和支出责任划分属于中央与地方共同事权，中央将应分担部分委托地方实施而设立；引导类专项是按照事权和支出责任划分属于地方事权，中央为鼓励和引导地方按照中央的政策意图办理事务而设立；救济类专项是按照事权和支出责任划分属于地方事权，中央为帮助地方应对因自然灾害等发生的增支而设立；应急类专项是按照事权和支出责任划分属于地方事权，中央为帮助地方应对和处理影响区域大、影响面广的突发事件而设立。

（4）专项转移支付的设立。设立专项转移支付，应由中央主管部门或省级政府向财政部提出申请，财政部审核后报国务院或由财政部直接提出申请报国务院批准；专项转移支付经批准设立后，财政部应制定或会同中央主管部门制定资金管理办法；建立

健全专项转移支付定期评估机制和专项转移支付项目退出机制等。

（5）专项转移支付的预算编制。专项转移支付预算应分地区、分项目编制，并遵循统筹兼顾、量力而行、保障重点、讲求绩效的原则；专项转移支付预算总体增长幅度应当低于中央对地方一般性转移支付预算总体增长幅度；中央基建投资安排的专项转移支付，主要用于国家重点项目、跨省（区、市）项目以及外部性强的重点项目。

（6）专项转移支付的预算绩效管理。各级政府财政部门和主管部门，必须加强专项转移支付预算绩效管理，建立健全全过程预算绩效管理机制，提高财政资金使用效益；逐步推动绩效目标信息公开，接受社会公众监督；及时开展专项转移支付绩效评价工作，并加强对专项转移支付绩效评价结果的运用等。

（7）专项转移支付的监督检查。各级政府财政部门和主管部门应加强对专项转移支付资金使用的监督检查，建立健全专项转移支付监督检查和信息共享机制；分配管理专项转移支付资金的部门及使用专项转移支付资金的部门、单位及个人，应依法接受审计部门的监督，对审计部门审计发现的问题应及时进行整改。

4. 专项转移支付的改革取向

2016年12月财政部部长肖捷在第十二届全国人民代表大会常务委员会第25次会议上，报告深化财政转移支付制度改革情况，明确提出了七个方面的具体措施，主要包括：一是促进转移支付与财政事权和支出责任划分相适应；二是加大转移支付资金统筹力度；三是进一步清理整合专项转移支付；四是逐步取消竞争性领域专项；五是建立健全专项转移支付设立、定期评估和退出机制；六是不断强化转移支付管理；七是推动地方完善财政转移支付制度等。

本 章 小 结

• 财政政策体制是财政政策和财政体制的统称，财政政策主要是确定财政收支的策略与规则，它是国家宏观经济政策的重要组成部分；财政体制主要是确定政府财政收支的范围和权力，它是各级政府、国家与企事业单位间财力合理分配的保证。

• 财政政策是指国家为实现一定的经济社会目标而调整财政收支和调控经济良性运行所采取的策略及措施。财政政策目标是指国家财政政策所要实现的期望值，我国财政政策目标主要包括收入公平分配、经济适度增长、资源合理配置、保持物价稳定、实现充分就业、公平社会保障和国际收支平衡。

• 按调节经济周期作用的标准划分，财政政策可分为自动稳定的财政政策和相机抉择的财政政策：前者是某些能根据经济波动情况自动发生稳定作用而无须借助外力就能直接产生控制效果的财政政策；后者是本身没有自动稳定的作用，需要借助外力才能对经济产生调节作用的财政政策，主要包括汲水政策和补偿政策。

• 按调节经济总量功能的标准，财政政策可分为积极财政政策、紧缩财政政策和稳健财政政策。积极财政政策即扩张性财政政策，是指通过财政分配活动来增加和刺激社会经济总需求的政策；紧缩财政政策是指通过财政分配活动来减少和抑制社会经济总需求的政策；稳健财政政策是指财政分配活动对社会总需求的影响保持中性的政策。

• 货币政策是指国家为实现特定的宏观经济目标而制定的货币供应和货币流通组织管理的基本准则。其基本类型包括扩张性、紧缩性和中性货币政策。货币政策目标是指中央银行制定和实施某项货币政策所要达到的特定的经济目标。我国的货币政策工具主要包括中央银行对商业银行贷款、存款准备金制度、利率和公开市场业务。

• 财政政策与货币政策有着诸多的共同点，它们在目标、管理、环节和运行等方面存在着内在联系，其区别主要包括实施主体、作用机制、运用方式、调节重点、使用工具、调节范围和政策时滞等方面的差异。总体上说，两者协调配合的模式有多种，从实践上可概括为六种方式。

• 我国古代的理财家，较早地提出了"量入为出""轻税薄敛""藏富于民"等朴素的财政政策思想。中华人民共和国成立以来运用的财政政策可分为1997年以前实施的财政政策、1998年实施的积极财政政策、2005年实施的稳健财政政策和2008年以来实施的积极财政政策，主要对其经济背景、主要内容、实施效果进行阐述和分析。

• 财政管理体制简称财政体制，是指规定中央与地方之间、地方各级政府之间、国家与企事业单位之间财力管理权责和收支分配的一项基本制度。其类型主要包括统收统支体制、分级管理体制、分级包干体制和分级分税体制四种。

• 分税制财政体制要素主要包括确立财政管理级次、明确财政管理权限、划分财政支出范围、规范财政收入范围、建立转移支付制度和进行经常性的调整。我国财政体制的内容主要包括中央与地方财政支出范围的划分、中央与地方财政收入范围的划分、建立专职的税务组织和建立分税制财政体制配套措施。

• 财政转移支付是指政府间财力的无偿转移，一般是指上级政府（财政）对下级政府（财政）之间的无偿补助或拨款，以及同级政府（财政）之间的无偿援助。通常具有科学性、法制性、双向性、公正性、灵活性和对称性的特征。其模式可分为收支均衡模式和收入均衡模式两类。

• 为保证地方既得利益格局，逐步达到改革的目标，中央财政对地方财政按一定的基数和税收入情况确定返还数额，即税收返还。其内容主要包括增值税和消费税返还、所得税基数返还，以及成品油价格和税费改革税收返还。

• 我国中央对地方的转移支付主要包括一般性转移支付和专项转移支付两类：前者能够发挥地方政府了解居民公共服务实际需求的优势，有利于地方因地制宜统筹安排财政支出和落实管理责任；后者能够更好地体现中央政府的意图，促进相关政策的落实，且便于监督检查。

复 习 思 考

一、概念题

财政政策　货币政策　汲水财政政策　补偿财政政策　积极财政政策
稳健财政政策　财政体制　税收返还　统收统支体制　分级管理体制
分级包干体制　分级分税体制　财政转移支付　一般性转移支付　专项转移支付

二、思考题

1. 财政政策的类型和目标有哪些？
2. 财政政策与货币政策如何有效运用？
3. 2008 年与 1998 年财政政策的异同？
4. 如何理解分税制财政体制的特征和类型？
5. 我国分税制财政体制的主要内容有哪些？

三、分析题

2018 年我国继续实施积极财政政策——更加注重结构性调整

积极财政政策作为一种扩张性的宏观调控操作，主要表现为通过减少税收、增加财政支出及扩大财政赤字来刺激社会总需求。2008 年国际金融危机爆发后，我国及时调整政策取向，通过扩大和优化政府公共投资结构，实施结构性减税，加强保障和改善民生，全面贯彻落实积极的财政政策。

一、我国继续实施积极的财政政策

按照中央经济工作会议的定调，2018 年我国积极的财政政策取向不变，将调整优化财政支出结构，确保对重点领域和项目的支持力度，压缩一般性支出，切实加强地方政府债务管理作为工作的重点。

在部署全国财政工作时，财政部部长肖捷表示，将继续实施积极的财政政策，增强财政可持续性；继续实施减税降费政策，进一步减轻企业负担；调整优化支出结构，提高财政资金使用效率。

多位专家在接受记者采访时认为，在经济由高速增长转向高质量发展阶段，2018 年的积极财政政策将更加注重结构性调整。

二、财政政策为何还要"积极"

2018 年为什么要继续实施积极的财政政策？这主要还是由我国现有的宏观经济背景所决定的。吉林省财政科学研究所所长张依群研究员认为，"我国正在推进供给侧结构性改革，经济结构调整是经济改革的重点，也是在避免大水漫灌的情况下促进产业升级、实现经济转型的有效方法"。在他看来，2018 年货币政策依然是延续去年稳中求进的总基调，即稳健的货币政策保持中性，而继续实施积极财政政策是必然选择。

多家机构预计，2017 年我国经济增长在 6.9% 左右，财政收入增长在 8% 以上。我国宏观经济运行整体表现良好，也为继续实施积极财政政策创造了良好的外部环境与条件。交通银行金融研究中心研报称，展望未来 3 年，完成年均经济增速 6.5% 以上的难度不大，财政政策稳增长的力度不会显著加大。而抓好决胜全面建成小康社会的防范化解重大风险、精准脱贫、污染防治三大攻坚战，需要财政政策维持扩张态势。

三、财政政策如何体现"积极"

按照财政部安排，2018 年在继续实施积极财政政策时，一方面将继续减税降费，进一步减轻企业负担；另一方面将调整优化支出结构，提高财政资金使用效率。

近年来，为降低企业成本，深化供给侧结构性改革，我国持续推进减税降费举措。据统计，过去 5 年营改增累计减税近 2 万亿元，取消、免征、停征和减征 1 368 项

政府性基金和行政事业性收费，涉及减收金额 3 690 亿元。

华夏新供给经济学研究院首席经济学家贾康认为，进一步减税方面仍有空间，未来除了增值税税率可进一步减并至两档税率甚至减至单一税率之外，企业所得税也有进一步降低的空间。至于我国企业降费的空间，总体来说比降税更大。

减税降费直接牵动的是政府收支平衡格局。2017 年赤字率维持在 3%的水平主要就是为了支撑减税降费。2018 年是否还会通过扩大赤字来维持进一步减税降费？

多位专家对记者表示，必要的经济增长一定要予以保证，积极的财政政策取向不变。由于稳健的货币政策要保持中性，管住货币供给总闸门，财政政策会承担更多责任。这样，财政赤字预计还会保持在 3%左右。

四、财政政策的"积极"有何不同

积极的财政政策从 2009 年起代替稳健的财政政策以来，已有 10 个年头。中国社会科学院经济研究所所长高培勇认为，"积极的财政政策已经和过去那种单纯致力于需求总量扩张的积极财政政策大不相同，必须站在供给侧的角度，站在结构性调整的角度去理解积极财政政策"。

记者发现，2018 年积极财政政策把调整优化支出结构放在了突出位置，提出确保对重点领域和项目的支持力度，压缩一般性支出。

"财政支出更关键，安排将更加向保障民生、培育经济增长新动能、挖掘传统的投资空间方向倾斜"。中国社科院财经战略研究院研究员蒋震表示，如消费升级、互联网和智慧城市等新的业态，都需要进行前瞻性布局。

要求：请根据上述材料，阐述和分析我国 2018 年实施积极财政政策的依据、原因、效应及其风险。

财政预算管理

财政预算是政府年度财政收支计划，具有法律的约束力。 财政预算管理是国家依据法律制度对财政预算资金的筹集、分配和使用所进行的组织、协调和监督活动，一般包括预算的编制、审批、执行、调整和决算等管理活动，其中财政预算编制等预算管理流程是财政学的基本研究内容。本章阐述和分析财政预算理论、财政预算流程和财政平衡管理，其内容主要包括预算的概念、原则、编制、审批和实施，以及财政平衡基础理论、财政与供求的平衡和财政赤字基本分析。其重点是财政预算的理论与编制、财政平衡基础理论和财政赤字基本分析，难点是财政预算编制和财政与供求的平衡。

■ 第一节 财政预算理论

一、财政预算的概念

（一）关于预算的基本认识

预算的英文为 budget，源于法文 bougette，意为用皮革制成的公文包。近代预算制度产生于英国，发展于美国，最先用于政府机构，后逐渐应用到企业管理中。西方学者对预算代表性的观点：霍恩格里（Charles T.Horngren）认为预算是行动计划的数量表达；弗雷姆根（Fremgen）认为预算是一种广泛而协调的计划，以财务条件来表达；阿吉里思（Chris Argyris）把预算定义为由人来控制成本的会计技术；比尔克曼（Harold Biekman）则认为有预测和标准两类预算，预测是告知经理人员在未来将可能处于何种地位，标准是告知经理人员预定的效率水准是否已经维持或达成。

我国《辞海》将"预算"释义为："经法定程序批准的政府、机关、团体和事业单位在一定时间的收支预计，如国家预算、中央预算、地方预算和单位预算等"；《现代汉语词典》（第 7 版）将"预算"释义为："国家机关、团体和事业单位等对于未来一定时期内的收入和支出的计划"；一般管理会计教材将预算解释为：预算是对企业未来一定时期经营活动的数量说明，包括专门决策预算、业务预算和财务预算；还有人认为，预算是一种财务计划，它具体地提出了某企业或某部门在下一个经营阶段所期望的经营收入或所预计的费用支出计划。

（二）本书对财政预算的认识

预算是指对未来一定时期内收支安排的预测与计划。它作为一种管理工具或手段，在日常生活乃至国家行政管理中被广泛重视与运用。预算主要包括财政预算和单位预算，前者是指政府编制、经立法机关审批、反映政府一个财政年度内的收支状况的计划；后者是指行政、事业单位和国有企业的财务收支计划。预算有广义和狭义之分，广义的预算是指国家机关、团体、行政事业单位经法定程序编审的年度财政收支计划及其实施调整和监督的活动；狭义的预算是指经法定程序编审的政府年度财政收支计划及其实施、调整和监督的活动。本书的研究主要指狭义的财政预算。

可以看出，财政预算是政府活动计划的综合反映，它体现了政府及其财政活动的范围、政府在特定时期所要实现的政策目标和政策手段。财政预算在宏观经济决策中被视为促进政府职能实现和执行财政政策的有效工具，在政府经济管理中被视为政府财政年度内经法律程序批准的全部公共收支的一览表。其要点主要包括：

（1）财政预算是政府年度财政收支的计划。财政预算是对政府的年度财政收支规模和结构进行的预计与测算，它按一定标准将财政年度的财政收支分门别类地列入各种计划表格，能反映一定时期政府财政收支的具体来源和方向。

（2）财政预算是政府具有法律效力的文件。财政预算的级次划分、收支内容和管理职权等是预算法所规定的，预算的编制、执行和决算的过程是在预算法的规范下进行的，预算编制要经立法机关审批后才能公布与实施，公布实施后即具有法律效力。

（3）财政预算是政府调节经济的重要工具。在市场经济条件下，当市场难以保持自身均衡发展时，政府可以根据市场经济运行状况选择适当的预算总量政策，用预算差额去弥补社会总供求缺口，以保持经济的稳定增长。

二、财政预算的产生

完整的财政预算制度最早起源于英国。1217 年英王约翰签署了《大宪章》，议会逐步控制了政府的全部收支批准权；14～15 世纪英国新兴资产阶级、城市市民和广大农民起来反对封建君主的横征暴敛，要求对国王的课税权进行控制。1689 年英国国王威廉与其妻子玛丽二世被迫在"权力法案"上签字，确立了君主立宪政体，设立下议院并确认参与原则：一是未经议会同意不得征税；二是政府设立预算，并经议会通过才能执行等。这是财政预算制度的起源，它的出现与立法机关对支出控制的要求密切相关。1789 年英国首相威廉·皮特（William Pitt）在议会通过一项联合基金法案，把全部财政收支统一在一个文件中，这是世界上第一张有关财政预算收支表，但到 19 世纪初才确立按年度编制和批准财政预算的制度。现代财政预算制度的产生要求有一个技术条件，即财政收入与财政支出的分离。直到 20 世纪初，世界各国基本上建立了财政预算制度，并使财政预算成为财政学研究的一个重要组成部分。

我国的财政预算产生于清朝末年。光绪三十三年（1907 年）颁布了"清理财政章程"，拟由清理财政局主持编制预算工作；宣统二年（1910 年）颁布了《预算册式及例言》，规定了预算年度、岁入岁出分类、记账位等事项，由度支部试办宣统三年（1911

年)国家预算。我国社会主义的国家预算最早产生于革命根据地时期，1937 年中央工农民主政府发布的《中华苏维埃共和国暂行财政条例》是预算制度的重要文献。

中华人民共和国成立后，1950 年政务院先后发布了《关于统一国家财政经济工作的决定》《关于统一管理 1950 年度财政收支的决定》等规定，形成了统一的国家预算。其现行的法律依据是 1994 年 3 月 22 日第八届全国人民代表大会第二次会议通过、2014 年 8 月 31 日第十届全国人民代表大会常务委员会第十次会议修订的《中华人民共和国预算法》和 1995 年 11 月国务院制定的《中华人民共和国预算法实施条例》（以下简称《预算法条例》）。

三、财政预算的原则

财政预算原则是一个国家在财政预算的立法、编制、实施和决算等阶段所必须遵循的行为准则。由于不同的时代背景和主客观需要，国内外的专家学者对财政预算原则的看法，可谓是仁者见仁、智者见智。

（一）西方财政预算的原则

1. 西方早期的财政预算原则

西方早期的财政学者将财政预算作为监督和控制政府的工具，注重预算的控制性。以意大利财政学者尼琪和德国财政学者诺马克提出的预算原则最为典型，其中尼琪预算原则包括公开性、确定性、统一性、分类性、总括性和年度性六项原则；诺马克预算原则包括公开性、完全性、明了性、事前性、严密性、界限性、单一性和不相属八项原则。

尼琪和诺马克的预算原则是传统预算原则的代表，对政府实现预算收支的计划管理与执行，以及立法机关对政府财政控制与监督预算等都具有重大指导意义。这些预算原则与自由资本主义的健全财政最高原则相一致，其指导思想是控制预算，旨在达到财政收支平衡。

2. 西方近代的财政预算原则

现代财政预算制度产生以后，各国财政预算专家对预算原则进行了一系列的探索。西方财政理论界对其总结归纳，形成了为多数国家所接受的一般性预算原则。

（1）完整性原则。完整性原则要求预算应包括全部的财政收支，并反映其全部财政活动，不允许有预算以外的财政收支活动。

（2）统一性原则。统一性原则要求预算收支按统一程序计量和编制，各级政府只能有一个预算，不能以临时预算或特种基金的名目另立预算。

（3）年度性原则。年度性原则要求所有的预算都要按预算年度编制，并列出预算年度内的收支总额，但不能对本预算年度之后的财政收支做任何安排。

（4）可靠性原则。可靠性原则要求财政预算的编制和批准所依据的资料信息必须可靠，预算所编列的收支数据必须符合实际。

（5）公开性原则。公开性原则要求各级政府财政部门的财政收支必须经过立法权力机关审批批准，并向社会公布。

（6）分类性原则。分类性原则要求各项财政收支必须依据其性质明确地予以分门别类，并在预算中列示清楚。

3. 西方现代的财政预算原则

20世纪初自由资本主义过渡成为国家垄断资本主义，代表大垄断资本家利益的西方国家政府加强了对经济的干预。在现代预算原则中，最具代表性的是1945年美国联邦预算局局长史密斯（H. D. Smith）提出的八条预算原则。

（1）反映行政计划原则。反映行政计划要求财政承担实现政府行政计划的作用，所以预算必须反映政府的行政计划，保持预算与政府施政计划的密切联系。

（2）加强行政责任原则。加强行政责任要求行政机构所提出的预算计划应与立法权力机关的总体目标相一致，立法机关通过预算后，行政机构负有执行预算的责任。

（3）适度权力原则。适度权力要求在政府行政机关中应有编制与执行预算的专职机构和人员，行政首长有权规定有限度的拨款，建立预算预备费并在必要时动用。

（4）执行弹性原则。执行弹性要求预算中应有适当的弹性条款，授权行政机关在预算执行期间可根据实际情况做出必要的调整，以适应社会经济形势的变化。

（5）机构协调原则。机构协调要求在预算编制、执行过程中，中央预算机关与地方各级预算机关之间，以及预算机关与主管部门、单位之间应相互协调合作，以实现相互沟通与监督的目的。

（6）预算程序多样化原则。预算程序多样化要求针对现代政府的行政活动、经济建设和公共事业活动的性质不同，应采取不同的预算程序，不强求一致。

（7）加强行政主动性原则。加强行政主动性是为使预算具有效率，对预算支出项目不宜做过分苛刻的限制，行政机关在不违背立法机关基本政策的前提下，可主动调整预算内容以实现预算的目标。

（8）以预算报告为依据原则。以预算报告为依据要求政府在预算管理全过程中应提供预算报告及与之相关的各项资料，并作为预算立法和管理的基础。

4. 西方现代财政预算原则的特点

西方现代财政预算原则与传统财政预算原则最大的不同在于：前者更加强调政府行政机关在财政预算管理中的主动性，反映了现代资本主义社会经济发展、经济理论的转变和国家的实践活动。这些原则的提出和实践，特别是复式预算和绩效预算制度的引入，使财政预算的完整性原则逐渐被打破。因为财政预算编制与审批是以行政首长提出的施政计划为依据，使财政预算建立在单一基础上，其可靠性受到损害。此外，财政预算的公开性原则也由于财政预算行政主动权的加强而名不副实。

史密斯提出的财政预算八条原则代表着美国行政机构谋求预算主动权的一种倾向性要求，反映了当代资本主义预算原则变动的一种趋势。但这些原则并未形成法律条文，即使是某些法律条文明文规定的内容也在实践中被不同程度地修正，所以往往是法律条文规定的内容与实践中具体活动不相一致。如法国预算法中规定预算编制和执行的基本原则是年度性、完整性、统一性和专用性，但这些原则在实践中并没有得到坚持或完全执行，如法国预算中的附属预算是以收支相抵后的差额列入，这显然违背了统一性原则。

（二）我国财政预算的原则

我国《预算法》第 12 条明确规定："各级预算应当遵循统筹兼顾、勤俭节约、量力而行、讲求绩效和收支平衡的原则。"从《预算法》条文和预算实践看，我国财政预算应遵循以下五个基本原则。

1. 完整性原则

预算管理要体现综合预算的思想。编制部门预算时，要将部门依法取得的包括所有财政性资金在内的各项收入及支出作为一个有机整体进行管理，对各项收入和支出预算的编制做到不重不漏，不得在预算之外保留其他收支项目。

按照《预算法》第 5 条规定：预算包括一般公共预算、政府性基金预算、国有资本经营预算和社会保险基金预算，四种预算应保持完整、独立，且政府性基金预算、国有资本经营预算、社会保险基金预算应当与一般公共预算相衔接。该规定将长期游离于预算之外的社会保险基金等纳入预算管理，实现了政府预算的全覆盖，也标志着在我国预算实践中长期存在的预算外资金正式退出了历史舞台。

2. 年度性原则

年度性原则是指政府预算应按照预算年度编制，不需要也不应该对本预算年度之后的财政收入与支出做出任何事先的规定。由于各国政府预算均有时间的界定，通常为一年（365 天），一般称预算年度或财政年度。

但严格的年度性原则会导致预算政策在不同年度之间存在较大的差异，从而影响预算的稳定性和持续性，因此各国对预算年度性原则进行了一定程度的修正。如我国《预算法》第 12 条规定：各级政府应当建立跨年度预算平衡机制。

3. 平衡性原则

平衡性原则是指预算收支要基本相等，一般不允许收不抵支。如《预算法》第 10 条规定：国有资本经营预算应当按照收支平衡的原则编制，不列赤字；第 11 条规定：社会保险基金预算应当按照统筹层次和社会保险项目分别编制，做到收支平衡；第 35 条规定：地方各级预算按照量入为出、收支平衡的原则编制，除本法另有规定外，不列赤字。

4. 法定性原则

法定性原则包括两层含义：一是预算的编制、审批要依法、依规进行；二是预算经审批以后就具有了法的性质，必须严格遵守。如《预算法》第 13 条规定：经人民代表大会批准的预算，非经法定程序，不得调整。各级政府、各部门、各单位的支出必须以经批准的预算为依据，未列入预算的不得支出。

5. 公开性原则

通常每个预算年度，公民都承担了向政府纳税的义务，相应地政府就有向公民报告如何使用税收资金的义务，因此政府预算天生就具有公开的要求。

我国《预算法》第 14 条规定：经本级人民代表大会或者本级人民代表大会常务委员会批准的预算、预算调整、决算、预算执行情况的报告及报表，应在批准后二十日内由本级政府财政部门向社会公开，并对本级政府财政转移支付安排、执行的情况以及举借债务的情况等重要事项作出说明。

第二节　财政预算流程

财政预算流程是指财政预算从编制、审批到决算的基本步骤。我国财政预算流程主要包括财政预算的编制、审查、批准、执行、调整和决算等，其中财政预算编制是基础，预算审查和批准是预算工作的法制体现，预算执行和调整是预算工作的执行过程，预算决算是预算工作的最终结果。

一、财政预算的编制

（一）财政预算编制的基本理论

1. 财政预算编制的技术形式

财政预算编制在技术上要安排计划表格及确定指标，其中安排计划表格通常指财政预算编制的形式。其主要包括单式预算和复式预算两种：

（1）单式预算。单式预算是指将政府全部财政收支汇编在一个统一的预算表中。这种预算组织形式能从整体上反映年度政府全部的收支情况，便于了解政府财政收支活动的全貌，其完整性强、技术简单，充分体现了国库统一和会计统一的原则要求，也便于立法机关的审议批准和社会公众对预算的了解。

20 世纪 30 年代以前，政府的职能相对较少，财政收支结构简单、规模有限，单式预算制符合"健全财政"的原则，在当时的历史条件下基本起到了监督与控制政府财政收支的作用，因而世界各国在一定时期内均采取单式预算制度。中华人民共和国成立至 1992 年的国家预算编制，就采用了单式预算的组织形式。

（2）复式预算。复式预算是指把预算年度内的全部财政收支按收入的来源和性质的不同，分别编成两个或两个以上的预算。它的产生与政府职能的扩大化、宏观调控手段的多样化和财政收支内容的复杂化有直接的联系。我国《预算法》明确规定：各级预算（指总预算）按照复式预算编制。

复式预算与单式预算相比，其优点是：便于考核预算资金的来源和用途，有利于分析预算收支对社会需求的影响，复式预算的伸缩性较大而有助于使预算成为促进经济发展的强有力杠杆。但缺点是：复式预算中资本性支出的资金来源主要依赖于举债，如果举债规模控制不当或使用效益低下，就会产生巨大的财政风险，影响国民经济的稳健运行；将预算分成经常预算和资本预算两个部分，会给预算编制带来一些困难，如经常预算和资本预算科目的划分标准难以统一、预算编制的技术要求较高等。

2. 财政预算编制的基本方法

各国财政预算的编制方法不尽相同，概括起来主要包括零基预算、绩效预算和项目预算三种方法。

（1）零基预算、绩效预算和项目预算的含义。

零基预算是指一切从零开始确定年度预算，要求年度预算方案从实际需要出发，根据成本收益法确定各项目支出数额和综合支出总体方案的预算。最早在 1960 年美国企业财务管理中采用，它要求在年初时对每个项目进行重新评估。零基预算是针对传统的基数预算提出来的，能起到有效配置政府财力的作用，但工作量和难度远超基数预算。

绩效预算是指政府制订有关事业和工程计划，依据政府职能和施政计划制订执行计划的实施方案，并在成本效益分析的基础上确定实施方案所需的经费预算。绩效预算于20世纪50年代由美国联邦政府首先采用，经不断完善已被世界各国广泛应用。财政绩效预算编制的重点在于要完成的财政工作和要达到的财政效果。

项目预算是指在绩效预算的基础上发展起来的，是依据国家确定的目标着重按项目和运用定量分析方法编制的预算。项目预算源于美国，由美国国防部最早采用，后推广到美国联邦、州和地方政府。其重点在于为达到政府计划的宗旨和目标，提供针对政府需求的分析方法，从而便于选择可供使用的手段和成本。

（2）零基预算、绩效预算和项目预算的关系。零基预算、绩效预算和项目预算既有联系又有区别，其共性是：三者都是以成本效益分析法为基础，寻求降低成本费用、提高经济效益为目的。三者的差异是：零基预算编制程序是自下而上，能了解基层单位的意见、便于配合，而绩效预算与项目预算是自上而下，便于贯彻政府政策的导向；零基预算与绩效预算相比从零开始，重视当年的预算效益，割断与过去的联系，适应性较强，而绩效预算注重过去的预算效益，不适应经济的突然变化；零基预算与项目预算相比，偏重对各类选择进行描述性和解释性阐述，而项目预算则更强调应用定量技术和对各类选择进行评估。

（二）财政预算编制的基本内容

我国从1992年开始编制复式预算，基本内容是将全部预算收支按其来源和资金性质分别编入经常性预算和建设性预算。2014年修订的《预算法》第4条规定：预算由预算收入和预算支出组成，政府的全部收入和支出都应当纳入预算；第5条规定：预算包括一般公共预算、政府性基金预算、国有资本经营预算、社会保险基金预算。

1. 一般公共预算

一般公共预算是对以税收为主体的财政收入，安排用于保障和改善民生、推动经济社会发展、维护国家安全、维持国家机构正常运转等的收支预算。各部门预算由本部门及其所属各单位预算组成。各级一般公共预算应按照本级一般公共预算支出额的1%～3%设置预备费，按照国务院的规定可设置预算周转金和预算稳定调节基金。

一般公共预算主要收入包括各项税收、行政事业性收费、国有资源（资产）有偿使用、转移性和其他收入；一般公共预算支出包括一般公共服务、外交、公共安全、环境保护、国防、农业、教育、科技、文化、卫生、体育、社会保障及就业支出和其他支出。2016年全国一般公共预算收入159 552.08亿元，为公共预算的101.5%，同比增长4.5%；全国一般公共预算支出187 841.14亿元，完成预算的103.9%。

中央一般公共预算包括中央各部门（含直属单位）的预算、中央对地方的税收返还及转移支付预算。中央一般公共预算收入包括中央本级收入和地方向中央的上解收入；中央一般公共预算支出包括中央本级支出、税收返还和转移支付。2016年中央一般公共预算收入72 357.31亿元，为调整预算的100%，同比增长1.2%；支出86 890.35亿元，完成调整预算的99.1%，增长4.5%；中央财政赤字14 000亿元。

地方各级一般公共预算包括本级各部门（含直属单位）的预算和税收返还、转移支付预算。地方各级一般公共预算收入包括地方本级收入、上级政府对本级政府的税收返还和转移支付、下级政府的上解收入；地方各级一般公共预算支出包括地方本级支出、对上级政府上解支出、对下级政府税收返还和转移支付。2016 年地方一般公共预算收入和支出分别为 146 681.12 亿元和 160 437.14 亿元，地方财政赤字 7 800 亿元。

2. 政府性基金预算

政府性基金预算是对依照法律法规的规定在一定期限内向特定对象征收、收取或以其他方式筹集的资金，专项用于特定公共事业发展的收支预算。政府性基金预算应当根据基金项目收入情况和实际支出需要，按基金项目编制，做到以收定支。

2016 年全国政府性基金收入 46 618.62 亿元，增长 11.9%；支出 46 851.52 亿元，增长 11.7%。中央政府性基金收入 4 178.08 亿元，完成预算的 97.8%，增长 2.6%；支出 3 999.98 亿元，完成预算的 88.5%，下降 6.8%。地方政府性基金本级收入 42 440.54 亿元，增长 12.9%；支出 43 961.66 亿元，增长 13%。

3. 国有资本经营预算

国有资本经营预算是对国有资本收益做出支出安排的收支预算。国有资本经营预算应当按照收支平衡的原则编制，不列赤字，并安排资金调入一般公共预算。

2016 年全国国有资本经营预算收入 2 601.84 亿元，增长 2.0%；预算支出 2 171.46 亿元，增长 18.2%。其中，中央国有资本经营预算收入 1 430.17 亿元，为预算的 102.2%，下降 11.3%；支出 1 450.61 亿元，完成预算的 93.5%，增长 28.1%。地方国有资本经营预算本级收入 1 171.67 亿元，增长 24.9%；支出 1 234.38 亿元，增长 48.5%。

4. 社会保险基金预算

社会保险基金预算是对社会保险缴款、一般公共预算安排和其他方式筹集的资金，专项用于社会保险的收支预算。社会保险基金预算应当按照统筹层次和社会保险项目分别编制，做到收支平衡。

2016 年全国社会保险基金收入 48 272.53 亿元，为预算的 102.4%，增长 4.1%；全会保险基金支出 43 918.94 亿元，为预算的 100.9%，增长 12.3%；当年结余 4 353.59 亿元，年末滚存结余 63 294.67 亿元。

（三）财政预算编制的基础管理

1. 财政预算编制的组织

财政预算编制组织是指预算从上到下的层次构成。《预算法》第 3 条规定：国家实行一级政府一级预算，设立中央，省、自治区、直辖市，设区的市、自治州，县、自治县、不设区的市、市辖区，乡、民族乡、镇五级预算。

全国预算由中央预算和地方预算组成。地方预算由各省、自治区、直辖市总预算组成。地方各级总预算由本级预算和汇总的下一级总预算组成，下一级只有本级预算的，下一级总预算即指下一级的本级预算；没有下一级预算的，总预算即指本级预算。

2. 财政预算编制的依据

我国《预算法》第 32 条规定：各级预算应当根据年度经济社会发展目标、国家宏观调控总体要求和跨年度预算平衡的需要，参考上一年预算执行情况、有关支出绩效评价结果和本年度收支预测，按照规定程序征求各方面意见后，进行编制。

（1）以《预算法》要求为核心。在预算编制中，凡是《预算法》中涉及的内容，如预算编制的方法和编制形式的选择等，都必须按照《预算法》的要求严格执行。

（2）与相关计划相一致。国民经济和社会发展计划是政府组织和调节社会经济活动的重要行动指南，编制预算的各项指标都要体现其要求，并与之保持协调一致，同时也要参考财政中长期计划和有关的财政经济政策等。

（3）参考上年度预算执行情况。年度之间的财政收支有一定的连续性和可比性，预算编制时应分析并参考上年度预算各收支指标的状况，并结合计划年度预算收支的增减变化予以适当调整，以保证编制的预算具有科学性和合理性。

（4）符合政府的预算管理职权。财政体制特别是对财权财力在各级政府的划分是确定各级预算收支的基本依据，并由此决定了各级预算支出的责任、征收权限和转移支付等重大问题的取向，因而预算的编制口径必须与其一致。

3．财政预算编制的准备

（1）对本年度预算执行情况进行分析。财政预算编制的连续性要求在编制年度预算时，应依据本年度预算运行的实际状况，在预计和分析本年度各项预算收支情况的基础上，预测并拟定下年度预算收支指标的计划数。

（2）下达编制政府预算的要求。每年11月1日前国务院向中央各部门和各省、直辖市、自治区下达编制下一年度预算草案任务，提出编制预算的原则和要求。财政部在国务院下达任务后具体部署编制预算的具体规则。

（3）科学修订预算科目和表格。预算科目分为一般预算收支科目、基金预算收支科目和债务预算收支科目三大部分，每个科目又分为"类、款、项、目"。预算表格主要有预算收支总表、预算收入明细表、预算支出明细表和基本数字表。

（4）强化人员培训与服务工作。在规范预算编制的规章制度的同时，要进一步加强预算编制业务的培训工作，如扩大培训范围、增加培训时间和细化培训内容等，以适应愈加科学、规范的预算编制工作的总体要求。

4．财政预算编制的程序

这里以我国中央部门预算为例，来阐述预算编制的程序即"两上两下法"。

（1）"一上"。定员定额试点部门，不报送本部门的基本支出预算，只按项目管理办法填报部门项目支出预算，基本预算支出由财政部门根据部门基础数据等资料计算；非定员定额试点部门报送部门的全部预算需求，按项目管理办法填报部门项目支出预算。涉及有预算分配权部门管理的基本支出、项目支出要相应报送有关部门。

（2）"一下"。财政部门对定员定额试点部门，按已确定部门分类归档和相应定员定额标准基础数据等资料下达基本支出预算控制数，按项目管理办法下达部门项目支出预算。财政部门对非定员定额试点部门，按部门全部预算需求和财力下达基本支出预算控制数，按项目管理办法下达部门项目支出预算。有预算分配权的部门应及时将本部门主管支出预算的情况报送财政部门，以便财政部门及时下达预算控制数。

（3）"二上"。各部门应按照财政部门下达的基本支出控制数，根据国家有关政策、制度规定的开支范围和开支标准，自主编制本部门的基本支出预算，并按财政部门下达的项目支出控制数编制项目预算。各部门自主编制的部门预算，应在规定的时间内报送财政部门。有预算分配权的部门，应按规定比例预留的待分配指标汇总代编。

（4）"二下"。各级人大批准预算草案后，财政部门在规定的时间内批复并下达各部门的部门预算。

我国在"两上两下法"的预算编制过程中，各部门与财政部门随时可就预算的有关问题进行协商、讨论，及时、充分地交流有关预算信息。实行"两上两下"的预算编报程序有利于提高单位预算的科学性和准确性，可使财政部门与各部门之间相互交流信息、沟通情况，使预算更加符合单位情况，以保证预算执行的规范性和严肃性。

5. 财政预算编制的方法

我国财政预算编制的方法是零基预算加定额。其做法是：一是核实基本数字，提供编制预算的可靠依据；二是确定单位的预算定额，依据定额计算正常经费；三是根据需要和可能来确定专项经费。该方法没有层层排序的过程，由一级主管部门汇总预算报到财政部门，预算过程相对较简单。

我国财政预算编制的重点主要是清理"家底"，对基数中不合理的开支压缩，收回部分沉淀资金，提高资金使用效益；改变"粗放型"的预算编制方法，使预算编制细化，增加预算支出的透明度；打破旧"基数"格局，人员经费统一按定额核定，专项支出逐项核定，整个支出预算结合预算外财力统筹安排。

除满足财政必须负担的个人部分外，其他专项支出必须遵循《预算法》中地方财政收支平衡的要求进行安排，改变基数法中支出项目只能上不能下的局面，优化了财政支出结构；使各部门不再为"保基数、争增长"与财政部门争吵不休，有利于预算编制逐步走向规范，基本改变了预算执行中部门频繁要求财政追加支出的状况。

二、财政预算的审批

（一）财政预算的审批机构

1. 预算的立法机关

世界各国批准财政预算的权力归属于立法机关。市场经济国家批准财政预算的机构是议会，其预算审核工作由议院各常设委员会及其下属的各小组委员会进行，最后将意见交议员大会审议表决。我国实行人民代表大会的政治制度，《宪法》规定各级人民代表大会有审查和批准国家预算及预算执行情况报告的职权。

为实施事前的预算监督，许多国家的预算草案审批要进行两个阶段的表决：一是就预算总量的投票表决；二是对拨款和部门资源配置的投票表决。该程序旨在保护预算总量的财政支出限额和全面的财政约束。将财政支出总量与收入总量一并审查具有显著的优点，以此分析国家宏观经济政策和经济社会发展状况。

2. 立法机关的权力

立法机关对预算草案具有修改或否定等权力，但各国立法机关修改预算的法定权力并不相同，大体有以下三种模式：

（1）权力无约束型。立法机关有能力在每个方向上变更预算支出和预算收入，而无须得到行政部门的同意。实行总统制体制的国家,如美国和菲律宾等就采用此模式。

(2)权力受约束型。立法机关修改预算的权力通常与"最多可增加多少支出或减少多少收入"相联系。权力受约束的程序因国家而异,如在英国、法国和英联邦国家议会不能提议增加财政支出,权力受约束程度较高。相比,德国允许此类修改,但须得到行政部门的同意。权力受约束模式下,立法机关对预算管理影响有限。

(3)平衡权力型。在此模式下,只有在采取相应措施维持预算平衡的前提下,立法机关才可以增减支出或收入。这种预算调节性的制度安排,把立法机关对预算管理的影响集中于资源配置目标上。

3. 预算审批的要求

一般而言,各国通过建立强有力的专门委员会在制定预算决策过程中发挥更大的作用。不同委员会负责处理涉及预算不同层面的问题,如财政预算委员会审查收入和支出,公共账目委员会审查合法性或进行审计监督,部门或跨部门委员会负责制定部门政策及审查部门预算,但这些委员会之间应进行有效的协调。

立法机关及其委员会应有独立的专家队伍用以对预算进行系统审查,如美国国会可以得到拥有高素质人才的各拨款委员会和庞大精良的总统预算办公室的协助,在审计、确保政府规划工作中能得到会计总署的帮助等。我国中央预算由全国人民代表大会审查,地方各级政府预算由本级人民代表大会审查。

(二)财政预算的审批管理

1. 财政预算的审查内容

根据我国财政预算审查工作实践,财政预算审查内容主要包括编制审查、收支审查和平衡审查。此外,我国有些地方还实施了预算绩效审查等内容。

(1)预算编制的审查。编制预算是一项复杂细致的工作,拥有一套方法、程序和具体要求,必须对其进行严格的审查。其审查内容主要包括:预算是否按规定程序进行编制;编制预算的资料是否齐全,预算报表与资料的衔接是否准确、符合逻辑;预算报告是否完整、准确和真实;预算是否符合现行财政体制和规章制度的要求,如各级预算收支范围是否符合规定等;编制预算时是否有大量待分配指标,预算指标是否有标准和批准手续等。

(2)预算收支的审查。预算收支指标是否真实可靠,是审查预算收支的重点。审查内容主要包括:预算收入计划是否与国民经济计划相衔接;预算支出计划是否体现厉行节约、讲究效果的要求;各项支出是否按定员定额和各项具体开支标准核定;预算资金分配中有无盲目安排、无效益投资及计划安排失误;预算收支指标数是否与上级下达的任务数一致,能否适应本地区的实际情况和发展要求;各项预算收支计划是否体现国家宏观调控政策的总体要求,有无违反制度规定等。

(3)预算平衡的审查。预算收支绝对相等的情况几乎是没有的,为此收支平衡、略有结余是财政预算编制的基本要求。其审查内容主要包括:注意审查两种倾向,即注意有无存在地方赤字预算和地方预算结余较多、保守求稳的问题;审查有无虚假预算平衡,即预算收支计划有无搞假平衡、真赤字,或假赤字、真结余的问题,以及有无隐蔽的不平衡因素;是否根据现行规定按预算总额设置一定的预备费等。

2. 财政预算的审批程序

我国《预算法》明确规定了审查批准中央预算草案和地方预算草案的一般程序。

（1）各级人民代表大会专门委员会对预算草案的初审。《预算法》第 44 条规定：国务院财政部门应当在每年全国人民代表大会会议举行的 45 日前，将中央预算草案的初步方案提交全国人民代表大会财政经济委员会进行初步审查。省、自治区、直辖市政府财政部门应当在本级人民代表大会会议举行的 30 日前，将本级预算草案的初步方案提交本级人民代表大会有关专门委员会进行初步审查。设区的市、自治洲政府财政部门应当在本级人民代表大会会议举行的 30 日前，将本级预算草案的初步方案提交本级人民代表大会有关专门委员会进行初步审查，或者送交本级人民代表大会常务委员会有关工作机构征求意见。县、自治县、不设区的市、市辖区政府应当在本级人民代表大会会议举行的 30 日前，将本级预算草案的初步方案提交本级人民代表大会常务委员会进行初步审查。

（2）各级人民代表大会对预算草案的审批。其内容主要包括以下三个方面：

第一，预算报告制度。国务院及各级人民政府，在全国人民代表大会、本级人民代表大会召开时，向大会做关于全国或本级总预算草案的报告。中央预算由全国人民代表大会审批，地方各级预算由本级人民代表大会审批。

第二，预算备案制度。乡镇级政府应及时将经本级人民代表大会批准的本级预算报上一级政府备案；县级以上地方各级政府应将下一级政府依照规定报送备案的预算，汇总后报本级人民代表大会常务委员会备案；国务院将省、直辖市、自治区政府依照上述规定报送备案的预算汇总后，报全国人民代表大会常务委员会备案。

第三，预算批复制度。中央预算草案经全国人民代表大会批准后，成为当年的中央预算；财政部应自全国人民代表大会批准之日起 20 日内，批复中央各部门预算；中央各部门应自财政部批复之日起 15 日内，批复所属各单位预算；地方各级预算草案经本级人民代表大会批准后，成为当年本级预算；县级以上地方各级政府财政部门应自本级人民代表大会批准本级预算之日起 20 日内，批复本级各部门预算；地方各部门应自本级财政部门批复本部门预算之日起 15 日内，批复所属各单位预算。

三、财政预算的实施

经过立法机关批准的财政预算，具有强制的法律约束力，必须严格依法实施。财政预算实施主要包括预算执行、预算调整与预算决算。

（一）财政预算执行

财政预算执行是指将法定的财政预算具体贯彻实施的行为。《预算法》规定：各级财政预算由本级政府组织执行，具体工作由本级政府财政部门负责。各部门、各单位是本部门、本单位的预算执行主体，负责本部门、本单位的预算执行，并对执行结果负责。

1. 财政预算执行的基本要求

（1）具体安排预算支出。我国由于人民代表大会会期与预算年度起始时间不相一致，因此《预算法》规定各级预算草案在本级人民代表大会批准前，可安排的支出项目，如上一年度结转的支出、法律规定必须履行支付义务的支出及用于自然灾害等突发事件处理支出等。预算经本级人民代表大会批准后，按照批准的预算收支数执行。

（2）依法组织预算收入。各级财政、税务和海关等部门必须依照有关法律法规和财政部、国家税务总局的有关规定，积极组织预算收入。任何单位和个人不得违反规定擅自减征、免征或缓征应征的预算收入，不得截留、占用或挪用预算收入。

（3）规范预算支出拨付。各级财政部门必须依照法律法规和财政部的规定，及时和足额地拨付预算支出资金；各级国库必须按照国家有关规定，及时准确地办理预算收入的收纳、划分、留解和预算支出的拨付。

（4）加强预算收支管理。预算周转金由本级政府财政部门管理，用于预算执行中的资金周转，不得挪作他用；各级一般公共预算年度执行中有超收收入的，只能用于冲减赤字或补充预算稳定调节基金；各级一般公共预算的结余资金，应补充预算稳定调节基金；财政部门对要求追加预算支出、减少预算收入的事项应严格进行审核，需要动用预备费的必须经本级政府批准。

2. 财政预算执行的国库管理

在预算执行过程中，必须加强和规范国库管理工作。我国现行财政国库管理是国库集中收付制度，由国库现金管理制度演变而来，2001 年开始实施。国库集中收付制度又称国库单一账户制度，是指由财政部门代表政府设置国库单一账户体系，所有财政性资金均纳入国库单一账户体系收缴、支付和管理的制度。

国库集中收付制度主要包括收入收缴管理制度和国库集中支付制度，其核心是国库集中支付制度。其基本内容包括：财政收入通过国库单一账户体系，直接缴入国库；财政支出通过国库单一账户体系，以财政直接支付和财政授权支付的方式，将资金支付给商品和劳务供应者或用款单位；未支用的资金均保留在国库单一账户，由财政部门代表政府进行管理运作，降低政府筹资成本。

（二）财政预算调整

1. 财政预算调整的含义

一般认为，财政预算调整是在预算执行过程中因实际情况发生重大变化而需要改变原预算安排的行为。

财政预算受编制质量、政策变动和经济发展水平，以及偶然性、突发性和不可预见性等因素影响，在实际执行中有一定的变动是正常的，预算调整也是必然的。财政部门应按规定进行预算调整，组织新的预算平衡。但因上级政府返还或给予补助而引起的预算收支变化，则不属于预算调整。

2. 财政预算调整的程序

我国《预算法》第 67 条规定：经全国人民代表大会批准的中央预算和经地方各级人民代表大会批准的地方各级预算，在执行中出现下列情况之一的，应进行预算调整：①需要增加或者减少预算总支出的；②需要调入预算稳定调节基金的；③需要调减预算安排的重点支出数额的；④需要增加举借债务数额的。

我国《预算法》第 69 条规定：中央预算的调整方案应提请全国人民代表大会常务委

员会审查和批准；县级以上地方各级预算的调整方案应当提请本级人民代表大会常务委员会审查和批准；乡、民族乡、镇预算的调整方案应当提请本级人民代表大会审查和批准。未经批准，不得调整预算。

（三）财政预算决算

1. 财政预算决算的基本含义

财政预算决算是指各级政府、各部门、各单位编制的经法定程序审查和批准的预算收支的年度执行结果。当财政预算执行进入终结阶段，就是要根据其最终结果编制国家预算决算。

财政预算决算反映了财政预算收支的最终结果，也是国家经济活动在财政上的集中反映。决算收入表明国家建设资金的实际来源、构成和资金积累水平；决算支出体现了国家各项经济建设和社会发展事业的规模与速度。

2. 财政预算决算的编制要求

各级政府、各部门、各单位在预算年度终了后，应按规定时间编制决算草案，做到收支数额准确、内容完整、报送及时，与预算相对应并分列预算数、调整预算数和决算数。财政部在每年第四季度部署编制决算草案的原则、要求和方法，制发中央各部门决算、地方决算及其他有关决算的报表格式。

县级以上财政部门应根据财政部的要求，安排编制本级政府各部门和下级政府决算草案的原则、要求、方法和报送期限，并制发本级政府各部门决算、下级政府决算及其他有关决算的报表格式等。各部门对所属各单位的决算草案，应审核并汇总编制本部门的决算草案，并在规定的期限内报本级政府财政部门审核。

3. 财政预算决算的审查批准

国务院财政部门编制中央决算草案，报国务院审定后，由国务院提请全国人民代表大会常务委员会审查批准；县级以上地方各级政府财政部门编制本级决算草案，报本级政府审定后由本级政府提请本级人民代表大会常务委员会审查批准；乡镇政府编制本级决算草案，提请本级人民代表大会审查批准。对于年度预算执行中上下级财政之间按照规定需要清算的事项，应当在决算时办理结算。

各级决算经批准后，财政部门应在 20 日内向本级各部门批复决算。各部门应在接到本级政府财政部门批复的本部门决算后 15 日内向所属单位批复决算。地方各级政府应将经批准的决算及下一级政府上报备案的决算汇总，报上一级政府备案。县级以上各级政府应将下一级政府报送备案的决算汇总后，报本级人民代表大会常务委员会备案。

■第三节　财政平衡管理

财政收支状况是国民经济运行的综合反映，财政平衡是国家财政收支在数量上的对比关系。研究财政平衡及其管理，对分析一国财政状况、改善经济运行态势、优化资源配置和促进经济发展等方面都具有重要的现实意义。

一、财政平衡基础理论

（一）财政平衡的基本含义

财政平衡又称预算平衡，是指在财政年度内财政收入与财政支出在总量上是相等的。财政收入与财政支出之间的数量关系一般有三种情况：一是收支相等，即为财政平衡；二是收大于支，即存在财政结余；三是支大于收，即出现财政赤字。

财政收支矛盾是财政分配的基本矛盾，其原因主要包括：一是经济因素，如经济运行的波动和经济管理水平的变化，不可避免地造成盈余（结余）和赤字；二是制度因素，如税收制度的不合理和财政体制的缺陷，都会导致财政收支的不平衡；三是政策等因素，如运用财政政策相机抉择调节经济时的失误、财政收支在时间和地区上的不一致，以及发生自然灾害等因素，也会导致财政收支的不平衡。

从国内外的实践上看，在编制财政预算时上述三种情况都可能出现，但预算执行的收支结果完全相等、分毫不差的情况几乎没有，不是收大于支，就是支大于收，因此只要收支相差不多，就可以看作财政大体平衡。财政收支的绝对平衡，仅在编制和审批的预算中出现，在实际经济运行中财政收入绝对等于支出的情况是少见的，它只是一种理想状态而作为预算编制和执行的参照。

（二）财政平衡的内在动力

财政收支矛盾是财政工作中客观存在的问题，而这种财政收支矛盾说明：一方面财政收支的基本形态是不平衡的，即财政收支矛盾是绝对的、平衡是相对的，其运动轨迹表现为"不平衡—平衡—不平衡"；另一方面财政收支又是彼此依存、相互统一的。

财政收支矛盾双方这种既对立又统一的辩证关系，决定了矛盾着的收支双方不仅有矛盾性，而且还有同一性，它们共处于对立统一体之中。正因如此，收支双方能在一定条件下互相转化，即绝对的财政收支矛盾（不平衡）可转化为相对的财政收支统一（平衡）。财政收支运动又是按照"平衡—不平衡—平衡"的轨迹向前发展的，这就是财政部门能够克服财政收支矛盾、实现财政收支平衡的内在动力。

我们认为，从根本上、总体上或从中长期战略上看，财政收支必须平衡，应从基本平衡到完全平衡、再到稳固平衡。倡导的财政平衡应是动态的、积极的，而不是静止的、消极的；应把财政平衡看成常态，而把财政失衡看作特殊的非常状态。

（三）财政平衡的计算口径

目前衡量财政平衡（赤字或结余）的计算口径，通常有以下两种：

赤字（结余）：（经常收入＋债务收入）－（经常支出＋债务支出）　　（公式1）

赤字（结余）：经常收入－经常支出　　　　　　　　　　　　　　　　（公式2）

第一种计算方法（公式1）：将债务收支视为正常的财政收支，计算出的赤字被称为"硬赤字"。如苏联和日本等国采用过该方法，我国1953～1993年也采取了这种方法。其优点是：即使财政经常支出大于经常收入，只要不向银行透支，账面上的收支仍可保持平衡，有时甚至表现为结余。缺点是：财政收支在社会总需求调节方向和力度的信息失真，对财政困难认识不足，难以准确分析财政对经济运行的影响。

第二种计算方法（公式 2）：这是计算预算结余或赤字的最通常使用的口径，所计算出的财政赤字被称为"软赤字"。债务收入不列财政收入，债务偿还不列财政支出，但利息支付列入经常性支出。这种方法被各国所广泛采用，国际货币基金组织编制政府财政统计年鉴也采用此方法。优点是能比较真实地反映一国财政收支状况，有利于债务的准确监测和控制，也便于准确分析财政支出对经济运行的影响。

我国从 1994 年起，在财政政策上不把国债作为组织正常财政收入的工具，所提供的财政收支数据已不含债务收支，但债务利息支出未列入经常性支出，这与国际通行做法仍有差异，所计算出的赤字值与其他国家的赤字值仍没有可比性。因此，我国从 2000 年开始，债务利息支出开始被列入经常性支出，财政平衡的计算口径已与国际通行做法接轨。

（四）财政平衡的主要形式

财政平衡既是财政学的重要理论问题，又是财政工作实践的重大问题。从形式上理解财政平衡，主要包括周期平衡、动态平衡、整体平衡和综合平衡四种。

1. 财政周期平衡

财政周期平衡是指财政收支在一个经济周期内由经济繁荣时的盈余来抵补经济衰退时的赤字，从而在一个经济周期内实现收支平衡。一般讲财政平衡，多指当年的财政收支平衡，但一些经济学家提出了长期平衡的观点，他们认为财政运行不是孤立的，而是与经济周期相适应的。因此，追求财政平衡也不能只着眼于当年，而应着眼于长期的平衡。在一段时期内，有些年份出现赤字，而另一些年份有结余。如果从整个时期来看，只要总量大体平衡，就可以认为是财政平衡。

实现财政收支的周期平衡也具有一定的可能性，主要表现在：一是财政分配的国家主体性表明财政是特殊的分配范畴，其收入的筹集和支出安排必然要贯彻执行国家的宏观经济政策，由于保持经济的稳定增长是政府的职能目标之一，因而财政分配不可能选择年度平衡，只能是在发挥财政调节作用的过程中实现其周期平衡；二是经济波动往往表现为经济过热和经济衰退的交替，因而事实上存在由经济过热时的财政盈余来抵补经济衰退时的债务和财政赤字，从而实现周期平衡的可能性。

2. 财政动态平衡

财政动态平衡是指财政使用经济发展中期和成熟期后产生的盈余来弥补经济发展早期而产生的赤字，从而在经济发展中实现收支平衡。西方主要有经济发展阶段理论和贫穷恶性循环理论，其中前者认为，经济发展早期阶段的赤字可由经济发展中期阶段以后的盈余来弥补；而后者认为，发展中国家的贫穷是国家资本形成率低下的原因和结果即贫穷恶性循环，解决思路之一就是政府干预、加速资本形成，其财政赤字和债务积累可随财政收入增加逐步清偿债务，从而实现财政收支的动态平衡。

我国自改革开放以来，实施了"放权让利"的渐进式改革思路，一方面减轻了企业的负担，降低了财政收入占国民收入的比重；另一方面也使财政支出压力加大，于是财政连年出现赤字，且赤字额呈加大趋势。这也表明，我国财政为经济改革的起步和走向市场经济的深入做出了极大贡献，承担了相当的改革成本。而改革的成功所带来的经济快速增长和居民收入的增加，最终使财政收入稳定增长而支出压力相对减小，由此而形成的结余可以偿还累积的债务，实现财政收支的动态平衡。

3. 财政整体平衡

财政整体平衡是指全部的财政收入与全部的财政支出在数量上大致相等，而不是部分财政收支的大致相等。财政整体平衡就是财政机体自身、预算的完整性和系统管理方法的要求。财政收支需保持周期平衡源于财政是实现经济稳定的手段，财政收支需保持动态平衡源于财政是促进经济增长的手段，而财政收支需保持整体平衡则是源于财政作为分配范畴自身所固有的规定性。

预算的完整性就是要求一切财政收支均要反映在财政预算中，不打埋伏、造假账，不能预算之外另列预算；财政收支和预算收支反映的内容应是相同的，这就意味着财政收支平衡自然应包含所有预算收支在内的整体平衡。作为系统管理方法就是要求从整体角度来研究问题的解决办法，而财政收支平衡作为财政管理工作追求的目标，也就体现为在财政整体中实现收入要素与支出要素之间的整体平衡。

4. 财政综合平衡

财政综合平衡是指财政收支的安排应该有利于实现经济的综合平衡，而不是仅仅局限于实现财政收支本身的平衡。财政收支平衡仅是经济综合平衡中的一个局部平衡。实现了局部平衡，综合平衡未必能实现，而要实现综合平衡，有时需要牺牲局部平衡，局部平衡相对于综合平衡只是手段而不是目的。

实现财政收支的综合平衡，实质上就是在国民经济综合平衡中来实现财政收支平衡。财政综合平衡的实现要充分考虑国民经济综合失衡的原因，并针对不同成因采用不同对策。如果脱离国民经济的综合平衡将财政孤立出来，即便能实现单独财政平衡也只能是一种消极的平衡。有时为实现国民经济综合平衡，以财政失衡做代价，从长远看国民经济综合平衡的实现有利于实现财政平衡。

二、财政与供求的平衡

（一）社会总供给与总需求的平衡

社会总供给与社会总需求是两个重要的宏观经济变量，二者的基本平衡是社会经济稳定、协调发展的基本要求。社会总供给是指一个国家或地区一定时期内由物质生产部门和非物质生产部门提供的商品总量与付费劳务总量，即一定时期社会全部商品供应量；社会总需求是指一个国家或地区一定时期内有支付能力范围内使用和消费的商品总量与付费劳动总量，即一定时期有支付能力的货币购买力。二者之间的关系包括总供给大于总需求（需求不足）、总需求大于总供给（供给不足）和总需求等于总供给三种情形。

总供给的大小是生产过程决定的，而总需求则是由分配过程决定的。由于生产过程和分配过程往往是分离的，从而造成总供给与总需求不平衡的可能性。为使社会再生产连续进行，就必须保持生产与分配的协调，社会总供给和社会总需求的平衡，整个社会经济才能平衡发展。因此，也可以说，社会总供给与社会总需求的大体平衡是整个经济和社会稳定的基本条件与结果。

（二）财政平衡与社会供求的平衡

财政收入实质上代表着可供政府直接支配使用的部分商品物资，而财政支出体现了政府实现其职能的物资需求，并表现为一部分货币购买力。因此，财政收支调节着国民收入的总量与构成，制约着社会总需求，从而直接调节着社会总供给与社会总需求之间的平衡。财政平衡与否直接影响社会总供求的平衡，根据现代西方经济学理论，在其他因素不变和政府干预经济及存在进出口商品的条件下，总供给与总需求的均衡公式为

$$C+I+G+X=C+S+T+M$$

式中，C 为消费；I 为投资；S 为储蓄；G 为政府支出；T 为政府收入（税收等）；X 为出口；M 为进口。

等式左边代表总需求，右边代表总供给。等式可表述为

支出流量＝收入流量

从等式中可看出，财政收支平衡状态必然影响社会总供求的平衡状态。当 $T>G$ 时财政出现结余，使社会总供给大于社会总需求；反之当 $T<G$ 时出现财政赤字，使社会总需求大于社会总供给。如果财政赤字过大，又没有合适的弥补方式，就会造成需求的过分扩张而导致通货膨胀，从而影响社会经济生活的正常秩序。根据上述等式可以推导出财政结余或赤字的预算等式为

$$G-T=[S-I]+[M-X]$$

财政结余或赤字＝储蓄、投资账户的结余或赤字＋贸易账户的结余或赤字

上述说明：当供给不足或需求不足时，解决社会总供给与社会总需求这对矛盾的办法就是根据客观经济形势的发展与变化，采取"相机抉择"办法，即依靠财政手段与货币手段的紧缩或扩张，使社会总供需达到平衡或基本平衡。一般而言，只有财政平衡了，社会总供求才能平衡，国民经济才能持续、快速、健康地发展。

三、财政赤字基本分析

（一）财政赤字的基本概念

1. 财政赤字的含义

财政赤字是指在财政年度内财政支出大于财政收入的差额，即政府年度开支超过年度收入的亏损额。在会计核算中用红字处理，故称之为财政赤字。财政赤字即非财政平衡中支大于收的一种表现，是一种世界性的财政现象。理解财政赤字可区分预算赤字、决算赤字和赤字预算。

预算赤字是指编制预算时就存在收入不抵支出的情况。决算结果可能是赤字，也

可能是结余，因而预算赤字不代表决算也有赤字。预算赤字从指导思想上说，并不是有意识地安排赤字，而是一种迫不得已的办法。

决算赤字是指预算执行的结果为收入小于支出的情况。在预算安排中并没有赤字或赤字数额很小，而在预算执行过程中由于种种原因，使收入减少或支出扩大，结果出现赤字或增加了赤字的数额。

赤字预算是指政府有计划安排赤字来调节经济的政策。其目的就是政府有意识地运用财政赤字来扩大财政支出规模，以达到刺激经济发展和扩大就业等目的。

2. 财政赤字的分类

财政赤字可采用不同的标准进行分类。采用多种标准对其进行分类，便于我们加深对财政赤字及其对经济生活所产生的影响的认识和理解。

（1）以统计口径为标准的分类。财政赤字以财政收支统计口径为标准，可分为硬赤字和软赤字。

硬赤字是指用债务收入弥补收支差额以后仍然存在的赤字。其统计口径是：（经常收入＋债务收入）－（经常支出＋债务支出）。显然，对于硬赤字，财政只能通过向中央银行透支来弥补。

软赤字是指未经债务收入弥补的赤字。其统计口径是：经常收入－经常支出（包括债务付息支出）。软赤字可以通过发行公债来弥补。由于债务收入是一种需要偿还的特殊收入形式，所以软赤字更为准确地反映了财政收支的对比关系，没有人为缩小赤字规模。软赤字是世界上多数国家采用的统计口径。

（2）以赤字周期为标准的分类。财政赤字以赤字与经济周期关系为标准，可分为周期性赤字和结构性赤字。

周期性赤字是指经济运行未达到充分就业状态而出现的赤字。一般情况下，经济繁荣有利于减少赤字，经济萧条则会增加赤字。因此，周期性赤字反映赤字与经济周期之间的关系，体现经济对财政的决定作用，是内生变量。

结构性赤字又称充分就业赤字，是指经济运行达到充分就业时存在的赤字，即高就业时的赤字。结构性赤字是假定经济处于充分就业状态下还会存在的赤字，是对经济周期进行调整后的赤字，不能反映经济周期对赤字的影响，是外生变量。

（3）以赤字起因等为标准的分类。财政赤字以赤字起因为标准，可分为主动赤字和被动赤字。

主动赤字是指财政部门有意识地使支出大于收入而形成的赤字。这通常是政府推行赤字财政政策扩张经济的必然结果。被动赤字是指由于客观原因而非人为因素，出现财政收入不能抵补支出的情况而形成的赤字。

财政赤字以赤字在财政年度出现的时间为标准，可分为预算赤字和决算赤字。预算赤字是指预算编制时就因支出大于收入而存在赤字；决算赤字是预算执行的结果收不抵支而出现的赤字。

（二）财政赤字的弥补方式

财政赤字出现后，必须解决赤字弥补问题，否则大于收入的支出无法安排。各国弥补财政赤字的方式也有差别，归纳起来主要有以下四种：

1. 增收减支

增收减支是弥补财政赤字最根本的办法，各国能够通过增加收入或削减支出来解决赤字问题当然是理想的选择。但通常增加税收收入会遭到纳税人的抵制，且变动税法所需的时间也较长，从而不能迅速地解决问题。而削减政府和行政事业单位的财政支出，则会受到财政支出刚性的制约，因此这种办法的使用通常没有多大的余地。

此外，对财政部门主动减收增支所形成的赤字，这种方法显然是不能用的。因为减收增支是扩张性财政政策的核心内容，其目的是增加政府投资，引导、扩大消费等需求，以达到增加就业、刺激经济增长等方面的预期目标。

2. 动用结余

我国政治家、经济学家陈云同志认为，"所谓财政结余，并不是结余钞票，而是结余相应的物资"[1]。用以前年度财政收大于支而形成的节余，来弥补财政赤字是一种理想的方法。利用财政结余弥补赤字既不会影响银行信贷规模和货币发行量，也不会引起债务负担，但前提条件是财政必须有结余才存在动用的可能。

从我国改革开放以来的财政收支状况看，实际上只有 1985 年略有结余，这对连年赤字财政显然是不适用的。此外，由于中央银行往往代理国家金库业务，而财政结余通常会作为信贷资金来源加以运用，所以动用财政结余弥补财政赤字，还必须考虑财政、信贷的综合平衡问题，否则可能影响货币正常流通而导致通货膨胀。

3. 发行公债

一般认为，通过发行公债弥补赤字是购买力的转移，不会凭空增加购买力，因而发行公债被认为是最理想的弥补财政赤字的方法。尽管各国财政赤字形成原因和发债目的不同，但绝大部分公债是用于弥补财政赤字，尤其是美国和日本等发达国家多以发行内债弥补赤字；一些发展中国家除发行内债外，还向国外发债用于弥补赤字。1994 年以后，我国财政赤字全部以发行国债弥补，并起到了良好的积极作用。

但不能把公债视为可以无限制使用的弥补财政赤字的手段。其原因是：公债认购者的不同，也会对货币流通进而对社会供求关系产生不同的影响；社会闲置资金是有限的，国家集中过多往往会侵蚀经济主体的必要资金；当财政赤字长期、连续、大量发生，债务规模超出合理区间，形成债台高筑局面时，就可能引发危机性的后果。因此，认为公债弥补赤字是绝对安全的主张，这是错误的。

4. 银行透支

财政部门向银行透支或借款是非常简单的一种弥补财政赤字的方法。其过程和后果是：如果银行用压缩原有贷款办法或用银行存差向财政垫支是有物质做基础的，货币发行可保持在经济性发行范围内，对整个宏观经济的总供求平衡不会产生冲击；反之超过银行承受能力或银行完全没有承受能力，其超出数额或完全靠毫无物质基础的

---

[1] 陈云文稿选编（1952～1962）[M]. 北京：人民出版社，1980：46.

非经济性货币发行，这将会引起需求总量膨胀的不良后果或造成更为严重的后果。

因此，一般情况下政府不会采用中央银行透支办法来弥补财政赤字。一些国家甚至通过有关法律直接规定，财政不能通过向中央银行透支或借款来弥补财政赤字。如果特殊需要运用这种方法，必须能少则少、慎之又慎，同时还应采取提高经济效益和增加税收等措施予以配合。

（三）财政赤字的经济效应

1. 财政赤字对经济影响的基本认识

（1）西方学界对财政赤字影响经济的不同看法。凯恩斯以前的经济学家认为，赤字对经济会产生"坏"的影响，对赤字持否定态度。他们认为，赤字是战争、自然灾害使经济遭到破坏所产生的结果，财政赤字只是加大了政府的非生产性支出，沉重的赤字迫使国家滥发货币，造成资本积累降低、经济发展减缓、引发货币贬值。

凯恩斯及其追随者却认为，在经济萧条时实施赤字政策、扩大支出，可刺激有效需求，实现充分就业，达到促进经济发展的目的。20 世纪 70 年代后，资本主义经济发生滞胀，新的经济学派开始否定凯恩斯理论，认为财政赤字是一种公害，会引起通货膨胀和抬高利率等。直至当今，对财政赤字的经济影响仍众说纷纭、褒贬不一。

（2）我国理论界对财政赤字影响经济的不同看法。一种意见持否定的态度，认为财政赤字是有百害而无一利，如导致通货膨胀、形成虚假购买力等。而另一种意见则认为，上述认识过于绝对化，也无法解释我国 20 年多来赤字但经济改革和经济发展仍取得重大成就的现实。对财政赤字的利弊不能一概而论，应具体分析。

我们认为，财政赤字在当今世界是一种国际经济现象。上述第二种观点比较客观地分析了财政赤字对经济的影响。财政赤字对经济的危害是不能否认的，但在一定条件下财政赤字也有积极作用，灵活运用财政赤字政策是政府宏观调控的重要手段。

2. 对我国财政赤字影响经济的认识

在计划经济体制下，社会再生产的生产、流通、分配和消费由国家计划统一安排，财政上坚持"收支平衡、略有结余"的方针。在传统财政观念中，财政赤字被视为资本主义经济的特有现象。事实上，我国在改革开放以前的财政赤字也只是在少数年份出现；改革开放后，1979 年出现了巨额赤字 170.67 亿元（硬赤字）和以后多年连续出现的赤字，以及不得不在年初编制预算时就打赤字，开始引起理论界和政府的关注。

对我国财政赤字形成的原因，在传统体制下主要是急于求成、基建规模过大；改革开放后预算内投资比重大幅下降，上述因素虽在某种程度上继续存在，但影响力已不大，而经济转换时期支持改革、发展、稳定的特殊需要及财政收支机制的缺陷，则成为产生赤字的主要原因。经济体制改革本应提高经济效益，为财政提供更为充裕的收入，但这需要一个过程，甚至需要一个较长的过程；由于我国改革是渐进式展开的，改革不到位，分配机制不完善，经济秩序不正常，税收流失严重，中央财政财权分散、弱化，因而改革效益超出改革成本的转换迟迟未能体现在财政收支上。

改革开放初期，国民经济百废待兴，为实现大局稳定和理顺基本关系，落实政策和"归还欠账"，需要政府增加财政支出，加之"只能增加、不能削减"的刚性支出，财政支出很难压下来。在此情况下财政入不敷出、发生或安排赤字，实际上是为宏观全局的稳定、为改革开放顺利进行而付出的代价和成本，且客观上具有对各方面利益主体矛盾摩擦的调和与缓冲效应。因此，在一定意义上说财政赤字是具有消极和积极的两面性：一方面，这些赤字仍在于为总需求膨胀推波助澜，有妨碍经济稳定协调发展的影响；另一方面，这些赤字并未导致政府投资相对份额的上升，而是主要偏向于承担改革成本和维持社会安定支出，客观上对社会经济又有一定的积极作用。

我们认为，财政赤字是财政调控国民经济总供求的一个重要手段，但还是能少则少、能免则免。在一定时期将财政赤字作为政策手段加以运用，来刺激需求、拉动经济增长，这是必要的、正确的。我国在 1998 年面临亚洲金融危机、经济结构调整及特大洪水破坏，以及 2008 年面临世界金融危机的影响，为扩大内需、保持国民经济持续稳定增长，政府实施赤字财政政策的积极作用是显而易见的。但赤字财政必须有一个"度"，更不能把它作为一项长期政策。如果长期搞赤字财政、任其发展，必然会出现通货膨胀，影响经济发展、社会安定与政治稳定。

本 章 小 结

• 预算是指政府部门一定时期的收入和支出计划。主要包括政府预算和单位预算，前者是指中央政府和地方政府的财政收支计划；后者是指行政、事业单位的财务收支计划。财政预算是政府年度财政收支的计划、具有法律效力的文件和调节经济的重要工具。

• 财政预算原则是指导一国预算立法、编制和执行等阶段所必须遵循的行为准则。西方现代预算原则包括反映行政计划、加强行政责任、适度权力、执行弹性、机构协调、预算程序多样化、加强行政主动性和以预算报告为依据等原则。我国财政预算的原则包括完整性、年度性、平衡性、法定性和公开性等原则。

• 预算管理流程是指预算从编制、审批到决算的基本步骤。我国预算管理流程分为预算编制、预算审批和预算实施，包括预算的编制、审查、批准、执行、调整和决算等，其中预算编制是基础。预算审查和批准是预算法治性的来源，预算执行和调整是预算工作的执行过程，预算决算是预算工作的最终结果。

• 预算编制的技术形式主要包括单式预算和复式预算两种：单式预算是指将政府全部财政收支汇编在一个统一的预算表中；复式预算是指把预算年度内的全部财政收支按收入的来源和性质的不同，分别编成两个或两个以上的预算。我国《预算法》明确规定：各级预算（指总预算）按照复式预算编制。

• 财政预算编制的基本方法主要包括零基预算、绩效预算和项目预算，其中零基预算是指一切从零开始确定年度预算，根据成本收益法确定各项目支出数额和综合支出总体方案的预算；绩效预算是指政府制订有关事业和工程计划，在成本效益分析的基础上确定实施方案所需要的经费预算；项目预算是指在绩效预算的基础上发展起来的，是依据国家确定的目标着重按项目和运用定量分析方法编制的预算。

- 财政预算编制的基本内容包括一般公共预算、政府性基金预算、国有资本经营预算和社会保险基金预算。一般公共预算是对以税收为主体的财政收入，安排用于保障和改善民生、推动经济社会发展、维护国家安全、维持国家机构正常运转等的收支预算；政府性基金预算是对依照法律法规的规定在一定期限内向特定对象征收、收取或以其他方式筹集的资金，专项用于特定公共事业发展的收支预算；国有资本经营预算是对国有资本收益做出支出安排的收支预算；社会保险基金预算是对社会保险缴款、一般公共预算安排和其他方式筹集的资金，专项用于社会保险的收支预算。

- 财政预算编制的基础管理主要包括财政预算编制的组织、依据、准备、程序和方法等，其中组织是预算从上到下的层次构成；依据是以《预算法》要求为核心、与相关计划相一致、参考上年度预算执行情况和符合政府的预算管理职权；准备是对本年度预算执行情况进行分析、下达编制政府预算的要求、科学修订预算科目和表格、强化人员培训与服务工作；程序是"两上两下法"；方法是零基预算加定额。

- 世界各国批准财政预算的权力归属于立法机关，其立法机关的权力主要包括权力无约束型、权力受约束型和平衡权力型三种模式；财政预算的审查内容是预算编制、预算收支和预算平衡。在我国，包括各级人民代表大会专门委员会对预算草案的初审和各级人民代表大会对预算草案的审批。

- 财政预算实施主要包括预算执行、预算调整与财政决算，其中财政预算执行是指将法定的财政预算具体贯彻实施的行为；财政预算调整是在预算执行过程中因实际情况发生重大变化而需要改变原预算安排的行为；财政预算决算是指各级政府、各部门、各单位编制的经法定程序审查和批准的预算收支的年度执行结果。

- 财政平衡是指在财政年度内财政收入与财政支出在总量上是相等的。财政收入与支出的关系包括三种情况：一是收支相等，即为财政平衡；二是收大于支，即存在财政结余；三是支大于收，发生财政赤字。衡量财政平衡（赤字或结余）的计算口径通常有两种，其主要形式包括周期平衡、动态平衡、整体平衡和综合平衡四类。

- 社会总供给与社会总需求是两个重要的宏观经济变量，二者的基本平衡是社会经济稳定、协调发展的基本要求。财政收支调节着国民收入的总量与构成，制约着社会总需求，从而直接调节着社会总供给与社会总需求之间的平衡。

- 财政赤字是指在财政年度内财政支出大于财政收入的差额。在会计核算中用红字处理，故称之为财政赤字。财政赤字即非财政平衡中支大于收的一种表现，是一种世界性的财政现象。预算赤字是指编制预算时就存在收入不抵支出的情况；决算赤字是指预算执行的结果为收入小于支出的情况；赤字预算是指政府有计划安排赤字来调节经济的政策。

- 财政赤字可采用不同的标准进行分类，如以财政收支统计口径为标准分为硬赤字和软赤字，以赤字周期为标准分为周期性赤字和结构性赤字，以赤字起因为标准分为主动赤字和被动赤字，以赤字在财政年度出现的时间为标准分为预算赤字和决算赤字。

• 财政赤字的弥补方式包括增收减支、动用结余、发行公债和银行透支四种，其中增收减支是弥补财政赤字最根本的办法，动用结余是弥补财政赤字一种理想的方法，发行公债是最理想的弥补财政赤字的方法，而银行透支则是弥补财政赤字能少则少、慎之又慎的一种方法。

• 西方国家和我国理论界对财政赤字的经济影响都有不同的看法，主要分为否定与赞同两类，至今仍是众说纷纭、褒贬不一。我国财政赤字的产生与存在有着历史和改革的原因，其客观效应有消极和积极的两面性，但基本原则是能少则少、能免则免。

复 习 思 考

一、概念题

预算　单式预算　复式预算　零基预算　绩效预算　项目预算　政府性基金预算
社会保障预算　国库集中收付　预算调整　预算决算　财政平衡
财政赤字　硬赤字　软赤字

二、思考题

1. 部门预算编制的基本依据与方法有哪些？
2. 如何审查批准我国的预算与决算？
3. 财政平衡与财政赤字有何关系？
4. 如何理解财政平衡？其计算口径有何不同？
5. 弥补财政赤字的方式有哪些？如何看待我国的财政赤字？

三、分析题

两会政府财政预算报告的审批

我国每年的两会，财政部部长所做的政府财政预算报告，都是代表们锁定的"焦点"问题。政府财政预算是国家机关、团体和事业单位等对于未来一定时期内收入和支出的计划，是一本政府公开的"财务大账"：过去的一年收了多少钱？钱投到哪里去了？今年的钱该怎么用？这些钱是不是"取之于民，用之于民"？……每年都要接受人大代表的监督和审查。

"其实，预算及预算监督问题不仅仅是一个财政问题，它涉及了公民与政府、纳税人与公共产品提供者之间的内在关系。政府使用了纳税人的钱，就应该让人民知道钱花到哪儿去了。"来自河北的代表张成起说。

　　然而长期以来，财政预算编制较粗，"外行看不懂，内行看不清"，显然预算的透明度不高，造成了很多部门预算游离在人民代表大会监督范围之外。同样，在预算执行方面也不尽如人意，缺乏有效的监督制约办法。对每年人民代表大会批准的财政预算，执行随意性大。预算资金没有落实到具体的项目上，造成执行难的问题。往往部门申请多、找领导批条子多、临时性支出多，变成"一年预算，预算一年"，然后再报人民代表大会常务委员会做出调整预算的决议。

　　为此，在近年来各地的人民代表大会上，代表们对财政预算的监督力度明显加大了。如广东省第十届全国人民代表大会第二次会议上，代表们对预算中"拨 2 000 万元给机关幼儿园""事业单位的行政编制外人员每人每年补贴 3.2 万元"等提出了质疑。浙江、四川等省份的预算报告也明显加厚，列支项目也更加详尽，以利于人大代表的监督。

　　要求：请根据上述资料，阐述和分析财政预算管理的效应及其有效途径。

第十二章

财政监督管理

财政监督管理是财政管理的重要内容，它直接影响着财政管理法律制度的贯彻执行和财政工作的质量，因此加强财政监督管理是进一步深化财政管理改革的重要条件，对提高财政管理水平具有重要的现实意义。本章阐述和分析财政监督理论、财政监督制度和财政风险管理，其内容主要包括财政监督的相关概念、特点与原则，财政监督管理办法、机制分析，以及财政风险的基础理论、成因与管理。其重点是财政监督的基础理论、内容和财政风险管理，难点是财政监督机制分析和财政风险管理。

■ 第一节　财政监督理论

一、财政监督的相关概念

（一）财政监督的概念

1. 财政监督的含义

财政监督是指国家为保障财政分配活动正常有序运行，对相关主体的财政行为进行监控、检查、稽核、督促和反映的总称。其本质是在实现财政分配基本职能过程中体现国家主体对其他相关主体的一种制约功能。

财政监督的主体是国家，广义的财政监督包括各级人民代表大会及其常务委员会、审计、财政、税务等部门和资金使用单位，以及相关的社会机构等对财政分配活动及其管理工作进行的财政监督。狭义的财政监督是指财政机关在财政分配过程中依法对国家机关、企事业单位、社会团体和其他组织或个人所开展的财政监督活动。本书论述的财政监督，如无特别说明，均指由各级财政机关进行的财政监督。

财政监督的主要法律制度依据是我国 2014 年 8 月修订的《预算法》，以及财政部 2008 年 5 月制定的《关于加强地方财政监督工作的若干意见》、2008 年 12 月通过的《财政监督检查案件移送办法》、2010 年 2 月发布的《财政部门内部监督检查办法》、2010 年 9 月发布的《关于加强财政监督基础工作和基层建设的若干意见》、2012 年 3 月公布的《财政部门监督办法》和 2016 年 11 月印发的《财政部驻各地财政监察专员办事处实施地方政府债务监督暂行办法》等。

2. 财政监督的属性

（1）财政监督是凭借国家政治权力的监督。这是由财政分配同国家政权的本质联系所决定的。财政分配的过程是以国家整个行政权力所制定的法令、制度为依据进行的，凡与财政发生分配关系的部门、企业、单位，不论其所有制的性质如何，也不论其所在地是城市还是乡镇，都要接受财政机关强制性的监督。

（2）财政监督是对政府权力的一种制约。早在18世纪法国启蒙思想家孟德斯鸠就曾言："一切有权力的人都容易滥用权力……就必须以权力约束权力。"历史经验表明，无论在何种社会制度下，权力一旦失去制约，就会变成脱缰的野马，给社会带来严重危害。为防止权力的滥用，除建立权力制衡机制外，监督不可或缺。财政监督是以政府权力为核心，如果对政府财政权力不加以约束和控制，就无法从根本上实现对政府权力的控制。财政监督体现着对政府权力的制约，是至关重要的。

（3）财政监督是实现财政分配职能的手段。分配是财政的基本职能。财政监督是从财政分配中派生出来的，没有财政分配，财政监督就无法进行和表现。国家把对筹集、供应和使用资金实行监督的职责赋予财政机关，其重要特点就在于它是对社会经济活动分配过程的监督。在财政分配过程中，由于经济生活的复杂性、利益主体的多元性、经济决策的分散性和市场竞争的排他性等因素，可能出现偏差而需要通过实施监督手段及时发现和纠正，以保证财政分配的科学、有效、合理。

（4）财政监督是财政管理的重要组成部分。财政监督贯穿于财政管理的全过程，是财政管理的有机组成部分和重要环节。其目的是发挥财政功能，通过财政监督手段予以实现，如跟踪监测宏观经济运行指标、及时反馈信息，就可为政府财政政策决策提供依据；通过对国民经济各部门、各企事业单位的会计监督，可以有效地维护正常的财经秩序和促进公平竞争；通过对财政预算编制和执行的监督，可以确保政府公共服务管理目标的实现；通过财政内部监督，可以不断提高财政管理水平等。

（二）财政监督的特征

财政监督是社会监督体系中极其重要的环节，与审计监督、税务监督和社会中介监督等相比具有自身的特征。主要体现在以下三个方面：

（1）管理性。财政工作实践表明，财政监督与财政管理是紧密融合、互为促进的关系。财政监督的目的是促进财政管理，是为财政管理服务。如财政管理部门需要对财政分配活动进行跟踪与监控，财政专职监督机构需要对财政运行的基础保障进行管理，同时通过财政监督发现财政管理漏洞，提出改进财政管理建议。

（2）及时性。财政监督是对财政分配活动和财政管理过程的监督，财政监督和财政分配活动相互交织、密不可分，二者是同步进行的。而财政监督与财政分配活动的同步运行体现了及时性的特征，具体表现为财政运行过程的内在监督，使财政监督工作更加直接、及时、有效，以利于及时发现问题和解决问题。

（3）防范性。财政监督将事前审核调查、事中跟踪监控与事后专项检查相结合，特别是事前审核调查和事中跟踪监控属于过程监控，可以在违法违纪形成后果前介入并及时纠正，具有相当鲜明的防范功能。而社会监督体系中的其他监督往往是事后监督，或是以事后监督为主，偏重于违纪事项的事后查处，起到事前、事中的预防作用。因此，财政监督是一种全程监督，对违法违规具有防范性。

（三）与其他监督的关系

我国财政监督与人大监督、审计监督、行政监察和其他部门监督等，共同构成了层次清晰、相互补充、不可替代的经济监督体系。它们之间既有联系，又有区别。

1. 财政监督与人大监督的关系

（1）人大监督的含义。人大监督是最高权力机关的监督，是指全国人民代表大会及其常务委员会依据《宪法》及其相关法律法规，对政府及其财政机关执行国家有关财经政策和法律法规，以及预算编制、执行情况实施的监督。这项权力是由《宪法》赋予的，主要包括审查和批准财政预算草案、财政预算执行情况报告、财政预算在执行过程中所必须做的部分调整方案和财政预决算情况进行监督等。

（2）人大监督的特征。人民代表大会监督自身具有明显的特征，主要包括以下三个方面：

第一，至上性。各级人民代表大会及其常务委员会的监督，与同级其他国家机关、社会组织的监督相比较，是最高层次、最具权威的监督，具有强制性和约束力。

第二，法定性。各级人民代表大会及其常务委员会审批预算与监督预算的执行，具有法律的规定性和权威性。其审批后的预算和调整必须严格执行，不经法定程序不得擅自变更。

第三，规范性。各级人民代表大会审批监督需严格按照法定的程序进行，它是一项集体行使职权的行为，只有经法定程序形成的决议，才具有使政府必须执行的约束力。

（3）财政监督与人民代表大会监督的统一。人民代表大会监督的特征决定了人民代表大会及其常务委员会对财政的监督具有宏观性，属于高层次监督。财政监督是人民代表大会监督之下的政府监督，加强财政监督、改进财政管理，是人民代表大会监督的重要基础和必要补充，有利于更好地落实人民代表大会监督的意志，发挥人民代表大会监督的作用。

2. 财政监督与审计监督的关系

审计监督是指国家审计机关依据《中华人民共和国审计法》等法律法规，对被审计单位的财政财务收支及其经济活动的真实性、合法性和效益性进行检查、评价的一种监督活动。财政监督与审计监督二者联系密切，却又区别明显。

（1）财政监督与审计监督的共性。财政监督和审计监督有着密不可分的联系。一方面，二者同属于经济监督、行政监督；另一方面，二者最终目标一致，部分工作实现路径、工作方式和运用手段也相似。

财政监督与审计监督应加强联系、相互促进、形成合力，通过发挥各自优势，共同促进各级政府、相关部门改进财政财务管理，规范社会经济秩序。

（2）财政监督与审计监督的区别。其区别主要表现在三个方面：

第一，从独立性上看，财政监督是财政管理的组成部分，通过财政监督加强财政管理；审计监督是一种独立性的、专门的外部监督，通过惩戒促进管理。

第二，从管理属性上看，财政监督具有管理属性，通过监督及时发现和纠正财政运行过程中出现的问题；审计监督是具有独立性的经济监督活动，需要由专门机构和专职人员独立地进行，主要通过惩戒警示引起重视，其制裁性质更强。

第三，从监督方式上看，财政监督涵盖财政资金运行全过程，事前审核、事中监控、事后检查三位一体，以事前和事中监督为主，以事后检查为辅；而审计监督更为关注的是对财政经济运行结果的监督，以事后监督为主。

3. 财政监督与行政监察的关系

（1）行政监察的含义。行政监察是指国家行政系统内部由专门监察机关实施的，对行政机关、国家公务员，以及行政机关任命的其他人员的廉政、勤政和执法状况进行监督检查的一种职能活动。监察机关是政府行使监察职能的机关，主要是对国家行政机关、国家公务员和国家行政机关任命的其他人员实行监督。

（2）财政监督与行政监察的协调。财政监督与行政监察既各有分工、各司其职，又相互促进、互为补充。财政监督与行政监察关系密切，财政监督着重查处单位的财政财务违法违纪行为，行政监察着重查处个人的财政财务违法违纪行为。

财政监督发现个人违法违纪问题需要移送行政监察机关，行政监察机关检查相关单位的财政财务违法违纪行为时则经常借助财政监督力量开展工作，同时财政监督也经常协助行政监察机关开展各种专项治理工作。在实际工作中二者应加强配合，形成合力，共同打击各种财政财务违法违纪行为。

二、财政监督分类与原则

（一）财政监督的分类

1. 以财政监督工作形式为标准的分类

财政监督按其工作形式标准划分，可分为日常监管、专项检查和个案查处。

日常监管是财政机关依法对预算执行和财政管理事项所进行的日常监督管理。主要包括财政专职监督机构与财政业务部门开展的日常监管，以前者日常监管为主。日常监督一般应结合履行财政、财务与会计等管理职责，按照规定程序组织实施。

专项检查是指财政机关对某一特定项目所进行的监督检查。它是财政监督日常监管的必要补充。由于经济活动的复杂性，日常监管不可能面面俱到，财政机关根据财政管理需要及监督检查中暴露出来的难点和问题，有针对性地开展专项监督。我国现行法律规定，专项监督应结合年度财政监督计划，按照规定程序组织实施。

个案查处是指财政监督专职机构根据上级指示，对日常监管中发现的线索或人民来信举报进行检查与处理的一种形式。个案查处的监督方式具有很强的针对性。

2. 以财政监督实施时间为标准的分类

财政监督按其实施时间标准划分，可分为事前审核、事中监控与事后检查。

事前审核是指财政机关依法对要发生的财政事项的合法性、合规性、合理性进行审核监督，从而保障经济事项步入预定轨道的一种经济管理活动。事前审核具有预防性质，可防患于未然，最大限度地减少浪费，将财政资金效用发挥到最佳。

事中监控是指财政机关依法对已发生但尚未完结的财政运行事项和运行过程中发生的各类行为的合法性、合规性进行的审查。如对财政预算资金拨付和使用情况，以及项目实施中的费用开支进行监控等就属于事中监控，确保财政资金安全有效。

事后检查是指财政机关根据有关法律法规，对已完结的财政运行事项及运行结果进行的监督与检查。其目的是检查有关单位在资金使用方面是否严格按照预算的规定执行，有无贪污、挪用、浪费现象，是否依法进行财务核算等。

3. 以财政监督实施方式为标准的分类

财政监督按其实施方式划分，可分为告知检查与突击检查。

告知检查是指根据财政监督检查工作规则，在实施监督检查前将其检查目的、主要内容、检查人员和检查日期等预先通知被查单位的检查。

突击检查是指根据财政检查需要不预先通知，直接到被检查单位出示检查通知书开展的检查。它是防止被查单位进行资料转移或有其他舞弊嫌疑而采用的一种针对性的检查措施。

4. 以财政监督主体为标准的分类

财政监督按监督主体划分，可分为外部监督和内部监督。

外部监督是指由财政等部门对财政相对人的财务收支情况进行的监督。其监督的主体包括主管部门和财政、财务、审计等部门，以及有关社会中介组织。

内部监督是指由财政机关内设的财政监督检查机构，对其内设的财政财务、会计管理、预算编制执行、内部控制制度和直属单位的财务收支及其会计信息质量，以及有关财政经济活动的真实性、合法性和效益性进行综合性或专题性的监控。

（二）财政监督的原则

财政监督工作要发挥更大作用，产生宏观效应、规模效应、震动效应、规范效应和管理效应，就必须遵循以下四个重要原则：

1. 依法监督的原则

法治是社会主义市场经济的基本特征之一，依法治国是国家治理的基本方略。依法监督是财政监督必须遵循的首要原则，也是财政监督的生命线。

（1）依法实施财政监督。财政监督属于执法行为，财政机关实施财政监督中，不仅要严格执行国家有关财经法律、法规，还要遵守法定的程序，依法检查、依法评价和依法处理；不仅要严格执法，使违反财政法律法规和政策的行为受到制约、纠正和处罚，还要客观公正维护被监督者的合法权益，充分发挥财政监督的保障作用；不仅要依法做出正确的职业行为、妥当自由裁量，还要为完善法律法规当好参谋。

（2）保障法律监督效力。财政监督应遵循建设法治政府的要求，树立民主意识、法治意识和服务意识，坚持依法行政、依法监督。财政机关对财政运行中相关主体的违法违规行为做出处理决定，无论被监督者是否愿意都必须依法纠正。因此，财政机关监督行为在具备产生法律效力的必要条件时，其执法行为就必须具有拘束力、确定力和执行力。财政监督只有坚持依法监督，才能够保障其权威性。

2. 科学监督的原则

科学监督的原则要求财政监督要以科学发展的眼光，以统筹兼顾的方法，促进经济社会的科学发展。突出科学性就是坚持监督的重要性，强化成本效率管理。

（1）坚持监督的重要性。财政管理活动的广泛性决定了财政监督工作点多、面广、任务重的特点，因而财政监督工作必须坚持科学监督的原则，突出监督的重要性。其重要性就是始终关注财政政策的贯彻落实，要贯穿于财政工作大局，抓住财政工作的主要矛盾和主要方面，专注影响全局的或带有普遍性的重点地区、部门或问题，关注民生建设、问题整改和工作效能，充分发挥财政监督的保障作用。

（2）强化成本效率管理。科学监督原则还要求财政监督以最小的成本，获得最大的监督效果，要增强成本观念；财政监督决策要科学化、民主化，强化与相关监督主体的协调配合；加大财政监督的处罚力度，提高财政监督威慑力；注重财政监督的规范作用，监督检查一个案件、一个地方达到整顿一条线、一大片的效果；将财政监督工作贯穿于财政资金运行的全过程，确保财政资金的安全与效率。

3. 规范监督的原则

（1）规范财政监督风险。财政管理的复杂性、监督人员的局限性和监督事项的多样性，说明财政监督即使按照规定要求开展工作，也难以保证对所有监督事项的真实性、合规性和有效性都能做出准确的判断，容易产生财政监督风险。通过识别、衡量和控制等措施防范财政监督风险，不断建立、修订和完善财政监督制度，以起到规避财政监督风险的作用。

（2）提升财政监督质量。规范监督的原则还要求加强财政监督质量控制，因为财政监督质量控制能够保证财政管理目标的实现，尤其在落实监督责任、控制监督风险和提高监督成效等方面发挥着重要作用。财政监督质量控制的关键是通过制约、考核等措施，保证财政监督工作各环节的合规性要求；注重工作细节，推进财政监督的精细化管理；加快大数据等财政信息手段的应用，规范监督行为和提高工作效率。

4. 综合监督的原则

（1）坚持与财政服务相结合。财政监督的根本目的是为我国社会主义市场经济和社会发展服务，为提高人民美好生活需要服务。财政监督和财政服务是财政管理工作中相辅相成的两个方面，二者是对立统一的辩证关系，服务离不开监督，监督是为了更有效地服务。这就要求在开展财政监督工作中，正确认识和处理好财政监督与服务的关系，把财政监督与服务有机地结合起来，提高财政监督的质量和效果。

（2）坚持与群众监督相结合。财政专职监督机构进行的检查、审计和监督是财政监督的基本方面，在财政监督中起主导作用，但群众监督也极为重要。群众监督主要指各部门、各单位及广大职工群众对财政及相关的经济活动进行的监督，它是财政监督的基础。把专业监督与群众监督结合起来，在专业监督的指导下广泛地开展群众监督，在群众监督的基础上进一步加强专业监督，提升两者监督的效果。

（3）坚持与法纪教育相结合。对通过检举、调查、检查、审计所发现证据确凿的财政违纪违法事件，必须严格依法予以处理，触犯刑律的应提请司法机关依法予以惩处，以维护财经法纪的严肃性。但法纪教育也很重要甚至效果更佳。因此，应通过财政法纪教育和宣传，努力提升财政工作人员的职业素养，强化全体公民的财政法制观念，为依法理财创造良好的外部环境，从而真正实现财政监督的根本目的。

三、财政监督的现实意义

加强财政监督是确保财政资金安全、规范、有效运行的需要，是财政改革与财政管理的客观需要。总体上说，财政监督的现实意义主要体现在以下五个方面：

（1）强化财政监督是推进民主政治的内在要求。既然我国社会主义的财政资金是"取之于民"，就应当是"用之于民"。但国家财政资金能否全部有效地用于提供公共产品与服务，直接关系到人民群众的公共利益。因此，对财政资金运行全过程加强监督是人民所拥有的权力，在现代民主政治制度下，国家就应当构建有效的财政监督机制，以保障公共财政监督权力的实现和财政资金使用的合法性和有效性。

（2）强化财政监督是实施财政政策的必要条件。在现代市场经济条件下，财政收入能否依法及时足额入库，财政支出能否按照预算有效使用，直接关系到国家调控经济社会发展的政策能否及时、有效落实到位。通过对财政收支全过程的监督，可以及时反映、纠正财政分配过程中的问题；通过对财政政策执行的跟踪、反馈、监控和评价，可以保证国家出台的各项财政政策能够得到全面贯彻执行。

（3）强化财政监督是提高财政效益的客观需要。我国当前财政资金使用效益不高，损失浪费较为严重，决策失误，重分配、轻监督是重要原因之一。因此，应加强财政监督工作，建立事前审核把关、事中跟踪转移、事后检查问效的全过程的财政资金运行监督机制，以保证财政资金安全、合规和有效；通过积极开展绩效监督，对项目资金的合规性、项目质量和目标完成程度等监督，推动跟踪问效管理。

（4）强化财政监督是防范财政风险的基本手段。我国社会主义市场经济尚处于发展之中，财经纪律松弛、财税秩序混乱、会计信息失真问题还未得到根本解决，财政收入流失和财政支出浪费现象仍较为严重，地方财政运行风险凸显。因此，加强财政监督，充分发挥预警、监控、纠偏、制裁和威慑作用，可以规范市场秩序、提高经济运行效率、壮大财政实力、增强抵御财政风险的能力。

（5）强化财政监督是促进廉政建设的重要举措。财政工作如果缺少必要的监督，就会产生权力滥用和滋生腐败，导致财政资源的不当分配。而财政监督可以对财政领域的各种权力建立一种监督制约机制，将执法者的一切行为都置于财政监督之下，堵住滋生腐败的漏洞，使守法成为一种自觉行动。财政监督通对案件查处，可以起到威慑作用，教育广大执法人员，纯洁干部队伍，推进廉政建设。

■第二节 财政监督制度

一、财政监督管理制度

为规范财政机关监督行为、加强财政管理、保障财政资金安全规范有效使用、严肃国家财经纪律，财政部 2013 年以来制定了《财政部门内部监督检查办法》《财政部门监督办法》等财政监督行为规范。

（一）财政监督的机构

1. 财政监督机构的设置

我国实行分税制财政管理体制，一级政府对应一级财政。与此相适应，财政监督机构包括中央财政监督机构和地方财政监督机构两大类。

（1）中央财政监督机构。中央财政监督机构的设置从中央到省、自治区、直辖市和计划单列市，包括财政部监督检查局和财政部派驻全国各地的财政监察专员办事处（以下简称"专员办"）。财政部监督检查局主管全国财政监督工作，其基本职责是：拟定财政监督的政策和制度；监督财经纪律执行情况，办理违反财税政策、法规、制度的重大举报案件，依法组织查处工作；研究提出完善财税法规、财会制度和加强财政管理的意见与建议；归口管理财政部驻各地专员办的检查工作等。

我国目前财政部驻各地专员办共 35 个，是财政部直接监督管理地方财政的重要派驻机构。其专员办的业务、人事、财务由财政部垂直领导，中央财政全额拨付事业经费。专员办负责监督辖区国家财政方针政策、法规执行情况、中央预算执行情况、中央财政收支情况，以及会计信息质量等的监督；根据财政部统一安排，开展各种异地交叉检查和专项检查等。随着财政改革的不断深入，我国在保留专员办原有职能的基础上，专员办从一个重点负责中央转移支付的监督检查机构，变身为一个对地方政府财政预算进行全面监管的机构。

（2）地方财政监督机构。地方财政监督机构包括省、市、县各级财政机关的监督机构和派出机构，各级财政监督机构及其派出机构向同级人民政府负责，并接受上级财政机关业务指导。有些省（市、自治区）还设有派驻市、地的财政监察组，专司省级财政的监督职责。

根据财政部监督检查局统计，截至 2014 年底，全国各级地方财政监督机构 3 944 个，与 2010 年末相比增加了 516 个，增长了 15.05 个百分点；从事财政监督工作的人员有 14 442 人，与 2010 年末相比增加 1 256 人，增长了 9.53 个百分点。

2. 财政监督机构的职责

我国财政专职监督机构的职责主要包括：制订本部门监督工作规划与计划；参与拟定涉及监督职责的财税政策及法律制度；组织实施涉及重大事项的专项监督；向业务管理机构反馈监督结果及意见；组织实施本部门内部监督检查。财政业务管理机构监督职责主要包括：在履行财政、财务、会计等管理职责过程中加强日常监督；配合专职监督机构进行专项监督；根据监督结果完善相关财政政策；向专职监督机构反馈意见采纳情况等。

实施监督的财政机关工作人员（以下简称"监督人员"）应具备与财政监督工作相适应的专业知识和业务能力。监督人员应廉洁自律，秉公执法，保守秘密；与监督对象有利害关系的应回避，监督对象有权申请有利害关系的监督人员回避。财政机关依法实施的监督，监督对象应予以配合、如实反映情况，不得拒绝、阻挠、拖延，不得对监督人员打击报复。财政机关可以根据需要，聘请有关专业机构或专业人员协助财政监督工作。

3. 财政监督机构的权力

财政机关依法行使国家行政权力、完成财政监督职责是完成财政目标的可靠保证。根据现行法律规定，财政监督机构为完成财政监督职责具有以下八项权力。

（1）依法检查权。财政监督机构为履行财政监督的职责，有权依法检查被监督检查单位的会计凭证、账簿、报表和其他有关财政、财务收支的资料和资产；有权按照规定程序核查被监督检查单位及有关个人的银行账户。

（2）要求报送权。财政监督机构有权要求被监督检查的部门报送与财政收支有关的各种资料。财政监督机构通过了解、检查、审核这些资料，发现和确定被检查单位财政、财务活动的合法性及存在的问题。

（3）调查取证权。财政监督机构有权调取、查阅、复制监督对象有关预算编制、执行、调整和决算资料，会计凭证和账簿、财务会计报告、审计报告、账户信息、电子信息管理系统情况，以及其他有关资料。

（4）依法查询权。经县级以上人民政府财政机关负责人批准，向与被监督单位有经济业务往来的单位查询有关情况，向金融机构查询被监督单位的存款。

（5）登记保存权。登记保存是一种保全措施。财政监督机构有权在证据可能灭失或以后难以取得的情况下，经县级以上人民政府财政机关负责人批准，先行登记保存证据，并在7日内及时做出处理决定。

（6）制止纠正权。财政监督机构有权对被检查单位正在进行的违反国家财政法律法规的行为予以制止和纠正，有权责令被检查单位纠正所制定的违法规定并有权向其上级主管部门反映。

（7）建议报告权。财政监督机构对被检查单位和其他执法机关违反财政法律法规的行为建议其纠正，如拒不纠正则有权提请有权机关依法处理。对监督对象制定或执行的规定与国家相关规定相抵触的，可根据职权予以纠正或建议有权机关纠正。

（8）行政处罚权。财政监督机构有权对被监督检查单位违反财政法律法规的行为做出处理决定，必要时可通过有权机关批准，对被监督检查单位的违法行为依法采取强制措施。除涉及国家秘密、商业秘密和个人隐私外，其处理决定可以公开。

（二）财政监督的内容

1. 对财政收支活动的监督

从财政监督内容看，财政监督机构重点围绕财政收入监督、财政支出监督、财政会计监督和财政内部监督等方面开展工作。

（1）财政收入监督。各级财政监督机构的主要职责是对税法执行情况和财政政策的贯彻落实情况进行监督检查，履行对税收征管部门的再监督和监缴行政性收费、政府基金等非税收入的职能。主要包括以下两个方面。

对税收收入监督的内容主要包括：一是对全国统一财税政策、法规执行情况监督，重点监督有无自行出台地方或部门政策随意减免税收，有无中央收入混入地方或地方收入混入中央等情况；二是对税收征管质量监督，重点监督税收征管部门是否做到应收尽收，税款解缴是否安全、及时、足额入库，有无越权减免或随意多征、少征、缓征和不征的行为，税款上缴级次是否准确，退税是否符合规定，对偷税、抗税和逃税是否按有关法律严肃处理。

对非税收入的监督可重点监督执收执罚部门有无违规设立收费、罚款项目，或擅自变更收费、罚没范围和标准，已明令取消或降低标准的收费项目继续收费等；有无违反收费许可规定实施收费，下达或变相下达罚款指标，以及违规使用票据等；有无乱开银行账户，未按规定将财政性资金缴入国库或财政专户，截留、挪用、坐收坐支财政性收入，违反罚缴分离、票款分离、代收代缴规定等问题。

（2）财政支出监督。开展财政支出监督活动是保障财政资金分配使用的科学、合理和有效，保证公共支出需要，充分发挥财政资金使用效益的重要工作。随着公共财政建设的不断深入，支出监督的深度与广度都逐步加强。主要包括以下四个方面：

第一，参与部门预算编制前期审核。通过财政监督可以核查、了解部门预算编制的可行性和合理性，对预算草案严格审查，从预算申报上把住"关口"，挤出预算编制的水分，有效减少财政支出的盲目性；通过事前审核、事中监控可极大地提高预算编制的合理性，有效减少财政支出的浪费现象，提高财政资金的使用效率。

第二，财政资金拨付使用过程监督。通过国库支付资金进行审核，对预算单位银行账户的开设、变更、撤户等进行日常监控，从资金载体上把住资金流向；通过对资金运行中的跟踪监督，防止执行中的扩大范围、超过标准，以及贪污、浪费、挪用等违规违纪问题；通过对预算单位的预算执行过程跟踪监控，及时纠偏，促进财政资金运行的科学、完整和高效。

第三，专项资金监督检查。财政监督机构可每年选择财政支出重点资金和部分资金管理薄弱环节进行监督检查，如对重大项目资金、扶贫资金、社保资金、教育资金和财政支农资金等进行监督检查，及时发现和查处骗取、挪用、挤占财政资金等严重违法违纪问题，以有效促进和提高财政资金的管理使用效益。

第四，开展财政绩效审计。在财政资金安全性和合规性监督的基础上，财政支出监督逐步向绩效审计转变；以提高财政支出效益为目标，对财政资金筹集、分配与使用效益进行监督，推行跟踪问效管理；对财政资金使用效果进行监督评价，提高资金使用效益。目前财政监督机构开展部分专项资金支出绩效审计试点，已初步取得成效。

（3）财政会计监督。财政会计监督是政府财政部门依据法定的职责权限、按照法定程序对国家机关、社会团体、公司、企业、事业单位和其他组织的会计活动实施的有效监督，属于外部会计监督。财政会计监督主体包括财政、审计、税务、人民银行和证券监管等部门。财政机关会计监督与其他政府部门会计监督的相同点是都要依据会计法、会计行政法规和国家统一的会计制度。

财政会计监督包括财政机关对单位的会计监督和对社会审计的再监督两项。财政机关对单位的会计监督主要包括单位依法设置会计账簿的情况、会计资料的真实性和完整性、会计核算情况和会计从业资格制度执行情况等方面。财政机关对社会审计的再监督，其目的主要是督促注册会计师及会计师事务所公正地开展审计业务，进而提高被审计单位的会计信息质量，包括对审计报告内容的监督和对审计报告程序的监督两项内容。

（4）财政内部监督。财政内部监督指财政监督机构具体组织实施的，对本部门内部各业务管理机构和派出机构履行财政管理职责，本部门及其所属单位预算、财务与资产管理，本部门内部控制等情况的监督检查。财政机关应按照依法监督、注重预防和规范管理的原则开展内部监督检查工作，促进本部门及其工作人员遵守国家法律制度、强化内部控制、防范管理风险、提高管理效能、推进廉政建设。

财政内部监督检查的内容主要包括：预算编制、预算执行、预算调整和决算等管理情况；国库集中收付、财政和预算单位账户管理、国库现金管理、政府采购监督管理、国债和地方政府债券发行与兑付管理等；税收减免等税政管理情况；政府非税收入管理、财政票据管理、彩票管理情况；财政专项资金管理情况等。

财政机关应结合本部门实际情况，综合运用日常监督和重点检查方式开展内部监督检查工作。日常监督是指对日常财政管理活动实施的实时及动态监督；重点检查是指根据年度重点检查计划，按照规定程序实施的有针对性、有重点的监督检查。财政机关每年对本部门的重点检查数，不得低于机构数的30%。

2. 对国民经济的监督

（1）监督国民经济计划遵循客观规律。监督国民经济计划遵循客观规律的要求、合理安排各种比例关系；监督国民经济各部门、企业、单位执行国民经济计划，努力实现国家规定的各项经济指标，如实现财政收入的任务等。

（2）监督全局性、战略性的宏观决策及其贯彻情况。对关系国民经济全局的、战略性的宏观决策及其贯彻情况进行监督，促使社会总供给和社会总需求的平衡，提高宏观经济效益。

（3）监督社会产品生产、分配和使用。对社会产品的生产、分配和使用情况进行监督，包括监督产品生产中的耗费，促使生产和节约并重；监督合理分配，正确处理各方面的分配关系；监督讲究使用效果，不断提高经济效益和社会效益。

（4）监督储蓄（投资）与消费的规模及其优化。监督国民经济储蓄（投资）与消费的规模及其内部最优的比例关系，防止投资和消费的膨胀，实现社会总供给和社会总需求的平衡。

（5）监督国民经济各部门财经纪律的执行情况。监督国民经济各部门、各企事业单位严格执行贯彻财政方针政策、财政计划、财政制度、预决算制度、税收法令、国有企业成本开支范围和财务会计制度的执行。

（三）财政监督的程序

1. 财政监督的基本程序

财政监督业务包括审批、调查和检查等，但各种业务的操作程序又有所不同。其审批程序的核心是建立受理、初审、复核、审批、办结等相互独立、制衡的审批机制；调查程序的核心是拟订详细的调查计划，进而稳步实施和完成报告；监督检查责任最为重大，程序最为严谨。主要包括以下六个环节：

（1）送达通知。实施财政监督检查时，一般应由具备检查资格的财政监督机构于检查3日前（特殊情况可于检查进行时出具），向被检查单位送达《财政检查通知书》，明确财政检查的依据、检查事项和检查人员，以及被检查单位应予以配合的具体要求。

（2）实施检查。财政监督机构在实施检查过程中，应按照检查规则与要求对检查出来的问题出具工作底稿，形成检查报告，并就检查报告内容征求被查单位意见。检查结束后10日内，形成《财政检查报告》。

（3）按章审理。审理机构根据检查组提交的工作底稿、《财政检查报告》和其他相关材料进行审理，对存在问题的，应责成检查组复核与纠正。如果审理机构与检查组对审理结果持不同意见的，报财政监督机构领导裁决。

（4）处理告知。财政监督机构在做出行政处罚决定之前，应告知当事人做出行政处罚的事实、理由及依据，并告知当事人依法享有的权利。财政监督机构做出应当告知听证权利的行政处罚决定之前，应当告知当事人有要求举行听证的权利。

（5）做出结论。财政监督机构根据审定的《财政检查报告》，对被查单位出具财政监督检查意见书。对未发现财政违法行为的，检查人做出检查结论；对有财政违法行为的，检查人依法做出行政处理、处罚决定。

（6）决定执行。财政检查处理决定下达后，财政监督机构要监督被查单位根据《处理决定书》对违法违纪问题进行纠正，对有关责任人进行处分。只有真正整改，违法违规行为受到应有制裁，财政监督才能起到应有效果。

2. 财政监督的检查流程

财政监督的检查流程包括查前准备、实施检查、形成报告、处理决定、跟踪落实和整理归档六个环节，如图12-1所示。

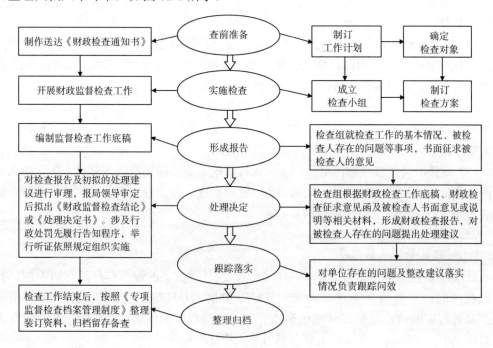

图12-1 财政监督检查工作流程

（四）财政监督的方式

财政机关可采取监控、督促、调查、核查、审查、检查和评价等方式，实施财政监督业务。财政机关实施监督，应依法对财政违法行为做出处理处罚；对不属于本部门职权范围的事项，应按照规定程序移送有权机关处理。

财政机关实施监督，应加强与监察、审计等有关机关的沟通和协作。有关机关已经做出的调查、检查、审计结论能够满足本部门履行职责需要的，应当加以利用。财政机关履行监督职责，可以提请有关机关予以协助。

（五）财政监督的处罚

财政监督对象违规行为主要包括：拒绝、阻挠、拖延财政机关依法实施监督的；不如实提供有关资料的；对监督人员进行打击报复的。上述违规行为由县级以上财政机关责令限期改正，并给予警告；直接负责的主管人员和其他直接责任人员属于国家工作人员的，依法给予处分；涉嫌犯罪的，依法移送司法机关。

财政监督人员实施监督过程中玩忽职守、滥用职权、徇私舞弊或泄露国家秘密和商业秘密的，依法给予行政处分；涉嫌犯罪的，依法移送司法机关。

监督对象对处理、处罚决定不服的，可依法申请行政复议或提起行政诉讼。国家工作人员对处分不服的，可依照有关规定申请复核或提出申诉。

二、财政监督机制分析

（一）财政监督机制的含义与特征

1. 财政监督机制的含义

财政监督机制是指财政机关在对国家机关、企事业单位及其他组织涉及财政收支事项及其他相关事项的管理运行过程中，与其有关的各个构成要素之间的相互连接形式和彼此作用关系。其运行过程涉及财政监督主体、财政监督客体、职责范围、权限划分、程序及相关配套措施的确定。一个规范有效的财政监督机制有助于发现和及时纠正预算执行过程中的偏差，保证财政分配的科学、正确和有效。

2. 财政监督机制的特征

（1）系统性。财政监督机制是由财政监督相互作用、相互联系的各子系统所构成，各子系统有各自的功能和特点，不可相互替代。

（2）客观性。财政监督机制在一定的条件下，按照一定的规律发生作用。条件充分时其功能和作用发挥充分，条件不具备则必然受到限制。

（3）地方性。各个地方财政监督所处的条件、环境、基础不同，其具体表现形式也各不相同，体现了因地制宜、灵活多样的特点。

（二）财政监督机制的运行分析

1. 我国财政监督机制运行的总体状况

中华人民共和国成立初期，财政监督工作对实现国民经济的迅速好转起到了重要的保障作用。其后随着财政实践的发展，财政监督工作不断深化。中华人民共和国成立后至20世纪70年代，财政监督的主要目的是增加财政收入和防止收入流失，财政监督的对象和内容是企业的财务收支活动，采取的手段是检查企业财务账目，衡量监督检查工作成效的主要标准是查补税费的多少及入库率的高低。

进入 20 世纪 90 年代以后，我国逐步构建了公共财政框架，推行部门预算、国库集中支付制度、所得税分享和"收支两条线"管理等改革，财政监督的内容、方式和手段也随之发生变化，逐步从单一对企业财务收支检查转向对财政收支全过程的监督，从重收入监督转变为收支并举、以支为主的监督，从关注和查处财政违规事项向完善内控机制和促进财政管理的方向转变，从安全性和合规性监督向效益性监督转变。

随着全国财政监督机构的不断健全和财政监督职责的逐渐完善，财政监督工作总体上进入一个新的稳定发展时期。尤其是近年来，各级财政机关及其监督专职机构在推动财政改革、加强财政管理、维护财经秩序、严肃财经纪律和保障财政政策顺利实施等方面发挥了重大作用，取得了明显成效。据财政部监督检查局统计，2011～2014 年全国各级财政机关共对 72.97 万个单位进行了监督检查，查补追缴各项财政收入 907 亿元，共有 4 521 人受到处理、处罚、处分和移送司法机关处理。

2. 财政监督机制运行的问题分析

（1）法制建设明显滞后。从我国目前情况看，财政监督法制建设特别是财政监督立法工作的明显滞后，已经严重影响了财政监督工作效能的发挥。突出表现在：一是目前我国尚未出台一部系统而权威的财政监督方面的专门法律或法规；二是现有的财政监督方面的规定大多见于《预算法》和《中华人民共和国会计法》（以下简称《会计法》）等相关法律法规中，对财政监督仅限于原则性规定，处罚标准也不科学、不系统、不权威；三是现行的部分财政监督法律法规由于制定较为久远，没有根据经济环境的变化及时更新，已不能为当前经济领域中出现的新情况、新问题提供法律制度支持。

（2）职责权限模糊不清。目前我国对财政监督机构监督职责权限规定的内容较为笼统、零散，随着我国财政改革的推进，财政监督机构又被赋予了新的监督职责。但在界定财政监督的职责权限问题上缺乏一个全局的、整体的考虑，多数情况下是"头痛医头、脚痛医脚"，财政监督工作显得有些仓促和被动。

此外，就财政监督的内涵和国际经验看，一个完整的、系统的财政监督体系应由立法机关监督、财政监督（狭义的）、审计监督和社会监督共同组成，且应有明确的专业分工和协调互补关系，即立法机关侧重于宏观监督，财政机关侧重于日常监督，审计机关侧重于事后监督，但在"多龙治水"式的监督中应避免"撞车事故"。

（3）覆盖范围不够全面。目前我国财政监督的覆盖范围仍不够全面，重收轻支，重专项检查轻全面监督，财政监督的触角还没有延伸到公共财政活动的各个领域和各个环节。如何尽快改变这种局面，科学、合理地扩充财政监督的覆盖范围，显然已经成为必须认真研究并抓紧解决的重要问题。

此外，目前我国财政监督工作的另一个突出特点就是"重外部监督、轻内部监督"，即重视对财政收入征收和财政资金使用部门的监督，而忽视对财政机关自身的监督。近年来，财政系统内部违法违纪问题时有出现，有些甚至触目惊心，这与财政机关内部监督不健全、不完善，缺乏约束机制有很大的关系。

（4）监督方式较为落后。受财政管理模式和技术条件所限，我国传统的财政监督方式比较单一，也比较落后。主要表现在：财政监督标准匮乏，即实施监督的技术规范还是财政监督领域的空白；财政监督形式单一，大部分财政监督活动是以运动式、突击式专项检查完成的，且使得很多违法违纪问题都是在既成事实之后才被发现，无法有效地挽回损失。

特别是财政监督手段落后的问题更为突出，虽然"金财工程"已经运行，但相关软件和网络本身就没有财政监督的功能模块与操作系统，造成财政资金运行已实现了"信息化"，而财政监督却仍然"手工化"的尴尬局面；财政监督机构与收入征收单位、国库部门、预算单位及财政机关内部也不能实行联网，致使财政监督机构难以及时掌握财政收支动态，监督效率低下，监督效果不理想。

（三）完善财政监督机制的对策

1. 完善财政监督机制的目标

西方国家的财政监督机制在规范市场经济体制和协调社会经济发展等方面，发挥着重要的积极作用。我国可参考、借鉴其财政监督模式和机制等先进经验，不断完善探索积极、有效的财政监督机制。

完善财政监督机制的基本目标：一是建立健全规范有序、公开透明、行之有效的权力运行和监控机制，让权力在阳光下运行；二是加强对重点环节、重点部位和主要领导干部的监督，防范权力失控、决策失误、行为失范；三是加强内部监督，注重外部监督，接受社会监督，强化纪检监察监督。

2. 完善财政监督机制的构想

（1）积极推进财政监督的法制建设。不断提高财政监督的科学性与规范性，增强财政监督的系统性与效能性，使之符合公共财政要求的当务之急，就是积极推进财政监督的法制建设，特别是立法工作。建议尽快出台财政监督的专门法律，把国家赋予财政机关的监督职责和财政监督工作的范围、方式、程序、权力和责任等以法律形式固定下来，从而保证财政监督工作的规范发展，真正做到依法监督。

在财政监督工作实践中经常出现这样的尴尬现象，即发现问题没费周折，但如何进行定性和处理却颇为棘手。如我国现行《预算法》只就预算执行中的三种违法行为做了规定，而对预算编制、资金拨付、情况报告等不当行为，诸如预算编制不真实、不及时，对财政支出不按规定拨付等情况却没有约束。鉴于此，在加强财政监督立法时应注意完善法律责任制度，对各种违法违纪行为都要制定明确的、可操作性强的规定。

（2）科学划定财政监督的职责权限。科学划定财政监督职权的实质就是要解决如何对财政监督权力合理配置，以达到"结构平衡、层次分明、定位科学、相互制衡"的目标。因此，一方面对财政监督主体进行合理的分解和组合，使之处于相互平衡的和谐状态，避免权力过分集中；另一方面还要科学地界定各监督主体的职责范围，理清各自的职责权限，使之既彼此独立、各司其职，又相互支持、密切配合。

为此，可考虑适时推行立法型审计监督，因为财政监督的权力配置存在较大的问题：一是人大相对孤立，缺乏相关机构的配合，难以真正发挥监督作用；二是审计机关隶属于政府，其独立性受到很大限制，也缺乏权威性；三是外部监督"内部化"的结果就是审计监督与政府内部监督——财政监督（狭义）发生冲突，或是出现职责交叉或监督真空。如果实施立法型审计监督，那么上述问题就可都迎刃而解。

因此，复合型财政监督体系的模式可描述为：由财政监督（狭义）代表政府对宏观财政的运行情况实施全过程和全方位的日常、动态监督，由审计机关代表人民代表大会实施有针对性、有重点、独立客观、静态的外部再监督，由人民代表大会及其常务委员会代表人民履行最高监督职责，同时由社会舆论实施全面的辅助监督，四个层次的财政监督（广义）各有侧重且相互制衡。

（3）合理扩充财政监督的覆盖范围。我国财政改革的总体目标是建立公共财政。在这样一个大背景下，我们应当清醒地意识到财政监督必须以政府职能和财政职能的转变为前提，以公共财政框架下的财政收支活动为内容，即财政监督的覆盖范围应当定位在公共财政活动的各个领域和各个环节。

需要特别说明的是：财政监督对财政活动的制约应包括两个层面的含义：一是财政监督必须注重规范财政机关自身的理财行为以确保其实现依法理财，即"正人先正己"；二是在加强自我监督的基础上，财政监督应紧紧围绕经济发展大局和财政中心任务，不断加强对其他单位的监督管理工作，特别是在重收轻支、重专项检查轻全面监督等传统思想比较严重的情况下，更要特别注意加强对财政支出重点项目及大额资金使用效益的监督检查，强化财政资金运行全过程的监督检查，应尽最大努力将财政监督的触角延伸到公共财政活动的各个领域和各个环节。

（4）不断创新财政监督的方式方法。财政监督工作应积极探索、制定切实可行的监督标准（技术规范），因为标准化的监督具有定型化的优点，可以保证监督行为的规范化、程序化，克服由于缺乏经验或主观主义等原因而产生的随意行为。充分发挥财政机关对财政资金运行进行全程监控的优势，把日常监督与专项检查有机结合起来，逐步形成涵盖财政收支各环节的财政监督工作新格局。主要包括以下四个方面：

第一，严格事前审核。财政监督机构要积极参与财政投资项目的立项工作，对项目的可行性、投资收益和偿债能力等方面进行科学论证，以防止单位出于自身利益考虑乱上项目，造成项目建成后收益不高或没有收益，影响财政资金的使用效率。

第二，加强事中监控。财政监督应跟踪财政资金运行方向，财政资金分配到什么地方就必须监督到什么地方。通过跟踪监督随时掌握预算单位的资金变动情况，对资金去向和使用实行有效监督，以确保财政资金的安全运行与高效使用。

第三，注重事后评价。彻底摒弃"重检查、轻整改，重罚缴、轻堵漏"的传统模式，跳出"边查边犯、屡查屡犯"的"怪圈"，构建新型的财政资金使用效果或绩效评价制度，以利于调整政策、改进工作、提高效益。

第四，改进监督方法。推行集监督、管理、调节、控制、分析于一身的新型系统财政监督方法。其核心是运用信息论、系统论和控制论中的基本原理和方法，将指令与自动调节原理引入财政监督工作中，更好地实现财政监督目标。

第三节　财政风险管理

一、财政风险的基础理论

(一) 财政风险的含义

财政风险是指政府不当的财政行为或财政领域中各种不确定因素,给政府财政活动和社会经济带来的各种潜在危害的可能性。可从以下两个方面理解:

(1) 假定特定行为主体(政府、公众等)的特定行动(财政活动)引发了财政风险,那么减少或规避风险的途径主要在于改变行为主体的活动范围、方式与方法。

(2) 假定行为主体的活动是合理的,但该活动的最终结果要受各种客观存在的风险和不确定性因素影响,那么减少或规避风险的主要途径就是改善环境因素。

(二) 财政风险的特征

财政风险具有风险的共性特征外,还具有客观性、公共性、集中性、社会性、艰巨性和长期性的特征。

(1) 风险存在的客观性。与私人在其经济活动中常常面临的各种风险一样,政府与国民面临的财政风险本质上也是客观存在的,这主要源于经济生活里大量不确定的因素。但财政风险属于可能性范畴,这类风险不是必然发生的;相反,如果事先采取了有效措施,所有风险都可以防范,或予以规避。如果政府在财政活动过程中表现出较大的随意性且长期置风险于不顾,那么财政风险就会真正发生并给政府、国民和社会带来危害。

(2) 风险性质的公共性。主要体现在:一是财政风险承担的主体是政府,财政分配担当着优化资源配置、公平收入分配和稳定经济发展的公共职责,财政风险是国家通过政府进行经济、政治、行政和管理等各因素综合作用的结果;二是财政风险本身就是公共风险,因为政府行为属于公共行为,政府履行其职能时的权力来自公众,其配置的资源也是公共资源;三是社会公共风险需要政府或社会组织去面对和化解,在此过程中的社会公共风险会向财政转化和传导,积聚着财政风险。

(3) 风险表现的集中性。财政风险表现的集中性是由于财政行为本身具有集中性。财政活动要纳入政府预算,由此而形成的风险通过政府预算的执行情况体现出来,具有鲜明的集中性特征。而非财政风险则因产生风险的行为是企业、家庭的个别行为,而不是集体的一致行动,所以产生的风险也就具有分散性。正因为非财政风险是分散的,由众多的企业和个人分别承担,所以尽管对单个的企业或个人而言会超出其承受能力,但是对整个社会而言却不会产生严重影响。

(4) 风险范围的社会性。财政风险无论最终是造成损失或是带来收益,其影响范围都是社会性的,即风险要由全体社会成员来承担,只不过由于社会成员在社会分工体系中所处的地位、拥有的生产要素的种类和数量不同,有的会承担得多一些,有的则承担得少一些而已。而企业、家庭风险则不同,其影响的范围通常局限在一个企业或家庭范围内。在特殊情况下,如风险超出企业或家庭的承受能力,也可能使风险的影响范围超出企业或家庭的界限，但一般不会产生社会性的影响。

（5）风险化解的艰巨性。任何风险的化解都具有一定的难度，需要根据主体的承受能力，在高风险与高收益之间、低风险与低收益之间做出权衡。但财政风险化解的艰巨性更为明显，因为财政风险涉及社会政治、经济生活的方方面面，风险化解也是一个复杂的系统工程，需要财政机关乃至整个公共经济部门的协调配合。但非财政风险因主体的非政府性和决策的分散性，往往可由主体相机确定化解风险的对策，风险的化解相对容易。

（6）风险过程的长期性。政府与公共经济部门活动的规模庞大，相对于私人企业和家庭，其承受风险的能力较强，这意味着一种财政行为即便风险很大，也需要较长的时间才能发生。这种风险过程的长期性，一方面，为政府提供了充分的时间，即便政府行为出现失误、蕴含较大风险，政府也有可能及时采取措施解决；另一方面，财政风险具有一定程度的隐蔽性，使人们极易忽视财政风险，对其缺乏足够的警惕，从而加大财政危机出现的可能性。

（三）财政风险的分类

1. 以财政风险成因为标准的分类

按财政风险成因为标准，财政风险可分为内生性财政风险和外生性财政风险。

内生性财政风险是指由于财政系统内部的各种不确定因素所引发的财政风险，如财政工作人员的选拔和财政政策的推行等工作所产生的风险。外生性财政风险是指由于财政系统外部各种不确定性因素所引起的财政风险，如自然灾害和社会经济运行等所引致的财政风险。

内生性财政风险具有理论意义上的风险属性，而外生性财政风险实际上属于财政活动过程中的不确定性。更重要的是，在财政分配过程中最有可能有效防范、化解的财政风险，实际上是内生性风险。只要找到诱发内生性财政风险的具体原因，然后采取有针对性的制度手段、技术手段，特定财政活动受内生性风险影响的程度就完全可以降低到最低限度。

2. 以财政风险程度等为标准的分类

（1）以财政风险发展程度为标准的分类。按财政风险发展程度为标准，财政风险可分为初始性财政风险、发展性财政风险和结局性财政风险。

初始性财政风险是指财政风险的早期阶段，在该阶段财政风险所对应的两种可能性尚未充分显露出来，即还不容易判定财政运行是朝有利的方向发展，还是朝不利的方向发展。

发展性财政风险是初始性风险的发展和继续，在该阶段财政运行是朝有利的或不利的方向发展已明确显露出来，但发展方向仍然有调整、逆转的可能。财政行为主体完全可以通过行为方式的调整来实现有利的发展方向、避免不利的发展方向。

结局性财政风险是指财政运行所对应的发展方向已经有了确定的趋势，虽然结果尚未最终出现，但行为主体已经丧失了通过调整行为方式来实现好的发展方向的可能性。之所以还称为风险是因为从理论上仍然存在风险控制的可能性。

因此，就财政风险的防范和化解而言，主要是针对前两种风险。因为后一种财政风险无论是对应收益还是损失，其发展方向都具有了确定性。

（2）以财政风险显露程度为标准的分类。按财政风险显露程度为标准，财政风险可分为显性财政风险和隐性财政风险。

显性财政风险是指风险因素已显露出来，人们可以较为容易地认识到、感觉到的风险，如财政赤字风险和公债风险等。

隐性财政风险指各种风险因素尚处于隐蔽状态，不易被察觉感知的财政风险。其起因于政府的或有负债，即没有纳入政府预算的负债。这些或有负债并不构成政府的现实债务，但一旦出现问题，其中的一部分必然由政府承担最后的偿债责任。

（3）以财政风险影响层次为标准的分类。按财政风险影响层次为标准，财政风险可分为宏观财政风险、中观财政风险和微观财政风险。

宏观财政风险是指财政的宏观资源配置行为和宏观调控行为存在的风险。其影响是经济的总量和水平。

中观财政风险是指财政在宏观资源配置比例确定的条件下，在确定自身的资源配置结构及对私人经济部门的资源配置结构进行调整时所面临的风险。其影响是经济的结构和水平。

微观财政风险是指财政的微观资源配置行为即财政对具体的支出项目、方案的选择和财政对私人经济部门微观资源配置行为的调整所面临的风险。其影响是经济的行为和水平。

由于宏观财政风险和中观财政风险所造成的影响是社会性的，所以二者成为我国财政理论界研究财政风险的主要内容。

（4）以财政风险行为主体为标准的分类。按财政风险行为为标准，财政风险可分为中央财政风险和地方财政风险。

中央财政风险是指中央财政存在的风险；地方财政风险是指地方财政存在的风险。

地方财政风险按照主体级次的不同，又可分为省、市、县、乡财政风险。由于各级财政在政府职能实现过程中担当的任务各不相同，因而不同级别的财政机关在财政运行过程中所面临的风险内容也各不相同。

（5）以财政管理层次为标准的分类。按财政资金管理层次为标准，财政风险可分为核心性财政风险、分配性财政风险和摩擦性财政风险。

核心性财政风险是指财政作为社会资源配置的一个基本领域，财政资金的规模过大或过小都可能带来的资源配置的效率损失。该风险关注的是政府部门和私人部门之间的资源配置问题。

分配性财政风险是指在政府部门和私人部门实现资源合理配置的基础上，财政机关和私人部门内部可能存在的资源不合理配置的风险。其中，财政机关内部横向和纵向的资源分配造成的效率损失形成财政的体制性风险。私人部门的收入分配格局失衡将加大财政转移支付的压力，从而导致私人部门内部的分配性财政风险。

摩擦性财政风险总体上可分为技术性和社会性两大类：前者是指财政性资金由于管理制度不健全、实际执行者出现差错等原因，导致财政资金管理的低效率；后者是指由于"设租、寻租"等腐败因素带来的财政性资金损耗。

此外，按财政风险内容标准划分，财政风险可分为税收风险、公债风险、预算风险、财政投融资风险、社会保障风险和财政宏观调控风险等。它们都是财政风险在财政活动不同侧面上的具体表现，共同组成财政风险的内容。

二、我国财政风险的管理

（一）财政风险的类型与特点

1. 财政风险的类型

我国通常按照具体财政活动类型划分财政风险，这些风险由于是财政系统内部活动引发的风险，因而属于内生性财政风险。主要包括以下八类：

（1）财政收入风险。如中央政府可调控财力不足，主要收入来源不稳定，财政收入占 GDP 的比重、中央财政收入占国家总财政收入的比重（国际比较）均偏低，预算外资金膨胀、增长过快的势头尚未得到有效控制，税基被侵蚀问题长期得不到解决等。

（2）财政支出风险。如支出体制的惯性及经济运行中产生的新问题，使财政支出刚性增长；在民间投资尚未成功启动的情况下，财政投资也仍面临继续扩张的压力；财政支出结构不甚合理；财政"越位"和"缺位"现象并存等。

（3）财政投资风险。我国财政支出中有相当部分用于生产性投资或资本性投资，这种投资与私人投资在风险影响方面具有大体相同的性质。财政投资风险可随着投资活动的进展而发生变化，其投资额越大风险程度也就越大。

（4）财政赤字风险。我国的财政赤字存在着长期化、数额大、增长快的问题，尽管赤字率与国际安全警戒线标准相比仍存在一定的扩大空间，但赤字依存度较高则相应增加了政府财政的脆弱性。

（5）财政国债风险。虽然从债务负担率指标看我国远低于发达国家的水平，但这并不意味着债务量偏小、债务发行余地大。我国国债资金使用效益较低、税收制度不能适应经济结构和所有制结构的变化，以至于大部分国债几乎都要通过发新债还旧债的方式运作。在财政困难未能扭转的情况下，国债规模会像滚雪球一样越滚越大。

（6）财政制度风险。目前我国财政体制改革相对滞后，各级政府财政行为中还有很多盲目的、不规范的行为。比较突出的制度风险主要表现为财政体制建设不稳定、各级政府财政预算约束软化、政府财政决策机制不科学和财政法制建设滞后等。

（7）财政政策风险。财政政策风险是指由政府原因导致的公众心理预期变化，进而自发地采取"理性"或"非理性"行为给政府财政活动带来的不利影响。主要体现在财政政策制定和实施等方面的风险。

（8）财政道德风险。政府权力是通过政府官员行使的，如果政府官员不能正确地使用权力，其权力就会转变为官员们谋取私利或集团利益的工具；即使政府官员的职业道德是可靠的，也不能保证个人所做出的各种决策总是正确的。

2. 财政风险的特点

（1）风险所处的转轨性。我国正处于经济体制转轨的时期，改革本身就有风险，且风险主要是由财政承担的。放权让利的渐进式改革思路，一方面使财政收入占国民收入的比重降低；另一方面为保持社会政治、经济秩序的稳定而没有减少财政支出，从而出现改革以来连年赤字的局面。这表明：我国的财政风险具有鲜明转轨性特征，大部分财政风险和经济体制的转轨有内在联系。成功化解财政风险有助于我国经济体制的顺利转轨，而体制的顺利转轨又必将为化解财政风险创造有利条件。

（2）涵盖范围的广泛性。我国的财政风险与西方国家相比包括更为广泛的内容。如国有企业财务风险，西方国家由于国有经济所占比重较小而不能将其算作财政风险的重要组成部分，但我国由于国有经济占有较高比重，且经济转轨时期国有经济活力不足，资产负债率偏高，这在政府财政和国有企业所有权归属具有统一性的条件下，使得国有企业的改革风险成为财政风险的重要组成部分。

（3）风险程度的深刻性。广泛性风险是指风险在横向的覆盖面，风险的深刻性是指风险在纵向所达到的程度。无论是我国显性的债务风险、投融资风险、赤字风险，还是隐性的金融风险、国有企业财务风险及社会保障风险，就其程度而言都具有深刻性。正确认识并增强财政风险意识，对防范和化解财政风险的艰巨性，积极探索切实可行的化解财政风险的措施具有重要的现实意义。

（4）风险发展的机遇性。我国的财政风险大多属于发展性风险，即风险所对应的得到收益或遭受损失未形成确定的趋势，因而只要加强风险意识、认真总结理财经验、积极摸索财政规律、及时调整财政行为，其财政风险就有降低或消失的可能。如我国政府通过举债来弥补赤字，可能会使政府陷入债务泥潭而不能自拔，但也存在合理使用债务收入、提高投资收益，进而具有偿还债务、促进经济发展的可能。

（5）影响因素的复杂性。我国财政风险的转轨性特征，其本身就表明了财政风险的复杂性。长期以来，国有经济所处的地位和所应发挥的作用始终没有合理界定，从而导致国有企业效益不高，国有银行呆账、坏账比重高，国有资产大量流失，由此而形成的财政风险在西方国家是少见的。我国财政工作者对市场经济条件下的理财规律还不能充分地理解和运用，在财政实践中出现盲目性是难以完全避免的，由此而导致的财政风险也属正常。

（二）财政风险的表现与成因

1. 财政风险的主要表现

（1）债务问题的财政风险。在世界各国的财政实践中，政府债务问题是产生财政风险最为主要的因素。它主要表现为政府以国家名义借入的债务（包括内债和外债）超过了政府本身的偿还能力，导致了经济体系和市场经济主体的脆弱性，并使政府不但在金融风险面前无力加以控制和应对，而且使财政风险与金融风险交织在一起，最终形成了严重的经济危机。

（2）社会保障的财政风险。对市场经济国家来说，社会保障体系是经济良性运作和社会保持稳定的一个重要机制。社会保障具有稳定性和调节性，作为稳定机制它能够维护社会安定，被视为社会震动的"减震器"和"安全网"；作为调节机制它有利于社会资源的合理配置和优化组合，被视为社会资源的"调节器"。毫无疑问，社会保障双重机制作用的充分发挥，对市场经济的稳定发展具有重要的积极作用。

（3）收支结构的财政风险。财政收支结构的不合理，最容易导致财政运作出现问题，这也是基于财政自身的内部风险。该风险主要包括税制扭曲和支出混乱而导致的财政效率损失，税收体系不足可以影响到预算的效率和政府财政活动的范围，成为潜在财政风险的诱因；财政支出绩效控制在没有达到市场经济条件下公共财政基本要求的情况下，造成的效率损失往往成为加快财政风险累积的重要因素。

（4）管理水平的财政风险。一般而言，风险管理定义为"为应付即将发生的事情可能带来非所愿见的后果而做决定的过程"。政府作为一个特殊的社会主体，要面临各种未知的政治、经济与社会事件，需要风险管理，以使其对财政资源进行最优的配置和利用，同时达到既定的政策目标。管理水平落后所引发的财政风险是深远的，它直接影响到政府实现现代化的进程。

（5）目标冲突的财政风险。目标冲突是指财政政策的目标体系由于无法达到协调一致而造成财政工具运用的冲突和矛盾。在某项具体的财政政策运用中，会出现基于不同目标而价值截然相反的行为。如果不能在多元化的目标体系中寻找出一个均衡的标准，那么从长期来看政府财政行为很可能对经济社会产生根本的损害，由此可以认为由于目标冲突而产生的财政风险是在宏观层面上出现的。

（6）制度错位的财政风险。制度错位主要包括制度越位和制度缺位，前者主要是指财政做了自己不该做的事情，后者则是指财政没有承担起自己应有的责任，从而产生了影响财政体系健全的制度性风险。由于制度错位而产生的财政风险是转轨国家所特有的，在具有较为完善的市场经济体系的发达国家，政府财政往往具有多年运作经验，制度问题一般不会对财政可持续发展产生重大影响。

（7）意外因素的财政风险。现代社会虽然应对社会危机的能力已大大增强，但当某种危机足以动摇整个社会的基本运行时，政府财政就会面临相应的风险。一方面某种社会危机对国内多数行业都会产生一定的负面影响，尤以旅游业、餐饮业为甚，导致这些行业税收大幅减少；另一方面，为有效地避免产生的社会性危机，政府必须拿出大量的资金用于相关医疗保障建设，这种资金压力也会成为财政风险的诱因。

（8）其他风险转嫁的风险。财政风险是最深层次的宏观经济风险，最初可以表现在其他领域，以其他风险的形式表现出来，如金融风险、企业风险和国债风险等。因此，从财政风险产生的根源来看，无论是内生性的风险还是外生性的风险，一般不是最早由财政运行引发的，而主要是由经济的不良运行、国家宏观政策调整造成的其他领域的风险，逐步传导到财政领域而形成的。

2. 财政风险的成因

（1）财政收入增长大大快于GDP增长。在较长的时期内，我国财政收入增长过快，政府在GDP分配中的份额过大，影响社会经济的可持续发展。1997～2016年，我国财政收入增速明显高于GDP名义增速，约为1.4倍。财政收入过快增长，意味着社会经济资源日益向政府部门集中，资源配置权也日益流向政府部门，整体上导致了资源配置效率出现一定程度的降低。

（2）财政收入表现为"顺周期"的趋向。我国财政预算强调收支平衡，容易带来财政收入执行的"顺周期"情况，以及"过头税"或"应收未收"的问题。当经济下行时，一些财税部门为完成收入任务可能会收"过头税"，造成经济"雪上加霜"；而经济过热时，一些财税部门完成收入任务后为不抬高基数又容易"藏富于民"，该收不收，造成经济"热上加热"。

（3）财政支出对经济建设的投入较大。我国基础建设较为薄弱，社会事业发展相对滞后，社会保障总体标准较低，且农村人口所占比例高，地区间、城乡间基本公共服务水平差距较大。但有限的财力对经济建设领域介入过多，财政支出的民生性与公共性不足，提升人民生活水平的财政长效机制尚未形成。例如，2001～2015年我国财政用于固定资产投资的预算内资金的平均增速是同期公共财政支出增速的1.3倍。

（4）财政支出结构呈现僵化固化趋势。我国目前与财政收支增幅或GDP挂钩的重点支出涉及七类，其中由相关法律规定的财政支出挂钩机制包括教育、科技和农业三个，由国家中长期规划和中央政策性文件规定的财政支出挂钩机制包括文化、医疗卫生、社保、计划生育四个领域。2013年上述与财政收支增速或GDP挂钩的重点支出也只占全国财政支出的47.5%，显然这个占比是较低的水平。

（5）公债发行规模及赤字率居高不下。红线3%的赤字率、红线60%的负债率是一个国际惯例，而近年来我国的财政赤字和公债规模逐步扩大、赤字率空间大幅缩小、社会舆论压力增大。我国从2008年实施积极财政政策以来，赤字率从0.6%稳步攀升至2016年的3.0%。随着目前宏观经济下行压力犹存及地方政府举债机制的规范化，积极的财政政策需要提升的赤字率已经面临着红线制约。

（6）各级政府所面临的或有债务风险。2015年后中央及地方政府依法合规的债务规模（显性债务）已经清晰，但或有负债（担保＋承担救助）规模仍不确定，明确的数据：2014年地方政府或有债务为8.6万亿元、六批专项建设基金1.8万亿元，2015年末城镇职工基本养老保险个人账户空账高达4.7万亿元（空账率超九成），简单合计14万亿元；估测地方政府尚未纳入的偿债和隐性债务高达24万亿元。

（7）部分地方政府的债务风险开始显现。由于长期的财政体制原因，地方政府债务是我国财政债务不确定性的主要因素。2015年我国建立了地方政府债务限额管理制度，2016年底地方政府债务余额达到15.32万亿元，债务率为80.5%，部分地方政府债务负担较重、偿债能力严重不足，债务偿还过度依赖土地出让收入，或通过举借新债偿还旧债，甚至出现逾期债务。

（三）完善财政风险管理机制

1. 确立财政风险管理的过程

为规避财政风险、实现社会资源效用最大化，我们可借鉴一般风险管理理论，建立和完善财政风险管理机制。财政风险管理可分为以下三个主要过程：

（1）风险确认。风险确认是风险管理的第一步，也是最重要的环节。倘若不能准确地确认风险所在，就无法分析及预测财政危机，当然也无从制定对策以控制财政风险。一般来看，所有风险都可以由自然环境、社会经济环境、政治及法律因素风险、经营风险、意识及沟通因素五大类环境或因素引发，财政风险的确认也应当围绕这些基本因素进行，只是需要引入公共财政领域的特殊背景和制约条件。

（2）风险评估。当财政风险被确认后，就需要进行风险评估。风险评估就是对确认后所存在的风险做分析及量度，然后再做进一步的管理，从而将可能发生的财政危机所造成的直接和间接损失减到最低，并将其控制在可接受的水平之内。财政风险评估一般包括风险损失的划分和风险类别的定位，运用的分析方法主要包括定量分析法和定性分析法。

（3）风险控制。风险控制是财政风险管理过程中的最后一个步骤，也是整个财政风险管理成败的关键所在。风险控制的目的在于改变财政所承受的风险程度，而财政风险管理的主要功能是帮助政府规避风险、避免损失、减低损失的程度。当财政危机造成的损失不可避免时，务求尽量降低财政风险对财政体系和经济社会运行所带来的不良影响和后果。

2. 明确财政风险管理的关系

理论上，上述每个过程都有其完整的概念及独立的功能，但在实际应用上，这三个过程或环节是紧密而不可分割的。当确认财政风险后，很自然会评估重要性和严重的程度。作为一个理性的人，绝不会对已知的和存在的风险视而不见，必须有针对性、有效性的行动或举措。而行动的定义并非指一定要对风险进行控制，而是考虑如何以及怎样控制，应确定选取哪一种控制方法及其分析决策的方式。

主动地控制财政风险，希望回避风险的负面影响，把损失降到最低，是财政风险控制的实质。政府财政管理是由理性的个人来进行的，政府财政从某种意义上说也是一个更加复杂和庞大的市场主体，只是其拥有不同于简单的利润和市场价值最大化的管理目标，因此可以对一般风险管理的技术手段加以有效利用。

本 章 小 结

• 财政监督是指国家为保障财政分配活动正常有序运行，对相关主体的财政行为进行监控、检查、稽核、督促和反映的总称。有广义和狭义之分，前者包括各级人民代表大会及其常务委员会、审计、财政、税务等部门和资金使用单位，以及相关的社会机构等对财政分配活动及其管理工作进行的财政监督；后者即通常意义上的财政监督，是指财政机关在财政分配过程中依法对国家机关、企事业单位、社会团体和其他组织或个人所开展的财政监督活动。

• 财政监督是凭借国家政治权力的监督、是对政府权力的一种制约、是实现财政分配职能的手段、是财政管理的重要组成部分。它具有管理性、及时性、防范性的特征，与人民代表大会监督、审计监督、行政监察和其他政府部门经济监督等共同构成了层次清晰、相互补充、不可替代的经济监督体系，它们之间既有联系又有区别。

• 财政监督按工作形式可分为日常监管、专项检查和个案查处，按实施时间可分为事前审核、事中监控与事后检查，按实施方式可分为告知检查与突击检查，按监督主体可分为外部监督和内部监督。遵循依法监督、科学监督、规范监督和综合监督的原则。强化财政监督是推进民主政治的内在要求、实施财政政策的必要条件、提高财政效益的客观需要、防范财政风险的基本手段、促进廉政建设的重要举措。

• 财政监督机构包括中央财政监督机构和地方财政监督机构两大类：中央财政监

督机构的设置从中央到省、自治区、直辖市、计划单列市，包括财政部监督检查局和财政部派驻专员办事处。地方财政监督机构包括省、市、县各级财政机关的监督机构和派出机构。

• 财政监督机构具有依法检查权、要求报送权、调查取证权、依法查询权、登记保存权、制止纠正权、建议报告权和行政处罚权等权力。财政监督机构的重点是围绕财政收入监督、财政支出监督、财政会计监督和财政内部监督等。

• 财政监督业务包括审批、调查和检查等，但各种业务的操作程序有所不同。其流程主要包括送达通知、实施检查、按章审理、处理告知、做出结论和决定执行。其方式包括监控、督促、调查、核查、审查、检查和评价等。

• 财政监督机制是指财政机关在对国家机关、企事业单位及其他组织涉及财政收支事项及其他相关事项的管理运行过程中，与其有关的各个构成要素之间的相互连接形式和彼此作用关系，具有系统性、客观性和地方性的特征。

• 我国财政监督机制存在法制建设明显滞后、职责权限模糊不清、覆盖范围不够全面和监督方式较为落后等问题，因此应积极推进财政监督的法制建设、科学划定财政监督的职责权限、合理扩充财政监督的覆盖范围和不断创新财政监督的方式方法。

• 财政风险是指政府不当的财政行为或财政领域中各种不确定因素，给政府财政活动和社会经济带来的各种潜在危害的可能性。财政风险具有存在的客观性、性质的公共性、表现的集中性、范围的社会性、化解的艰巨性和过程的长期性等特征。

• 财政风险按风险成因可分为内生性财政风险和外生性财政风险，按风险发展程度可分为初始性财政风险、发展性财政风险和结局性财政风险，按风险显露程度可分为显性财政风险和隐性财政风险，按风险影响层次可分为宏观财政风险、中观财政风险和微观财政风险，按风险行为主体可分为中央财政风险和地方财政风险，按财政管理层次可分为财政的核心风险、分配性财政风险和摩擦性财政风险。

• 我国财政风险包括财政收入、财政支出、财政投资、财政赤字、财政国债、财政制度、财政政策、财政道德八类风险，其特点表现为风险所处的转轨性、涵盖范围的广泛性、风险程度的深刻性、风险发展的机遇性和影响因素的复杂性。

• 财政风险的主要表现为债务问题、社会保障、收支结构、管理水平、目标冲突、制度错位、意外因素的财政风险和其他风险转嫁的财政风险；其成因是财政收入增长大大快于GDP增长、财政收入表现为"顺周期"的趋向、财政支出对经济建设投入较大、财政支出结构呈现僵化固化趋势、公债发行规模及赤字率居高不下、中央及地方政府面临的或有债务风险和部分地方政府的债务风险开始显现。

复 习 思 考

一、概念题

财政监督　财政内部监督　财政外部监督　财政专项检查　财政告知检查
财政风险　内生性财政风险　外生性财政风险　显性财政风险　隐性财政风险

二、思考题

1. 什么是财政监督？为何要强化监督环节？
2. 财政监督的特点和原则有哪些？
3. 如何运用财政监督的权力加强其监督工作？
4. 财政风险有哪些特征和分类？如何加强管理？
5. 如何针对财政风险的形成原因采取防范措施？

三、分析题

新时代 新作为 新成效——2017年财政监督工作亮点纷呈

2017年，财政部监督检查局将保障中央政策顺利实施、维护中央政令畅通作为财政监督的根本出发点和落脚点，积极创新工作方式方法，财政监督工作取得新成效。

一、加强财政扶贫资金监督——保证将钱花在刀刃上

进入新时代，党的十九大发出了精准脱贫攻坚战的总攻令。习近平总书记发出掷地有声的庄严承诺："全面建成小康社会，一个不能少；共同富裕路上，一个不能掉队。"责重山岳，时不我待。财政扶贫资金用得怎么样、好不好，百姓关心、社会关注。财政部要求切实加强资金监管，让扶贫资金真正用在扶贫一线，用出精准效益。

财政部监督检查局与国务院扶贫办开展了2015～2016年财政扶贫资金的专项检查工作，这是中央实施扶贫战略以来对财政扶贫资金开展的最大规模的检查。检查覆盖了22个省区市的874个区县，涉及扶贫资金484.5亿元。检查发现扶贫资金管理使用存在虚报冒领、贪污侵占、挤占挪用等问题资金31.17亿元，为此国务院领导做出重要批示，要求进一步加大监管和处罚力度，完善资金管理制度。

严肃追究责任，斩断伸向扶贫资金的"黑手"。监督检查局下发通知，要求各地严肃处理各类违法违规问题，落实责任追究机制。与此同时，将涉嫌违法违规问题列出清单，移交中纪委和监察部进一步执纪问责；向社会公开15个典型案例和处理结果，以儆效尤，切实推动各地落实整改；财政部下发了《关于进一步加强财政扶贫资金监管确保脱贫攻坚成效的意见》，建立扶贫资金全过程监管机制。截至2017年底，已追回违法违规问题资金7.3亿元，对231人追究党纪政纪责任，通报及诫勉谈话201人，移送司法机关14人。典型案例公布后，社会反响热烈。网友纷纷留言：扶贫资金不是"唐僧肉"，要严肃追责蝇贪巨腐，为财政部这项工作点赞！

二、严肃财经纪律——做好中央部门预算资产财务管理的"体检"

根据中央经济工作会议的决策部署，深入推进中央部门预算管理改革，防止和避免财政领域乱象，2017年监督检查局对13家中央部门财经纪律执行情况进行检查。这次检查是按照财政部的规定要求，在各部门自查自纠的基础上，对有关部门进行的重点抽查。

"公帑不可靡费，重点抽查是对中央部门预算资产财务管理的一次体检"。有关负责人强调，《政府工作报告》要求各级政府要坚持过紧日子，中央部门要带头，坚守节用裕民的正道。但检查中发现，有些部门仍然存在预算管理松弛、资产管理不严和财务管理薄弱等问题。国务院领导做出重要批示，要求各部门高度重视问题，加强整改，严肃问责。

三、助力打造"阳光财政"——首次发布地方预决算公开度排行榜

为有效贯彻实施《预算法》，财政部监督检查局 2015 年以来组织开展地方预决算公开情况专项检查，并向地方党委政府通报情况，点名批评连续未公开预决算的省级部门，2017 年首次向社会发布地方预决算公开度排行榜。2016 年和 2017 年分别有 28 个和 34 个省（区、市）及计划单列市的党政领导，表示加强整改。2016 年与 2015 年相比未公开预决算的部门由 9.3 万个减少到 1 515 个。

多家新闻媒体为此发表社评社论。澎湃新闻社论认为，建立公开度排行榜，推动地方预算决算公开，让每一笔公共资金晾晒于阳光下，无疑是一次可圈可点的财政创新。审视这份榜单，各地预算决算公开程度一目了然，有利于保障社会及公众对财政的知情权、参与权和监督权。《新京报》社论认为，较之民间机构发榜，权威部门发布榜单，对于"后进"的敦促价值更为直接，也释放出更强的治理信号。

四、强化会计监督维护市场经济活力——积极服务"一带一路"倡议实施

落实国家"放管服""去产能"等政策与改革要求，优化监管方式、改进监管工作是财政部门加强事中事后监管的重要内容。监督检查局按照"双随机、一公开"的原则，选取重点行业和重点领域开展会计执法检查。例如，2017 年根据钢铁煤炭类公司证券市场的总市值排序和中国互联网协会公布的互联网企业百强名单，随机分别抽取 10 户进行检查；随机抽选 1 000 余家会计师事务所开展执法检查，切实增强社会审计机构的服务能力。

2017 年通过开展会计监督检查，各级财政部门处理处罚相关责任人员 498 名。通过检查维护公平公开的市场环境，让失信者寸步难行。特别是地方债务监管中，财政部首次对相关社会审计机构开出罚单，推动形成全方位、多维度地方债务监管机制。从发布的财政部会计信息质量检查公告（第 38 号）显示，财政部对江苏省某市县地方债发行中负有审计责任的会计师事务所依法对 4 名签字注册会计师予以行政处罚等。

不断健全跨境监管合作机制，促进构建财经外交新格局，保障国家经济安全和利益，积极服务"一带一路"倡议实施，为中国企业"走出去"营造良好政策环境。主要包括：圆满完成金砖国家厦门会晤审计监管合作磋商；全面深化与美欧日等国家和地区的审计跨境监管合作，与日本金融厅签署审计监管合作换函，为两国企业跨境发行债券提供便利；加强跨境监管研究和人才队伍建设。

五、深化内部控制和内部审计——促进制度落地实施

内部控制是政府风险防控的重要制度，也是完善国家治理体系的重要保障。财政部率先在财政系统内推行内控建设，发挥示范引领作用，体现责任与担当。2017 年监督检查局组织开展了财政部机关内部控制考核评价工作，机关各司局及信息网络中心等 28 个单位进行自查评价，牵头单位对 16 个司局开展专项考核评价，监督检查局对 12 个司局进行综合考核评价。与此同时，积极做好地方财政内控工作的指导。

内部监督（内审）和内部控制已经成为财政部预防风险、查找"病灶"的利器，并做到了常做常新：突出重点，优化方式方法；及时探照，查找问题苗头。监督检查局

对13家专员办15名领导干部开展经济责任审计，认真督促问题整改，及时消除风险隐患；加强与内控检查、干部选拔任用检查等工作的统筹协调，发挥协同效应；印发《财政部领导干部经济责任审计实施办法》，推动建立内部监督制约长效机制。

六、开展理论研究和制度建设——筑牢财政监督改革发展基础

加强理论研究是推进财政监督改革的重要途径。监督检查局充分利用部校共建平台，整合智力资源开展《现代财政制度下的财政监督理论与制度创新研究》《财政违法行为责任追究问题研究》，发挥理论研究的借鉴指导作用。

现行《财政违法行为处罚处分条例》（以下简称《条例》）发挥着财政监督基本法的作用，《条例》的修订已形成初稿；做好《预算法实施条例》等法规的修订和意见征询工作，研究提出修改意见；加强对《中华人民共和国监察法》《会计法》《财政行政许可实施办法（征求意见稿）》《私募投资基金管理暂行条例（征求意见稿）》等待出台或修订的法律法规研究，提出与财政监督法规相适的意见。

完善执法检查制度办法，促进依法行政。制发《财政部关于全面加强和规范执法检查工作的意见》，聚焦财政执法检查，厘清执法检查与预算监管、执法检查机构与业务管理机构的关系，明确执法责任及行为规范，推动执法检查依规开展。

要求：请根据上述资料，分析财政监督的重要性及财政资金违规使用的特点和原因，以及完善财政监督管理机制的具体方法。

外国财政管理

外国财政管理是各国及其财政部门贯穿于财政分配活动始终、几乎覆盖所有财政领域及其过程的一项经常性工作。从财政体制和收支，到预算编制、执行和决算等都需要财政管理。发达国家实行市场经济已有几百年的历史，逐步形成了一套适应市场经济发展的财政管理体系。本章阐述和分析外国的财政管理理论、财政收支管理和财政管理比较，主要包括财政管理的基本含义、公共治理、理论基础和主要内容，美国、德国和韩国的财政收支管理，以及财政管理体制、税收制度结构、政府预算管理和财政绩效管理的比较。其重点是财政管理的内容、财政收支和管理比较，难点是财政管理理论及其比较。

■ 第一节　财政管理理论

一、财政管理相关概念

（一）财政管理的基本含义

财政管理（fiscal management）是指一国政府为履行职能对所需的物质资源进行的决策、计划、组织、协调和监督活动的总称。即政府筹集、使用监管评估资金的活动，强调财政管理的公共属性。它既是政府管理活动的重要组成部分，又是政府活动的物质保障。财政管理对政府管理的重要性而言，是由财政的政治和经济的双重属性决定的。

西方发达国家公共财政管理的基本特征是相对分权化的财政体制框架和相对集权化的财政管理框架。财政管理的目标大体上可分为三个层次：一是宏观层面解决现代财政的制度化问题；二是中观层面解决财政运行的机制和过程问题；三是微观层面解决具体的财政管理实践问题。

（二）财政公共治理的方式

人们认识公共治理与经济发展之间的联系很早，但在财政管理中引入与公共治理相关的制度和实施机制，则始于 20 世纪 80 年代。目前许多发达国家（主要是 OECD 国家）致力推动的核心工作就是促进良好的公共治理，而健全的财政管理是建设良好的公共治理的基石。人们普遍认为，规范的财政公共治理方式主要包括以下五个方面：

1. 财政受托责任

受托责任要求政府官员具有胜任其活动的能力，财政官员受托政府管理财政，因而财政受托责任主要包括三个层次的要求：一是要求政府对社会公众负责，即政府有责任在规定的质量、成本及时间上向公众提供优质的公共产品和服务；二是行政对立法负责，即政府有责任定期内就资金去向及其效果等问题接受立法机构的质询，并对相关财政事项及其行为后果负责；三是上下级间的财政官员相互负责，即财政管理中的宏观经济预测、财政政策的制定和咨询，以及支出预算的执行相互承担强有力的内部受托责任。因此，受托责任的履行不仅在于提高财政资金的利用率，更重要的是提高公共部门的运作效率。

2. 财政的透明度

根据西方经济学家的解释，财政的透明度是指公众以较低的成本获取与政府财政财务管理有关的所有有用的财政信息，包括政府的结构和职能、财政政策取向、公共部门账目和财政筹划等。着重强调明晰的财政职能和责任，预算编制、执行和报告过程的公开操作，公众获取信息的可能性，对财政预测、财政信息和各账目进行独立审核等。1998 年国际货币基金组织（International Monetary Fund，IMF）就明确财政角色、财政责任和公开事项，这些规定对发达国家、发展中国家和转轨国家都具有可应用性。因此，保证财政信息的可靠性、真实性、完整性、安全性和针对性是极为重要的。

3. 政策的预见性

可预见性来源于法律法规的清晰性、预先可知及统一和有效的实施。财政资源的预测能力直接影响到政府官员对战略性优先项目的选择和公共服务规划的制订，而这又直接影响到私营部门对其生产、营销和投资过程中的决策。财政资源缺乏"可预见性"将破坏资源分配的战略优先性，使财政官员难以对服务供应做出规划。因此，制定并实施统一有效的法律法规来增强公共部门对财政资源的预测能力，使财政官员能对政府支出总额及其在各部门之间的配置做出客观的预测，不仅提高了预算的准确性，也对私人部门的生产经营及投资决策提供了重要指南。

4. 绩效导向管理

绩效导向型财政管理是以绩效为导向，以财政成本效益为衡量标准，以财政支出效果为核心的财政管理方式，也是以改进公共服务质量为宗旨的财政管理改革。将绩效管理贯穿融合在财政收支管理过程，以及政府预算编制、执行、决算和评价等环节，加强财政绩效评价结果的反馈和应用，可以增强财政预算决策的科学性；将财政预算绩效管理作为提高财政资金使用效益的有效手段，以提高财政支出效果作为下一步财政监管的重点，以财政绩效评价结果的公开来回应社会的质疑，提高财政管理质量和资金使用效率。

5. 社会公众参与

政府财政预算是政府为公众提供公共产品和服务的计划与成本核算工具，因此支出预算的制定和顺利实施，必须有相关利益主体以适当方式参与，以获得社会的广泛认同和政治上的可接受度。可以说，健全的公共预算管理，需要有政府官员、雇员和其他与财政利益相关者的积极参与，主要包括监管财政支出机构的营运效率和服务质量。此外，对政府服务的便利程度和质量优劣，以及相关项目运作效率进行监控，也必须有服务客户的反馈信息和外部实体的积极参与。

上述财政公共治理的五个要素是一个有机的整体，任何一项均不能单独存在，每一项要素都对实现其他四项要素起到重要的推动作用，只有五个要素的有机结合才能实现稳健发展的财政管理目标。

二、财政管理理论基础

(一)联邦主义的财政理论

1. 财政联邦主义的基本含义

联邦主义(federalism)是国家政府与地区政府分享宪制上的主权，以及拥有不同事项管辖权的政治体系。联邦主义财政理论也称财政联邦主义(fiscal federalism)，它是联邦主义一词的延伸，虽是经济学概念，但仍具有政治意义上联邦主义的特征：一是中央与地方的分权；二是中央与地方政府职能的划分。从某种意义上说，它是一种关于财政分权的理论学说，是给予地方政府一定的税收权力和支出责任范围，并允许地方政府自主决定其预算支出规模与结构，其重点是在明确中央政府和地方政府财政职能分工的基础上，强调地方财政的自主性和独立性。

马斯格雷夫认为，围绕"财政联邦主义"的问题，实际上是关于财政事务的空间安排及在各种管辖权内对这些事务的管理；萨缪尔森和诺德豪斯认为，财政联邦主义就是指不同层次政府的财政责任的划分。可见，财政联邦主义最简单的含义就是指多级政府间进行财政职能分工的体制或原则。政治上是单一制的国家，在财政上有可能是联邦主义。财政联邦主义要解决的问题是各级政府间的财政收支关系如何确定，财政体制如何建立更能充分体现财政职能，如何使财政体制的运行更加有效等。它是处理中央政府与地方政府之间财政关系的一种制度设计，完全可以说是对财政分权理论的一种概括。

2. 传统的财政联邦主义理论

传统财政联邦主义理论研究财政分权，其代表人物为蒂布特(Tiebout)、马斯格雷夫(Musgrave)和奥茨(Oates)等。蒂布特模型证明了地方政府存在的合理性，为奥茨的分权定理及后来财政分权理论的发展提供了思想的起源。马斯格雷夫强调，为地方政府制定正确的税种和支出可以改善该地区的福利，同时他在《公共经济理论》中的理论观点为新财政联邦主义指明了方向。

传统的财政联邦主义理论认为，通过财政分权方式，由一组分散化的地方政府与中央政府分工提供公共产品具有显著的优势，因为地方政府可更切实地掌握本地居民的多样化偏好而更好地满足其需求，且由地方政府分散化提供公共产品可提高供给效率。该理论是一种规范分析，从系统视角考察官员的动机，且假设公共政策的制定者是善良的社会福利最大化的践行者。

3. 新财政联邦主义理论框架

新财政联邦主义理论有一个前提：财政分权比集权能为政府提供更好的激励来推动市场的发展和经济的繁荣；两个新重点，即抛弃政府的天然良善，强调地方政府拥有其政治和财政动因；两个问题，即在什么情况下地方政府有最大化福利的动因，新理论透过财政问题探讨在政府和经济代理人之间的一般关系；两种机制能将地方政府的利益与经济繁荣保持一致，即地方辖区间存在竞争使中央政府对地方政府的强烈干预可能使其丧失生产要素，在地方财政收支之间的紧密联系意味着地方政府官员可能有强烈的财政能力激励去扶持一个兴盛的地方经济。

在传统的财政联邦主义的基础上，温加斯特（Weingast）等人引入了政府的内部激励问题，从而形成了新的财政联邦主义理论。该理论认为，政府会追求自己的私利，因而强调政府内部激励对政府行为的约束作用。Montinola，Qian and Weingast、Weingast、McKinnon、McKinnon and Nechyba 和 Qian and Weight 等人主张的"市场维护型的财政联邦主义"进一步发展了第二代的财政联邦主义。财政联邦主义理论的发展伴随着各国经济发展不断丰富，研究范围也不断扩展与细化[①]。

（二）政府间财政关系理论

1. 施蒂格勒最优分权理论

美国经济学家乔治·施蒂格勒在 1957 年发表的《地方政府功能的有理范围》一文中对"为什么需要地方财政"的问题做了公理性解释，他的研究主要集中在地方政府存在的合理性方面，其结论主要包括：一是与中央政府相比，地方政府更接近于自己的民众；二是一国国内不同的人们有权对不同种类和不同数量的公共服务进行投票表决。

由此施蒂格勒认为，为实现资源配置的有效性和分配的公平性，决策应在最低行政层次的政府部门进行。有些学者认为，他的结论过分强调了分级财政管理的必要性，对中央政府决策的否定偏于极端。事实上，施蒂格勒本人并没有完全否定中央政府的作用，他认为行政级别较高的政府对实现配置的有效性和分配的公平性也十分必要，尤其对解决分配的不平等和地方政府之间的竞争与摩擦问题，中央政府是恰当的选择。

2. 夏葡政府职能分权理论

美国经济学家夏葡认为，不同级次的政府及部门具有不同的职能，相互间不能替代。因而应明确各级政府职能，把特定职能分派给执行最有效的政府，然后再依据各级政府正常行使职能的财力需要，相应划分财政管理权限。从国家经济职能看，实现调控职能要由中央政府实施，社会福利分配职能也应由中央政府执行。

资源配置的目的是获得最大的效用，消费者的满足程度应是选择资源配置取向的参照标准。从公共产品需求而言，消费者的意愿一般具有明显的地域性，而地方政府恰好能敏感地顺应其区域利益，可取得资源配置的最佳效果。显然，该理论与施蒂格勒的分权理论如出一辙，其主要区别是：施蒂格勒着重公众需要，而夏葡着重政府职能发挥。

---

① 吴俊培，李淼焱. 财政联邦主义理论述评[J]. 财政监督，2012（33）：23-28.

3. 埃克斯坦受益原则分权理论

美国经济学家埃克斯坦认为，应按受益原则划分中央政府和地方政府的财政权力。其基本含义是指依照公共产品的受益范围来有效地划分各级政府的职能，并以此作为分配财权的依据。因此，有益于某一地区的公共产品应当由地方政府来提供，而有益于全体国民的公共产品应当由中央政府来提供。

有些公共产品虽只涉及某阶层或某些人，但因对全社会和国家发展至关重要，也要由中央政府来提供，如对残障儿童的特殊教育、特困地区和受灾地区的专项补助等。同时埃克斯坦深入阐述了政府职能划分的依据，表达了力主分权的倾向。

4. 特里西偏好误识分权理论

美国经济学家特里西（Ricard W. Tresch）认为，以往的分权理论由于把中央政府放在最优环境下进行分析，而未考虑中央政府有可能错误地认识社会偏好，从而错误地把其偏好强加于全民。他通过数学模型证明，如果一个社会能获得完全的信息，且经济活动也是完全确定的，那么由中央政府还是由地方政府对社会公众提供公共产品都是无差异的。

社会经济活动并不完全具有确定性，假定地方政府十分了解本地区居民偏好，能以完全的确定性知晓任何一位公民的个人偏好中的边际消费替代率，而中央政府则对全体公众的偏好了解得不清楚、不细致，那么中央政府在确定每位居民的边际消费替代率时是有随机性的，并在提供公共产品过程中发生偏差，即公共产品提供或过多或不足，在此情况下为回避风险就应让地方政府来提供公共产品。

上述理论从多角度说明，财政在中央政府与地方政府之间进行的财政分权本身是有意义的，完全否定财政分权的观点是不能成立的。在一定条件下，某些公共产品由地方政府提供就比中央政府提供更有效率，这也为市场经济条件下绝大多数国家实行集权与分权相结合的、多级化的财政体制提供了充足的理论依据。

三、财政管理主要内容

西方国家财政管理的内容主要包括公共财政的组织管理、决策管理、部门管理和信息管理四个方面。

（一）公共财政的组织管理

西方学界认为，公共财政的组织结构内涵承接于公共财政职能。而对职能表述比较一致的观点是资源配置、收入分配、经济稳定的职能。履行公共财政职能必须凸显财政管理体制作为财政管理核心的管理制度，其实质是国家管理、规范财政分配关系，划分各级政府之间财权和财力或同级政府各财政职能机构之间职责分工的根本制度。

（二）公共财政的决策管理

西方学界普遍认为，公共财政决策既是公共财政管理的起点，又贯穿于公共财政管理过程的始终。公共财政管理过程是一个不断决策和实施决策的过程，从一个孤立的管理过程来看，公共财政管理过程可分为财政决策制定、决策实施、决策评估和决策终结等环节。

（三）公共财政的部门管理

西方发达国家财政部门设置的原则是一级政权、一级财政，其目的是保证各级政府财权和事权的统一。财政管理从上到下形成了一个以财政税务部门为主体，其他有关单位为辅助的管理系统。在联邦或中央设置财政部（署）、预算署和税务总局，在地方各级政府设置财政局、国家税务局和地方税务局等，分别负责编制预算和组织财政收支管理等。

（四）公共财政的信息管理

西方发达国家公共财政的信息化程度很高，为公共财政管理实施提供了重要的基础和保证，能比较全面、及时、准确地提供公共财政管理决策和计划所需信息。同时还为财政活动进行有效控制和监督提供了重要依据。

第二节　财政收支管理

一、美国财政收支管理

（一）美国财政概况

美国是美利坚合众国的简称，英文为 United States of America 或 America。总人口3.2 亿（2016 年统计），首都华盛顿，是当今世界上唯一的"霸权"超级大国。美国是典型的联邦制共和立宪国家，分为联邦、州和地方三级政府，但其地方政府的概念与单一制国家是不同的。例如，中国是单一制国家，其地方政府指的是中央政府隶属下的各级政府，包括省、市、县、乡（镇）四级地方政府。美国地方政府特指州及州以下的各级政府，共有 50 个州政府、1 个特区（华盛顿哥伦比亚特区）、89 055 个地方政府（2012 年统计），且形式多样，包括县郡、自治市、镇和特别区等。

美国宪法是最重要的法律来源，其他法律都源于宪法并低于宪法的效力，任何法律不得与宪法相抵触。其经济高度发达，经济总量长期居世界首位（国际货币基金组织公布 2016 年的 GDP 为 18.57 万亿美元），人均 GDP 高达 10.32 万美元。2017 年 12 月美国参议院通过、总统特朗普签署了 1.5 万亿美元税改法案。美国财政体制与三级政府相对应，也是按联邦、州和地方三级划分，各级政府均拥有各自的财政收入和支出范围，权利和责任既有区别又有侧重，同时又是相互交叉和互为补充的关系。美国财政法制非常健全，故此财政管理也较为科学、规范。

（二）美国财政支出

1. 政府支出责任

美国宪法明确了政府的主要职责，各级政府在事权与支出责任中需要提供大量的公共服务。其中，联邦政府主要承担受益范围和需求具有全国性的公共服务，主要经济职责是保持宏观经济健康发展，向州和地方政府提供拨款、贷款和税收补贴；州和地方政府主要承担受益范围和需求具有地方性的公共服务，其主要职责是提供公共服务，如公共教育、公路、供水及污水处理和法律实施等。

具体来讲，美国联邦政府负责国防、国际事务、社会保险和公共福利，以及其他州和地方政府不涉及的事务；州政府主要负责医疗卫生、高等教育和中学、养老、公共福利事业、高速公路运输和公共安全等事务，其中医疗卫生和教育支出是州政府的主要支出，养老、福利事业、交通运输、公共安全和一般公共管理事务支出是州政府的重要支出。

2. 财政支出规模

（1）全国财政支出规模。随着美国社会经济的发展，其政府的事权和支出范围也随之不断扩大。20 世纪 30 年代末，政府财政支出占 GDP 比重达到 20%以上；第二次世界大战期间，美国军费开支急剧增加，1945 年高达 51.8%，成为历史峰值；1985 年政府财政支出占 GDP 的比重为 35%，并在 1990～1991 年经济衰退时增至 36%，1992 年降至 32.8%，2009 年达到近年来 41.4%的最高值。2011 年美国"9·1"事件后国防开支逐步增加，其占比稳定在 35%～40%，2017 年为 36.3%。如表 13-1 所示。

表 13-1 美国 2008～2017 年联邦、州和地方政府财政支出情况

财政年度	GDP（千亿美元）	全国财政支出（千亿美元）	联邦政府财政支出（千亿美元）	联邦政府转移支出（千亿美元）	州政府直接支出（千亿美元）	地方政府直接支出（千亿美元）	全国支出占GDP/%	联邦占总支出/%
2008	147.19	53.56	29.83	−4.61	12.60	15.75	36.39	55.69
2009	144.19	59.69	35.18	−5.38	13.41	16.47	41.40	58.94
2010	149.64	59.60	34.57	−6.08	14.58	16.53	39.83	58.00
2011	155.18	61.51	36.03	−6.07	15.09	16.46	39.64	58.58
2012	161.55	61.40	35.37	−5.45	14.97	16.51	38.01	57.61
2013	166.92	60.87	34.55	−5.46	15.17	16.62	36.47	56.76
2014	173.93	61.91	35.06	−5.77	15.50	17.19	35.59	56.63
2015	180.37	64.62	36.88	−6.24	16.34	17.63	35.83	57.07
2016	185.69	67.19	38.53	−6.58	17.08	18.16	36.18	57.34
2017	191.62	69.47	39.81	−6.82	17.80	18.69	36.25	57.31

资料来源：美国政府支出网 www.usgovernmentsspending.com. 数据整理

（2）政府财政支出规模。从美国各级政府财政支出情况看，2017 年联邦政府直接财政支出为 3.98 万亿美元，占全国财政支出的比重为 57.31%；州政府直接财政支出为 1.78 万亿美元，其占比为 25.62%；地方政府直接财政支出为 1.87 万亿美元，其占比为 26.90%。从近年来州和地方政府财政支出规模看，2008 年地方政府财政支出明显高于州政府，而 2017 年两者差距明显缩小，地方政府财政支出数额略高于州政府。这说明美国联邦政府事权有下移的趋势，州政府事权明显增加，地方政府事权相对稳定。

3. 财政支出结构

（1）政府财政支出类别结构。在美国政府财政支出结构中，其支出类别主要集中在国防、社会保障（包括养老金、卫生保健、福利等）、教育、社会服务（社会保护、一般政府支出和其他支出等）和经济支出（交通运输、公债利息）等方面。1980～2017 年美国政府支出类别结构的变化反映出，社会保障支出大幅增加，卫生保健支出增长

最多，教育支出在 2010 年前呈上升趋势，交通运输支出有所下降，社会保护支出有所上升，一般政府支出则相对稳定。如表 13-2 所示。

表 13-2　美国 1980～2017 年政府支出结构　　　　单位：千亿美元

财政年度	养老金	卫生保健	教育	国防	福利	社会保护	交通运输	一般支出	其他支出	利息支出	总支出
1980	1.48	0.87	1.52	1.68	0.95	0.28	9.57	0.34	1.10	0.67	9.40
1990	3.10	2.25	3.05	3.42	1.64	0.75	1.04	0.60	2.65	2.34	20.83
2000	5.58	5.01	5.57	3.59	2.27	1.47	1.65	1.08	3.29	2.93	32.46
2010	9.73	11.09	9.21	8.48	6.71	2.52	2.77	1.66	4.43	3.02	59.60
2011	10.14	11.83	9.03	8.79	6.33	2.54	2.74	1.65	5.07	3.38	61.52
2012	10.61	11.78	9.20	8.51	5.50	2.54	2.82	1.70	5.42	3.29	61.40
2013	11.28	12.34	9.15	8.20	5.16	2.55	2.80	1.69	4.40	3.30	60.87
2014	11.84	12.97	9.63	8.01	4.70	2.61	2.89	1.68	4.22	3.36	61.91
2015	12.38	14.29	10.26	7.99	4.48	2.70	2.99	1.71	4.55	3.29	64.62
2016	12.79	15.32	10.45	8.14	4.48	2.78	3.08	1.77	4.92	3.45	67.19
2017	13.17	15.90	11.06	8.24	4.36	2.82	3.19	1.79	5.26	3.68	69.47

资料来源：根据美国支出网 www.usgovernmentspending.com.整理

（2）联邦政府财政转移支付。美国的联邦、州和地方政府，有各自的事权与支出责任。联邦政府 2007～2017 年财政支出占全国财政支出均在 55%以上，其中每年将一部分财政收入转移给州和地方政府，扣除转移支出后形成本级政府支出。州和地方政府对转移支付的依赖性强且差别较大，如地方政府从联邦政府获得的转移支付远小于州政府，但联邦对州政府的补助有的则从州政府转移到了地方政府，并在统计中作为州政府的转移支付。

美国联邦政府向州及地方政府财政补助有公式补助和自主补助两种方式，前者是根据数学公式和相关统计数据确定有资格的补助对象和补助金额，旨在将有限的财政资金公平、有效地分配给补助对象；后者是财政部根据具体情况决定的、非固定公式和程序的、年度性的财政补助。其公式补助额占总补助额比重很大（高达 70%～80%），一般是通过具体项目予以下拨，且涉及众多领域、类型各异，每个项目都有与之对应的补助公式。

（三）美国财政收入

1. 财政收入规模

（1）全国财政收入规模。美国财政收入规模在很大程度上取决于财政支出规模，决定着政府职责和范围，从而影响其经济增长和社会发展。为满足政府公共财政支出的需要，必须有政府财政收入作为保障。1980 年美国财政收入为 0.89 万亿美元，2000 年达到 3.68 万亿美元，2017 年高达 6.23 万亿美元（占 GDP 的 32.51%），与 1980 年相比增长了 6.0 倍。从全球视角看，美国财政收入占比在发达国家属中等水平，但其绝对规模世界排名第一。

（2）政府财政收入规模。美国联邦、州和地方三级政府中，联邦直接财政收入约占总收入的一半。例如，1980 年、2017 年联邦政府财政收入分别为 0.52 万亿美元和 3.32 万亿美元，分别占当年美国财政收入的 58.43%和 53.29%。在均衡联邦、州和地方政府财政收入中，其收入分配格局与其支出责任是一致的。如表 13-3 所示。

表 13-3　美国 1980～2017 年联邦、州和地方政府直接财政收入

财政年度	GDP/千亿美元	全国财政收入/千亿美元	联邦政府财政收入/千亿美元	州政府财政收入/千亿美元	地方政府财政收入/千亿美元	财政收入占GDP/%
1980	28.62	8.86	5.17	2.13	1.56	30.95
1990	59.80	19.28	10.32	5.06	3.90	32.24
2000	102.85	36.76	20.23	9.87	6.64	35.74
2010	149.64	47.19	21.63	14.65	10.92	31.53
2011	155.18	50.97	23.04	16.76	11.18	32.84
2012	161.55	48.95	24.50	13.68	10.77	30.30
2013	166.20	55.98	27.75	16.68	11.55	33.54
2014	173.93	60.64	30.22	18.14	12.29	34.87
2015	180.37	60.11	32.50	15.55	12.06	33.33
2016	185.69	61.30	32.68	16.04	12.58	33.01
2017	191.62	62.30	33.15	16.26	12.90	32.51

数据来源：美国政府收入网 https://www.usgovernmentrevenue.com. 总收入/GDP 数据计算整理

2. 财政收入结构

（1）各级政府财政收入结构。美国联邦政府直接财政收入包括税收、商业及其他收入和债务收入，其中个人所得税、社会保障税、公司所得税和从价税是税收主要来源；州政府直接财政收入包括税收、收费、商业及其他收入，以及债务和转移支付收入，其中社会保障税、销售税、个人所得税、公司所得税和运输税等是税收主要来源；地方政府直接财政收入来源和州政府相似，但财产税、销售税和社会保障税等是税收主要来源。

（2）各级政府中的税收地位。1913 年美国引入所得税，并逐步取代关税和销售税而成为联邦税收的主要来源，20 世纪 20 年代公司所得税和个人所得税占联邦税收收入的60%，30 年代后期社会保障税（工薪税）逐渐成为仅次于个人所得税的第二大税种；州政府税收以销售税为主（一般在 50%以上），其次为所得税、消费税和遗产税等；地方政府税收以财产税为主（一般在 70%以上），其次为销售税和个人所得税等。

二、德国财政收支管理

（一）德国财政概况

德国是德意志联邦共和国的简称，德语为 Bundesrepublik Deutschland，英文为 Germany。总人口 8 627.0 万（2016 年统计），首都柏林。与美国体制相同，德国也是一个联邦制国家，分为联邦、州、地区三级政府，共有 16 个州、14 808 个地区。其国

家公共权力分散在联邦、州和地方政府，州和地方政府虽拥有较大的自主权，但必须在联邦法律允许的范围内。德国是一个欧洲老牌的发达工业国，具有特色的社会市场经济体制，各级财政管理部门都需要依照宪法和立法程序办事，且受相应的司法审查监督。

德国州政府自治程度较高，联邦政府不能强制要求州政府实施一些指令。在财政方面需要联邦政府和州级政府相应的财政管理机构之间予以协调，联邦政府也不能越过州政府直接向地方政府下达指令。德国联邦制与美国联邦制的财政差异为：一是明确规定联邦与州的权限，实行专有立法权和共同立法权，具有税收立法权；二是政府和议会在预算管理过程中担任重要的角色，税收征管具有统一性和地方性；三是实行以共享税为主体的分税制财政体制。可见，德国有一个强有力的联邦政府，强调各地区公共服务水平的一致性和责任性，注重相互协调和合作。

（二）德国财政支出

1. 政府支出责任

德国按照《德意志联邦共和国基本法》（以下简称《基本法》）规定不同的各级政府所辖事权，确立了各级政府财政支出的自身责任和共同责任。其政府事权责任与财政支出责任紧密相连，事权越多越复杂，其相应的财政支出责任也就越大。

（1）各级政府财政支出的主要职责。根据《基本法》的规定，德国联邦政府、州政府和地方政府的具体支出责任规定如下。

联邦政府的主要职责范围是：国防、外交和国际事务、邮电、铁路和航空、水运、高速公路和远程公路、社会保障、重大科学研究与开发，跨区域发展，海关和联邦货币金融管理，以及联邦一级的行政事务、财政管理等。

州政府的主要职责范围是：卫生健康、医院保健设施、住房、环境保护、治安和司法管理、社会文化、教育事业（中小学教育和高等教育）和科学研究(联邦参加高校和跨地区的研究开发工作)，以及州一级政府的行政事务和财政管理等。

地方政府的主要职责范围是：地方行政事务、基础设施建设、社会救济、地方性治安保护、公共交通和乡镇公路建设，以及地方城市发展建设规划、当地城镇煤水电等公用事业、公共福利、文化设施、能源的供给、垃圾和污水处理、普通文化教育事业、成人继续教育、卫生、社会援助和社区服务等。

（2）各级政府财政支出的共同职责。根据《基本法》的规定，其交通运输、高等教育、地区经济结构调整、农业发展、能源和水资源供给等事项由联邦与州共同负责，这些共同职责对整个社会是重要的，而联邦的参与是改善生活条件所必需的；对社会保障等事项，联邦可委托专门的公共法人机构负责。

《基本法》对上级政府委托的事权费用明确规定为：各州承担和完成联邦委托的事务，所需开支全部由联邦负担，但必须专款专用；属于联邦与州共同承担的职责由双方协议各方负担的比例，对超过各州财政负担的事务，联邦政府有义务通过拨款支付的方式给予协助。这些规定有利于减少事权和职责划分不清而产生的问题。

2. 财政支出规模

德国政府财政支出规模较大，且呈现逐年增长的态势，但其财政支出控制较为严格。2013 年,德国政府财政支出达到 10 577.17 亿欧元,GDP 达到 28 094.80 亿欧元,财政支出占 GDP 比重为 37.65%,其中重要的财政支出是社会保障支出、一般公共服务支出和教育支出,分别占 GDP 的 12.43%、9.91%和 5.25%。

2013 年,德国联邦政府、州政府和地方政府财政支出分别为 4 160.84 亿欧元、4 052.63 亿欧元和 2 363.70 亿欧元,分别占全国财政支出的 39.34%、38.31%和 22.35%,中央财政支出不足全国财政支出的 40%。

3. 财政支出结构

德国政府财政支出包括一般公共服务和社会保障等 10 类项目(表 13-4)。2013 年最大支出项目为社会保障支出,由于健康支出也是广义的社会保障支出,因而政府用于全部社会保障支出的占比一般在 50%(本身占比 33.03%)以上。其次较大的项目是一般公共服务支出为26.32%;教育和经济事务支出相对较高,分别为 13.95%和11.04%;其他依次为公共事务和安全、国防、娱乐文化和宗教、医疗卫生、环境保护、住房和社区设施,支出规模相对较小(占比为 1.42%~4.66%)。

表 13-4 2013 年德国政府公共支出结构

职能范围	全国		联邦政府		州政府		地方政府		财政支出占 GDP/%
	财政支出/亿欧元	占比/%	财政支出/亿欧元	占比/%	财政支出/亿欧元	占比/%	财政支出/亿欧元	占比/%	
全部支出	10 577.17	100.00	4 160.84	39.34	4 052.63	38.31	2 363.70	22.35	37.65
一般公共服务	2 784.41	26.32	1 253.76	45.03	1 102.54	39.60	428.11	15.38	9.91
国防	345.30	3.26	345.30	100.00	—	—	—	—	1.23
公共事务和安全	492.48	4.66	50.41	10.24	362.47	73.60	79.60	16.16	1.75
经济事务	1 168.02	11.04	392.49	33.60	469.94	40.23	305.59	26.16	4.16
环境保护	187.41	1.77	45.30	24.17	39.19	20.91	102.92	54.92	0.67
住房和社区设施	150.63	1.42	21.36	14.18	43.37	28.79	85.90	57.03	0.54
医疗卫生	210.48	1.99	64.49	30.64	105.37	50.06	40.62	19.30	0.75
娱乐文化和宗教	270.66	2.56	20.19	7.46	91.41	33.77	159.06	58.77	0.96
教育	1 475.36	13.95	59.19	4.01	1 039.85	70.48	376.32	25.51	5.25
社会保障	3 492.42	33.03	1 908.35	54.64	798.49	22.86	785.58	22.49	12.43

资料来源:根据 http://stats.oecd.org/德国数据计算整理

从各级政府财政支出构成的重要性看,即占比超过 40%的项目,联邦政府财政支出包括国防 100%、社会保障 54.64%和一般公共服务 45.03%;州政府财政支出包括公共事务和安全 73.60%、教育 70.48%、医疗卫生 50.06%和经济事务 40.23%;地方政府财政支出包括娱乐文化和宗教 58.77%、住房和社区设施 57.03%和环境保护 54.92%。

(三)德国财政收入

1. 财政收入规模

总体上看,德国政府财政收入呈现缓慢增长的趋势。例如,2007 年德国政府财政收入 10 807.68 亿欧元，占 GDP 比重 43.06%；2013 年财政收入 12 494.34 亿欧元，占 GDP 比重 44.47%，2007～2013 年占比年均 43.78%（表 13-5）。从绝对额看，2013 年与 2017 年相比仅增长了 15.61%，从占比看增长了 1.41 个百分点。政府财政支出占 GDP 的比重近年来逐渐下降，加之政府采取积极措施严格控制一般性财政支出，这使德国财政能摆脱之前较为严重的财政赤字，甚至呈现出少量财政盈余的状况。

表 13-5　德国 2007～2013 年政府财政收入占 GDP 及财政收入占比情况表

年份	政府财政收入/亿欧元	财政收入占 GDP/%	税收收入占政府财政收入/%	社会缴款占政府财政收入/%	补助金等收入占政府财政收入/%
2007	10 807.68	43.06	52.48	37.41	10.11
2008	11 117.68	43.46	52.70	37.10	10.20
2009	10 907.86	44.40	50.84	38.10	11.06
2010	11 104.48	43.10	50.09	38.38	11.53
2011	11 794.77	43.70	50.78	37.49	11.73
2012	12 178.37	44.29	51.24	37.30	11.45
2013	12 494.34	44.47	51.42	37.24	11.33
年均	—	43.78	51.36	37.57	11.06

资料来源：http://www.oecd-ilibrary.org/数据整理

德国政府财政收入在总体上升的前提下，各级政府收入增长差别较大。以 2007～2015 年为例：联邦政府财政收入占全部财政收入的比重稳步增长，如该比重从 2007 年的 28.74%增至 2015 年的 30.83%，增长了 2.09 个百分点；州和地方政府财政收入占比逐渐下降，即从 22.29%和 11.56%降至 21.98%和 8.34%，分别降低了 0.31 个和 3.22 个百分点。此外，社会保障账户收入的占比缓慢增长，即从 37.41%增至 37.91%，增长了 0.50 个百分点。

2. 财政收入结构

（1）各级政府财政收入结构状况。德国政府财政收入主要包括税收收入、社会缴款及补助金等其他收入，其中税收收入是政府财政收入最重要的部分，其次是社会保障收入。德国税收主要包括所得税、流转税和财产税三类，2007～2013 年税收收入占财政收入的比重达到 50%以上，稳定在 50%～53%，年均为 51.36%；社会保障制度较为完善，社会保障缴款占比达到 35%以上，稳定在 37%～39%，年均为 37.57%；补助金等其他收入占政府总收入比重稳定在 10%～12%，年均为 11.06%（表 13-5）。

（2）各级政府税收收入结构状况。德国现行税制中有 50 多种税，三大税类的所得税包括个人所得税、公司所得税和社会保障税，流转税包括增值税、营业税、保险税、消费税和矿物油税等；财产税包括土地税、土地交易税、房产税、遗产税和赠予税等。德国税收主要税种是社会保障税、增值税、个人所得税、公司所得税和消费税等。2015 年联邦、州和地方政府税收占比分别为 50.03%、36.44%和 13.53%，有关税收占比情况如表 13-6 所示。

表 13-6　德国 2015 年相关税收占政府财政收入情况　　　　单位：%

项目	联邦政府	州政府	地方政府
总税收收入	50.03	36.44	13.53
1 000：收入、利润和资本所得税	40.89	38.11	21.00
1 100：个人所得税	43.45	39.80	16.76
1 200：企业所得税	26.42	28.56	45.03
4 000：财产税	5.82	53.71	40.47
4 100：周期性不动产税	—	—	100.00
4 200：周期性财富净值税	100.00	—	—
4 300：房地产、遗产赠予税	—	100.00	—
4 400：金融资本交易税	—	100.00	—
5 000：商品服务税	65.37	32.68	1.95
其他税收	—	67.84	32.16

数据来源：http://www.oecd-ilibrary.org 数据计算整理

三、韩国财政收支管理

（一）韩国财政概况

韩国全称大韩民国，英文为 Republic of Korea。总人口约 5 125.0 万（2016 年统计），首都为首尔（旧称汉城）。韩国正体为民主共和制，具体为议会制、总统共和制，又称半总统制，总统掌握着全国最高行政权力。韩国政府由中央和地方政府构成，地方政府由广域自治团体（高级地方政府）和基础自治团体（低级地方政府）构成，行政区划分为 1 个特别市、6 个广域市和 9 个道。

韩国实行单一制的财政体制，坚持"为经济增长服务、出口第一"的原则和"小政府、大市场"的管理目标。韩国 1982 年引入中期财政规划及配套预算改革以来，通过确定支出优先顺序来分配财政资源，不断优化财政支出结构，逐步减少用于经济增长的财政支出，增加教育和医疗等方面的支出，较好地解决了财政赤字扩大、债务高筑等问题，助推了韩国经济转型和结构调整。

（二）韩国财政支出

1. 政府支出责任

韩国财政体制是建立在分税制基础上的分级预算管理体制，逐步形成了"分工合理、权责一致"的国家权力纵向配置体系和运行机制。根据现行自治法规定，中央政府和地方政府间事权可划分为国家事务、地方委任事务和地方事务三类。其中，国家事务由中央政府直接处理，经费原则上由中央政府全额承担，包括外交、国防、国家选举、国家税收管理、产业结构调整、失业救济、社会保险与保障、邮政、电信、铁路、航空和大学教育等。

地方政府行使的事务，根据自治事务、团体委任事务和机关委任事务等，其经费负担主体或财源分担体系不同。各级地方政府承担着提供地方性公共服务的基本责任，地方政府支出按照用途主要包括管理支出、社会福利支出、工业和经济支出、公共工程支出、公共安全支出和教育支出六个方面。也可再进一步划分，如管理支出包括日常管理、财政、文化和公共信息管理等；社会福利支出包括保健、公共卫生和其他社会服务等。

韩国中央政府支出责任很大，且需要对地方政府包括高级地方政府和低级地方政府给予转移支付；高级地方政府主要负责协调各级政府间横向与纵向的关系，因而支出责任最小；低级地方政府的支出责任介于两者之间。2006~2015 年中央政府净支出占总支出的比重整体呈下降趋势，但在59%~64%区间内浮动，低级地方政府净支出占总支出的比重在22%~26%区间内浮动，而高级地方政府净支出占总支出的比重在13%~16%区间内浮动。

2. 财政支出规模

韩国 GDP 总量在全球排名较高，2001~2007 年保持在第 10~13 位，但 2008 年下降至第 15 位，2009~2013 年保持在第 14 位，2015 年又升至第 11 位，2016 年韩国的 GDP 总量达到 14 112 亿美元（第 11 位）。2006~2015 年韩国的 GDP 从 2006 年的 966.05 兆亿韩元增长至 2015 年的 1558.59 兆亿韩元，增长了 0.61 倍，年均增长 5.16%，如表 13-7 所示。

表 13-7　韩国 2006~2015 年财政支出情况表

年度	GDP		财政支出		财政支出占 GDP/%
	数额/兆亿韩元	增长率/%	数额/兆亿韩元	增长率/%	
2006	966.05	—	277.42	—	28.72
2007	1 043.26	7.40	286.20	3.07	27.43
2008	1 104.49	5.54	320.80	10.79	29.05
2009	1 151.71	4.10	369.51	13.18	32.08
2010	1 265.31	8.98	358.04	−3.20	28.30
2011	1 332.68	5.06	371.50	3.62	27.88
2012	1 377.46	3.25	393.37	5.56	28.56
2013	1 429.45	3.64	415.85	5.41	29.09
2014	1 486.08	3.81	421.08	1.24	28.33
2015	1 558.59	4.65	457.03	7.87	29.32
年均	—	5.16	—	5.28	28.88

资料来源：根据韩国国家统计局（KOSIS）http://kosis.kr/eng/数据整理

韩国财政支出总体上持续增长，即由 2006 年的 277.42 兆亿韩元增至 2015 年的 457.03 兆亿韩元，增长了 0.65 倍，年均增长 5.28%，与 GDP 增长率基本同步（财政支出增长率略高于 GDP 增长率 0.12 个百分点，财政支出占 GDP 的比重从 2006 年的 28.72% 增至 2015 年的 29.32%，稳定在 27%~33%，年均占比 28.88%（表 13-7）。

3. 财政支出结构

（1）财政支出用途结构。按照用途对财政支出项目分类，中央财政支出可分为人工费支出、商品与服务支出、经常性转移支出、资产收购支出、偿还贷款支出、转移支出、预备金及其他支出七类。其中，商品与服务支出包括一般运营支出、特别运营支出、业务推进支出、工作运营支出、研究开发支出和差旅费；经常性转移支出包括一般性补偿支出、捐款和其他转移支出；资产收购支出包括土地收购支出、建设成本支出、有形资产支出、无形资产支出、发放贷款、投资、储备金、证券购买支出和存款支出等。例如，2015 年韩国中央政府各项财政支出中占比最高的是经常性转移支出和转移支付，分别为 54.43% 和 15.96%（表 13-8）。

表 13-8 韩国 2015 年中央和地方财政支出情况表（按用途分类）

类别	中央政府		类别	地方政府			
	财政支出/兆亿韩元	比例/%		财政支出/兆亿韩元	净支出/兆亿韩元	转移支付/兆亿韩元	比例/%
人工费支出	30.96	9.40	工资薪金	19.17	19.97	—	8.15
商品与服务支出	24.21	6.71	商品与服务支出	11.75	11.75	—	4.80
经常性转移支出	177.36	54.43	经常性转移支出	113.69	68.84	−44.85	46.38
资产收购支出	36.32	10.03	资本性支出	64.23	52.22	−12.00	26.20
偿还贷款支出	11.76	3.31	融资与投资支出	2.94	1.41	−1.53	1.20
转移支付	53.52	15.96	保全财源支出	6.87	5.79	−1.08	2.80
预备金及其他	1.97	0.15	内部转移支出	23.31	13.40	−9.91	9.51
—	—	—	预备金及其他	2.37	1.95	−0.41	0.97

资料来源：韩国内政部（MOI）http://lofin.moi.go.kr/portal/main.do，2006-2015

地方财政支出按照用途分类，可分为工资薪金支出、商品与服务支出、经常性转移支出、资本性支出、融资与投资支出、保全财源支出、内部转移支出、预备金及其他支出八类。其中，工资薪金支出包括政府相关工作人员的基本工资和津贴；商品与服务支出包括维持地方政府正常运行的基本经费；经常性转移支出包括一般性补偿支出、移民与灾害补偿支出、奖励金、养老金、赔偿金、捐款、转出金、贷款利息及其他转移支出等。例如，2015 年韩国地方政府各项财政支出中占比最高的是经常性转移支出和资产性支出，分别为 46.38% 和 26.20%（表 13-8）。

（2）财政支出职能结构。按照职能对财政支出项目分类，中央财政支出可分为一般公共行政支出、公共秩序与安全支出、外交事务与民族统一支出、国防支出、教育支出、文化与观光、环境保护支出、社会福利支出、医疗健康支出、农林渔业及海洋事务支出、产业与中小企业支出、交通运输与物流支出、通信支出、国土与区域开发支出、科学技术支出和预备金支出 16 类。以 2015 年为例，中央一般公共行政支出占比最大为 17.21%，其次是 15.98% 的教育支出等。

地方财政支出按照职能标准分类，可分为一般公共行政支出、公共秩序与安全支出、教育支出、文化与观光支出、环境保护支出、社会福利支出、医疗健康支出、农林渔业及海洋事务支出、产业与中小企业支出、交通运输与物流支出、国土与区域开发支出、科学技术支出、预备金支出和其他支出14类。以2015年为例，地方政府社会福利支出占比最大为30.57%，其次是一般公共行政支出12.64%。

（三）韩国财政收入

1. 财政收入规模

韩国政府财政收入随着经济发展水平的提高，而呈现逐步上升的趋势。2006年韩国政府财政收入为319.27兆亿韩元，2015年增至517.95兆亿韩元，10年间增长了62.23%。2006~2015年中央政府净收入中的占比均超过55%，高级地方政府净收入占比在24%~26%间浮动，低级政府净收入的占比最小不超过21%（表13-9）。

表13-9　韩国2006~2015年各级政府财政收入情况表

年度	中央政府财政收入		政府间转移支付		中央政府净收入		高级地方政府净收入		低级地方政府净收入		总计财政收入/兆亿韩元
	绝对额/兆亿韩元	比例/%	绝对额/兆亿韩元	比例/%	绝对额/兆亿韩元	比例/%	绝对额/兆亿韩元	比例/%	绝对额/兆亿韩元	比例/%	
2006	206.21	64.59	26.77	8.38	179.45	56.20	77.37	24.23	62.46	19.56	319.27
2007	216.04	62.79	23.71	6.89	192.33	55.90	83.54	24.28	68.21	19.82	344.08
2008	232.18	62.61	28.17	7.60	204.01	55.02	89.51	24.14	77.29	20.84	370.81
2009	261.34	63.95	32.33	7.91	229.01	56.04	99.41	24.33	80.25	19.64	408.67
2010	261.22	65.55	29.16	7.32	232.06	58.24	95.99	24.09	70.43	17.68	398.49
2011	270.50	65.32	28.68	6.93	241.82	58.40	100.59	24.29	71.69	17.31	414.11
2012	282.37	64.95	31.65	7.28	250.72	57.67	105.62	24.29	78.42	18.04	434.76
2013	292.87	63.90	31.16	6.80	261.71	57.10	112.15	24.47	84.46	18.43	458.32
2014	298.74	63.55	32.50	6.91	266.24	56.63	118.22	25.15	85.64	18.22	470.10
2015	328.13	63.35	37.69	7.28	290.44	56.07	134.51	25.97	93.00	17.95	517.95

资料来源：韩国内政部（MOI）https://lofin.moi.go.kr/portal/main.do

2. 财政收入结构

（1）政府财政收入结构。韩国中央政府财政收入主要包括两种方式：一是按会计账户类别将其分为一般会计收入和特别会计收入；二是按照用途将财政收入分为经常性收入和资本性收入。其中，经常性收入又可分为税收收入和税外收入，资本性收入又可分为出售固定资产收入、出售存货收入、出售土地和无形资产收入。韩国中央政府财政收入以经常性收入为主，经常性收入中的税收收入是中央财政收入的主要来源。

韩国地方政府财政收入可分为地方税收收入、地方税外收入、转移支付收入和地方债收入。其中，地方税收收入和地方税外收入属于地方自身财政收入，平均占比为地方财政收入的一半，说明地方政府财政要满足日常的支出还需要通过中央政府或上级地方政府的财政转移支付和发行地方债债务；地方税外收入通过地方自筹的方式获得经费，可分为经常性税外收入和临时性税外收入；转移支出收入是地方政府的第一收入来源，主要包括地方交付税、调整交付金及财政保全金和补助金。

（2）各级政府税收结构。韩国政府实行中央政府和地方政府两级课税制度，税收在政府财政收入中占有重要的地位。例如，2006～2015 年政府税收收入从 179.3 兆亿韩元增至 288.9 兆亿韩元，增长了 61.13%；其税收收入占政府财政收入比重，在 51%～60%浮动，年均比重为 56.80%。此外，中央税收占全部税收收入的比重较大，地方税收收入占比较小，中央税收占比在 77%～79%浮动，年均比重为 78%（表 13-10）。

表 13-10 韩国 2006～2015 年国税和地方税规模及比例

年度	政府财政收入/兆亿韩元	政府税收收入		中央税收收入		地方税收收入	
		绝对额/兆亿韩元	税收占财政/%	绝对额/兆亿韩元	中央税收占政府税收/%	绝对额/兆亿韩元	中央税收占政府税收/%
2006	319.27	179.3	56.16	138.0	77	41.3	23
2007	344.08	205.0	59.58	161.5	79	43.5	21
2008	370.81	212.8	57.39	167.3	79	45.5	21
2009	408.67	209.7	51.31	164.5	79	45.2	22
2010	398.49	226.9	56.94	177.7	78	49.2	22
2011	414.11	244.7	59.09	192.4	79	52.3	21
2012	434.76	256.9	59.09	203.0	79	53.9	21
2013	458.32	255.7	55.79	201.9	79	53.8	21
2014	470.10	267.2	56.84	205.5	77	61.7	23
2015	517.95	288.9	55.78	217.9	75	71.0	25
年均	—	—	56.80	—	78	—	22

资料来源：韩国内政部（MOI）https://lofin.moi.go.kr/portal/main.do 数据计算整理

（3）各级政府非税结构。韩国政府还有大量的收费和基金等非税收入，是各级政府财政收入的重要来源。其收费名目繁多，广义非税收入分为两类：一是稳定的非税收入，包括经常性收入和事业性收入，前者包括公共设施的使用费、手续费和公共财产租赁、财政性资金的融资收入，而后者包括自来水收费、地铁收费、住宅开发和下水道收入；二是不稳定的非税收入，包括财产处置、融资资金回收、地方债和捐赠收入等。地方政府非税收入占比较高，其原因主要是存在大量的财政结转金，如财产收入、手续费、使用费收入、公共事业收益、地方证券、罚款和滞纳金征收收入、地方公营企业经营收入和利息收入等项目，其中近 80%来自罚款和滞纳金征收收入。

第三节 财政管理比较

一、财政管理体制比较

（一）财政管理体制的模式

从世界各国实施的财政管理体制看，财政管理体制主要包括财政联邦制模式和财政单一制模式两类。

1. 财政联邦制模式

联邦制国家中，在宪法未明确的联邦权属之外，州和地方政府有财政立法权及其实施权。通过联邦政府、州与地方政府之间的行政权力划分，财权比较分散，联邦以下各级政府拥有较大的财政决策权和管理权。美国、德国、加拿大和澳大利亚等国属于该种模式。

在财政联邦制模式下，中央和地方都有较大的财政独立性，这样有利于防止中央政府集权和专制，以及发挥中央和地方两个方面的积极性，提高财政效率。但也容易造成政府间政策不一致的情况，导致非均衡发展，从而引起过度的财政竞争，形成地方"割据"的局面。

2. 财政单一制模式

与财政联邦制相对应的是财政单一制模式，单一制国家的地方政府虽受中央政府管制的程度较高，但仍有部分自主的权利。国家财政收入仍以中央政府财政收入为主体，地方财政收入占比较小，地方财政支出主要依靠中央政府的转移支付。日本、韩国、英国、法国和意大利等国家属于该种模式。

与财政联邦制模式相比，财政单一制模式使得地方政府财政缺乏独立性、自主性和灵活性，更多地表现为中央的"代理人"。在该种情况下，中央对地方实施统一管理，积极缩小区域间发展的差距，但也容易影响地方政府的积极性和创新性，导致财政效率低，形成中央专制和地方依赖的局面。

（二）财政体制的类型

从世界各国的实践看，实行市场经济体制的国家普遍建立了分税制财政体制。其类型主要包括分税种式、分税源式和分税权式三种分税制财政体制。

1. 分税种式财政体制

分税种式财政体制是以税种为标准划分各级政府财政收入的分税制财政体制。其基本特征：一是税种由中央统一立法，地方具有制定某税种实施办法的权力；二是全部税种一般分为中央税、地方税和共享税，中央与地方都有其固定的收入来源；三是地方固定收入不能抵补支出的用共享税调剂，共享税全部划归地方仍不能抵补支出的由中央财政拨款补足。分税种式财政体制强调国家的集权性，世界上多数国家属于此类。我国实施的也是该种体制。

2. 分税源式财政体制

分税源式财政体制是以税源为标准划分政府各级财政收入的分税制财政体制。它是在划分税源的基础上，中央与地方政府各自具有独立的税收立法权和征管权，即中央税由中央立法，由中央税务机关负责征收管理；地方税由地方立法，由地方税务机关负责征收管理。在没有设中央税务机关的情况下，中央税可由地方税务机关代为征管。在地方财政收不抵支时，由中央财政拨款补助。分税源式财政体制赋予地方较大的自主权，实行联邦制的国家多采用这种分税制。

3. 分税权式财政体制

分税权式财政体制是以税权为标准划分政府各级财政收入的分税制财政体制。它是一种集分税种、分税源、分税权于一身的复合型分税制财政体制，具有分税种式和分税源式的一般特征，同时又具有自身的特点，主要表现在：对部分税种按税种划分为中央税和地方税；对部分税源通过法律规定划分中央与地方各自的征税权，不准交叉征税；对部分税源规定中央和地方均可行使征税权，但课税权有一定的限制，各级政府的征税权有主次之分。美国属于分税权式分税制财政体制。

（三）财政体制的差异

目前，世界各国多以分税制财政体制为主，如美国、德国和韩国均实行了分税制财政体制，但其内容又有一定的差异。

1. 美国的财政体制

美国是典型的三权分立联邦制国家，自 1787 年成立联邦政府以来实行联邦、州和地方三级政府管理体制与分税权式的分税制财政体制，各级政府均拥有各自的财政收入与财政支出范围。从税权配置看，美国没有全国统一的税法，各级议会在宪法框架下分别制定自身的税法，联邦、州和地方三级政府分别行使属于本级政府的税收立法与执行权，根据实际情况开征或停征某些税种，税收征管机构、税率及税收减免等均自行确定。

美国税制以立法保障，税收建立在国家法律体系基础之上，并实行立法、执法和司法分开、各司其职和相互制约的管理办法，强调税收不要过多干预经济活动，把税收优惠限制在最小的范围之内。联邦政府可开征除财产税以外的各种税，州政府可开征除关税以外的所有税种并决定其适用税率，地方政府以不动产为标的征税。各级政府按照事权和财权相统一的原则划分税收收入，税收收入约占财政收入的 85%，其中联邦、州、地方政府税收收入约占全国税收收入的 60%、25% 和 15%。

美国宪法对各级政府税收没有过多的限制，但联邦宪法对州和地方予以限制。例如，"对从任何一州输入的货物不得征收直接税或间接税""无论何州，不经国会同意，不得对进出口货物征收进口税或间接税，不得征收船舶吨位税"等，但这些规定不能与联邦宪法冲突。州以下地方政府税收权限由州法律赋予，地方政府在联邦和州宪法规定的范围内可制定本地的税收法规。各州都有征税和借债的权力，且仅受其各州法律约束，如对地方财产税设定最高税率，并对全部财产税设定收入增长幅度。

2. 德国的财政体制

德国实行共享税为主体的分税制财政体制，且比较规范、纵横平衡。联邦和州政府具有税收立法权，地方政府无税收立法权。根据德国《基本法》规定，联邦政府掌握主要税收管理权限，享有关税和国家专卖税的专属立法权、共享税的优先立法权，享有其他税收的竞争立法权。地方性的消费税，各州具有立法权，并可部分地转移给地方政府，地方政府有制定本地税收标准的权力。州和地方政府拥有地方税管理的自主权，如对财产税等地方税可自行决定开征、税率、减免或加成。在协商立法中，有联邦立法的，州不得自行立法；立法涉及州、地方利益的，由各州派员参加计划财政委员会审核；联邦税法与州税法产生矛盾时由联邦最终裁决。

德国是现行分税制财政体制国家中，分税制税收体系较为完善的国家之一。按照各税性质的不同，德国税收分为共享税、联邦税、州税和地方税，且实行以共享税为主的税收体制。在划分三级政府专项税收的前提下，对主要税种确立为共享税，其税基、税率和分成比例等由法律确定，以保证税收收入的规范性。德国分税制的突出特点在于以共享税为主要的税收分配主体，从而有效调节区域间的税收结构，稳定三级政府税收收入。共享税收入在各级政府财政收入中占有较大的比重（表 13-11），所得税分享比例由《税收基本法》确定；增值税和地方营业税具有分配调节的性质，分享比例由联邦和州协商。

表 13-11　德国共享税分成情况　　　　单位：%

税收名称	税率	联邦分成比例	州分成比例	地方分成比例
工资税与个人所得税	14%~42%，45%	42.5	42.5	15.0
公司所得税	15%	50.0	50.0	—
资本所得税	25%	44.0	44.0	12.0
增值税	19%，7%	53.4	44.6	2.0
工商税	地方自定	4.0	6.0	90.0

除共享税之外，德国各级政府还有自己的专享税。联邦税收主要有关税、消费税（包括盐税、烟税、烧酒税、泡沫酒税、香槟酒税、石油税、矿物油税、咖啡税、茶税、糖税和照明器材税等）、保险税和附加所得税等；州税主要有遗产（赠予）税、机动车税、消防税、啤酒税、赌场税、赛马税、彩票税、土地购置税、不动产转让税和交通工具税等；地方税收主要有土地税、不动产税、饮料税、娱乐税、酒类零售许可税、养犬税、狩猎税和第二住宅税等。

3. 韩国的财政体制

韩国实施彻底的分税制财政体制，中央政府具有税收立法权和征管权，地方政府只有部分的税收管理权；具有规范的税收返还和转移支付制度，财政收入集中程度高，不设共享税。其基本做法：中央税收主要包括个人所得税、企业所得税、土地超过利得税、不当利得税、附加价值税（增值税）、特别消费税、酒税、继承税（遗产税）、赠予税、资产再评价税、电话税、印花税、证券交易税、教育税及关税 15 种；地方税收主要包括注册登记税、取得税、免许税、住房税、农地税、屠宰税、马券彩票税、财产税、机动车税、烟草消费税、事业所税、综合土地税、地域开发税、都市计划税和共同设施税 15 种。目前，韩国中央政府税收收入约占全国税收收入的 80%，地方政府税收收入约占 20%。

韩国地方政府预算的一般要求是量入为出、自求平衡、不打赤字，但各地区之间经济发展的不平衡和财源分布的差异性，导致有些地方政府的财政收入还不能弥补其必要支出，因此实施地方政府转移支付制度，其方式主要包括一般性转移支付、特殊转移支付、财政调整补助和政府补助。其内容主要包括：一是地方交付税制度，是中央政府为保证地方政府最低限度的行政费支出设置的补助，除首尔外其他省市均有分享；二是让与金制度，是中央政府将特定的中央税以其全部或部分收入让渡给地方政府，地方自定项目、自主使用；三是国库补助金制度，是中央政府为支持地方政府指定事业而设置的专项补助。目前，中央政府和地方政府实际支配的财力，分别占财政总收入的 60% 和 40%。

二、税收制度结构比较

(一)税收制度结构的类型

税收制度结构简称税制结构是指一国税收体系的整体布局和总体结构。它是国家根据当时经济条件和发展要求,在特定税收制度下由税类、税种、税制要素和征收管理层次所组成的,分别主次,相互协调、相互补充的整体系统。税制结构按照税种多寡或税制繁杂程度,可分为单一税制和复合税制两类。

1. 单一税制理论

单一税制是指在一国税收管辖权范围内只征收一种税的税制。该理论与不同时期的政治主张、经济学说相呼应,其理论依据及其经济基础也各有差异。单一税制理论大体可分为四类:

(1)单一所得税论。早在16世纪后期法国经济学家波丹主张单一所得税制,但他也承认在必要时可征收关税等税作为辅助;18世纪德国税官斯伯利明确提出单一所得税制,并在19世纪中叶后盛行于德国;1869年德国社会民主党,就曾以单一所得税制作为其经济纲领。他们认为,所得税只对富人课征符合税收公平原则,且采用累进税率富有弹性,较之单一土地税、单一消费税更为先进。但实行单一所得税制仅对所得课税,对财产继承者等有纳税能力的人不课税,有失税收公平。

(2)单一消费税论。早在17世纪利益说刚刚萌芽之时,英国思想家霍布斯就以利益说为理论依据而主张实行单一消费税制,他认为消费税可以反映人民获得的国家利益。19世纪中叶,德国经济学家普费菲等从税收的社会原则出发,主张税收应以个人支出为课征标准,他们认为:只有消费税才能遍及全体人民,人人消费则人人纳税,从而符合税收的普遍原则;消费是纳税人纳税能力的体现,消费多者负税能力大,消费少者负税能力小,因而按消费能力纳税符合税收的平等原则。

(3)单一财产税论。最早由法国经济学家计拉丹提出的单一资本税制所形成,后为门尼埃所倡导,主张以资本的价值为标准征税。这里所言的资本基本上是指不产生收益的财产。他们认为,对不产生收益的财产或资本课税不但不会影响资本形成,还可刺激资本投入生产、促使资本的产生,同时征收单一财产税可课及所得税不能课及的税源。该理论又分为两种观点:一是美国学者主张的,以资本为课征标准,但以不动产为限;二是法国学者主张的,应以一切有形资本为课征对象。

(4)单一土地税论。由18世纪古典政治经济学奠基人之一的魁奈所提出,19世纪中叶美国经济学家亨利·乔治所倡导。例如,魁奈认为,只有土地(农业)才生产剩余产品,形成土地所有者的纯收益,故应向土地征税,否则课于他物最终还是由土地纯收益负担。乔治主张的实质上是土地价值税,他认为土地所有者所获得的经济租金完全是一种不劳而获的剩余,对这种剩余不应归土地所有者占有而应交给国家;实行单一土地税制可消除不平等和贫困,是促进经济发展的一种税收政策工具。

由于单一税制结构无法保证财政收入的充裕、稳定和可靠,也不能充分发挥税收对社会经济进行有效的调控作用,且课税对象单一,容易导致税源枯竭,妨碍国民经济协调发展,更无法实现税负公平。因此,单一税制在税收历史的长河中,基本上处于理论的探讨阶段，至今也没有哪个国家真正付诸实践。

2. 复合税制理论

复合税制是指一国税收管辖权范围内征收两种以上税种的税制。复合税制的内容主要是税系组成及其之间如何组合与协调、各税系内部各个税种之间如何组合与协调、整个税制体系中各基本税制要素相互间及其各自内部间的系统构成、每一税种内部各税制要素相互间及其各自内部间的组合与协调、征收管理层次之间的组合与协调五方面。这些内容是紧密联系的，其不同的组合与协调关系就形成各种不同类型和多种多样的税制结构。

各种不同税制结构的差别主要表现为主体税系、辅助税系和税种，各税系、税种的组合协调关系，税系、税种之间及其各内部税制要素的组合协调关系，中央与地方之间税制组合协调关系的不同等。复合税制最大的优点是能够适应经济发展要求，就本身而言，税源广泛、灵活性大、弹性充分，且相互配合、相互补充能够保证国家财政需要；就税负而言，既公平合理又普遍；就政策而言，具有平均社会财富、稳定国民经济的功能。但缺点是：税制易致繁杂，税收征管困难，征收费用较大。总体上看，复合税制是一种较为科学的税收制度，为世界各国和地区所采用。

（二）税收制度结构的变迁

从税制结构较为成熟的欧美发达国家看，税制结构是伴随着经济发展的不同阶段经历了"原始直接税—间接税—现代直接税"为主体的历史变迁。

第一阶段，原始直接税制。在农业经济时代，生产力水平低下，社会剩余产品由农业生产提供（虽有少量的手工业和商业，但均不构成独立的产业体系，只是依附于农业而存在），土地是社会收益的主要源泉，因此农业经济时代的生产力和社会收益特征决定了农业收入是税收的主要来源。而传统农业生产自给自足的非商品特征决定了土地和人力作为课税对象实行等额征税。这种不考虑纳税人负担能力的税收，被称为原始、古老和简单的直接税制。

第二阶段，由原始直接税制到间接税制。进入工业经济时代，由于工业兴起、分工加速、市场发展和商品经济盛行，工商业在国民收入中所占的比重逐渐超过农业经济的贡献水平，社会收益的来源和分配呈分散状态，产生了新的税源与结构，故此税收收入的主要来源已转换为工商业经营收入，课税对象和主体由此转换为工商企业和商品与劳务的销售收入，以商品和劳务的流转额作为课税对象的间接税制取代了古老和简单的直接税成为税制结构的主体，税制结构的复合性、合理性得到发展。

第三阶段，由间接税制到现代直接税制。第二次世界大战后，技术革命和社会生产力的进步，工业化高度发展，经济结构向服务业演进，社会收益来源和分配结构更加多样化，使得税制结构有了更大的选择和发展空间。近代以来形成的社会价值观和文化传统的差异，西方国家完成了以关税、消费税等间接税为主体的税制向现代直接税制的历史演变，完成了从古老简单的直接税到现代直接税的回归；同时在直接税内部也完成了由土地和人头税到现代所得税和财产税的转变，以及在间接税内部完成了由落后的关税和流转税为主体到现代以增值税和消费税为主体的税制结构转型。

（三）税收制度结构的模式

1. 税收制度结构的基本模式

税收制度结构模式简称税制模式，是指税制结构中以某类税或某种税为主体构成的有机体系和式样。在多税种的相互补充、协调的税制体系中，总有某一类税或某一种税处于主导地位，构成了税收制度体系中的主体税而形成税制模式。综观世界各国税制模式，大体上包括以下四种类型：

（1）流转税类为主体的税制模式。如德国、法国、阿根廷和多数发展中国家的税制模式。一般具有普遍征收、收入刚性等特点。在课税对象上，包括对收入全额征税和对增值额征税，前者为周转税（产品税、销售税、消费税），征收简便易行，但重复课税，不利于专业化协作；后者为增值税，可避免重复征税，但征管要求较高。

（2）所得税类为主体的税制模式。如美国和英国等发达国家的税制模式。所得税随经济效益或所得的变化而增减，收入弹性较大；一般不能转嫁，税收增减变动对物价影响较小，但对消费、投资和储蓄等作用鲜明；特别是对个人所得征税更能体现纳税能力的原则，可培养纳税人良好的纳税习惯，有利于增强人们的税收法治意识。

（3）流转税和所得税双主体模式。如巴西和韩国等国的税制模式。双主体税制结构模式是流转税和所得税在整个税制体系中占有相近比重，在财政收入和调节经济方面共同起着主导作用。流转税和所得税并重、优势互补，更能充分发挥税收的职能作用。目前世界各国有着向以流转税和所得税并重为主体税制模式发展的趋势。

（4）个人所得税为主体税制模式。如美国和瑞典等国的税制模式。以个人所得税为主体税制一般是在经济较为发达的国家因个人收入水平较高、差距较大，需要运用个人所得税稳定税收收入，以促进个人收入的公平分配。美国联邦个人所得税的比重约为40%；瑞典税收主要来源于个人所得税和社会保障税，其比重分别约为30%和25%。

2. 双主体税制结构模式

（1）发达国家双主体税制结构趋势简析。进入21世纪以来，发达国家（以OECD成员国为例）的所得税仍是最主要的税收来源，占税收收入比重的50%～60%；货物与劳务税比重较低，在30%～35%之间；财产税则稳定在5%左右。个人所得税、社会保障税及增值税贡献最大，前两者各为25%左右、后者约占20%。2008年以后，OECD国家的税制结构有了波动，主要税种也有较大的调整或改变，双主体税制结构趋势较为鲜明，主要表现在以下三个方面：

第一，所得税收入下降明显。以美国为例，个人税税率从2008年的24.8%降至2010年的23.8%，企业税税率在2008～2009年开始明显下滑，特别是被称为史上最强的"特朗普税改"。2017年特朗普公布的"税改方案"，企业税税率从35%降至20%（小企业最低9%），个人税最高税率从39.6%降至38.5%，大幅提高起征点并降低最低纳税额。2005年德国个人税由22.9%～51%调减为15%～42%。此外，各国社会保障税实行有增有减的结构性调整，在人口老龄化与劳动税负过高的两难境地中寻求平衡。

第二，流转税收入逐步上升。由于消费受经济波动的影响程度小于收入，因而增值税比重上升，成为发达国家增加财政收入、减少赤字的重要工具，诸多国家提升了增值税税率或扩大其征税范围，如德国的基本税率由16%调高为19%；消费税略有增加，如提高奢侈品类、烟酒类和资源类消费品上的税负，有 15 个欧盟国家在 2013～2014 年提高了能源产品和电力的消费税（无降低者）；关税在低水平上保持稳定，其收入比重自 2008 年以来保持在 0.5%左右。

第三，其他税类的相应调整。主要表现在：一是资源环境税收入略有下降，在金融危机初期，有些国家降低企业生态税负担，欧盟成员国有 14 个国家提高了资源环境税税率；二是财产税收入相对稳定，其占比保持着相对稳定的态势（5%左右），但 2013～2014 年有 11 个欧盟成员国提高了财产税标准税率或特殊税率，还有部分国家拓宽遗产与赠予税的税基等。

（2）发展中国家双主体税制结构的趋势简析。21 世纪以来，越来越多发展中国家的税制结构开始呈现"双主体"的特征，但其所得税征收率远远落后于发达国家，尤其是个人所得税税基较窄、征收力度不够，因而所得税等直接税比重仍有较大的上升空间。此外，货物与劳务税比重有所下降，环境资源类税收和财产税占比较低，但各国的重视力度普遍加强。其内容主要表现在以下三个方面：

第一，所得税收入稳步提升。2000 年以来，发展中国家重视研究与实施税率结构扁平化改革来提高纳税遵从度、扩大税基，从而增加个人所得税收入，使得个人所得税比重逐步得以提升；为降低企业负担、避免效率损失，发展中国家采取了降低税率和扩大税基等改革措施，使得企业所得税收入有了稳定的增长；随着经济发展水平及居民收入的不断提高，发展中国家的社会保障税比重有所提升。

第二，流转税收入明显降低。增值税向"广覆盖、低税率"发展，为减少重复课税，导致货物与劳务税收入下降，因而有的国家正逐步增加增值税应税项目；作为各国流转税第二大税种的消费税比重变化较小，主要是侧重于结构性调整，如降低普通消费品或节能产品的税率，提高高耗能产品、奢侈品和烟酒等货物或商品的税率；而受全球经济的影响，各国关税税率普遍下降，课税范围也在缩小。

第三，其他税类的合理调整。主要表现在：一是资源环境类税收比重上升，如 2000 年以来，发展中国家开始高度关注资源环境类税收，逐步增设新税、提高税率或提升资源产品的消费税税率，借以提高资源环境类的税收收入；二是财产税收入基本稳定，发展中国家相比于发达国家，其财产税比重在低水平上保持稳定，因此改革财产税、增设新税种已成为发展中国家优化税制结构的重要内容。

（四）税收制度结构的差异

1. 美国的税收制度结构

20 世纪 20～30 年代，美国完成了以关税、消费税等间接税为主体的税制向现代直接税制的历史变革，是世界上税种最多的国家。联邦税制主要包括个人所得税、公司所得税和社会保障税；州政府主体税是销售税，辅助税包括所得税、消费税和遗产税等；地方主体税是财产税，辅助税包括销售税和个人所得税等。

美国税收分配制度主要采取税基在联邦、州和地方三级政府之间共享，各级政府都有多种税收资源，每级政府的重点税种各有不同，体现了基于税种本身特点、税种激励结构和税收征管效率的税收分配与分权理念。联邦、州和地方三级政府设立了多个分税种式的共享税，如个人所得税和销售税等。

美国各级政府都有隶属于本级政府的税收征管机构。作为分权管理的重要前提之一的联邦税收征管机构是国内税务局（Internal Revenue Service, IRS），下设管理中心和地区管理署（不按州设置），管理中心负责税收征集、选择需要审计检查的纳税人，地区管理署负责审计检查并负责征收拖欠的税款。州和地方有自己的税务局，负责本级税收的征管。

2. 德国的税制结构

德国税制的基础是税收基本法，主要包括税收立法权的分配规定，联邦、州税收征收管理权限的划分和税收收入的分享规定等，以法令、规定等形式体现的各种法律的实施细则等。德国税法完备、范围广泛，即便是很小的税种也需要以法律形式确定下来，规定的内容非常详细，特别在税基上几乎涉及业务的方方面面，由此构成了一个庞大、完整的税收法律体系。对应各级政府设立联邦财政部、州财政部、地方财政局三级财政机构，区域税务管理局负责联邦税、州税和共享税征收管理，是由联邦和所在州财政部双重领导的机构；地方财政局下设地方税务局，仅负责地方税的征收管理。

德国现行税制有 50 多种税，可分为所得税、流转税、财产税和其他税收四类。所得税主要包括个人所得税、公司所得税、营业收益税和团结统一税等；流转税主要包括增值税、进口增值税、消费税和关税等；财产税主要包括营业资本税、财产净值税、房地产税和遗产（赠予税）；其他税收主要包括社会保障税、资本利得税、资本流转税、环境保护税、教会税、保险税和交易税等。德国税制实行收入平均化，即在分税制的基础上进行横向和纵向的税收平衡，其中前者主要是以各州居民平衡税收为标准进行比较，富裕州的营业税拿出一部分调剂给贫困州，各州内部也要实施横向税收平衡；后者是联邦、州和地方之间的平衡。

3. 韩国的税制结构

韩国拥有比较完善的税收制度，透明度较高，执法较严。在税制结构上，现行税收分为国税和地方税，2015 年国税主要包括国内税、交通税、关税、防卫税、教育税和农渔村特别税 6 种，国内税包括直接税、间接税、印花税、过年度收入税 4 种，而直接税包括所得税、法人税、土地超过利得税、遗产及馈赠税、资产再评价税和不当利得税 6 种，间接税包括增值税、特别消费税、酒税、电话税和证券交易税 5 种；地方税主要包括区域资源设施税、购置税、登记执照税、休闲税、财产税、车辆税、地方消费税、烟草消费税、地方教育税和居民税所得税 11 种。

韩国极为重视税务机构和税收征管法制建设，在税务机构建设上，1934 年设立地方税务局和税务署，1965 年设立国家税务管理局，1966 年设立国税厅，1975 年设立国家税收法庭，2001 年成立国家税务综合洽谈中心等，其税务机关管理目标确定为：提供最优质税务服务，建立公平的税务机制，扩大纳税人参与机会，营造具有活力的组织文化氛围；在税收征管法制上，制定诸如《逃税惩罚法》（1962 年）、《减免税管理法》（1965 年）、《绿色申报表制度》（1969 年）、《国家税收基本法》（1974 年）和《收入诚信申报确认制度》（2011 年）等；在税收现代化管理上，20 世纪 70 年代中期推行增值税时就利用电子计算机进行税收管理，特别在用计算机进行税务核查方面更是走在诸多国家的前面。

三、政府预算管理比较

政府预算一般又称财政预算或公共预算，是指按照一定的法律程序编制和执行的政府年度财政收支计划。世界各国国情、经济体制和财政体制的不同，决定了各国政府预算的差异性，这里以美国、德国、韩国为例来阐述和分析其共性与个性特征。

（一）美国的政府预算管理

1921 年美国政府预算已经形成比较系统、规范的编审方法和机制，表明各级政府及其部门如何使用经议会批准的财政款项和使用效果，财政预算已经成为各级政府财政管理体系中的重要组成部分。

1. 政府预算管理机构

美国政府预算管理机构由行政部门和立法部门组成，它们各有一套参与预算编制和审核的系统，各有侧重、互相制约、共同配合，其中行政部门包括行政管理和预算局、财政部，立法部门是国会（参议院和众议院）。

（1）行政管理和预算局。美国行政管理和预算局（Office of Management and Budget，OMB）是美国总统府幕僚机构之一，原名为预算局，1970 年改为现名。该局独立于财政部之外，直接向总统负责，是协助总统编制和审核国家预算的机构。其职责主要是：根据各部门、机构提出的预算方案，经核查后统一汇编出联邦预算由总统审核提交给国会；经国会批准后，按项目分配资金并监督行政部门的预算执行，保证其实现预算目标，促进政府内部机构之间的合作与协调；制定政府采购的政策、规章和程序，实施定员定额管理和常规预算的审查工作等。

（2）财政部。美国财政部成立于 1789 年，主要管理国内收入、组织预算执行和其他财政金融活动，其现行主要职责是：根据历年收入情况和经济发展预测，编制收入预算表（支出预算表由总统预算办公室编制），供总统预算办公室参考；根据国会批准的预算，组织资金供应；拟定和建议经济、金融及财政政策；办理国库业务；执行有关预算法令；印铸货币；管理公债、国家政策性银行和国家金银。目前，财政部下设24 个司（局），其中经济政策司参与财政预算的编制，税收政策司负责联邦财政预算和预算中期调整中收入与税式支出的预测和估计等。

（3）国会（参议院和众议院）。美国国会（参议院和众议院，简称"两院"）是政府预算的审批机构，两院各有一套审核联邦预算编制的庞大机构，包括拨款委员会、筹款委员会、预算委员会、国会预算办公室（Congressional Budget Office，CBO）和会计总监局[审计局（Government Accountability Office，GAO）]，拨款委员会是负责拨款法案的常设机构，各下设 13 个小组；筹款委员会是负责税收法案审议的常设机构；预算委员会是总统行政预算审议的常设机构，主要负责加快国会审核预算的进程；CBO 是一个专业的、非党派的机构，主要负责研究预算和经济方面的有关政策，并为两院其他委员会提供辅助性服务；GAO 是审计政府财务活动的专业机构。

2. 政府预算编制管理

美国实行联邦制财政管理体制，一级政府一级预算，包括联邦预算、州预算和地方财政预算，各级预算相对独立，上级政府不汇总下级政府预算，因而没有全国预算。

（1）政府预算的财政年度。美国联邦政府预算的财政年度为 10 月制，即自然年度的 10 月 1 日至下一年度的 9 月 30 日；但多数州政府实施的财政年度为 7 月制，即自然年度的 7 月 1 日至下一年度的 6 月 30 日。一般来说，确定财政年度考虑的因素主要包括：本国经济活动周期，通过主要经济活动对收入和支出进行估计；与政策和经济统计资料编制的一致性或可利用性；与在经济有密切关系的年度保持同步性等。

（2）政府预算编制的形式。美国联邦预算按编制形式分为一般预算和基金预算，前者是指联邦政府预算内收支的计划；后者主要是指来源于特定财政收入的计划，如社会保障基金和医疗保障基金等。按经济性质分为强制性预算和选择性预算，前者是指按法律规定或客观实际必须安排的财政支出，如退伍军人补贴和公务员工资等；后者是指政府可选择和可控制的项目支出，如研制或购买军事武器支出等。

（3）预算编制的其他管理。美国联邦预算是总统对资源优先配置的财政建议，包括财政支出水平、结构和政府融资方式。一般而言，联邦预算是按单式预算编制的，地方预算按复试预算编制。联邦预算编制时间一般为 9 个月，通常要经过 3 个自上而下和自下而上的步骤；审批时间一般也是 9 个月，通常要经过审议听证、通过决议、起草法案、两院协调、通过法案、总统与国会协调、总统签字等过程。

3. 政府预算执行管理

（1）政府预算的执行任务。美国联邦政府预算草案经总统签署后，即成为具有法律效力的预算法案，并移交总统管理与预算办公室统一执行。为确保预算法案顺利实施，在预算执行过程中，应保证预算支出单位按预算法案规定的用途使用资金，任何行政手段延迟预算支出都必须向国会报告；各机构资金使用的详细情况必须向财政部和管理与预算办公室报告，由财政部负责国库收支，并出版联邦政府财政状况的月度和年度报告，从而确保各部门依照财政政策法令赋予的权限执行预算等。

（2）政府预算的执行内容。预算执行主要由管理与预算办公室（以下简称"办公室"）和政府各部门负责。其内容主要包括：一是支出计划和审计，办公室和审计部门根据各部门提交的详细支出计划和拨款申请，确认支出授权及资金无误后予以拨款；二是税收计划与现金支付，税收计划执行主要是确定课税对象、征收税款和纳税审计，国内税务局负责税收征管，预算收入和现金支付由财政部负责；三是政府采购，由政府各部门设立的专业机构负责，其方式是招标、签约和进货验收等。

（3）政府预算的执行监督。其监督方式主要包括：一是年中审查，办公室负责审查各部门的预算执行状况，并在每年 7 月发布《中期审查报告》；二是国会立法调查，国会通过提案、安排专项调查和举行公开听证会等方式，审查部门在预算执行中的非法行为；三是建立经常性的监督机制，如联邦政府在各部门内部设置监察长和财务长职位，前者主要是实施定期的经常性审计，后者主要是加强定期的会计监督和绩效审核；四是追加和追减预算，国会至少有 3 次预算调整会议，且严格依法管理。

4. 部门决算报告的审计

美国政府各部门需要对预算执行状况编制决算报告即部门决算报告，是在内部审计的基础上做出并接受外部审计，由部门外的独立小组完成的。其审计的基本功能是确认会计系统的正确操作，判定责任授权、政策方向和内部管理的合法性，以利于发现浪费、管理不善和效率低下问题。

美国预算的外部审计主要包括两种：一是立法部门的审计，美国 GAO 有一项涉及广泛的调查议程，可对政府项目的全部细节进行检查；二是联合型的单一审计，1996年美国国会修订的《单一审计法案》规定，在年度内接受联邦资金达 30 万美元以上的州、地方政府和非营利组织，必须接受会计系统及联邦资金处理问题的审计，审计人员来自联邦资金管理部门、GAO 和受聘的美国六大会计师事务所。外部独立审计要做出结论和审计报告，国会根据审计报告举行听证会，批准决算报告。

（二）德国的政府预算管理

德国政府和议会在预算管理过程中都发挥着重要的作用，前者注重强化预算编制和执行管理，后者注重强化预算审批和决算。德国政府预算编制程序严谨，形成的预算草案是经多个部门博弈后的结果；在预算执行与监督方面，各部门设有专职的预算执行长，部门下属机构设立预算执行专员，由此形成专门的执行管理系统。

1. 政府预算编制管理

（1）政府预算编制管理的目标。德国联邦、州和地方政府都拥有各自的财政预算管理主权，即负责本级政府预算，同时要求政府预算管理科学精细，预算审核严格，预算执行刚性强。根据德国《基本法》规定，各级政府在编制预算时不能机械地决定政府收支，应充分注意总体经济的平衡和对整体经济发展的调控，符合保持物价稳定、实现充分就业、确保对外收支平衡、保证经济持续适度增长等预算管理目标。

（2）政府预算编制管理的原则。德国《预算法》规定，政府预算编制管理工作应遵循总体平衡、借贷适度、计划指导、统一分类和国会调整的原则。为使各州（地区）财政收支有可比性，《预算法》对联邦、州和地方政府预算规则也做出统一要求，便于达到统一的评价标准，即预算的经济性和节约性、真实性和明晰性、总体覆盖、债务到期、单项预算和前瞻性等。

（3）政府预算编制管理的程序。德国政府预算编制管理程序周期相对较短，从预算编制到完成立法一般不超过 1 年。德国联邦财政年度采取历年制，即从每年的 1 月 1 日开始计算，且联邦财政部提前一年编制预算草案。每年 3 月 1 日前各部门预算草案要同时提交财政部和联邦审计院审查，前者从预算总收支是否平衡、支出是否符合相关标准等审核，后者从预算编制的合法合规性及重大项目的可行性等提出意见。

2. 政府预算审计管理

德国联邦和各州均设有相应的审计院，各自在法律规定的框架内工作。审计工作只服从于法律，负责对国家预算资金支出使用情况进行监督，发现问题及时纠正。审计决定原则上等同于法庭的合议制，以保证联邦和各州审计机构的权威性。

（1）议会审计委员会预算审计的职责。德国联邦、州及地方议会审计委员会，主要负责对提交议会的年度预算、决算草案、审计报告进行审议，并提出相关的意见和建议。其中联邦议会审计委员会是一种专业机构，由议会预算委员会成员组成，主要负责决算报告审议，并参考联邦审计署报告对预算执行情况做出结论，向议会提出预算决议草案。

（2）政府审计机构对预算审计的职责。联邦、州审计署及其所属地方审计局，主要负责审查预算单位的支出是否符合法律、是否经济节约，重点是经济性。其审计方法包括总部审计和蹲点审计。其审计程序一般包括：确定审计预案、审计工作的分工和重点、送审计单位、收集资料和审查方法；宣布审核名单、审核期限、审核人员并开始审计；审计结束后下达审计通知，提出改进的要求和建议。

（三）韩国的政府预算管理

韩国各级政府具有独立的预算管理权限，中央政府预算与地方政府预算分开管理，即分别编制、量入为出、不打赤字、自求平衡。

1. 政府预算编制管理

（1）政府财政预算收支制度。韩国政府财政预算收支制度称为预算会计制度，政府采取部门预算编制方法，即实行"零基预算"的转移支付编制方法，不以上年度预算作为确立所需经费的决策基础。每年由政府的有关部门制订预算编制方案及其部门预算，再由政府汇总编制提交国会审议，经国会审批后的预算才具备法律效力，并交由各部、处、所执行。

（2）政府预算编制管理机构。目前，韩国政府预算编制管理机构主要包括：一是财政与经济部，作为评估和收取税收单位，根据政府财政计划控制预算执行，并严格收入和支出账户，以及政府安全和资产的国库账户；二是计划与预算部，代表副总理和总统将各部门不同的预算要求编制成一个可接受的预算草案，对事实上的预算资金分配具有极大责任和影响力，其职责主要包括政府预算编制、执行和决算。

（3）政府预算编制管理程序。根据韩国宪法规定，计划与预算部每年 3 月 31 日前向支出各部委下达预算指标确定的基本原则，要求其 5 月 31 日前提交预算评估书；经预算办公室审议和修改，5 月底政府各部门提交最终的预算要求书；6～8 月预算部审议预算要求书并形成预算案草案；8 月中旬至 9 月中旬对预算草案做出进一步的调整，10 月 2 日前向国民大会递交预算草案，并在 12 月 2 日前批复。

2. 中期预算编制管理

（1）中期预算编制基础。1982 年韩国开始编制中期预算，并实施滚动调整。当时作为内部资料使用，内容上虽停留在总体的政策，但建立并强化了"支出规模必须在收入框架下"的财政纪律。韩国中期预算是以 5 年为单位滚动而建立中期财政规划，并作为国家发展战略具体化上报国民大会。它是在财政收支预测的基础上，通过确定政策支出优先顺序来分配财政资源，与年度预算衔接来指导年度预算的分配，当年预算要基于中长期展望来编制。

（2）中期预算管理要求。韩国中期预算由广域及基础自治团体设立，其对象是地方自治团体的单独事务、国库补助项目、全额国库投资项目和吸引民资项目等。中期预算时间为 5 年，第 1 年为当年预算，第 2 年提出预算编制标准，第 3 年后具有发展计划性质。财政经济院和内务部确定中期预算编制规则，各自治团体以此编制市道中期预算。编制的中期预算须向地方议会和行政自治部长官汇报。根据韩国《国家财政法》的规定，政府须在预算年度开始的 120 日前向国会提交中期预算。

四、财政绩效管理比较

从管理学意义上讲，绩效管理是指各级管理者和员工为达到组织目标，共同参与的绩效计划制订、辅导沟通、考核评价、结果应用、目标提升的持续循环过程。其绩效管理的目的是持续提升个人、部门和组织的绩效。财政绩效管理是一种追求效率的管理方式，要求在财政管理中充分利用政府活动产出与成果的数量化信息，将财政资金分配与政府部门的绩效更紧密地结合起来，是一种结果导向型的财政管理。基于各国不同的实际情况，其财政绩效管理也不尽相同。

（一）西方国家的政府绩效管理

1. 政府绩效管理的由来

20 世纪 80 年代，西方国家普遍遇到的问题主要是经济停滞、财政危机和公民对政府满意程度下降乃至出现政府信任危机。面对种种难以破解的棘手问题，各国政府不得不寻求治本良策，即将现代企业管理中已经成熟的绩效管理引入政府管理。

由此，各国政府从过去单纯追求行政效率和管理秩序，转而侧重服务质量、成本效用和"顾客至上"理念，尝试运用尽可能少的人力、财力和物力消耗获得更好的效果，提高政府管理效率和效益。在此背景和前提下，美国等发达国家开始研究政府内部管理改革，引入和实施了政府绩效管理与评估机制。

2. 政府绩效管理的内容

政府绩效管理强调政府目标和人员目标的一致性，形成多赢局面，体现着"以人为本"的思想，在政府绩效管理的各个环节需要管理者和人员的共同参与。其内容主要包括以下四个方面：

（1）调整权力资源配置。寻求政府权力作为一种重要资源，是政府效率、效益服务的新途径，政府权力在哪一个层级上能够发挥最大效用就赋予其拥有该项权力。

（2）强化落实责任机制。将公共服务内容分解，把责任分配到每个工作岗位，每个岗位人员承担的责任与其享有的权利和实际利益相联系，做到责权利一致。

（3）评估结果作为导向。针对传统政府管理中投入和规则导向产生的弊端，引入结果导向，评估政府行为的结果是否符合经济、效率、效益三原则。

（4）公民为本服务宗旨。政府公共服务必须努力使公民满意，就是尽量运用较少的公共资金和其他公共资源提供更多、更好的公共服务，最大限度地实现公民福祉。

（二）美国政府的财政绩效预算管理

美国财政绩效管理是以绩效预算改革为突破口和核心，是世界各国中最早提出绩效预算并带动公共管理改革的国家。但美国绩效预算改革是在不断摸索试错中逐步改进与发展的，即从起源探索、发展改革到成熟完善。目前，美国联邦政府部门及多数州政府已建立和实施了财政绩效管理，其重心已转入城市及县级的财政绩效管理。

1．政府绩效预算形成与发展

政府绩效预算理念萌芽于 1907 年纽约市政研究局提供的"改进管理控制计划"报告，该报告强调"通过对已批准项目的管理，提高资源使用效率"。20 世纪 30 年代美国田纳西流域管理局和农业部最早采用绩效预算；40 年代美国"重组政府"运动逐步推动了绩效预算改革的进程，1951 年联邦政府预算首次使用绩效预算；90 年代美国等 OECD 国家推行了新绩效预算，1993 年制定了《政府绩效与成果法案》，成立国家绩效评估委员会；2010 年奥巴马政府制定了《政府绩效和结果现代化法案》等。

新绩效预算的核心是主张政府预算须与政府中长期战略计划相结合，实行以政府职能整体目标为导向，用绩效目标为约束手段，以绩效责任换管理自由，在强调高层机构对支出总量进行控制的同时，将自由使用预算资金的权力赋予中低层管理者，在预算中实现政策（目标和结果）与管理（产出和激励）的有机融合。从推行实践看，新绩效预算在促进政府改革、制止财政资金浪费和实现财政收支平衡等方面的效果是明显的，所倡导的"效率、绩效"理念对世界各国的预算改革具有普遍的借鉴意义。

2．政府绩效预算管理的内容

美国各级政府设定规范的绩效预算程序，推出科学的绩效评价方法，加强绩效信息运用与公开，逐步取得了良好的成果。其内容主要包括以下三个方面：

（1）绩效预算与战略计划衔接。美国各州和地方政府活动战略计划是绩效预算管理的基础，其战略计划是确保政府采纳一种长期的观念来明确层次目标和活动宗旨，主要包括组织目标、目标变化、所需资源及资源政策、使用和配置等。美国各州政府的战略性计划体现在机构层次或全州范围内，编制年度绩效预算，通过绩效预算管理明确其面临的主要问题、战略目标、战略对策和具体举措。

（2）强化绩效预算的编制管理。美国各级政府编制预算应将绩效预算融入其中，明确合理的预算收支管理计划。其内容主要包括：一是各部门的战略计划，确定各政府部门要承担的责任和将要达到的目标；二是年度绩效计划，在合理分析、分解规划的基础上编制预算；三是以绩效目标为导向，各部门按照绩效目标分配财政资源；四是对各部门的年度财政资源需求汇总编制总的资金预算，并对绩效预算进行审议。

（3）具有规范的绩效评估过程。绩效预算评价是运用一定的评价方法、量化指标和评价标准，对部门所确定的绩效目标实现程度，以及预算执行结果进行的综合性评价。美国各州为达成在绩效评估方式设计、评价方法和评价结果运用上的共识，州长、州议会和政府部门三方通过协调来选择。如爱荷华州每月由州长召集财政和其他部门召开每月进度分析会，研究讨论有意义的绩效预算评价等问题。

3．政府绩效预算管理的特点

（1）依法推行绩效预算管理。从美国预算管理发展历程看，绩效预算改革在不同阶段都有相关专门法律法规的支持，包括预算管理框架、加强政府预算控制、建立以"结果为导向"的预算资金分配机制，其法律法规贯穿绩效预算管理的各环节，且绩效管理内容的每个部分须有详细陈述、能够量化考核。

（2）给予管理者较大的权力。美国政府的绩效管理具有鲜明的分权化特征，绩效管理中的战略规划、年度绩效计划、年度部门公共活动绩效报告、绩效预算报告和信息利用完全由各个部门独立运行。这使得预算支出部门有更多的自主权力，可因地制宜构建出适合本部门的绩效预算管理体系。

（3）创新绩效预算评估体系。美国政府根据不同层次的绩效评估需要，开发各具特色的标准化操作工具，降低绩效预算的实施成本。行政管理和预算局重要职能之一就是负责联邦政府绩效管理的推进、组织和协调工作；总统预算管理与办公室开发的计分卡评级工具，是推动绩效预算改革的重要工具，有利于强化部门预算支出责任。

（4）预算编制的可操作性强。美国政府预算编制过程严谨规范，分工明确且具有协调性。其中，预算编制内容范围全面、长短期目标有效结合，以及根据项目轻重缓急来安排各项目支出，能够有效避免预算过程中的盲目性；预算编制以权责发生制为基础，在预算系统中引入完全成本的概念，从而把绩效和成本有机结合起来。

（5）注重政府预算信息公开。美国实施公开的政府绩效预算报告制度，包括绩效管理规范和基本要求，以及各部门的战略规划、年度绩效计划和绩效报告公开，有助于开展对政府预算的社会监督。此外，强化政府预算透明度还有助于引导利益相关方提前参与政府预算决策，并提高其民主化和科学化水平。

（三）其他国家的财政绩效管理

1. 德国的财政绩效管理

20 世纪 90 年代以来，德国政府开始推行公共支出绩效评价工作，不断推进以绩效为导向的财政管理改革，经过不断探索，逐步建立了预算绩效评价体系，如创新管理和强化绩效管理的理念，制定较规范的财政管理规章制度，增强预算决策科学性，提高财政资金使用效益，增强政府公信力等。

（1）项目资金使用目标明确。德国联邦财政部规定，各部门对 500 万元欧元以上的单个预算项目须提交预算编制绩效报告，详细列明达到的社会、经济效益目标，同时列明达到上述目标的不同方式，以及选择现有方式的具体计算方法。

（2）部门绩效评估管理规范。德国部门预算执行时，各部门要将其绩效预算报告上报联邦财政部，联邦财政部一般选择 10%左右的部门项目进行评估，评价项目是否达到绩效要求，同时要求部门绩效报告均向社会予以公布。

（3）绩效评估手段丰富多样。德国政府编制绩效报告须通过专家论证咨询、社会调查和听证会等方式，广泛听取社会公众意见。在绩效评估中引入信息化技术，采取货币化方法量化项目指标，并将不同时间点的项目资金回归到资金现值进行比较；无法量化的项目指标进行社会价值分析，最后综合分析结果得出评价结论。

2. 英国等国的财政绩效管理

（1）英国的财政绩效管理。英国政府绩效预算改革始于 1998 年，政府对中央各部门的财政开支进行全面评估后提出绩效评估的要求。政府绩效预算是在政府主导下循序渐进，没有立法的严格要求。在制定绩效评估指标体系的过程中，绩效目标、评价指标和标准的制定以部门为主，预算管理机构辅助指导，征求其他专家和民众参与。在预算执行过程中，英国政府赋予各部门和机构较大的灵活性和自主性。

（2）法国的财政绩效管理。2001 年法国颁布了新《财政法组织法》（LOLF），改革预算基本框架。新 LOLF 引入绩效预算机制，确立国家预算新结构，即"任务—项目—行动"层级的新公共预算框架。其项目负责人拥有较大的资金自主权及资源分配权，但必须对既定的绩效目标负责，不仅项目负责人的工作成果将被纳入绩效考核体系，资金和资源的实际分配情况也要在预算执行后详细列明。

（3）韩国的财政绩效管理。韩国政府绩效预算是"大爆炸"改革方式的典型，主要包括项目绩效评估与评级和预算调整。在各部门项目绩效自我评价的基础上，战略与财务部启动项目绩效评级。此外，建立两个工作小组：一是改革领导小组，其主要职责是反映各部门要求、协调部门间行动，决定财政资金分配比例；二是绩效管理提升小组，其主要职责是识别和开发新方法，推动绩效要素与预算过程的融合。

3．发展中国家的财政绩效管理

绩效预算改革的浪潮不仅席卷了以美、德、英等国为代表的先发国家，也在一些后发国家和转型国家产生了影响。1965年联合国出版了《项目和绩效预算手册》，以指导后发国家推行以结果为导向的绩效预算改革，诸多的后发国家将预算绩效管理改革作为政府改革的一个重要组成部分，以此提高政府效率和服务质量。

（1）亚洲国家的绩效预算管理。例如，1954年菲律宾政府开始编制绩效预算，1956有12家政府部门采用绩效预算模型，支出按计划和项目大类列入预算；此后新加坡和马来西亚引入绩效预算，强调公共支出的优先顺序和顾客满意度；2001年泰国正式发布战略性绩效预算；2006年越南在4个部委实施绩效预算；2004年印度尼西亚诸多的地方政府引入基于绩效的预算体系和一站式的公共服务。

（2）非洲国家的绩效预算管理。例如，从20世纪90年代开始，坦桑尼亚和乌干达政府就逐步推进财政分权，将复杂而有序的管理责任下放给民选区（或更下一级）地方政府，将很多基本的服务权力授予地方或下级部门管理，如教育、卫生和基础设施等。1999年南非制定了《公共财政管理法案》，要求各政府部门向国会提交其绩效目标、产出方法和评价指标等。

（3）拉美国家的绩效预算管理。例如，智利在20世纪90年代初引入了以政府结果为导向的绩效预算，至1998年约有70%的政府部门研发了其绩效预算指标体系，且推广范围在不断扩大。而巴西、阿根廷和玻利维亚等国，则多从参与式预算的角度开展政府绩效预算制度改革，鼓励本国居民积极参与到预算决策中，让社会公众参与资源分配，并对公共支出进行监督。

（四）各国绩效预算管理简析

政府绩效预算管理在各国都取得了良好的成效，虽然改革历程和侧重点不同，但有相似的观念，形成了一些共性的经验。通过比较各国政府绩效预算管理发现，其改革背景都是在政府运行危机的情况下，通过绩效引领政府预算改革，逐步形成以结果为导向的政府绩效预算模式；其目的是通过各部门的协同合作，提高财政资源配置效率，使之形成具有透明度、灵活性和使命感的政府。

从政府绩效预算管理推行机制视角看，可分为渐进式和激进式两种。渐进式以美国为代表，各国在改革过程中从试点学习并逐步修正，有能力调整制度，有时间来争取各界人士的支持。但费时较长，易引发分散利益风险。而激进式以韩国为代表，政府绩效预算改革费时较少，能建立统一的预期目标和提供各项改革的综合框架，给予各部门压力和动力。但具有潜在的高风险，也可能导致代价昂贵的错误。

因此，政府绩效预算管理改革无论采用哪种方式，都需要政府有效的法律和财力做保障。这就要求各国政府持续、强力推进以提高公共部门绩效为目的的财政管理改革，并以立法的形式保障绩效预算及评价工作的规范化、制度化和经常化；建设有利于绩效预算的制度环境，提升部门实施效率与预算的透明度；赋予部门预算管理者较充分、较灵活的自主管理权，同时建立政府绩效预算管理的问责机制。

本 章 小 结

• 财政管理是指一国政府或地区为履行职能对所需的物质资源进行的决策、计划、组织、协调和监督活动的总称。它既是政府管理活动的重要组成部分，又是政府活动的物质保障。规范的公共财政治理方式主要是财政受托责任、财政的透明度、政策的预见性、绩效导向管理和社会公众参与。

• 联邦主义的财政理论也称财政联邦主义，是一种关于财政分权的理论学说，是给予地方政府一定的税收权力和支出责任范围，并允许地方政府自主决定其预算支出规模与结构，其重点是强调地方财政的自主性和独立性。分为传统的财政联邦主义理论和新财政联邦主义理论框架。

• 政府间财政关系理论主要包括施蒂格勒最优分权理论、夏葡政府职能分权理论、埃克斯坦受益原则分权理论和特里西偏好误识分权理论。这些理论从多角度说明，财政在中央政府与地方政府之间进行的财政分权本身是有意义的，完全否定行政性分权的观点是不能成立的。

• 西方国家财政管理的内容主要包括公共财政的组织管理、决策管理、部门管理和信息管理四个方面。例如，公共财政的组织结构内涵承接于公共财政职能；公共财政管理过程可分为决策制定、决策实施和效果评估等。

• 美国宪法明确了政府的主要职责，各级政府在事权与支出责任中需要提供大量的公共服务；政府财政支出占 GDP 比重 2008～2017 年稳定在 35%～40%，2017 年为36.25%；财政支出类别主要集中在国防、社会保障、教育、社会服务和经济支出等方面；财政收入占比在发达国家属中等水平，但其绝对规模世界排名第一；联邦政府直接财政收入包括税收、商业及其他收入和债务收入。

• 德国联邦制与美国联邦制的财政差异：一是明确规定联邦与州的权限，实行专有立法权和共同立法权，联邦和州具有税收立法权；二是政府和议会在预算管理过程中担任重要的角色，税收征管具有统一性和地方性；三是实行以共享税为主体的分税制财政体制。

• 德国按照《基本法》确立了各级政府财政支出的自身责任和共同责任；政府财政支出规模较大，且呈现逐年增长态势；政府财政支出包括一般公共服务、国防和社会保障等十类项目；总体上看，德国政府财政收入呈现缓慢增长的趋势，主要包括税收收入、社会缴款及补助金等其他收入。

• 韩国政府事权划分为国家事务、地方委任事务和地方事务三类；2016 年韩国

GDP 达到 14 112 亿美元(世界排名第 11 位);财政支出总体上持续增长,2006~2015年年均增长 5.28%,略高于 GDP 增长率 0.12 个百分点,财政支出占 GDP 的比重年均占比 28.88%;财政支出可按用途结构和职能结构分类;财政收入规模总体上是随着经济发展水平的不断提高而呈现逐步上升的趋势。

• 世界各国财政管理体制主要包括财政联邦制模式和财政单一制模式。其类型主要包括分税种式、分税源式和分税权式三种分税制财政体制;美国、德国和韩国等国的财政体制是有一定差异的,如美国实行分税权式的分税制财政体制,德国实行共享税为主体的分税制财政体制,韩国实施彻底的分税制财政体制。

• 税收制度结构简称税制结构,是指一国税收体系的整体布局和总体结构,它是国家根据当时经济条件和发展要求,在特定税收制度下,由税类、税种、税制要素和征收管理层次所组成的,分别主次,相互协调、相互补充的整体系统。税制结构按照税种多寡或税制繁杂程度,可分为单一税制和复合税制两类。

• 税收制度结构模式简称税制模式,是指税制结构中以某类税或某种税为主体构成的有机体系和式样。综观世界各国税制模式,大体上包括流转税类为主体、所得税类为主体、流转税和所得税双主体、个人所得税为主体税制模式四种类型。

• 美国目前是世界上税种最多的国家,联邦税制主要包括个人所得税、公司所得税和社会保障税;州政府主体税是销售税;德国现行税制有 50 多个种类,主要分为所得税、流转税、财产税和其他税收;韩国拥有比较完善的税收制度,现行税收分为国税和地方税。

• 政府预算是指按照一定的法律程序编制和执行的政府年度财政收支计划。它是政府组织和规范财政分配活动的重要工具,是政府调节经济的重要杠杆。世界各国国情、经济体制和财政体制的不同,决定了各国政府预算的差异性。

• 财政绩效管理是一种追求效率的管理方式,要求在财政管理中充分利用政府活动产出与成果的数量化信息,将财政资金分配与政府部门绩效更紧密地结合起来,是一种结果导向型的财政管理。基于美国、德国、英国、法国、韩国和亚洲、非洲、拉美各国不同的实际情况,其财政绩效管理也不尽相同。

• 政府绩效预算管理在各国都取得了良好的成效,虽改革历程和侧重点不同,但有相似的观念,形成了一些共性的经验。从政府绩效预算管理推行机制视角看,可分为渐进式和激进式两种,都需要政府有效的法律和财力做保障。

复 习 思 考

一、概念题

财政管理 联邦主义财政理论 政府间财政关系理论 财政联邦制模式
财政单一制模式 分税种式财政体制 分税源式财政体制 分税权式财政体制
税收制度结构 税收制度结构模式 政府预算 财政绩效管理

二、思考题

1. 如何理解公共财政治理的方式?

2. 试析美国财政收支结构的发展趋势。

3. 发达国家财政支出增长的主要原因有哪些?

4. 美国与韩国的税制结构有何异同点?

5. 发达国家政府预算的共性及其差异?

三、分析题

2017 年 12 月全球经济最重磅的事件——特朗普税改法案

2017 年 12 月特朗普税改法案获得参议院通过,正式标志着美国近 30 年最大的税改即特朗普税改法案,尘埃落定。

一、税改法案的内容

美国特朗普税改法案是借税改之名行减税之实,其主要内容与现行税法、前众议院通过的税改相比有着较大的差别,如表 13-12 所示。

表 13-12 美国特朗普税改法案与现行税法的比较表

主要项目	现行税法	众议院版本	参议院版本
个人税税率	7 个等级:10%、15%、25%、28%、33%、35% 和 39.6%	4 个等级:12%、25%、35% 和 39.6%	7 个等级:10%、12%、22%、24%、32%、35% 和 38.5%
标准扣除	单身人士 0.635 万美元;已婚家庭 1.27 万美元	单身人士 1.2 万美元;已婚家庭 2.4 万美元	单身人士 1.2 万美元;已婚家庭 2.4 万美元
减免税额	年收入 11 万美元以下家庭每个儿童免税 0.10 万美元	年收入 23 万美元以下家庭每个儿童免税 0.16 万美元,每个成人免税 300 美元	年收入 11 万美元以下家庭每个儿童免税 0.20 万美元
企业税税率	最高税率为 35%	大企业和合伙企业最高税率为 20% 和 25%,盈利较少企业最低为 9%(2018 年生效)	大企业和合伙企业最高税率为 20% 和 23%(2019 年生效)
房地产税	对估值超过 550 万美元(若继承配偶房产为 1 100 万美元)的房产征税	对估值超过 1 100 万美元(若继承配偶房产为 2 200 万美元)的房产征税	对估值超过 1 100 万美元(若继承配偶房产为 2 200 万美元)的房产征税

二、对美国的重要影响

对特朗普个人而言,自其上台以来在政治上并没有做出多大成绩,除签署一些行政命令外,可谓"一事无成",特别是一开始雄心勃勃的医改计划在屡次努力受挫后而失败。而税改法案的通过,将会大幅提振特朗普的政治声望,可谓挽救其于"危难之际",这可能是其在任内最大的政治遗产,即使在美国历任总统政绩中,也算得上浓墨重彩的一笔。

对美国经济而言,税改法案的通过更是重大利好! 主要体现在:一是减税会刺激企业投资,降低企业税会间接提高美国产品在国内外市场竞争力,减税利润可增加再投资;二是减税有助于刺激居民消费,直接减少居民收入税负,意味着居民可支配收入的增加和总消费的增长;三是跨国公司的海外利润回流,税收属人制改为属地制会刺激美国企业回迁或利润回流。根据税收基金会估计,税改后会使 GDP 增长 9%、薪酬增长 8%。

三、对全球经济的影响

美国作为全球最大的经济体、全球资本市场的核心腹地,如此重大的税改法案必将对全球经济和资本市场造成深远影响。特朗普减税法案的通过，有望形成一轮全球性的减税浪潮。因为美国市场的低税负，如果其他国家不变，逐利的资本自然会选择成本更低的市场进行投资，其他国家就会面临资本流失、投资降低，进而就业面临压力的问题。

事实上，早在税改法案提出之时，德国和法国就纷纷发表声明："此举将对本国企业造成严重冲击，德法无法接受特朗普这么大规模的减税"。在特朗普推出税改后，一些国家已经开始推出自己的减税计划：英国内阁已宣称，2020 年将企业税下调至17%；印度政府推出针对个人和中小企业的减税计划与税种减并改革；中国则一直在降低企业的各种中间费用，减少企业的经营成本。

四、对中国经济的影响

美国税改法案对中国经济的影响主要是刺激在华资本回流美国、资本面临外流压力、人民币重回贬值通道和资产价格泡沫可能被动萎缩。因为该法案将进一步抬升市场对美国经济的乐观预期，美元和美债收益率上升会加大人民币贬值压力，从而有利于中国出口预期的提升；中长期看，美国税改也可能会促进中国降低增值税税率，甚至推进个税改革，有利于经济转型。

中国此前也已提出围绕"三去一降一补"的供给侧改革，除目前正在着手的房价房租成本问题，企业融资利率及其他企业负担方面的"降成本"在未来或许也会进一步得到落实体现。英国央行已启动 10 年来的首次加息，韩国央行也宣布近六年来的首次加息等。中国还没有调整过基准利率，但在全球央行先后开启加息通道的进程中，留给中国"独善其身"的时间并不会太多。

美国的企业和民众，将在税改法案落地后，获得实实在在的好处，代价是美国的政府将面临更大的财政赤字。从这个意义上，倒是真正地实现了"藏富于民"。

要求：请根据上述资料，阐述和分析特朗普税改法案的利弊、对中国经济的影响及其应对的措施。

参考文献

阿尔贝 J L. 2017. 公共财政学. 彭捷，等译. 北京：经济科学出版社.

阿尔布里奇 H H. 2005. 财政学——理论与实践. 马海涛，等译. 北京：经济科学出版社.

布坎南 J，马斯格雷夫 R A. 2001. 公共财政与公共选择：两种截然不同的国家观. 类承曜，译. 北京：中国财政经济出版社.

财政部国际司. 2003. 财政新视角：外国财政管理与改革. 北京：经济科学出版社.

陈共. 2017. 财政学. 9 版. 北京：中国人民大学出版社.

储敏伟，杨君昌. 2010. 财政学. 3 版. 北京：高等教育出版社.

邓子基. 2008. 财政学. 3 版. 北京：高等教育出版社.

盖锐. 2015. 财政学. 2 版. 北京：北京大学出版社.

高培勇，崔军. 2011. 公共部门经济学. 3 版. 北京：中国人民大学出版社.

格雷纳 A. 2000. 财政政策与经济增长. 郭庆旺，杨铁山，译. 北京：经济科学出版社.

郭庆旺，赵志耘. 2003. 财政理论与政策. 2 版. 北京：经济科学出版社.

郭庆旺，赵志耘. 2012. 公共经济学. 2 版. 北京：高等教育出版社.

郭艳辉. 2012. 财政与金融. 北京：北京理工大学出版社.

海曼 D N. 张进昌. 2014. 财政学理论在当代美国和中国的实践应用. 北京：北京大学出版社.

海曼 D N. 张进昌译注. 2014. 财政学理论、政策与实践. 北京：北京大学出版社.

黄达. 2017. 货币银行学. 6 版. 北京：中国人民大学出版社.

霍尔库姆 R G. 2012. 公共经济学（政府在国家经济中的作用）. 顾建光，译. 北京：中国人民大学出版社.

贾冀南. 2015. 财政学. 2 版. 北京：电子工业出版社.

贾康，刘尚希. 2004. 公共财政与公共危机. 北京：中国财政经济出版社.

贾康. 2016. 财政制度国际比较. 上海：立信会计出版社.

姜维壮. 2012. 比较财政管理学. 北京：北京大学出版社.

寇铁军，张晓红. 2015. 财政学教程. 4 版. 大连：东北财经大学出版社.

李汉文，徐艺. 2016. 财政学. 3 版. 北京：科学出版社.

利奇 J. 2005. 公共经济学教程. 孔晏，等译. 上海：上海财经大学出版社.

廖家勤，余英，唐飞鹏. 2013. 财政学. 3 版. 广州：暨南大学出版社.

林致远，邓子基. 2012. 财政学. 3 版. 北京：清华大学出版社.

刘京焕，陈志勇，李景友. 2011. 财政学原理. 北京：高等教育出版社.

刘明慧. 2012. 外国财政制度. 大连：东北财经大学出版社.

罗森 H S，盖亚 L. 2015. 财政学. 10 版. 郭庆旺，译. 北京：中国人民大学出版社.

吕昕阳. 2011. 典型发达国家绩效预算改革研究. 北京：中国社会科学出版社.

马骏，赵早早. 2011. 公共预算：比较研究. 北京：中央编译出版社.

马斯格雷夫 R A，皮考克 A T. 2015. 财政理论史上的经典文献. 刘守刚，王晓丹，等译. 上海：上海财经大学出版社.

马斯格雷夫 R A. 2017. 比较财政分析. 董勤发，译. 上海：格致出版社，上海三联书店，上海人民出版社.

马骁，周克清. 2017. 财政学. 3 版. 北京：高等教育出版社.

毛程连. 2010. 西方财政思想史. 上海：复旦大学出版社.

蒙丽珍，古炳玮. 2016. 财政学. 4 版. 大连：东北财经大学出版社.

米克塞尔 Y L. 2005. 公共财政管理：分析与应用. 6 版. 白彦锋，马蔡琛，译. 北京：中国人民大学出版社.

纳拉亚纳·R. 科彻拉科塔. 2013. 新动态财政学. 金戈译. 上海：格致出版社，上海三联书店，上海人民出版社.

牛淑珍，杨顺勇. 2009. 新编财政学. 2 版. 上海：复旦大学出版社.

牛永有，李互武，富永年. 2013. 财政学. 上海：复旦大学出版社.

曲振涛，王曙光. 2004. 现代公共财政学. 北京：中国财政经济出版社.

孙开. 2004. 财政管理体制创新研究. 北京：中国社会科学出版社.

孙开. 2007. 公共经济学. 武汉：武汉大学出版社.

孙开. 2008. 地方财政学. 北京：经济科学出版社.

孙世强. 2016. 财政学. 2 版. 北京：清华大学出版社.

唐祥来，康锋莉. 2013. 财政学. 2 版. 北京：人民邮电出版社.

王德祥. 2005. 现代外国财政制度. 武汉：武汉大学出版社.

王国清，马晓，程嫌. 2010. 财政学. 2 版. 北京：高等教育出版社.

王庆. 财政学. 2015. 北京：经济科学出版社.

王曙光. 2014. 财政学. 2 版. 北京：科学出版社.

王曙光. 2015. 财政税收理论与政策研究. 北京：经济科学出版社.

王曙光，李兰，张小锋. 2016. 税法学. 7 版. 大连：东北财经大学出版社.

王曙光，周丽俭，李维新. 2008. 公共财政学. 北京：经济科学出版社.

王曙光，李红星，刘西涛. 2014. 公共政策学. 北京：中国财富出版社.

王雍君. 2001. 发达国家政府财政管理制度. 北京：时事出版社.

王雍君. 童伟. 2008. 公共财政学. 北京：北京师范大学出版社.

维萨 C B，艾瑞斯莫斯 P W. 2006. 公共财政管理学. 马海涛，等译. 北京：经济科学出版社.

吴俊培. 2005. 现代财政理论与实践. 北京：经济科学出版社.

武彦民. 2017. 财政学. 2 版. 北京：经济科学出版社.

希克 A. 2011. 联邦预算——政治、政策、过程. 3 版. 苟燕楠，译. 北京：中国财政经济出版社.

项怀诚. 2001. 中国财政管理. 北京：中国财经出版社.

杨志勇. 2005. 比较财政学. 上海：复旦大学出版社.

于丽红. 张明如. 2016. 财政学. 北京：中国林业出版社.

张少杰，吴艳玲. 2015. 财政学教程. 北京：北京大学出版社.

张世超. 2007. 地方公共财政管理. 北京：中国财政经济出版社.

张素勤. 2016. 财政学. 3 版. 上海：立信会计出版社.

张馨. 2010. 财政学. 2 版. 北京：科学出版社.

张馨等. 2000. 当代财政与财政学主流. 大连：东北财经大学出版社.

张志超. 2006. 美国政府绩效预算的理论与实践. 北京：中国财政经济出版社.

钟晓敏. 2010. 财政学. 北京：高等教育出版社.

朱德安. 1996. 财政学研究对象的两个层次. 财政研究（3）：15-16.

C Lorenz. 2012. The impact of performance budgeting on public spending in Germany's Lander[M]. Gabler Verlag: 55-73.

Clynch E J, Lauth T P. 1991. Governors, legislatures, and budgets: diversity across the American states[M]. Westport: Greenwood Press.

Erasmus P W, Visser C B. 2002. The management of public finance: a practical guide[M]. Oxford: Oxford University Press.

Kim D K, Kang I J. 2010. The Budget System and Structure in Korea[J]. Public Budgeting & Finance, 3(4): 85-96.

Lienert I. 2013. Role of the legislature in budget processes[M]// Allen R, Hemming R, Potter B H. The international handbook of public financial management. London: Palgrave Macmillan UK.

Liying K. General government revenue in 2006[M]. Berlin: Springer Netherlands, 2014.

Moynihan D P. 2008. The dynamics of performance management: constructing information and reform[M]. Washington: Georgetown University Press.

Papadimitriou D B. 2006. The distributional effects of government spending and taxation[M]. London: Palgrave Macmillan.

Park N, Choi J. 2013. Making Performance Budgeting Reform Work: A Case Study of Korea[J]. Policy Research Working Paper, 6（2）: 23-26.

Wehner J. 2010. Legislatures and the budget process[M]. London: Palgrave Macmillan.

Yoo I. 2008.Public Finance in Korea since the Economic Crisis[J]. Korea & the World Economy, 9: 141-177.